Poderes públicos y privados ante la regeneración constitucional democrática

Rosario Tur Ausina
[Directora]

M.ª Amparo Calabuig Puig
Francisco Javier Sanjuán Andrés
[Coordinación]

Poderes públicos y privados ante la regeneración constitucional democrática

Maurizio Fioravanti
Enrique Álvarez Conde
Francisco Balaguer Callejón
Ángel Rodríguez
Luis Jimena Quesada
Francisco Javier Díaz Revorio
Marco Olivetti
M.ª Esther Seijas Villadangos
Asunción Ventura Franch
Esther Martín Núñez
Irene Belmonte Martín
Catalina Ruiz-Rico Ruiz
Joan Ridao Martín
Francisco Manuel García Costa
Bernabé Aldeguer Cerdá
Jesús Esteban Cárcar Benito
Carlos Fernández Esquer
Rosario Tur Ausina

Dykinson, S.L.

Este libro ha sido sometido a evaluación por parte de nuestro Consejo Editorial
Para mayor información, véase www.dykinson.com/quienes somos

La presente obra se realiza en virtud de la Ayuda para la Organización y Difusión de Congresos, Jornadas y Recursos Científicos, Tecnológicos, Humanísticos o Artísticos de carácter internacional, recibida por la Conselleria de Educación, Investigación, Cultura y Deporte - Generalitat Valenciana (Referencia AORG/2015/094).

Asimismo, se enmarca en el Proyecto de Investigación «Configuración y continuidad de las respuestas normativas a la crisis», financiado por el Ministerio de Economía y Competitividad (Referencia DER2013-42600-P).

Editorial DYKINSON, S. L. - Meléndez Valdés, 61 - 28015 Madrid
Teléfonos (+34) 91 544 28 46 - (+34) 91 544 28 69
e-mail: info@dykinson.com
http://www.dykinson.es
http//www.dykinson.com

ISBN: 978-84-9148-012-9
Depósito legal: M-43589-2016

Preimpresión e Impresión:
SAFEKAT, S.L.
Laguna del Marquesado, 32 - Naves J, K, y L - 28021 Madrid
www.safekat.com

ÍNDICE

PRÓLOGO

ROSARIO TUR AUSINA
Profesora Titular (Catedrática acreditada) de Derecho Constitucional
Universidad Miguel Hernández de Elche

En un contexto socio-político como el que vivimos, en el que todo parecía medianamente consolidado pero nada —o casi nada— de lo que se pensaba era cierto, y en el que la política necesita por ello, más que nunca, del conocimiento, es cuando emergen los análisis y la reivindicación del potencial científico del Derecho, como además nos demuestran tantas otras experiencias comparadas. Pero si alguna disciplina se encuentra en especial predisposición —o casi se diría que es una obligación—, para abordar y rearmar la situación jurídico-política actual, esa es el Derecho Constitucional. Porque no se le puede negar su consideración como Derecho común del ordenamiento jurídico que es, en relación con determinadas cuestiones que deben ser objeto de todo un proceso de regulación y revisión normativa.

Como no podía ser de otro modo, el dinamismo que ha revelado nuestro ordenamiento nos lleva a prestar especial atención a las materias primas con las que trabajamos, las categorías dogmáticas clásicas y no tan clásicas; mirando hacia el exterior (hacia otros Estados o hacia Europa), pero haciéndolo desde lo propio, desde nuestras particularidades. Al final, sin embargo, el problema siempre es el mismo: la normatividad constitucional, real y efectiva, pero también actualizada e identificada con la sociedad misma. La tendencia arrastrada desde los inicios continentales del constitucionalismo —y acrecentada por nuestra forma de ser latina y mediterránea—, a obviar ciertas partes de la sociedad y de la vida cotidiana, dejándolas extramuros de la política o invisibilizando ciertas singularidades, nos ha llevado a situarnos en posiciones ficticias, lejanas de la realidad misma y de las personas, paradójicamente éstas últimas, la razón de ser de las Constituciones.

Nadie ni nada puede encontrarse al margen de la Constitución, a menos que una sociedad decida voluntariamente no querer vivir en el marco de un sistema constitucional (o también puede ocurrir, lo que incluso es más probable, que una sociedad no sepa o no sea plenamente consciente de lo que significa tener una Constitución y lo que implica). En cualquier caso, dando por sentado que el propósito existe como así lo creemos, la historia constitucional nos demuestra que ésta es siempre un proyecto en continua construcción. Los momentos de «crisis» —califíquese esta como se quiera; basta con que una sociedad lo sienta así— son una oportunidad para la construcción —o casi mejor, reconstrucción—, de las categorías dogmáticas, que deben concluir en la constitucionalización de todos los espacios, los públicos y los privados, vinculados por sus principios y valores —con sus sinergias, matices y diferencias—. Porque se trata de evitar que nadie tenga una una especie de «inmunidad absoluta», poniendo en tela de juicio, en resumidas cuentas, el proyecto común: léase, el funcionamiento de nuestro sistema democrático, sus propios principios de convivencia y, a la postre, el sistema de derechos fundamentales constitucionalmente reconocido.

En esta línea, pues, se inscribe el Congreso internacional celebrado en la Universidad Miguel Hernández de Elche, los días 26 y 27 de octubre de 2015, bajo el titulo «*Poderes públicos y privados ante la regeneración constitucional democrática*», el cual fue posible gracias a la Ayuda para la Organización y Difusión de Congresos, Jornadas y Reuniones Científicas, Tecnológicas, Humanísticas o Artísticas de carácter internacional, recibida por la Conselleria de Educación, Investigación, Cultura y Deporte – Generalitat Valenciana (Referencia AORG/2015/094), contando asimismo con la colaboración del Departamento de Ciencia Jurídica, la Facultad de Ciencias Sociales y Jurídicas de Elche y el Centro Interdisciplinar de Estudios de Género de la Universidad Miguel Hernández de Elche, el Instituto de Derecho Público de la Universidad Rey Juan Carlos, y la Red Feminista de Derecho Constitucional.

Al tiempo, estas iniciativas —el Congreso y la presente obra colectiva—, se enmarcan en el Proyecto de Investigación «Configuración y continuidad de las respuestas normativas a la crisis», financiado por el Ministerio de Economía y Competitividad (Referencia DER2013-42600-P), que dirige el Profesor Álvarez Conde, y al que pertenecemos quienes coordinamos y dirigimos la presente obra, así como algunas de las personas que participaron en el Congreso y que ahora publican sus contribuciones. Y asimismo, también todo este trabajo supone la continuidad del Congreso y la publicación colectiva que, con el título «*Problemas actuales de derecho constitucional en un contexto de crisis*», vio la luz en 2015.

Desde estos planteamientos, el Congreso y la presente publicación abordan cuatro grandes ámbitos temáticos: 1) la regeneración y/o el cambio constitucional; 2) la dimensión internacional y/o europea para la regeneración; 3) el liderazgo público y la implicación de los poderes privados en la regeneración constitucional; y 4) el factor territorial ante la regeneración.

Con ello, como es obvio, no pretendíamos abordar y, en su caso, agotar, toda la problemática inherente a la cuestión planteada, sino únicamente elaborar una serie de marcos teóricos desde las reflexiones provocadoras e innovadoras de quienes participaron en el Congreso y a quienes agradecemos sinceramente sus aportaciones. Aportaciones que son, sin lugar a dudas, útiles para profundizaciones posteriores, a través de nuevos congresos y publicaciones, y de nuevos proyectos de investigación más específicos o sectoriales.

El libro se inicia con el articulo del Profesor Fioravanti, Catedrático de Historia de las Constituciones Modernas de la Universidad de Florencia, sobre los perfiles de las Constituciones democráticas del *Novecento*, quien expone magistralmente el contexto del Congreso a partir del análisis de las características y elementos estructurales del modelo de Constitución que hoy, afortunadamente, todavía pervive.

Desde dichas consideraciones, se ha tratado de reflexionar a continuación sobre las posibilidades de cambio y regeneración constitucional con interesantes aportaciones como las del profesor Álvarez Conde, quien estudia las dinámicas y tendencias de los cambios constitucionales; el profesor Balaguer Callejón, que analiza las diferencias entre cambio, reforma y regeneración constitucional, las actitudes de los actores políticos y el factor territorial como elemento inaplazable de reforma; el profesor Marco Olivetti, con reflexiones sobre la experiencia italiana con sus complejas vicisitudes y los efectivos cambios y reformas constitucionales habidos; y la profesora Asunción Ventura, quien aborda la temática desde la teoría feminista del derecho, reivindicando una reforma constituyente con perspectiva de género.

Pero sería absurdo hablar de evolución y cambio constitucional si no atendiéramos a la dimensión internacional y europea de la regeneración democrática, sobre las que se pronuncian los Profesores Ángel Rodríguez y Luis Jimena, poniendo de relieve sus instrumentos, instituciones, actitudes y efectos, y centrando la atención en los mecanismos de democracia representativa desde una dimensión supraestatal, así como en el papel de ciertos parámetros normativos europeos para la regeneración.

Descendiendo al aspecto del liderazgo político y la implicación de los poderes privados en la regeneración constitucional, la profesora Esther Martín Núñez se centra en el importante elemento de transformación que supone el sistema educativo; y por su parte, la profesora Irene Belmonte nos ilustra sobre el papel que desempeñan los lobbies en la regeneración democrática.

Finalmente, hoy es más que obvio que los cambios pasan también por una actualización del modelo territorial; ámbito en el que se detienen los profesores Francisco Javier Díaz Revorio y la profesora Esther Seijás.

Junto a estas ponencias, hemos querido también integrar las diversas comunicaciones presentadas, relevantes sin lugar a dudas para la regeneración democrática: de la profesora Ruiz-Rico (la regeneración democrática local a la luz de la última reforma), del profesor Joan Ridao (sobre la supervisión de los derechos en actividades de interés general que ejerce el sector privado), del profesor García Costa (con concretas propuestas para la regeneración que inciden en los elementos base del constitucionalismo), del profesor Bernabé Aldeguer (sobre la innovación institucional), del profesor Cárcar Benito (en temas de transparencia, liderazgo y clientelismo), y del doctorando Fernández Esquer (sobre las recientes reformas electorales en Castilla-La Mancha y Murcia).

Todas estas aportaciones son ahora, en el presente libro, reflejadas de forma pausada y profunda, con el propósito de abrir nuevos marcos de reflexión, nuevas posibilidades de investigación científica y nuevas perspectivas en una cuestión, la revitalización democrática de nuestro sistema jurídico-político, que se nos antoja esencial para quienes nos dedicamos al Derecho y, en particular, al Derecho Constitucional.

Conferencia Inaugural*
LA CONSTITUCIÓN DEMOCRÁTICA DEL NOVECENTO: GÉNESIS Y PERSPECTIVAS•

MAURIZIO FIORAVANTI

Catedrático de Historia de las Constituciones Modernas
Universidad de Florencia (Italia)

I. Planteamiento del problema. La Constitución democrática como «tipo histórico»

Empecemos por una consideración de carácter general. Observamos que no pocos miran hoy, con notable preocupación, la situación actual de la Constitución democrática; en algunos casos, además, razonando sobre su «destino» o sobre su crisis irreversible, marcada esta última por resultados que en determinados aspectos se presentan ya obligados. No discutimos estas opiniones, ni tampoco nos preguntamos sobre las consecuen-

* El presente texto es fiel reproducción de la Conferencia impartida el 26 de octubre de 2015 por el Profesor Fioravanti en la apertura del Congreso internacional «Poderes públicos y privados ante la regeneración constitucional democrática», que tuvo lugar en la Universidad Miguel Hernández de Elche. Por tal motivo, el texto se presenta sin notas al pie, al objeto de adecuarse literalmente a la intervención oral.

• Traducción de Rosario Tur Ausina, Profesora Titular —Catedrática acreditada— de Derecho constitucional de la Universidad Miguel Hernández de Elche.

cias de la crisis de la Constitución democrática. Queremos simplemente precisar, desde el inicio mismo de nuestra intervención, que no creemos que la Constitución democrática tenga en este sentido un «destino», sometido al desarrollo de procesos «naturales» y «necesarios» y, como tales, sustraidos del espacio de la libre decisión. Pensamos, más bien, que vayan como vayan las cosas, valdrá aquello que seamos capaces de hacer en contra o en defensa de la Constitución democrática. En definitiva, consideramos que el tema de la Constitución democrática es una cuestión abierta, que todavía depende para su solución de nosotros mismos, de la intensidad y de la medida en que la Constitución es reconocida en la sociedad y por la sociedad. No hablemos, por lo tanto, de «destino», y preguntémonos más bien a qué resultados y desarrollos, o recesiones, se enfrenta la Constitución democrática en nuestro tiempo histórico, en nuestra inmediata contemporaneidad. Pero para empezar a responder sobre el futuro de la Constitución democrática, debemos antes interrogarnos sobre qué es la «Constitución democrática». Se abre con esta pregunta, pues, el primer capítulo de nuestro análisis.

Intentemos una primera respuesta provisional. Una respuesta que construimos, por antigua costumbre y por mor de la claridad, sobre el plano histórico. Sobre dicho plano la Constitución democrática puede ser calificada como una de las más relevantes creaciones del *Novecento*, que el siglo pasado nos dejó en herencia a quienes estamos viviendo los primeros lustros de nuestro siglo, el siglo sucesivo. Como es sabido, el *Novecento* tiene una estructura singular que difícilmente encontramos en otros siglos. Es, de hecho, un siglo partido en dos: en la primera mitad dos sanguinarias guerras, los totalitarismos, las políticas de exterminio; en la segunda mitad la aparición de la Constitución democrática, es decir, de un particular tipo histórico de Constitución, del cual es expresión también la Constitución italiana de 1948. De forma más precisa se puede describir el tiempo histórico de la Constitución democrática como un ciclo que sigue la línea de la Constitución-madre, la de Weimar de 1919, que pasa a través de experiencias como la de la Segunda República en España, y que se manifiesta después sobretodo en la inmediata postguerra, en Italia, Alemania e Francia, y más tarde en España, con la Constitución de 1978.

Utilizando un concepto de uso frecuente por los comparatistas, es esta una «familia» de Constituciones porque todas ellas presentan fuertes caracteres comunes, hasta el punto de configurar —y aquí encontramos el elemento histórico constitucional, más allá de la lógica comparatista— un «tipo histórico» de Constitución. Un modelo nuevo respecto a los «tipos» ya conocidos, como aquel al que pertenecen las Constituciones de la etapa revolucionaria de finales del Siglo XVIII, o las Cartas Constitucionales de la época liberal, del S. XIX. Se trata, precisamente, de las Constituciones democráticas del *Novecento*, que no son en consecuencia significativas sólo sobre el plano de las singulares y respectivas historias nacionales —por ejemplo, en lo que se refiere a Italia, su fundamento antifascista, dada la génesis inmediata de la Constitución de 1948 a raíz de la caída del régimen fascista—, sino también, y quizá sobretodo, en su conjunto, por la pluralidad de relaciones que enlaza a unas con otras, de un modo intenso e históricamente determinado para configurar, más allá de las singulares vicisitudes de cada Constitución, un perfil común, que es el de *La Constitución democrática del Novecento*, y que hemos definido así precisamente para evidenciar la existencia sobre el plano histórico de una experiencia común, por no decir incluso única.

Es esta la experiencia que tomamos en consideración en este análisis, con la específica intención de interrogarnos sobre su identidad desde el plano histórico y sobre su actualidad, es decir, sobre su idoneidad para representar y explicar nuestro presente constitucional. Es sabido, de hecho, cómo la segunda mitad del *Novecento* se caracterizó en Europa por una amplia difusión del modelo de la Constitución democrática, en una línea ascendente en el sentido de una siempre mayor relevancia y centralidad de los principios constitucionales en la organización y en la evolución de las democracias de la última posguerra. Ahora bien, aquello que ahora se debe valorar es la permanente actualidad o no, de aquel «tipo histórico» de Constitución, es decir, su idoneidad para representar a las democracias europeas del primer cuarto del S. XXI, a su vez atravesadas por profundos procesos de transformación constitucional que las han hecho ciertamente diversas de aquellas democracias que, en torno a la mitad del siglo pasado, idearon y pusieron en práctica el instrumento de la Constitución democrática.

Un reciente Congreso, en cierto modo jugando con las palabras, nos hablaba del tránsito de la «aplicación —*attuazione*—» a la «inactualidad —*inattualità*—» de la Constitución, es decir, de una democracia que se realiza aplicando los principios de la Constitución, a una democracia que coloca sistemáticamente el problema de la reforma de la Constitución, pues no se considera ya actual la históricamente dada. En el primer caso, la democracia vive a través de la aplicación de los principios de la Constitución que corresponde al «tipo histórico» de la Constitución democrática. Este es el periodo pleno de la Constitución democrática. En el segundo caso, la democracia va a la búsqueda de un nuevo «tipo histórico» de Constitución, no siendo considerada ya actual la Constitución democrática. Nosotros ahora vivimos en medio de esta alternativa: o se entiende que hoy es aún el tiempo de la Constitución democrática y, por lo tanto, una época en la cual el baricentro de la democracia se sitúa todavía en el proceso de aplicación de la Constitución, en la permanente fuerza normativa de los principios fundamentales de la Constitución democrática, o bien aquel tiempo se considera sustancialmente concluido, de tal forma que a las democracias contemporáneas se les presenta el problema de un nuevo «tipo histórico» de Constitución, adecuado a un tiempo nuevo, diverso y distante del *novecentesco* que había dado origen a la Constitución democrática. Pues bien, el objetivo de estas notas es precisamente aclarar lo que está en juego en esta alternativa; y lo hacemos ilustrando, sintéticamente, los caracteres identificativos de la Constitución democrática.

II. PRIMERA CARACTERÍSTICA DE LA CONSTITUCIÓN DEMOCRÁTICA: LA INCLUSIÓN DEL CONFLICTO SOCIAL EN LA CONSTITUCIÓN

La primera característica de la Constitución democrática se encuentra en aquella que puede quizá ser considerada la norma-madre, situada en los orígenes de la experiencia de nuestro «tipo histórico» de Constitución. Me refiero al célebre artículo 151 de la Constitución de la República Federal Alemana, conocida como República de Weimar. La Constitución es del 11 de agosto de 1919, y el artículo en cuestión es el primero del Capítulo V, dedicado a «La vida económica», el cual nos aporta un dato singularmente relevante. De hecho, en las Cartas constitucionales precedentes del S. XIX, la «vida económica» se presuponía como realidad autoregulada, que no necesitaba ser guiada por principios previstos en las mismas Cartas. Como es sabido, los principios de orden constitucional, en el sentido de principios que reflejaban el conjunto del orden social y político, estaban más bien contenidos en el Código Civil, que junto a la posición central y dominante de la propiedad privada individual situaba, a este mismo nivel, el principio de la autonomía de la voluntad. Con el modelo que subyace en el art. 151 de la Constitución de Weimar, que es después el modelo de la Constitución democrática, las cosas van a cambiar. La «vida económica» no aparece ya como un dato objetivo que precede a la Constitución, un elemento en sí mismo regulado por leyes que el positivismo triunfante llamaba «naturales» y «necesarias», sino como una realidad compleja y contradictoria, que por un lado se orientaría según el principio, proveniente de la sociedad liberal, de la «libertad económica de los particulares» (art. 151 Const. Weimar), pero que, de otra parte, requiere ser gobernada en tanto portadora de conflictos y desigualdades, los cuales pueden amenazar el proyecto contenido en la Constitución democrática, consistente en la «garantía para todos de una existencia digna» (id.).

Se constata de este modo la *primera característica de la Constitución democrática*, que consiste en la presencia, en el núcleo de la Constitución, de un deber ser colectivo, de un *indirizzo* fundamental, que nace de la exigencia de *gobernar el conflicto*, de imponer a la vida económica reglas y tiempos que sean funcionales a la realización del objetivo último de la Constitución democrática, la igualdad, en el sentido de la oportunidad para cada uno de una «existencia digna de la persona», como señala nuestro art. 151. Se crea así, a la altura de Weimar, y por lo tanto al inicio de la experiencia democrática, un «modelo», que encontrará posteriormente una amplia aplicación en las Constituciones del *Novecento*. Pensemos, en primer lugar, en el segundo párrafo del artículo tercero de la Constitución italiana. Las «relevantes» tareas asignadas por este texto a la República presuponen ciertamente el cambio inaugurado con Weimar; y tienen por lo tanto —como en Weimar—, su fundamento en la percepción de una sociedad plagada de discriminaciones, de «obstáculos» que impiden el pleno desplegarse de la personalidad de cada uno, que es el objeto de la Constitución democrática en general, y por lo tanto también de la Constitución italiana, y que se traduce con su artículo tercero, en una «igual dignidad social».

Las Constituciones del *Novecento* poseen en consecuencia esta primera característica, consistente en la conciencia de que no hay ya armonías preconstituidas, pues nos encontramos más bien toda una sociedad plagada de conflictos y desigualdades. Los unos y las otras entran en el espacio de la Constitución a partir de Weimar, viniendo a representar en su conjunto una sociedad que es finalmente asumida desde su factualidad, y no ya imaginada a partir de la matriz iusnaturalista integrada en el Código, como una realidad en sí necesariamente ordenada, habitada por individuos abstractamente considerados, incluso «imaginados», y desde esta clave asumidos como sujetos libres e iguales. Puede decirse más bien que el *Novecento* en general se representaría como el siglo del descubrimiento del conflicto, de la superación integral del modelo liberal ordenado en torno a los dos polos: el Estado de una parte, el individuo de la otra. El uno expresivo del orden jurídico de la Nación, el otro colocado en el centro del sistema de derecho privado, a su vez entendido como un conjunto de relaciones capaces de autosostenerse en tanto se basa en los cánones de la racionalidad, productivos de voluntad en esta línea imaginada como propia de hombres abstractamente libres e iguales. El «tipo histórico» de la Constitución democrática nace precisamente de la superación de esta cultura *ottocentesca*. En una palabra, nace de la inclusión en la Constitución de una sociedad que no es la imaginada en la etapa liberal, sino de aquella otra concreta que empieza a moverse entre el *Ottocento* y el *Novecento*, y dentro de la cual encontramos no solo a los individuos, sino también y sobretodo a los trabajadores, los empresarios, los consumidores, y con ellos los sindicatos, las asociaciones profesionales... los intereses diversamente organizados.

Todo esto es percibido por la cultura jurídica de la época, al inicio del *Novecento*, en clave de «crisis», de renacimiento de las corporaciones, de retorno a un verdadero y proprio neo-feudalismo, y de consecuente descomposición del orden jurídico y político de la Nación. Pero en realidad, aquellos son los primeros pasos en dirección a una mutación integral del «tipo histórico» de Constitución, del «tipo» liberal fundado sobre la doble soberanía, del Estado que encarna el orden de la Nación, y del individuo colocado en el centro del derecho privado, hacia el «tipo» democrático que va perdiendo de vista aquellas dos soberanías y el orden dado que a ellas correspondía, expresado sobretodo en el derecho de los Códigos, en la ley del Estado organizada en forma de Código, y que emprende por ello caminos nuevos. En el recorrido de la Constitución democrática que se abre ahora, que sucesivamente deberá confrontarse con la época de los totalitarismos, y que después tendrá su punto álgido en la segunda mitad del siglo, quedará siempre viva la impronta originaria de las primeras décadas del *Novecento*, consistente en la percepción de la crisis. Precisamente sobre esta base, la primera característica de la Constitución democrática será la de la inclusión en la Constitución de la sociedad real, con su entera carga de contradicciones, y la consecuente necesidad de gobernar el conflicto, de indicar en este sentido un *indirizzo* reconducible a algunos principios fundamentales, entre los cuales asumirá una posición central el de la igualdad, que en esta nueva linea no se agota en el aspecto formal de la prohibición de discriminación, sino que mira hacia otras vertientes, hacia aquello que la Constitución italiana llama la «igual dignidad social».

En consecuencia, aquello que es vivido como «crisis» desde el punto de vista de las doctrinas liberales del S. XIX por la siempre más que evidente percepción de la sociedad como lugar de conflicto, se representa en realidad, mirando hacia adelante y no hacia atrás, como la primera forma de manifestarse la experiencia constitucional en sentido democrático, en concreto según un *indirizzo* fundamental, que en sustancia se traduce en un proceso de aplicación de la Constitución que ha de tomar forma a través de la «gran política», de una política, pues, que se coloca en lo más alto, más allá del plano ordinario que tiene lugar a través del *indirizzo* político de mayoría, sobre un nivel que es el de los principios constitucionales y que une a las fuerzas políticas, llamadas en este sentido a una tarea de carácter solidario. En otras palabras, la llegada de la Constitución democrática se produce, en el corazón del *Novecento*, no por casualidad en el marco de un ciclo de progresiva revalorización del lugar y del papel de la política, de los partidos, de las asambleas electivas, y de las instituciones de la democracia representativa. Si la primera característica, en un cierto sentido originaria de la Constitución democrática es —como hemos visto—, la inclusión en la Constitución del conflicto social y de las desigualdades de hecho que aquel conflicto alimenta, es preciso añadir de inmediato que, históricamente, a la presencia relevante de dicho caracter corresponde un fuerte papel de la política, considerada perfectamente capaz de colocarse en el plano más alto, que es el de la aplicación de la Constitución.

Tenemos en mente pues este punto, que resultará ser absolutamente central en nuestra valoración final y general de la Constitución democrática. En concreto, la unión fuerte e intensa que históricamente existe entre aquel tipo de Constitución, que denominamos «democrática», y los sujetos y las instituciones de la política. Ello en el sentido de que sin una presencia fuerte de los unos y de las otras no es posible la construcción de ningun *indirizzo* fundamental, de ningún gobierno de la realidad social que pueda conectarse a los principios constitucionales, de tal forma que si este proceso viene abandonado, aquello que queda es *una Constitución huérfana de la política*, que en este vacío no puede proyectar *indirizzi*, volviendo así a una idea de la Constitución puramente liberal que ve en la política exclusivamente la posibilidad del arbitrio. Es lo que ha ocurrido en Italia y en Europa en el curso del último cuarto del siglo pasado, cuando han ido contrayéndose los grandes acontecimientos, los espacios útiles para la construcción de los grandes proyectos de orden colectivo, cuando ha parecido volver un tiempo totalmente desequilibrado hacia el lado de la economía, también con la difusión de ideologías de corte neo-liberal, dentro de un clima cultural general que volvía a rehabilitar las imágenes de la sociedad como lugar de armonía, el cual ha de ser defendido, en consecuencia, a través de enfrentamientos entre los posibles árbitros de la política.

He aquí, pues, respecto a la primera característica de la Constitución democrática, en concreto sobre la incorporación en la Constitución de las desarmonías y de los conflictos sociales, el correspondiente primer motivo de «inactualidad»: a aquel conflicto debe responderse con los instrumentos de la «gran política», con la centralidad de las instituciones representativas y de las asambleas electivas, con un papel amplio de los partidos políticos, y por lo tanto con un instrumental que progresivamente entrará en crisis a partir del último cuarto del siglo pasado, ante una sociedad de nuevo centrada sobre el primado de lo económico, sobre el mito de la armonía, siempre más lejana del caracter quizá más esencial de la Constitución democrática que históricamente queda, el del *indirizzo* fundamental y de la construcción del proyecto con los instrumentos de la política. Pero dejemos ahora a un lado este primer punto, que retomaremos al final, en las conclusiones.

III. Segunda característica de la Constitución democrática: la dimensión de la inviolabilidad

Abordamos ahora la *segunda característica histórica* de la Constitución democrática expresada a través de una palabra que es también un concepto: *inviolabilidad*, o también *intangibilidad*. Una de las normas más significativas sobre este aspecto es, ciertamente, el art. 13.1 de la Constitución italiana, que se refiere a la «La libertad personal e inviolable». Una norma que no es una regla. Una norma sin caso, que expresa un principio. Una norma que, antes de nada, es una declaración de adhesión a una de las grandes tradiciones del constitucionalismo moderno. Es como si los constituyentes italianos —aunque esto vale para todos los constituyentes del *Novecento*— hubiesen querido insertar la Constitución que estaban generando dentro de un proceso histórico de *larga duración*, más amplio de aquel que en la primera mitad del siglo había conducido a dos guerras, a los totalitarismos, y a las políticas de exterminio. Ciertamente, la intangibilidad para muchos, o para casi todos, era proclamada en primer lugar precisamente contra la *Vernichtung*, contra la política absoluta de los totalitarismos europeos, que había invadido fuertemente las esferas de los individuos. Así, también en Italia, con el art. 13 ya citado, se planteaba contra el fascismo y sus políticas liberticidas, que finalmente habían generado también el monstruo de las leyes raciales.

Pero esto no era todo. Junto a la génesis inmediata —en Italia con la caida del régimen fascista—, se encuentra en aquel artículo la búsqueda de una dimensión más profunda. Existe la convicción, tras la tragedia de los totalitarismos, de que es necesario superar la matriz misma de la cultura de las libertades hasta aquel momento dominante. Nos referimos a la matriz positivista, en particular a aquella concepción general de la libertad que quiere que ésta sea el simple resultado de la aplicación de la ley: la consecuencia de la vigencia de la ley —que formalmente vela por garantizar—, y no su presupuesto, el valor primario en el que la ley misma se ha inspirado. Con la inviolabilidad se da un vuelco a la relación entre ley y libertad, pues no es ya la primera la que hace posible y garantiza la segunda. Más bien a la inversa: ahora es la libertad la que constituye el *prius* al que la ley debe ser conforme, so pena de su invalidez, por discrepar de los principios fundamentales que rigen el interés público, entre los cuales precisamente destaca la libertad, la garantía de la libertad personal. Es ésta, pues, una revolución copernicana que despega a mitad del *Novecento*, con las Constituciones democráticas, y que enunciamos de nuevo. Con anterioridad la libertad, tal y como se proclamaba solemnemente en las Declaraciones, solo pasaba a hacerse realidad después, en concreto, a través de una ley que la contemplaba bajo la forma de derechos fundados y tutelados por aquella; ahora, al contrario, aquellos mismos derechos se colocan en una auténtica posición de *anterioridad* respecto a la ley del Estado, en el sentido de que esta última no es válida en absoluto, sino sólo en cuanto sus contenidos sean conformes al derecho que la precede, que es el *derecho de la Constitución*, el cual a su vez funda y contiene los derechos mismos, que en consecuencia se apoyan sobre una base que precede a la ley del Estado.

De ahí la búsqueda de otra dimensión, la de la inviolabilidad. Esta se coloca históricamente más allá de la reserva de ley. Es, en efecto, expresión de una cultura de la libertad que hunde sus raíces de hecho en el tardo medievo, a partir de la cláusula 39 de la Carta Magna, después a través del *Habeas Corpus* que encontramos en forma escrita en 1679, y así hasta el «derecho a conocer la naturaleza y la causa de la acusación» plasmada en diversas ocasiones en los textos constitucionales de la revolución americana. Pues bien, es como si el artículo 13 de la Constitución italiana encontrase aquí su inspiración, en la declaración de adhesión a esta cultura de la libertad —históricamente menos comprometida con el paradigma positivista y estatalista—, elaborada y desarrollada en el seno de la versión anglo-americana del constitucionalismo moderno.

Las Constituciones democráticas del *Novecento* poseen, por lo tanto, esta segunda característica, que consiste en la búsqueda de la dimensión de la inviolabilidad. Así, las Constituciones democráticas, de una parte —por lo que atañe a su primera característica, ya vista— abren las puertas al conflicto social, al problema de las desigualdades *de facto* metiendo, por así decirlo, los pies en la realidad de la sociedad y de sus contradicciones. Pero de otra levantan los ojos al cielo, en el sentido de que redescubren una capa del derecho positivo que no es aquel del derecho meramente puesto, fruto de las decisiones contingentes del legislador, sino el de los *principios fundamentales constitutivos de la forma política*, que vienen transcritos en la Constitución, como en el caso ya visto de la libertad personal, y que representarían el *núcleo esencial y fundamental*, inviolable en el sentido de que si mutara o resultara alterado aquel nucleo caería por ello mismo, por entero, la propia Constitución democrática.

La aplicación más significativa e inmediata de este concepto se encuentra en la individualización del denominado *límite material* al procedimiento de revisión constitucional, es decir, en la fijación, para cada una de las Constituciones democráticas, de una materia compuesta por los principios fundamentales, sustraída al procedimiento de reforma constitucional. Quiere decirse con ello que la tan proclamada *rigidez* de las Constituciones democráticas del *Novecento* no consiste tanto en el mero dato formal de la existencia de un procedimiento de revisión más arduo y agravado que el procedimiento de elaboración de la legislación ordinaria, como en la existencia, sobre el plano histórico-constitucional, y en sentido material, de un nucleo no revisable de principios fundamentales inviolables —como los ya mencionados de la igualdad, en las políticas que la promueven contra las discriminaciones de hecho; o de la libertad personal, contra las políticas invasivas de las esferas individuales—, en el sentido de que su alteración implica el escapar del perímetro histórico de la Constitución democrática.

Es necesario ser claros sobre este punto, que es uno de los más delicados en la interpretación de nuestras Constituciones. Cuando decimos —como también nosotros hemos dicho— que los constituyentes del *Novecento* levantan sus ojos al cielo no queremos decir que pretendieran resucitar el derecho natural, aunque tal vez, en todo caso, en la versión individualista y contractualista que subyacía a las revoluciones de finales del S. XVIII. No es ya el tiempo de la función revolucionaria del derecho natural, de la contraposición del sujeto único de derecho, general y abstracto, a los derechos de origen. Al contrario, el sujeto de derecho es en las Constituciones democráticas más bien la *persona*, que a diferencia de la tradición iusnaturalista es un sujeto de carne y hueso, asumido por la Constitución desde la concreción del conjunto de relaciones individuales y asociativas dentro de las cuales se inserta, en relación a su particular existencia, a los problemas que encuentra en el acceso a los bienes que la misma Constitución proclama como esenciales, como el trabajo o la educación. Por lo tanto, también esta segunda vía que se refiere a la inviolabilidad confirma el dato de fondo del *Novecento*, consistente en el descubrimiento del conflicto, de la inclusión en la Constitución de las contradicciones sociales, de la asunción por parte de la República de funciones de carácter social, inspiradas y reconducidas hacia el nuevo principio de igualdad.

Pero entonces, ¿qué significa «levantar» los ojos al cielo? Implica que las Constituciones del *Novecento*, ante un intensísimo diálogo con la sociedad —que después en concreto se traduce en idear y poner en marcha soluciones idóneas para moderar y equilibrar los conflictos sociales—, y ante una génesis de la Constitución de tipo plural y contractual, tienen de inmediato la necesidad, en ciertas fases cruciales, precisamente de «levantar» los ojos, de tal forma que puedan encontrar a través del diálogo y entre los recovecos de una incesante negociación, momentos clave en los que es el proyecto mismo en su conjunto el que emerja con una o más de sus características fundadoras, colocadas en lo «alto», al nivel de los principios. Allí se determinan y vienen a cobrar vida los principios fundamentales que caracterizan aquella Constitución. Aquella es la sede de la decisión constituyente, que se produce a partir de la estructura intimamente plural de la sociedad y de los procesos constituyentes del *Novecento*, si bien a través de la capacidad precisamente de «levantar» los ojos, de encontrar y fijar los principios constitucionales siguiendo un recorrido, por así decirlo, que va desde lo «bajo» hacia lo «alto». Es por ello peculiar en la Constitución democrática, y en su identidad sobre el plano histórico, la presencia de *principios fundamentales compartidos*, que resultan ser inviolables en el sentido de que, admitiendo su mutación, se asistiría a una decisiva pérdida de la identidad de la misma Constitución. No hay, en resumidas cuentas, Constitución democrática sin esta identidad compartida, que viene dada evidentemente por la decisión constituyente, y sucesivamente mantenida en el desarrollo posterior del proceso de aplicación de la Constitución misma.

Como en el caso de la primera característica democrática, para la cual habiamos concluido aludiendo al problema de su permanente actualidad, y estando aquella ligada históricamente al papel fuerte y profundo de la político con su gama de instrumentos, desde las asambleas electivas a los partidos como sujetos e instrumentos indispensables para la producción de aquella que habíamos llamado la «gran política», también en el caso de esta segunda característica de la Constitución democrática se debe provisionalmente concluir de forma análoga: preguntándonos si, y en qué medida, es todavía actual esta *idea fuerte de la inviolabilidad*, que después coincide con un modo de ser de la democracia no completamente disuelta en las múltiples y complejas negociaciones que son peculiares de las democracias actuales, y todavía capaces de decir qué es lo esencial y donde reside el corazón del sistema constitucional, aquello a lo que no se puede y no se debe renunciar si se quiere históricamente permanecer en los confines de la Constitución democrática. En última instancia, debemos preguntarnos si es todavía actual esta idea fuerte de Constitución, que pretende ser portadora de una identidad definida por la sociedad y por las instituciones de la democracia, dotada de un conjunto de *principios fundamentales compartidos* que en aquella sociedad y en aquellas instituciones son considerados inviolables, precisamente porque no son modificables si no es saliendo de los confines de la misma Constitución democrática.

Las dos primeras características de las Constituciones democráticas del *Novecento* tienen en común, por lo tanto, esta unión fuerte con las instituciones y los instrumentos de la política. Sólo una presencia fuerte y estructurada de las unas y de los otros, y en particular de los partidos políticos, que precisamente en el curso del *Novecento* entran con fuerza en la ciudadela del Derecho constitucional, permite apuntalar aquel particular «tipo histórico» de Constituciones que es la Constitución democrática del *Novecento*. Sin aquella presencia, sin una sociedad política organizada y cohesionada, se termina no por casualidad por salir de las fronteras de la experiencia histórica del *Novecento* y de su Constitución típica. En particular, vendría a faltar la dimensión del *indirizzo fundamental*, es decir, la Constitución como deber ser colectivo, que mueve a la sociedad y a las instituciones en una dirección que es la querida por la Constitución misma, en la línea de los principios fundamentales fijados en la Carta, según un perfil con contornos ciertos, que conduce a una identidad segura. Hoy lo que nos encontramos es una democracia que sobre el plano formal continúa proclamando el carácter supremo de la Constitución, pero que en realidad está dejando sola a ésta última, huérfana de una política que, en principio, no es ya capaz de hablar y de actuar, que no justifica ya su posición en la sociedad y en las instituciones en relación con los principios constitucionales, proponiéndose como instrumento funcional para su concretización, y que más bien se desliza cada vez más lejos de la dimensión del principio constitucional, agotándose en la representación de intereses fragmentados, pequeños y grandes, dentro de las instituciones.

Por lo tanto una Constitución huérfana de la política. Así se puede sintetizar hoy la situación de la Constitución democrática. Una Constitución que se diluye porque ha sido dejada sola, en condiciones de orfandad, por la política, que a partir del último cuarto del *Novecento* es cada vez menos capaz de situarse en un plano elevado, el de los principios constitucionales. Es esta ciertamente una condición patológica que es fruto de la crisis cada más evidente de la democracia representativa y de sus principales instrumentos, es decir de los partidos políticos, que fueron en el origen los protagonistas en sentido fuerte de las Constituciones del *Nove-*

cento. Es necesario por ello distinguir esta condición actual, que podemos considerar sin lugar a dudas patológica, del plano originario que acompaña al nacimiento de las Constituciones democráticas del *Novecento*, y que tiene como uno de sus puntos fuertes precisamente la reconsideración de la relación entre la política, históricamente ligada al principio radical de la soberanía popular, sobre el modelo contenido en los dos primeros libros de *El contrato social* de Rousseau, y la *Constitución*, históricamente unida al principio del equilibrio de los poderes, sobre el modelo dominante en particular en la concreta experiencia de la Constitución británica, codificada en el plano teórico en las célebres páginas de *l'Esprit des Lois* de Montesquieu.

IV. Tercera característica de la Constitución democrática: el equilibrio de los poderes

Llegamos así a la *tercera característica* de la Constitución democrática, que se califica como «tipo histórico» también a la luz de este perfil, esta vez concretamente sobre el plano de los poderes. En una palabra, se trata de aquel «tipo» de Constitución que contiene en sí la política, a la que se atribuye en efecto —como hemos visto— un papel importante, incluso decisivo, pero descartando aquel «tipo» de política que tiende a expresarse en sentido radical y que pretende instituir entre los poderes públicos un poder particular al que se le ha otorgado la *suprema potestas* en tanto encarna el principio de soberanía. Con las Constituciones del *Novecento* la política entra en la Constitución y ocupa el primer lugar, pero con el inevitable reverso de la moneda, pues aquélla acepta ser disciplinada por la Constitución misma, como se desprende de forma ejemplar del primer artículo de la Constitución italiana, que atribuye la soberanía al pueblo pero para que lo ejerza «en las formas y con los límites de la Constitución».

Con el *Novecento* la soberanía vuelve por ello mismo a ser popular, tras el largo eclipse del S. XIX, liberal y burgués, que la había prohibido y relegado en el desván de los viejos hierros de la Revolución. Sin embargo, el pueblo que es titular no es una fuerza primigenia y amorfa que en cualquier momento puede demoler y revocar la Constitución misma. Esta última no puede retroceder al rango de mera expresión de voluntad del pueblo soberano. Junto a la soberanía en sentido objetivo y potestativo, de matriz rousseauniana, toma forma también en Europa la soberanía en sentido ordinamental, que se desprende directamente de la Constitución. Ahora bien, no se trata obviamente de sustituir la soberanía de un «sujeto» por la soberanía de una «norma». De hecho, es esta una banalización recurrente en las transformaciones que acaecen en el curso del *Novecento*. Lo que en concreto ocurre con las Constituciones democráticas del *Novecento* es más bien una *renovada valorización de la supremacía de la*

Constitución, ya no necesariamente ligada al principio de soberanía, en la versión dominante en Europa desde Hobbes a Rousseau, sino fundada sobre la capacidad que el mismo objeto constituyente ha tenido para expresar los contenidos estables de la decisión, los principios fundamentales compartidos, frecuentemente pertenecientes a tradiciones constitucionales de larga duración, como hemos visto en el caso de la inviolabilidad de la libertad personal. Es en este sentido que puede eventualmente hablarse de la «soberanía» de la norma, para indicar y poner de relieve la presencia en el curso del *Novecento* de este intento por hacer de la Constitución el lugar en el que son definidos los principios fundamentales que caracterizan aquella determinada forma política; principios que todos los sujetos y todos los poderes deben respetar, no habiendo *suprema potestas* alguna que sea capaz de apropiarse del sentido de la Constitución, atrayéndolo hacia el lado que aquella *potestas* prescriptivamente quiere indicar.

La tercera característica de la Constitución democrática es, en consecuencia, explicada a partir del elemento, de gran consistencia en la historia del constitucionalismo, del *equilibrio de los poderes* que la Constitución como norma suprema impone; y en particular del equilibrio entre los *poderes d'indirizzo*, los cuales son expresión de voluntad del pueblo soberano, como el poder de hacer la ley, o de gobernar en función de las respuestas que requieren las necesidades sociales, y los *poderes de garantía*, como el poder de «decir el derecho», en el ejercicio de la jurisdicción, ordinaria y constitucional, en función de la tutela de los derechos. De una parte el *gubernaculum*, dentro del cual debe contenerse toda la fuerza necesaria para deliberar e imponer la ley, para gobernar con mano segura. De otra parte, la *iurisdictio*, en la que ha de concentrarse toda la fuerza necesaria para tutelar los derechos, para impedir que los poderes de *indirizzo* se impongan de modo unilateral y arbitrario en las esferas de las personas, individuales y asociadas.

Por lo que se refiere a esta tercera característica, cabe señalar que la Constitución democrática es sólida cuando este equilibrio es estable. Pero, sin embargo, empieza a vacilar cuando uno de los dos términos de la relacion pretende ocupar el entero espacio de la Constitución. Una tentación que se observa tanto en los poderes de *indirizzo*, como en los poderes de *garantía*. Es esto lo que ocurre bastante frecuentemente ante nuestros ojos, también en este sentido evidenciando, en consecuencia, un aspecto criticable de la actual Constitución democrática. Se observa, de hecho, tanto la difusión de evidentes signos de intolerancia por parte de los poderes de *indirizzo* y de los gobernantes en lo que atañe a los controles y a los límites que establecen los poderes de garantía de los Tribunales, ordinarios y constitucionales como, en sentido opuesto, la existencia de visiones panjurisdiccionales que tienden a reducir a la nada el espacio de la discrecionalidad política, como si la vida de la democracia pudiera limitarse a ser una mera aplicación de los preceptos constitucionales administrada directamente en sede jurisprudencial. Efectivamente, la Constitución democrática ha demonizado la figura del legislador, entre otras cosas mediante la creación de las bases para una rápida difusión del control de constitucionalidad, pero sin generar otra esfera de control, sino colocando en el trono a un nuevo señor, en el lugar del legislador, afirmando una especie de ética constitucional jurisdiccionalmente administrada.

V. Conclusiones

Dos palabras de conclusiones. Como hemos visto, la Constitución democrática había prometido mucho: mayores niveles de justicia social, incluyendo en el perímetro de la Constitución las contradicciones y las desigualdades presentes en la sociedad; tutela rigurosa de las esferas individuales y al mismo tiempo solidez del pacto constitucional, según el carácter de la inviolabilidad; equilibrio de poderes con el reconocimiento de un espacio adecuado, ya sea al desplegarse desde la discrecionalidad política, como al determinarse desde ámbitos que pretenden una tutela de forma rigurosa. La Constitución democrática ha mantenido también al menos en parte aquellas promesas; y para no pocas cuestiones aquella Constitución ha generado desde la perspectiva histórica fracturas no indiferentes, verdaderas y propias revoluciones. Pensemos en la inclusión de la sociedad real y de la vida económica en general en el espacio de la Constitución, frente a toda la precedente tradición legalista y de los códigos; o en la gran revolución cultural que subyace a la introducción del concepto de inviolabilidad; o incluso en la generación de esta lógica dualista del equilibrio entre *gubernaculum* y *iurisdictio*, que es antigua, de sello plenamente medieval, pero novísima e incluso revolucionaria para quien estaba habituado a razonar en el ámbito cerrado de las relaciones entre los poderes del Estado, dentro de una lógica articulada en una pluralidad de poderes pero a su vez de sello auténticamente monista.

En efecto, todo lo que hemos descrito sobre el plano de las características generales de la Constitución democrática está hoy ampliamente en crisis —sin que necesitemos señalarlo— en la realidad de las cosas. Así, la reciente ola neo-liberal ha debilitado ciertamente la primera característica de la Constitución democrática, casi restaurando el dogma de la «naturalidad» de la sociedad económica. Y, más en general, la crisis cada vez más evidente de los sujetos y de los instrumentos de la democracia representativa ha sustraido fuerza y espacio a la misma Constitución democrática, sin subestimar las recurrentes y cada vez más manifestas tensiones entre los poderes de *indirizzo* y los poderes de *garantía*, que muestran la dificultad por mantener en pie en este aspecto delicadísimo, el proyecto de la Constitución democrática. Sin embargo, si se tiene presente la dimensión histórica y su profundidad, es difícil negar a la Constitución democrática del *Novecento* la dignidad de uno de los principales y más relevantes «tipos históricos» de Constitución producidos en la edad moderna y contemporánea.

Así, debe tenerse presente en este sentido la pertenencia de la Constitución democrática a la historica plurisecular del constitucionalismo moderno, que se inició en el curso del S. XIV en los territorios que componían la Europa de la primera edad moderna. De aquella historia la Constitución democrática representa la última y más reciente configuración que, adoptando formas nuevas, sigue no obstante la doble vocación del constitucionalismo presente en cada una de sus fases históricas, es decir, la tendencia a fundar y construir el poder, expresada a través del principio de unidad política, y al mismo tiempo la tendencia a limitar a aquel poder al objeto de tutelar los derechos. La Constitución democrática ha afirmado su supremacía, no sólo en relación a los acontecimientos contemporáneos, a las guerras y a los totalitarismos, sino también en tanto manifestación última de esta originaria historia del constitucionalismo que es, toda ella y por completo, la historia de la búsqueda de la supremacía de la Constitución. De hecho, siguiendo la doble vocación histórica del constitucionalismo, la Constitución democrática se ha expresado de una parte como acto de fundación del poder, constitutivo y al mismo tiempo representativo del principio de unidad política —desde una primera vertiente del constitucionalismo que se resume a través de la fórmula *We the people*—. Pero también se nos representa, de otro lado, como acto de limitación de aquel poder, colocando entre sus principales fuentes de inspiración dos principios fundamentales que pertenecen a la historia, a más largo plazo, del periodo del constitucionalismo que está tradicionalmente dirigido a marcar límites: en concreto, la inviolabilidad de la persona y el equilibrio de los poderes.

Concluimos de este modo por hacer un llamamiento a la prudencia. No se debe, ciertamente, pasar por alto las dificultades y los estados de crisis. De hecho, tenemos un episodio que en esta ocasión no hemos tratado, pero que al menos necesitamos mencionar. Se trata de la gran construcción europea, que tendría que haberse desarrollado a partir de aquella pertenencia de las Constituciones nacionales a la misma «familia» a la que nos hemos referido al inicio y que, sin embargo, ha quedado paralizada, exponiéndose a consistentes riesgos de involuciones, por lo que sigue siendo este un aspecto relevante en el partido que aún queda por disputar. El constitucionalismo, también en la forma reciente de la Constitución democrática, se encuentra de hecho en una encrucijada. O es capaz de renovarse reproponiéndose más allá de su forma tradicional, estatal o nacional, o está destinada a una creciente marginalidad, encerrada en los confines de la experiencia nacional.

Por encima de los Estados nacionales, desde una dimensión supranacional que mira incluso más allá y no solamente a Europa, está en resumidas cuentas el momento de la globalización, que contiene en sí un verdadero y auténtico desafio al derecho de la libertad crecido a la sombra de la poderosa envergadura del Estado nacional soberano. Se trata de entender si todo aquel patrimonio histórico que hemos ilustrado, desde los principios de la justicia social a la intangibilidad de la persona, puede todavía producir frutos en una época de creciente y evidente debilidad de las instituciones y de los sujetos de la política. Y en tal sentido, puede ser de gran interés, pero también bastante gratificante y tranquilizadora, la perspectiva de la constitucionalización del derecho internacional, no ya como derecho exclusivamente anclado en la voluntad de los Estados soberanos, sino en su conjunto autofundado a partir de principios que, en líneas generales, son interpretados y administrados por los jueces. Ahora bien, la historia nos demuestra que el constitucionalismo no puede verse solo desde un único enfoque. Porque no es sólo una idea y una práctica anti-autoritaria, pues también pretende ser, sin embargo, un movimiento y un complejo de doctrinas que instituyen el poder codificando en la Constitución los principios fundamentales, los cuales, conjuntamente, dan como resultado la identidad de aquella determinada forma política.

Y es ciertamente esta segunda perspectiva la que viene a faltar en la cuestión europea, y más todavía en la global: el perfil neto y claro de un sujeto político al que atribuir concretas responsabilidades y que, precisamente por ser tal, necesita de una Constitución que lo defina dictando también las condiciones y los límites a su acción. En consecuencia, no estamos en este momento abriéndonos a una fase que nos libera de las hipotecas estatalistas, y por ello mismo en grado de reconstruir con la obra de los jueces una tutela de los derechos alcanzada y perfectamente fundada. Es más correcto decir que se está saliendo de la dominación del modelo estatalista del derecho público y del derecho internacional para entrar en una especie de mar abierto, rico de nuevas oportunidades y ciertamente caracterizado por el papel cada vez más protagonista de los Tribunales, pero también lleno de escollos a causa de la falta de un papel fundador de los sujetos y de las instituciones de la política.

Sin embargo, una vez hecho el inventario de los problemas y de los límites actuales de la Constitución democrática, no debemos tampoco excedernos con el pesimismo para casi liquidar de modo precipitado aquella gran experiencia histórica. He aquí de nuevo las razones de la prudencia. Porque se necesita tener siempre presente que en aquella forma constitucional consolidada en el *Novecento* se condensa un patrimonio de alcance plurisecular, que data de los inicios de la edad moderna. Por tal motivo se requiere pensar bien antes de anunciar, quizá con cierto excesivo énfasis, la llegada de la edad «post-democrática», y con ella quizá de una entera edad «post-moderna», ligado esto a la exigencia de buscar otro «tipo» de Constitución. Ser prudentes en nuestras valoraciones significa moverse desde la conciencia de que en la historia los «tipos» se hacen y se deshacen con esfuerzos, a través de trayectorias intricadas y contradictorias. De hecho, tampoco el recorrido de la Constitución democrática se desenvuelve siguiendo líneas rectas univocamente progresivas, sino más bien a través de fracturas y con movimientos alternos. En efecto, estamos en esta dinámica. No podemos fingir para la Constitución democrática un estado de salud que no tiene. Pero tampoco debemos abandonar precipitadamente el campo de batalla. El episodio histórico de la Constitución democrática está plenamente en curso, tanto si nos referimos específicamente al *Novecento* y al siglo sucesivo como al actual, y en consecuencia como parte históricamente definida de la más amplia experiencia del constitucionalismo en Europa.

A quien partiendo de una actualidad en efecto frecuentemente mísera y desde el corto plazo concluye en el sentido de una ya definitiva e irreversible decadencia de la Constitución democrática, se le puede responder perfectamente que desde otra mirada a nuestro inmediato presente no son pocas las ocasiones en las que aparece evidente la necesidad de regenerar la misma Constitución democrática concibiéndola aún una vez más según su tradición, y por lo tanto como sede para la determinación de un *indirizzo* fundamental basado sobre los principios constitucionales dotados de la cláusula de inviolabilidad, y sobre todo capaz de dotar de un sentido unitario al proceder común de los poderes en la sociedad, ya sean éstos públicos o privados. Uno de los mayores iuspublicistas del *Novecento*, Constantino Mortati, en un ensayo de 1936 sobre el poder discrecional, imaginaba el ordenamiento constitucional como un conjunto de poderes, ya fueran públicos o privados, que encuentran un sentido común precisamente en la Constitución, entendida como conjunto de principios fundamentales que indicaban la dirección a emprender orientando el ejercicio de cualquier poder discrecional, desde aquel que corresponde al legislador, que adopta determinadas decisiones emanando ciertas leyes, a aquel privado que pone en marcha en cierto modo un determinado negocio jurídico. Quizá una imagen así compacta y unida de la Constitución no se adapte a nuestro tiempo; sin embargo, la tradición de la que aquella imagen proviene es ciertamente la nuestra. Esta no es seguramente la tónica dominante en general, pero no está tampoco muerta, como alguno querría. En definitiva, la batalla no ha finalizado sino que está, más bien, plenamente en curso.

LOS CAMBIOS CONSTITUCIONALES*

ENRIQUE ÁLVAREZ CONDE
Catedrático de Derecho Constitucional
Universidad Rey Juan Carlos

I. PLANTEAMIENTO CONCEPTUAL PREVIO

El estudio del Derecho Constitucional puede realizarse desde una multiplicidad de perspectivas y enfoques. Así, se puede analizar desde el estudio de una institución transversal, como pudiera ser la teoría de las fuentes del Derecho, la teoría de la Constitución, los derechos fundamentales, etc., ya que estas categorías dogmáticas abordan todo el contenido del Derecho Constitucional, o la mayor parte del mismo. Y también puede realizarse desde los principios constitucionales e, incluso, desde planteamientos filosóficos y/o históricos.

En este último sentido podemos partir, a modo de ejemplo, de la tensión dialéctica entre la Filosofía del Ser y la Filosofía del Devenir, desde los planteamientos iniciales de Parménides y Heráclito hasta el propio

* El presente trabajo es resultado del Proyecto de Investigación «Configuración y continuidad de las respuestas normativas a la crisis», financiado por el Ministerio de Economía y Competitividad. Referencia DER 2013-42600-P.

Hegel o Feuerbach, buscando el Panta Rei del Derecho Constitucional, en el sentido de que es una ciencia social dinámica, en constante evolución, con carácter contingente en suma, y cuya adecuación a la realidad constitucional constituye una de sus características esenciales. Es decir, se trataría de analizar el Derecho Constitucional desde la tensión dialéctica entre forma y sustancia, como uno de los ejes vertebradores de toda norma constitucional, dado el carácter abierto de la misma. Y ello, porque el contenido del Derecho Constitucional, las categorías dogmáticas que lo informan y las instituciones que lo impregnan, pueden adquirir diferentes significados a lo largo de la historia y en la realidad contingente de cada país.

A parecidos planteamientos y/o enfoques podríamos llegar desde el análisis de los principios constitucionales. De este modo, la aparición y vigencia actual del principio democrático debe llevarnos a una serie de conclusiones que no siempre se identifican con los postulados utilizados en sus primeras manifestaciones históricas, ni tampoco con una fraudulenta utilización del mismo, tal y como sucede en algunos planteamientos, doctrinales y políticos actuales. Y ello teniendo en cuenta que los principios constitucionales no siempre suelen estar constitucionalizados como tales, sino que simplemente se producen manifestaciones concretas de los mismos, que adquieren la condición de subprincipios o de simples reglas. Dichos principios se inducen, por tanto, del propio texto constitucional y vienen a representar la propia y esencial identidad de la Constitución. Por lo tanto, si dichos principios desaparecen, el nuevo texto resultante nada tendría que ver con el anterior, produciéndose no una reforma o modificación de la misma, sino una auténtica ruptura mediante la cual se crea una nueva legitimidad a través de la modificación de la propia legalidad, sin respetar la identidad anterior.

Por esta razón los principios, que actúan como límites materiales implícitos, como auténticas cláusulas de intangibilidad, no pueden ser muchos, sino únicamente aquellos que representan la esencia de la Constitución, su propia identidad. Por ello, hay que efectuar una selección estricta de los mismos, que en el caso concreto de nuestro ordenamiento jurídico, sería únicamente el principio democrático, definidor de la esencia constitucional por antonomasia. Y ello no porque el texto constitucional utilice de forma reiterada esta expresión, que en puridad no lo hace, aunque la palabra democrático aparece en algunos preceptos (arts. 6, 7, 27, etc), sino porque el mismo subyace a la inmensa mayoría de las categorías constitucionales (Estado de Derecho, pluralismo político, soberanía nacional, igualdad, supremacía constitucional, derechos fundamentales, independencia judicial, etc.). Incluso desde algunos sectores doctrinales se sostiene la tesis de que junto al principio democrático existen otros principios constitucionales, como pueden ser el principio de igualdad y el principio autonómico. Frente a ello, creemos que sólo el principio democrático es el único que tiene la condición de auténtico principio constitucional, siendo los demás consecuencias lógicas del mismo, las cuales también deben preservarse en todo cambio constitucional. Difícilmente se respetaría el principio democrático si desapareciera el principio de igualdad, el cual, con ser trascendental, tiene un significado más acotado que aquel. En suma, toda modificación constitucional debe respetar el principio democrático y sus manifestaciones esenciales, como el principio de igualdad, que podría llegar, de este modo, a adquirir la condición de subprincipio constitucional, cuya hipotética desaparición haría irreconocible el propio principio democrático. Más discutible puede ser la existencia del principio autonómico, pues si bien este goza de la característica de la esencialidad en nuestro ordenamiento jurídico, la misma condición no tiene por qué existir en otros ordenamientos, sin que por tal carencia puedan ser calificados estrictamente de no democráticos.

Pero aún hay más. A no muy diferentes conclusiones finales llegaríamos si utilizamos el enfoque de las instituciones transversales que conforman nuestra disciplina. En efecto, y también por poner un ejemplo, el análisis de la Teoría de la Constitución nos lleva indudablemente a analizar la tensión subyacente entre el concepto de forma y sustancia, entre el concepto de Constitución en sentido formal y material, que arranca ya desde la configuración aristotélica del psefisma, hasta los contemporáneos análisis de la normatividad y normalidad constitucionales (Hesse, 2011), sin olvidar los planteamientos en torno a la Constitución en sentido material (Mortati, 2001), o la distinción entre Constituciones normativas, nominales y semánticas (García Pelayo, 1993; Loewenstein, 1986). Y parecidos términos podrían predicarse de otras instituciones transversales, como pudieran ser la supremacía constitucional o el sistema de derechos fundamentales. Es decir, estas instituciones, que también son manifestaciones esenciales del principio democrático, permiten analizar toda la problemática, histórica y actual, inherente al Derecho Constitucional, pues presentan una dimensión multinivel que lo hace factible.

Todo ello conduce a la idea de que hoy día es necesario mantener un concepto sustancialista de Constitución, abandonando la idea de una concepción formal de la misma, que supone una revitalización de los principios constitucionales y permite una mejor utilización de las instituciones transversales, haciendo válidas aquellas ideas en torno a la necesidad, que algunos parecen ignorar, de que la defensa de más principios constitucionales propicia una mejor defensa de la propia Constitución, la cual también no se consigue con una multitud alocada de desarrollos normativos, que únicamente conduce a la existencia de normas de baja calidad (García de Enterría, 1993). Si actuamos de este modo, es decir con la aplicación continua y constante de los propios principios constitucionales, y de sus manifestaciones esenciales —lo que supone a la postre una defensa a ultranza de la identidad constitucional, que no empece la opción por cambios constitucionales, tanto en los planteamientos teóricos, que es nuestra responsabilidad como juristas, como en los planteamientos políticos, cuya responsabilidad corresponde a otras personas, pero a la que ninguno podemos ser ajenos—, conseguiremos que la actual perdida de normatividad constitucional por la que estamos atravesando en nuestro país, pase a ocupar un lugar en el museo de las antigüedades. De esta forma, es decir, propiciando que todos los operadores jurídicos apliquen los principios constitucionales, lograremos que la identidad constitucional recupere toda su dimensión, alcance una plena normatividad, y conduzca a consecuencias prácticas positivas, como son los comportamientos políticos plenamente constitucionales.

Ello exige todo un proceso de socialización política, creando una cultura constitucional que tiene su máxima fundamentación en la idea de una democracia militante, abandonando la idea de una democracia procedimental y profundizando en la configuración de la educación en los principios democráticos de convivencia (art. 27 CE). Nuestra Constitución no es solo una norma procedimental, lo cual nada o muy poco tiene que ver con la ausencia de límites expresos a la reforma constitucional, sino que contiene una serie de principios y valores que conforman la ideología constitucional, la cual permite la defensa, siempre que se haga por los procedimientos constitucionalmente establecidos, de otras ideologías diferentes e incluso contrarias a la misma, como así nos lo recuerda en diversas sentencias el Tribunal Europeo de Derechos Humanos. Si ello es así, que a nuestro criterio lo es, la idea de pacto, de acuerdo, de consenso, se impone necesariamente a los enfrentamientos y discrepancias esenciales, los cuales tienen su propia lógica interna, su razón de ser en suma; pero también deben tener únicamente su ámbito de actuación en la defensa de diferentes políticas concretas para mantener y profundizar en aquellos principios, en la defensa de la propia identidad constitucional.

Y estos planteamientos no pueden tener un carácter contingente, sino permanente. A esta conclusión deben llevarnos las situaciones, como la actual, de crisis económica, de crisis sistémica, de crisis de valores en suma. Los momentos actuales son, sin duda alguna, los más propicios para analizar y efectuar cambios constitucionales. El viejo aforismo según el cual en «tiempos de turbulencias no hay que hacer mudanzas», es un mito a destruir. Es precisamente en estos momentos cuando hay que proceder a ello, pues de lo contrario estas no se realizarán nunca, pues se entiende que, una vez desaparecidas y/o mitigadas aquellas, los cambios constitucionales ya no resultarían necesarios. Y no tienen o no pueden tener un carácter contingente, pues los principios y valores constitucionales están ahí para una permanente y continua actualización por parte de los poderes públicos y privados. Si hubiésemos realizado este proceso con anterioridad, posiblemente no estaríamos en la situación actual. Y si dejamos de hacerlo ahora, la solución se volverá cada vez mas difícil, cuando no imposible (Álvarez Conde, 2015).

Incluso es posible sostener que la reforma constitucional debe prever la futura existencia de crisis cíclicas y alternativas. Posiblemente, esta previsión no resulte fácil de ser normativizada, pero cuestiones tales como la reafirmación de los principios y valores constitucionales, la adecuada vigencia de la normatividad y supremacía de la Constitución frente a todos los poderes públicos y privados, el blindaje de los derechos fundamentales, especialmente los de carácter social, pero también los propiamente individuales, una lógica previsión de la emergencia (que debe distanciarse sustancialmente de los actuales estados de emergencia del art. 116 CE), una adecuada regulación de los poderes y contrapoderes, con especial previsión del papel que corresponde a los poderes privados, y un largo etcétera, son cuestiones que hay que tener en cuenta. Todo ello ha de suponer la constitucionalización de determinadas identidades y sus reglas de funcionamiento esenciales, evitando que la desconstitucionalización de estas cuestiones, tal y como sucede en la realidad, contribuya a que determinados operadores jurídicos, respaldándose en una mayoría que siempre es por esencia coyuntural, conduzca a la desnaturalización de los contenidos constitucionales, a la pérdida de la identidad constitucional.

Estos planteamientos exigen una actualización de los principios constitucionales, pero no implican una «voladura constitucional». Es más, la defensa a ultranza de ésta, que puede suponer un posicionamiento político legítimo, es contraria a la pura lógica democrática, careciendo al propio tiempo de cualquier apoyatura científica seria, sin que la llamada al principio democrático, la apelación a una renovación del pacto social, o a la teoría revolucionaria del poder constituyente, puedan servir de justificación actual. Y todo ello porque no pretendemos un cambio de legitimidad del sistema fundamentado en otros principios que no sea el propio principio democrático, el cual, eso sí, puede y debe ser objeto de una permanente actualización a través de la incorporación de otras manifestaciones de aquél que en la actualidad pueden encontrarse soterradas y, por lo tanto, no incorporadas al mismo.

II. Como se producen los cambios constitucionales

La teoría de los cambios constitucionales va más allá de la problemática específica de la reforma constitucional, pues aquellos no se producen únicamente a través de esta sino por medio de otros mecanismos o instituciones. Por otro lado, la reforma constitucional también se ve afectada por la inaplicación o violación de la misma, correspondiendo responsabilidades tanto a las fuerzas antisistema como a los legitimados para defenderla, que no son sino todos los poderes públicos y privados y, el última instancia, toda la ciudadanía. La pregunta es clara y significativa: ¿Quien defiende mejor la Constitución? ¿Aquellos que no la aplican en su integridad? ¿O aquellos que pretenden dinamitarla? Las responsabilidades corresponden a unos y a otros. En efecto, difícilmente se puede proclamar la defensa a ultranza de una Constitución democrática cuando muchos de sus contenidos constitucionales dejan de aplicarse, se aplican solo parcialmente, o se aplican en sentido contrario a los propios principios y valores constitucionales. Y tampoco son defendibles las tesis de aquellos que, en fraudulenta defensa del principio democrático, pretenden un cambio de legitimidad total que, a la postre, implica una desnaturalización de aquel.

1. Los desarrollos normativos y los cambios constitucionales

Toda Constitución necesita una desarrollo normativo determinado para ser plenamente eficaz, lo cual no es obstáculo para reafirmar la aplicación directa de la misma, que a veces hace innecesario un desarrollo normativo de determinados contenidos constitucionales (piénsese, por ejemplo, en la innecesariedad, comúnmente aceptada, de una Ley de Prensa para el ejercicio de la libertad de expresión; o en la inadecuación de una ley para la defensa de la libertad ideológica). Como desarrollo normativo consideramos también, aunque evidentemente no tiene esta naturaleza, a la interpretación efectuada por los operadores jurídicos a lo largo de su vigencia temporal. Ahora bien, este desarrollo normativo, esté o no previsto en el texto constitucional, no está nunca a la absoluta y libre disposición de los operadores jurídicos, por muchas mayorías en que se sustenten y porque ninguno de ellos puede situarse en la posición del poder constituyente, como a veces ha hecho, sin embargo, nuestro Tribunal Constitucional. Y ello porque las normas de desarrollo constitucional pueden tener límites expresos o estar condicionadas por los principios y valores constitucionales. Por ello, no todo desarrollo normativo es constitucionalmente legítimo, con independencia de que sea formalmente declarado inconstitucional. Si la Constitución es una norma abierta como lo es, la misma no puede cerrarse totalmente a través de un desarrollo normativo concreto, o a través de una interpretación determinada, pues debe respetar en todo caso las diferentes opciones políticas, el pluralismo en suma. Y sería ilegítimo, constitucionalmente hablando, aquel desarrollo normativo o aquella interpretación que fuese manifiestamente contraria a los principios y valores constitucionales.

Por otro lado, también se produce un cambio constitucional cuando se instala la categoría dogmática de la *desuetudo*, pues el no desarrollo normativo de la Constitución durante un largo periodo de tiempo también supone una modificación de la misma, a no ser que esta falta de desarrollo venga justificada por la aplicación directa de los principios constitucionales. Por otro lado, el cambio constitucional también puede hacerse necesario en el caso de las definiciones constitucionales, en el caso de que éstas existan, pues las mismas podrían impedir o dificultar directa adecuada o un desarrollo normativo plural, condicionando la actuación de los diferentes operadores jurídicos. Distinto significado tienen las definiciones en las normas de desarrollo constitucional, las cuales cada vez están mas presentes en nuestro ordenamiento jurídico, pues si bien es cierto que pueden limitar la acción de los distintos aplicadores e intérpretes de la norma en cuestión, posibilitando de este modo una cierta petrificación del ordenamiento jurídico, también lo es que nunca pueden impedir una interpretación diferente de las mismas en base a los propios principios constitucionales. Así, y a modo de ejemplo, una definición legal de lo que es democrático puede condicionar la acción de los poderes públicos, aunque también éstos están legitimados para afirmar que la misma puede ser contraria a los principios y valores constitucionales y, en consecuencia, propiciar una modificación de la misma.

Estas consideraciones pueden presentar diversas manifestaciones, entre las cuales podemos mencionar las siguientes.

a) Cuando es manifiesta la desconstitucionalización de determinados contenidos constitucionales, permitiendo que la aplicación y/o interpretación de los mismos quede a la libre disposición de los diferentes operadores jurídicos. No se debe olvidar que nuestro ordenamiento jurídico no responde a los principios y esquemas del *common law* sino a los postulados del sistema del *civil law,* lo cual implica, en principio, que la constitucionalizacion ha de realizarse en el propio texto constitucional. Otra cosa muy distinta es la opción integral por uno u otro sistema, pero la opción contundente por el modelo anglosajón, aunque pueda presentar importantes ventajas, nos parece extraño a nuestro propio sistema, lo cual no empecé para asumir determinadas categorías dogmáticas del mismo, sin olvidar que el modelo continental también presenta diversas ventajas en relación con determinados contenidos constitucionales, como pudieran ser la idea de supremacía constitucional, el significado irradiante de los derechos fundamentales o la propia transversalidad del principio de igualdad.
   Esta desconstitucionalización también se produce cuando, con el paso del tiempo, dejan de tener eficacia normativa determinados preceptos constitucionales del llamado Derecho transitorio, que pueden incluso estar incluidos en el propio cuerpo de la Constitución, como sucede en nuestro ordenamiento jurídico con determinados preceptos del Título VIII, y no únicamente en las disposiciones transitorias, que es su lugar adecuado, y que normalmente acompañan a casi todas las normas. Pero también se produce esta desconstitucionalización cuando el autor de la norma fundamental

no quiso, o fue incapaz de prever, aquellas decisiones políticas fundamentales que deben ser el contenido propio de toda Constitución. Y, finalmente, también cuando se produce el vaciado de determinados contenidos constitucionales, tal y como ha sucedido entre nosotros con determinados derechos fundamentales con motivo de la crisis económica.

b) Los problemas derivados de la primacía del Derecho Comunitario, la cual incide en la propia problemática del principio de supremacía constitucional y en la idea de una Constitución supraestatal, y su transposición al ordenamiento estatal, y, de forma diferente, de la ratificación de determinados Tratados Internacionales, como pudieran ser aquellos que suponen la incorporación al ordenamiento jurídico de nuevos derechos fundamentales o de disposiciones que exigen, para no confrontarse con la Constitución, la utilización de la figura de la reserva. Es decir, no debemos olvidarnos que el Derecho de la Unión Europea también es derecho interno de cada uno de los Estados miembros, derivándose de ello una serie de consecuencias jurídicas que han de ser analizadas a la luz de los principios comunitarios (primacía, efecto directo, etc.), lo cual puede implicar la existencia de auténticos cambios constitucionales, que podrán formalizarse o no posteriormente.

c) El desarrollo del Título VIII, dadas las previsiones de nuestros constituyentes en la configuración de un modelo indefinido y abierto, así como su transformación tras la aprobación y/o modificación de los Estatutos de Autonomía y de determinadas normas estatales, especialmente las de carácter financiero y tributario, así como de la interpretación que del mismo ha realizado nuestra jurisprudencia constitucional. Ello implica que buena parte del mismo se encuentra en la actualidad desnaturalizado, bien porque su contenido ha pasado a ser Derecho transitorio, bien porque el mismo se ha visto afectado por nuestro ingreso en la Unión Europea (como sucede con muchas competencias estatales y autonómicas), o bien por la interpretación efectuada por nuestro Tribunal Constitucional. Ello ha implicado, a nuestro juicio, un auténtico cambio constitucional que, por su importancia en nuestro país, necesita ser objeto de una reforma constitucional urgente y perentoria.

d) La no impugnación de normas manifiestamente inconstitucionales, bien porque únicamente han sido declaradas inconstitucionales en otros subordenamientos jurídicos, como sucedió con los casos de los Estatutos de Autonomía de Cataluña y Andalucía, bien porque han sido declaradas plenamente constitucionales cuando nunca debieron serlo, como pudieran ser la reducción del mandato constitucional de los magistrados del Tribunal Constitucional, la existencia de normas meramente interpretativas por parte de nuestro Parlamento, o la propia posición de determinados órganos constitucionales.

e) La falta de previsión constitucional de determinados contenidos futuros. Esto es lo que sucede con aquellas cláusulas constitucionales que se quedan rápidamente ancladas en el tiempo en que fueron redactadas, sin capacidad alguna para adoptar soluciones para tiempos nuevos. Esto es lo que sucede, en nuestro caso y en el de otros ordenamientos jurídicos, con la actual falta de previsión constitucional de una adecuada respuesta a las situaciones de crisis, a la previsión de la emergencia (Tur Ausina, 2016), las cuales no siempre pueden ser abordadas con un mayor utilización directa de los propios principios constitucionales. Así se manifiesta en nuestra actual regulación de los actuales estados de alarma, excepción y de sitio, pues la misma responde a planteamientos de épocas históricas ya superadas, que hace de los mismos auténticas normas periclitadas, necesitadas de la correspondiente reforma constitucional. Parecidas consideraciones podrían realizarse en torno al fracasado intento en Francia de modificar la Constitución para una nueva regulación de la emergencia, o en la aparición de determinadas doctrinas, como la de la seguridad nacional, para ocupar vacíos constitucionales y legitimar así determinadas actuaciones políticas.

2. *El papel de los operadores constitucionales*

La Constitución, como norma jurídica que es, necesita de una constante actualización por parte de los operadores jurídicos legitimados para hacerla eficaz y plenamente normativa. Esta actualización puede presentar diversas fases o momentos, que no tienen por qué ser necesariamente sucesivos. Lo que sí parece evidente es que los preceptos constitucionales deben impregnar toda su actuación y no servir únicamente de argumentación subsidiaria o adicional frente al resto de las normas jurídicas o, lo que es peor, ser puramente ignorados. Ello parece exigir lo siguiente:

a) En primer lugar, una adaptación de todos los preceptos constitucionales que no sean de aplicación directa a las realidades concretas de cada momento histórico.
b) En segundo lugar, una ponderación de los principios y valores constitucionales, evitando la desvirtuarían de los mismos.
c) En tercer lugar, una utilización adecuada de las diferentes técnicas de interpretación constitucional.
d) Finalmente, y como última instancia, proceder a los cambios constitucionales que sean absolutamente necesarios, bien a través de mutaciones constitucionales que respondan al principio democrático, bien a través de los procedimientos de reforma constitucional.

Ahora bien, existen una pluralidad de operadores jurídicos que cumplen, a su vez, roles diversos. Unos, que actúan con una interpretación vinculante. Ello se predica de todos los poderes públicos, que mantienen una posición de vinculación positiva (art. 9.1.CE) con la Constitución y, a su vez, actúan como operadores vinculantes frente a terceros. Y dentro de estos no es la misma la posición de unos y otros. Los integrantes del poder judicial, en el ejercicio de la *jurisdictio*, tienen como misión tutelar los derechos fundamentales y evitar la arbitrariedad de los poderes integrantes del *gubernaculum*, cuya función es gobernar y hacer las leyes, es decir, ejercer la dirección política. Frente a éstos últimos, los tribunales tienen una posición muy distinta, pues disponen de la última palabra. Pero también existen otros que, en principio, carecen de esa vinculación positiva, como son los ciudadanos y los poderes privados. Todos ellos son operadores constitucionales, pues aplican la Constitución, así como el resto del ordenamiento jurídico, de forma consciente e incluso a veces de forma irreflexiva, es decir, sin darse cuenta de que lo están haciendo. De esta forma, aunque la vinculación con el texto constitucional de unos y otros sea diferente, ello no quiere decir que la falta de vinculación positiva de estos últimos se convierta en un mero acatamiento a la Constitución. Unos y otros, ciudadanía y poderes privados, pero especialmente estos últimos, también tienen una vinculación con los preceptos constitucionales, los cuales deben inspirar toda su actuación privada, pues no puede decirse que se encuentran al margen de aquellos. Lo que sucede es que esta vinculación solo tiene eficacia *inter partes*, sin que pueda imponerse *erga omnes*, circunstancia esta que sí se predica de los operadores sujetos a la vinculación positiva.

Ahora bien, como los operadores constitucionales son numerosos y de diferentes opciones ideológicas, la falta de una cierta uniformidad se convierte en característica inevitable, a no ser que instauremos entre nosotros aquellos usos y prácticas, propios del modelo anglosajón, que hacen de la negociación y el pacto una constante actualización de los contenidos constitucionales. En uno y otro caso, parece hacerse necesaria la existencia de un operador jurídico último, que tenga la condición de intérprete supremo, que no es lo mismo que intérprete único, de la Constitución y de todo el ordenamiento jurídico. Esta función corresponde a los Tribunales Constitucionales o, en su caso, a las Cortes Supremas. Ahora bien, aunque esto es cierto, la posición de estos últimos debe ser matizada. Es cierto que son los titulares de la última palabra, pero el ejercicio de esta función deben conducir, cosa que no siempre ha sucedido, a que el llamado «dialogo entre Tribunales» consiga proporcionar una buena dosis de seguridad jurídica, pues el resto de los operadores constitucionales tienen derecho a una cierta predecibilidad de las decisiones de todos poderes públicos pero especialmente de aquellos que son titulares de la ultima palabra.

El Derecho Comparado nos ofrece multitud de ejemplos sobre los cambios constitucionales realizados por los operadores jurídicos, que, en no pocos casos, se convierten en auténticas mutaciones constitucionales. Pensemos, a modo de ejemplo, en el caso del Tribunal Supremo de los Estados Unidos en relación con la cláusula de comercio, transfiriendo competencias a favor de la Federación (Ramaaswamy, 1948; Pegoraro, 1999; Ragone, 2012). Es cierto que estos cambios se producen más frecuentemente en aquellas Constituciones de larga tradición histórica, pero también existen en los textos constitucionales más recientes y de vigencia temporal más breve. Lo que en realidad sucede es que en el caso de los primeros se considera absolutamente normal la existencia de estos cambios constitucionales a través del pacto y la negociación, pues se realiza en base a los principios constitucionales que inspiran sus respectivos ordenamientos jurídicos. En cambio en los otros sistemas aún no se ha producido la integración del pacto y la negociación en los principios y valores constitucionales, en la propia Constitución en suma.

En nuestro país la actuación de los operadores constitucionales es radicalmente distinta. La ciudadanía no es consciente de que en nuestra actuación diaria estamos constantemente aplicando los principios valores constitucionales, estamos viviendo en Constitución. Y, por su parte, los grandes poderes privados entienden, equivocadamente, que su actuación se encuentra al margen de los preceptos constitucionales, como si éstos no tuvieran nada que ver, pues perciben que su derecho de propiedad y su libertad de empresa es absoluta, encontrándose sus actividades al margen de la propia Constitución. A éstos hay que enseñarles a vivir en Constitución, lo cual también se puede predicar de algunos poderes públicos. Se impone, por tanto, todo un proceso de socialización política, que suponga una potenciación de los principios constitucionales. Proceso de socialización que debe empezar en el propio sistema educativo y extenderse a toda la actuación de la ciudadanía y los poderes privados.

En el caso de la actuación de los poderes públicos, habría que destacar los conflictos planteados entre los titulares de la última palabra. Pensemos en el significado de las sentencias meramente interpretativas, cuyo ejemplo paradigmático es la STC 31/2010, sobre el Estatuto de Cataluña (Tur Ausina, Álvarez Conde, 2010), y la reacción de diferentes poderes públicos catalanes, o en la temprana sentencia sobre la LOAPA en 1983; en la interpretación conforme con la Constitución; en la incorporación de nuevos derechos, como sucede con el caso del *habeas data*; en los conflictos entre los diferentes órganos constitucionales, especialmente entre el Tribunal Supremo y el Tribunal Constitucional, etc.

Especial relevancia adquiere, en materia de derechos fundamentales, la incorporación de la doctrina del TEDH a través de la propia jurisprudencia constitucional, o la normativización de ésta última, técnica que ha sido rechazada por la sentencia del Tribunal Constitucional sobre el Estatuto de Cataluña (Álvarez Conde, Tur Ausina, 2008). Todo ello, además, plantea el problema del llamado «diálogo entre Tribunales», con la finalidad de evitar resoluciones abiertamente contradictorias, garantizar la igualdad de la ciudadanía y la propia interpretación armónica, que no uniforme, del ordenamiento jurídico. Este dialogo entre los diferentes poderes públicos, debe respetar el ámbito competencial de cada uno de ellos y, a la vez, realizarse con una buena dosis de *self restraint*, evitando los excesos de jurisdicción y proporcionando la necesaria seguridad jurídica.

3. *Los acuerdos entre las fuerzas políticas*

Muchas veces se produce un desarrollo de la Constitución, que no tiene siempre en nuestro ordenamiento jurídico la naturaleza de desarrollo normativo, porque es realizado por acuerdos entre las diferentes fuerzas políticas, sin que tenga su traducción normativa correspondiente. A veces dichos acuerdos presentan, además, una dimensión normativa, tal y como sucedió en los llamados Pactos de la Moncloa, en los Acuerdos autonómicos de 1981 y 1992, o en el acuerdo antiyihadista del 2015. Y otras veces determinados acuerdos se plasman directamente en auténticas normas jurídicas. Pero ahora lo que nos interesa es el acuerdo en sí mismo considerado, y no su proyección normativa posterior.

Como hemos apuntado anteriormente, estos acuerdos y/o convenciones tienen un diferente significado según sea el sistema jurídico en que nos encontremos. En el modelo anglosajón, dichos acuerdos forman parte de la propia Constitución, mientras que en el modelo continental no siempre se integran en la misma. Pero en ambos casos pueden producirse, a través de ellos, auténticos cambios constitucionales, normalmente a través de la figura de la mutación constitucional. Asimismo, hay que afirmar que los mismos se plasman de forma diferente en las constituciones no escritas y flexibles, que en las constituciones escritas y rígidas. En el primer caso, se integran en la propia Constitución, siendo un desarrollo o aplicación de la misma. En el segundo, entrarían dentro de la categoría de los cambios constitucionales. Estos cambios constitucionales, que podrían incluirse en la categoría dogmática de la mutación constitucional, pueden afectar —de hecho afectan—, a contenidos vitales de la norma jurídica suprema. Es decir, en el primer supuesto estaríamos en presencia de un desarrollo, incluso normativo, de la Constitución, y en el otro ante un cambio constitucional no formalizado en el texto constitucional.

Así sucedió en nuestro país con los acuerdos autonómicos de 1981 y 1992, que alteraron sustancialmente el significado de nuestro modelo de descentralización política, aunque algunos de ellos tuvieron, más tarde, su correspondiente traducción normativa en determinadas disposiciones consecuencia de dichos pactos. Pero también pueden producirse en otros ámbitos más singulares, como puede ser el caso del Derecho laboral, cuando se desconocen e ignoran los acuerdos entre las fuerzas sindicales y empresariales más representativas, haciendo que los convenios colectivos pierdan la eficacia vinculante que constitucionalmente les corresponde.

Esta distinta naturaleza de los acuerdos entre las fuerzas políticas mayoritarias, y que normalmente no son suscritos por los partidos minoritarios, pueden representar un diferente cambio constitucional. Así, unos (los Acuerdos Autonómicos), significan un cambio constitucional que altera el texto, pero respetando los principios constitucionales. De este modo, un modelo autonómico excesivamente abierto se va cerrando, poniendo límites a la vigencia absoluta del principio dispositivo. Pero en otros, ese respeto a los principios constitucionales no parece tan evidente, cuando no contradictorio, pues se prescinde de la naturaleza vinculante de los convenios colectivos, privándoles de la condición de auténtica fuente del derecho. Y es que si no conseguimos que dichos acuerdos sean una acto de aplicación de la propia Constitución, pues deben ser considerados parte integrante de la misma, su utilización puede ser claramente disfuncional.

4. *Los cambios a través de las costumbres y las convenciones*

No siempre es fácil distinguir las convenciones de las costumbres, especialmente en aquellos sistemas donde estas constituyen auténticas fuentes del derecho, y en concreto en los países anglosajones. Las convenciones pueden ser consideradas como reglas vinculantes para aquellos que las han estipulado. Por el contrario, las costumbres se imponen a todos y no solo a los que han participado en su formulación. Son auténticas fuentes del derecho. Las mismas, en los ordenamientos jurídicos anglosajones, pueden ser innovativas, interpretativas y abrogativas. Sin embargo esta clasificación, especialmente por lo que a las costumbres abrogativas se refiere, no tiene la misma vigencia en nuestro ordenamiento jurídico.

La cuestión afecta directamente a la teoría de las fuentes del derecho, cuestión en la cual todavía nos encontramos en planteamientos plenamente liberales. Y ello, no solo porque las mismas estén reguladas en el Código Civil, sino principalmente porque se permite a los particulares, y en consecuencia también a los poderes privados, tener la consideración de creadores del Derecho. En efecto, el principio de autonomía de la voluntad de las partes (art. 1251 CC), aunque tenga su incidencia más importante en el ámbito de las relaciones entre particulares, no puede tener esta condición en un Estado Social de Derecho, donde únicamente la Constitución es la norma delimitadora del sistema de fuentes. Y la norma fundamental únicamente debe atribuir, con carácter general, esta función, la de ser creadores del derecho, a los poderes públicos, pues ellos son los auténticos operadores jurídicos, los únicos que ejercen una interpretación vinculante en el sentido anteriormente expuesto. Únicamente, y a modo de excepción a esa regla general, la Constitución puede permitir a determinados ciudadanos o poderes privados la creación de normas, la cual viene justificada por la trascendencia de los acuerdos alcanzados. Pero nunca el principio de autonomía de la voluntad de las partes puede convertirse en regla general.

Los cambios constitucionales a través de costumbres y convenciones tienen una mayor vigencia en el supuesto de las Constituciones flexibles o en el caso de las Constituciones no escritas, pues en ambos supuestos las mismas forman parte de la propia Constitución, integrándose en la misma. Así sucede, en el caso inglés, con la trasformación de la monarquía constitucional en monarquía parlamentaria a través de la institución del *impeachment* y la introducción de la relación de confianza; o la pérdida de poderes del monarca, como evidencia que la sanción real de las leyes fue ejercida por última vez en 1701. Asimismo, podríamos citar numerosos ejemplos del caso estadounidense, que van desde la configuración de la teoría de los poderes implícitos hasta el sistema de distribución competencial entre la Federación y los Estados, sin olvidarnos de cuestiones tales como el sistema de las Comisiones en el Congreso o la práctica de los *hearings*. E igualmente, podrían ponerse numerosos ejemplos en el caso canadiense. Pero también podríamos mencionar, aunque no con ese carácter general, determinados supuestos concretos, como son también el caso del Estatuto Albertino de 1848 o de la propia Constitución de Weimar, en relación con el acceso de los fascismos al poder en Italia y en Alemania; la necesidad de consultas para la formación del gobierno en Italia en la actual Constitución; o los poderes del Presidente del Gobierno en Francia en los casos de distribución de competencias cuando se produzca la cohabitación política. Es decir, también en el ámbito de las Constituciones rígidas se producen estas situaciones, pues las relaciones entre los órganos constitucionales no están nunca plenamente normativizadas y tampoco deben estarlo.

En el caso español, los ejemplos quizás tengan una menor transcendencia, dado el periodo de vigencia de nuestra actual Constitución. Pero a modo de ejemplo, podríamos citar la no explicitación de la composición del Gobierno en el proceso de investidura, únicamente señalado en una ocasión por Felipe González; la reducción del mandato a ocho años de los Presidentes del Gobierno, iniciado por el Presidente Aznar; o las derivadas del proceso de investidura del Presidente del Gobierno en 2016, donde se cuestionaron temas tales como el significado de propuesta del Rey, la declinación por parte del candidato propuesto, la posición del Presidente del Congreso de los Diputados, muchas cuestiones relativas a nuestro actual derecho parlamentario, la propia naturaleza del gobierno en funciones, cuya duración puede ser indeterminada, las relaciones entre órganos constitucionales, etc. Y es que los cuatro meses que duró la XI Legislatura supuso la existencia de un Derecho Constitucional virtual o, si se quiere, una cierta virtualización de nuestro Derecho Constitucional, debido precisamente a la falta de una cultura del pacto, de la negociación, la cual no se puede imponer a través de normas jurídicas propias del *hard law* sino a través de normas, también jurídicas, integrantes del *soft law*.

III. La reforma constitucional

1. *La naturaleza de la reforma*

En el proceso histórico de configuración del concepto de Constitución, y prescindiendo de antecedentes más remotos, hay que partir de la existencia de un *higher law* (Corwin, 1929), concebido en el constitucionalismo británico como anterior a la propia idea de Constitución, con una idea de limitación permanente del poder de la Corona, que unas veces se formalizará en documentos escritos y otras se integrará en el *common law*, idea esta que se extenderá a las actuaciones de los colonos en los Estados Unidos, que deducirán la existencia de un derecho superior del propio *common law* británico. Asimismo, debemos tener en cuenta la idea de Constitución abierta, en el sentido de que esta debe permanecer incompleta e inacabada, con la finalidad de que pueda ir adaptándose a las trasformaciones que exige la realidad. Es decir, resulta imposible proceder a una juridificación total, debiéndose respetar la actuación de los diferentes operadores jurídicos para que procedan a la correspondiente adecuación de los preceptos constitucionales, sin que estos lleguen a perder su propia identidad. Finalmente hay que concluir en la defensa de la idea de un concepto sustancialista de Constitución que haga del Derecho constitucional un Derecho de la libertad, la igualdad y la solidaridad. Es decir, hay que mantener un concepto beligerante de Constitución y, por lo tanto, también un concepto beligerante del Derecho, pues todo ello es una consecuencia del principio democrático, compatible con el principio de «reserva de Constitución», que afecta a la idea de fundamentalidad de la misma, pues dentro de ella están las decisiones políticas fundamentales, y a la naturaleza heterogénea de los propios preceptos constitucionales (normas principiales y reglas, normas de aplicación directa y normas de aplicación diferida en el tiempo, normas procedimentales y normas sustantivas, etc.).

Desde estos planteamientos es desde donde hay que enfocar la teoría de la reforma constitucional, la cual, como otras categorías dogmáticas, presenta una dimensión multinivel, que incide en la eficacia vertical y horizontal del derecho constitucional. Y ello porque la reforma no es solo un procedimiento de cambio constitucional, sino también un mecanismo de defensa de la misma. Y ello también porque los cambios constitucionales, como hemos visto, no se producen únicamente a través del mecanismo de la reforma constitucional.

En efecto, la reforma constitucional, que debe ser diferenciada de otras figuras de cambio constitucional (Schmitt, 2011), como pueden ser la destrucción de la Constitución, la supresión de la misma, el quebrantamiento de la Constitución y la suspensión de la misma, cumple una función transformadora y a la vez garantista del propio texto constitucional. Asimismo, hay que diferenciarla, por su importancia, de la noción de mutación constitucional, que puede tener distinto significado en unos sistemas políticos y en otros, y la propia noción de interpretación constitucional, no siempre de fácil diferenciación en relación con aquella.

La interpretación es una concreción determinada, que no debe excluir *a priori* otras posibles, del texto constitucional. Ahora bien, dada la naturaleza de las normas constitucionales, no siempre los criterios interpretativos tradicionales, los propios de la legalidad ordinaria, son aplicables a la legalidad constitucional. Además, hay que señalar la imposibilidad de una juridificación total de las relaciones entre la sociedad civil y los poderes públicos, razón por la cual la interpretación constitucional adquiere una singularidad propia, derivada de la carga ética y política que la misma conlleva. En consecuencia con ello, el intérprete constitucional está dotado de un mayor grado de responsabilidad, pues debe mantener abierto el carácter de las normas constitucionales, a través de la interpretación conforme con la Constitución, el carácter armónico, unitario y sistemático de todos los preceptos constitucionales y, al propio tiempo, debe permitir la acción de los demás operadores jurídicos, pues así lo exige el principio democrático, el principio de seguridad jurídica, y la consagración del pluralismo como valor superior del ordenamiento jurídico. Únicamente en el caso de que la interpretación no sea posible, que no lo permita el carácter flexible y abierto de la norma constitucional, o convierta al texto constitucional en una norma nominal o semántica, es cuando debe entrar en acción la mutación y/o la reforma constitucional, especialmente si se quieren garantizar determinados contenidos constitucionales, incluir nuevas decisiones políticas fundamentales, nuevos principios, o evitar la continuada y permanente desconstitucionalización.

La mutación constitucional implica un cambio constitucional sin que se produzca una alteración formal del texto. Aquella únicamente puede ser legítima cuando se hace compatible el principio democrático con el principio de supremacía constitucional. Es decir, cuando se produce una confrontación entre el principio de legitimidad y el principio de legalidad, debe procederse a la modificación de esta por los procedimientos establecidos para incorporar las demandas del principio de legitimidad, democráticamente contrastadas. El caso del proceso autonómico andaluz es suficientemente explicativo al respecto, aunque la transformación de la legalidad efectuada no se adaptara plenamente a los cánones constitucionales. La mutación constitucional, como cambio constitucional que es, puede tener plena vigencia en determinados supuestos, como son aquellos en los que se produce en la realidad una transformación en la configuración del poder político, cuando se alteran las reglas para solucionar los conflictos entre los diferentes intereses, o cuando hay que llenar algunas lagunas, constitucionales, sean estas patentes u ocultas. En estos casos, puede suceder que el acudir a la reforma constitucional no resulte necesario, pues la actuación del poder de reforma debe limitarse a determinados contenidos, que están directamente relacionados con su naturaleza de poder constituyente constituido. En todo caso no es legítimo que la mutación constitucional produzca un enmascaramiento constitucional, lo cual ha sucedido frecuentemente en los sistemas políticos no democráticos. Es decir, se puede diferenciar entre mutaciones constitucionales legítimas e ilegítimas. En estos últimos casos debe intervenir la institución de la reforma constitucional, la cual garantiza tanto la estabilidad del texto constitucional, por su consideración de mecanismo de defensa, como su adecuación a los cambios políticos y sociales que se han producido, o que pudieran incluso preverse.

En líneas generales, puede afirmarse que la reforma constitucional debe hacer acto de presencia, es decir, se convierte en imprescindible e ineludible cuando terminan las posibilidades de mutación constitucional democrática o cuando las posibilidades de interpretación se han agotado. Pero también se puede apreciar en la misma una potencialidad transformadora, pues la reforma constitucional está llamada también a prever conflictos o situaciones futuras, bien porque éstas puedan anticiparse en el propio texto constitucional, bien porque resulte necesario e imprescindible garantizar para el futuro determinados contenidos constitucionales. El caso de la actual situación de crisis económica y sistémica es especialmente revelador a este respecto.

Y es que la reforma constitucional es concebida como uno de los procedimientos de cambio constitucional, no el único, pero también como un mecanismo de defensa constitucional, dualidad esta que es congruente con los planteamientos teóricos en torno al Derecho Constitucional, con la condición de Constitución como norma jurídica suprema, base de todo el sistema de garantías constitucionales, con la idea de Constitución abierta, con las relaciones entre forma y sustancia, y con un largo etcétera.

Otra cuestión importante es la posibilidad o no de límites expresos a la propia reforma constitucional. Esta cuestión diferencia claramente a los preceptos constitucionales de otros preceptos normativos, en los cuales la existencia de límites es más difícil de apreciar, a no ser que estos tengan un carácter formal, por estar explicitados en el propio texto de la norma, o se deriven de la propia idea de reserva material. Es decir, es posible hablar de la existencia de un exceso constitucional y de un exceso normativo, como también puede existir un exceso de actuación por parte de los diferentes operadores jurídicos, el llamado «exceso de jurisdicción», cuando estos se extralimitan en el ejercicio de sus competencias. Y este exceso de jurisdicción afecta también a la institución de la reforma constitucional, la cual puede ser utilizada de forma espuria, tal y como sucede en algunos ordenamientos jurídicos latinoamericanos. Es decir, hay que lograr un equilibrio entre la absoluta falta de una cultura de reforma constitucional, tal y como sucede en nuestro país, y un exceso de reforma, la cual parece propiciar la idea de que la Constitución no es una auténtica norma jurídica suprema, cuando no enmascarar determinados intereses o determinadas actuaciones de los poderes públicos y privados.

2. *El significado actual del poder constituyente*

La idea del poder constituyente debe ser concebida como una categoría dogmática que cumplió su papel histórico concreto en el proceso revolucionario francés, y que no fue utilizada en el proceso revolucionario norteamericano, pues no sintieron la necesidad de disponer de una nueva dogmática porque su «Revolución» consistía, no en una alternativa a la legitimidad del sistema político británico, sino que, por el contrario, pretendían extender el sistema político de la metrópoli al territorio de las colonias independientes, y que hoy día tiene un significado radicalmente distinto al de su primera formulación teórica (Sieyès, 1789; De Vega, 1985).

En efecto, para los revolucionarios franceses, que necesitaban disponer de una dogmática alternativa al régimen absolutista, el poder constituyente es un poder *ex novo*, originario, no sujeto a límite alguno, pues nace de un acto revolucionario, se sustrae a cualquier regla jurídica y su finalidad es crear un nuevo orden, una nueva Constitución, sustrayéndose a cualquier tipo de legalidad anterior. Es decir, el poder constituyente, que es un poder prejurídico, no se encuentra condicionado por ningún procedimiento reglado ni por la actuación de los poderes constituidos. Por ello, su actuación es discontinua, manifestándose únicamente en momentos fundacionales o de cambio político radical y absoluto. Por el contrario, el poder constituido es un poder derivado, no originario, sujeto a límites, y tiene su fundamento en reglas jurídicas creadas por el poder constituyente. Así pues, quien ejerce como poder constituyente no puede actuar como poder constituido.

Más difícil es conceptualizar al poder de reforma, calificado de poder constituyente constituido, pues participa de la naturaleza jurídica de ambos. No es un poder originario, sino limitado y, por tanto sujeto a límites, pero, a su vez, puede modificar la Constitución, que es obra del poder constituyente, puede transformar las normas jurídicas creadoras del propio Estado pero subordinado a la legalidad constitucional, sin poder actuar al margen de ella, de sus límites, formas y procedimientos. El poder de reforma puede llevar a cabo la actualización de la norma constitucional, siempre que ello no suponga una modificación de las decisiones políticas fundamentales. Y ello, porque el poder constituyente efectúa, una vez que ha actuado, una delegación de sus competencias en los poderes constituidos, los cuales no pueden modificar las condiciones de su delegación, que se encuentran recogidas en el propio texto constitucional.

La teoría del poder constituyente constituido, especialmente la problemática de sus límites, del poder de reforma en suma, está relacionada directamente con el propio concepto de Constitución que sostengamos (Fioravanti, 2014; Aragón, 2015). En efecto, una concepción sustancialista de Constitución, que es la que nosotros mantenemos, pues es la que más se acomoda a la idea de norma jurídica suprema, conlleva necesariamente sostener la idea de límites materiales expresos al poder de reforma, pues aquellos únicamente pueden modificarse por un acto revolucionario a través del ejercicio del auténtico poder constituyente (Aláez, 2000)[1]. Ahora bien, como los cambios de legitimidad no se producen frecuentemente ni en cualquier momento, pues las revoluciones auténticas son contadísimas a lo largo de la historia de la humanidad, resulta muy difícil que el poder constituyente se vea obligado a actuar en la actualidad como sucedió en la Revolución francesa, razón por la cual se produce una especie de delegación implícita de parte de sus competencias en los poderes constituidos, especialmente en el poder de reforma. Es decir, no es que se impida su nueva aparición sino que la actuación del poder constituyente se garantiza a través de la actuación de los poderes constituidos (lo cual justifica plenamente la existencia de límites procedimentales), salvo la existencia de límites materiales expresos a la actuación de los poderes constituidos.

En consecuencia con ello, es posible afirmar que hoy día en los sistemas políticos contemporáneos nos encontramos más cerca de los planteamientos revolucionarios norteamericanos, que no implican un cambio de legitimidad absoluto y, por lo tanto, es posible su realización a través del poder de reforma, que debe respetar los límites materiales expresos, pues estos están reservados a la acción del poder constituyente. Es decir, este, una vez que ha creado el nuevo orden jurídico, decide voluntariamente autolimitarse, delegando su actuación en los poderes constituidos, especialmente en el poder de reforma, pero no exclusivamente en éste pues los cambios constitucionales no se producen únicamente y como acabamos de ver, a través de la institución de la reforma, salvo cuando establece, también voluntariamente, una reserva material a favor del poder constituyente, las llamadas cláusulas de intangibilidad, pues estas no pueden ser modificadas por los poderes constituidos, sino únicamente por una nueva acción revolucionaria del poder constituyente. Ello es consecuencia directa de los propios planteamientos del constitucionalismo británico, donde la soberanía del Parlamento conlleva la proclamación de la competencia de este para modificar las leyes fundamentales del Reino

---

[1] Hay autores que proclaman la existencia de límites a la actuación del propio poder constituyente, distinguiéndose entre límites absolutos, heterónomos (los derivados del orden internacional) y autónomos (los establecidos por el propio poder constituyente). Por todos, vid. Jellinek (2012), para quien en el Estado constitucional no existe un soberano constitucional, dado el proceso de integración supranacional existente, así como el propio principio de supremacía constitucional.

y, en consecuencia, negar la existencia de un auténtico poder constituyente. Por ello no hay rigidez constitucional, la cual surge en el proceso norteamericano por razones de su estructura federal, como una garantía de los propios Estados miembros.

En cambio, para aquellos que sostienen que la Constitución es un simple conjunto de normas procedimentales, que no es un sistema de valores y de principios, la actuación del poder de reforma no encuentra límites a su acción. Para ellos, el poder constituyente ha desaparecido para siempre pues no se ha reservado un ámbito material concreto de actuación, no hay una reserva de poder constituyente, y, en consecuencia, ha desaparecido con su actuación única y primigenia. El poder constituyente es sustituido por el poder de reforma.

Estas consideraciones plantean importantes cuestiones, entre las cuales es preciso destacar las siguientes.

a) ¿Quién está legitimado para instar la actuación del poder constituyente? La respuesta parece clara y contundente: los poderes constituidos legitimados. Y es que el poder constituyente, como expresión última del principio democrático, no puede ser instado por sectores parciales del *demos*, por determinadas fuerzas políticas, o por determinados sectores de la sociedad civil.
b) La actuación del poder constituyente, en el sentido de poder originario y *ex novo*, únicamente puede realizarse cuando se pretenden cambiar las decisiones políticas fundamentales, los principios constitucionales en suma, o la naturaleza intrínseca de los poderes constituidos, incluido el propio poder de reforma, el cual se convierte en un poder constituyente genuino cuando actúa al margen de los procedimientos de reforma establecidos, o se produce una alteración sustancial de las reglas del juego democrático.
c) Fuera de estos ámbitos, siempre actúa el poder de reforma, acentuando, por delegación del poder constituyente, su condición de poder constituyente constituido y ejerciendo las competencias de aquel.

Todos estos planteamientos parecen adquirir una significación nueva en nuestro texto constitucional, el cual habla de la reforma total de la Constitución y carece de límites expresos materiales al poder de reforma. Si ello es así, parece que el poder constituyente ha delegado todas sus competencias en los poderes constituidos, especialmente en el poder de reforma, con la intención de no volver a actuar nunca más. Parece, por tanto, que no hay reservas materiales sujetas a la actuación del poder constituyente. Si, por el contrario, mantenemos la tesis de que existen límites materiales implícitos, una vez identificados estos (los principios constitucionales), entonces los mismos se sustraen a la acción de los poderes constituidos, estando únicamente reservados a la acción del poder constituyente, el cual volverá actuar siempre que se pretenda una alteración de los mismos o la inclusión de nuevos principios constitucionales, de nuevas decisiones políticas fundamentales.

Por todo ello, la teoría clásica del poder constituyente parece difícilmente aplicable en la actualidad. Por un lado, debido al proceso de integración supranacional en que estamos insertos, con la consiguiente integración de una pluralidad de ordenamientos jurídicos, pues ello exigiría la existencia de un poder constituyente supraestatal y mundial, y ni siquiera tampoco por la existencia de normas que guardan una relación de primacía con las normas estatales, incluidos los propios textos constitucionales, como sucede en el caso del Derecho de la Unión Europea, que no es Derecho Internacional sino Derecho interno de cada uno de los Estados miembros, alterándose en este caso el significado de la supremacía constitucional. Pero además, y fundamentalmente, porque los procesos de construcción política tienen un carácter flexible y abierto, consideración que también hay que predicar de los preceptos constitucionales, lo cual supone una cierta continuidad entre textos constitucionales, incluso en el supuesto de reformas profundas, y nunca una ruptura entre los mismos. Por ello, es lícito sostener que el poder constituyente no puede actuar en cualquier momento, y menos en los supuestos de fuertes crisis económicas de carácter sistémico o cuando se produzca una cierta pérdida de identidad de la propia Constitución, pues en tales casos los riesgos de alterar la fundamentalidad son mayores. Y tampoco es lícito sostener que la actuación del poder constituyente debe producirse siempre que el *demos* se vea afectado, pues todas las reformas le afectan. En estos casos actúa el poder de reforma y ninguna parte del *demos* está legitimada para llamar la actuación del poder constituyente. La lógica de la democracia constitucional de nuestros días supone que el poder constituyente se ha autolimitado de forma casi absoluta, delegando todas sus competencias a favor de los poderes constituidos, especialmente a favor del poder de reforma. Únicamente cuando su actuación sea solicitada por los poderes constituidos para modificar las grandes decisiones políticas fundamentales, plasmadas en los principios constitucionales, y no por fracciones más o menos numerosas del demos, es cuando se puede producir la actuación del poder constituyente

La teoría del poder constituyente no determina la naturaleza de la titularidad del mismo. Tan poder constituyente es el de un Monarca absoluto como el que corresponde a la ciudadanía. Ahora bien, la lógica de la democracia constitucional de nuestros días, especialmente la crisis del concepto de representación a que venimos asistiendo, y la propia naturaleza del principio democrático, parecen imponer siempre una intervención del demos en los procesos de reforma constitucional, sean estos obligatorios o facultativos, tal y como sucede en el caso español y que no se ha utilizado en las dos reformas constitucionales llevadas a cabo. En efecto, si los planteamientos de la democracia identitaria imponen la participación ciudadana en el funcionamiento de los poderes públicos, en la elaboración de las normas, y en la realización de determinadas políticas públicas, mayor es necesaria esta intervención cuando se insta una reforma constitucional.

3. *Los principios constitucionales*

En líneas anteriores aludíamos al concepto de «reserva de Constitución», que puede ser, como la propia noción de reserva de ley, absoluta o relativa. Es decir, hay materias que siempre deben ser contenido propio de los textos constitucionales, pero también existen otras que pueden serlo o no, según las épocas históricas concretas, y cuya inclusión en la Constitución puede corresponder al poder constituyente (que es el único competente para las primeras) o al propio de reforma por delegación del propio poder constituyente. Y ello se realiza, se materializa a través de normas heterogéneas, unas veces de carácter principial, normalmente referidas a la reserva absoluta de Constitución, y a través de reglas, normalmente referidas a la reserva relativa. Las primeras son prácticamente exclusivas del texto constitucional. Las segundas, más contingentes, asimilan —que no identifican, pues todos y cada uno de los preceptos constitucionales tienen la condición de norma jurídica suprema— la Constitución a otros textos normativos.

Anteriormente hacíamos referencia a los principios constitucionales que, al no estar explicitados constitucionalmente como tales, plantean una serie de cuestiones importantes.

a) En primer lugar, se convierten en la seña de identidad de la propia Constitución, actuando a modo y semejanza de los límites materiales implícitos, de auténticas cláusulas de intangibilidad.
b) En segundo lugar nos encontramos con el problema de su identificación, para lo cual no podemos acudir a las concreciones constitucionales de los mismos, pues ello nos llevaría a la conclusión de que muchos preceptos constitucionales tendrían esta consideración, produciéndose en consecuencia la existencia de una multiplicidad de principios constitucionales, de una gran variedad de límites materiales implícitos, de cláusulas de intangibilidad en suma, haciendo que los textos constitucionales se conviertan en irreformables. Por el contrario, y la existencia de límites materiales expresos de carácter puntual en otros ordenamientos jurídicos es un argumento adicional, pensamos que únicamente tiene esta consideración el principio democrático, pudiendo defenderse que el principio de igualdad y el principio autonómico son subprincipios del mismo, aunque no auténticos principios constitucionales. Ello no quiere decir que todas las manifestaciones normativas del

mismo tengan la condición de principios constitucionales, pues estas pueden ser unas en un momento histórico determinado y otras, muy diferentes, en otro momento histórico. Lo que hay que preservar es la existencia e identidad de este principio, su ADN.

c) Las manifestaciones concretas del principio democrático (la proclamación del Estado Social y Democrático de Derecho, la soberanía nacional, la supremacía constitucional, la igualdad, el reconocimiento de los derechos fundamentales, el pluralismo político, la independencia judicial, la autonomía constitucionalmente garantizada, etc.) no deben tener el mismo significado que los principios, y por lo tanto no adquieren la condición de auténticos límites materiales implícitos, de auténticas cláusulas de intangibilidad, pudiendo ser modificados por el poder constituyente constituido. Por poner diversos ejemplos: la hipotética desaparición del Senado, del Defensor del Pueblo, del Consejo General del Poder Judicial e, incluso, la del propio Tribunal Constitucional, siempre que sus funciones de garantizar la supremacía constitucional sean atribuidas a otro órgano, no implican la desaparición de principio constitucional alguno, sino como mucho la modificación de alguna de sus manifestaciones puntuales y concretas.

Y todo ello porque el principio democrático, como alternativa histórica y actual al principio monárquico —aun vigente parcialmente entre nosotros, especialmente en épocas de crisis económicas sistémicas—, no se reduce solo a la fundamentación del origen del poder, sino también al propio funcionamiento del mismo, pretendiendo legitimar democráticamente toda la actuación de los poderes públicos y privados. Sin necesidad de referirnos ahora a su origen histórico y a las vicisitudes en relación con el principio monárquico, hoy día hay que mantener y potenciar los postulados del principio democrático, que no pasan por una vuelta a la teoría clásica del poder constituyente, hoy ya imposible, sino por nuevas formas de legitimación democrática, que superen la tensión dialéctica entre democracia directa y democracia representativa, y estableciendo nuevas formas de «gobierno abierto» para configurar una ciudadanía activa que no se limite a participar periódicamente en las elecciones representativas.

Para ello resulta imprescindible una nueva configuración doctrinal y jurisprudencial del principio democrático. Hay que superar la tímida definición del mismo realizada por nuestra jurisprudencia constitucional, cuando en limitadas ocasiones se ha referido al mismo. El principio democrático no es solo una más «*de las reglas y principios constitucionales aplicables a todos los poderes públicos que conforman el Estado en sentido amplio*» (STC 116/1994), ni tampoco es la simple «*participación de los de los ciudadanos a través de sus representantes electos en la elaboración de las normas primarias*» (STC 93/2015). Es eso y mucho mas, pues afecta a la vida ordinaria de la ciudadanía, a las actuaciones de los poderes privados y al comportamiento de los poderes públicos.

IV. A modo de epilogo: las reformas en la Constitución Española

Como es sabido, nuestra historia constitucional es reacia a las reformas constitucionales (Becker, 1923), a la existencia de una auténtica cultura de reforma constitucional. De hecho, nunca se utilizó esta institución, aunque se intentase de modo frecuente en el primer tercio del siglo XIX, pues siempre los cambios constitucionales se hicieron a través de nuevas Constituciones. Ello no quiere decir que se produjeran tantos procesos constituyentes como Constituciones existen, que hubiese una auténtica ley del péndulo entre Constituciones moderadas y progresistas. En efecto, nuestro constitucionalismo histórico tiene un elevado grado de continuidad y los sucesivos textos constitucionales, unos más que otros, mantienen importantes contenidos, a veces de carácter literal, con Constituciones anteriores. Ello es especialmente cierto a partir de la Constitución de 1837, cuyos contenidos se reiteran literalmente o se modifican en uno u otro de los significados anteriores, pero su esencia se mantiene en todo nuestro constitucionalismo decimonónico. Además, ello fue objeto de una cierta construcción doctrinal, a través de la teoría de la Constitución interna, desde Jovellanos hasta el propio Cánovas, recepcionándose de este modo en nuestro país los planteamientos del constitucionalismo doctrinario francés.

En lógica consecuencia con lo anterior, tampoco hubo en nuestra historia constitucional auténticos procesos constituyentes. Únicamente las Cortes de Cádiz y las de la Segunda República recibieron esta denominación. Incluso este carácter puede ser matizado en el caso de la Cortes gaditanas, pues las mismas no significan una ruptura radical y revolucionaria con el sistema absolutista anterior, aunque sí cambios significativos importantes. Así pues, en puridad doctrinal, únicamente las Cortes Constituyentes de 1931 merecen esta consideración, pues la Constitución republicana de 1931 nada tiene que ver con el constitucionalismo histórico español, ya que se inserta en las coordenadas del constitucionalismo del periodo de entreguerras.

Incluso el proceso de transición política española carece de las condiciones para poder hablar de la existencia de un auténtico poder constituyente. En efecto, las Cortes elegidas el 15 de junio de 1977 no eran, formalmente hablando, unas Cortes Constituyentes, sino unas Cortes ordinarias, propiciadas por la Ley para la Reforma Política de 1976, por la propia legalidad del régimen anterior, cuya actuación condujo a la elaboración de una nueva Constitución que nada tenía que ver con el sistema de las Leyes Fundamentales. Es decir, a través de un proceso de reforma de las mismas se llegó a una ruptura en relación con la legalidad anterior, sin que ello fuese una genuina actuación del poder constituyente. La tensión dialéctica entre reforma y ruptura es suficientemente explicativa a tal efecto.

Esta falta de cultura histórica de reforma constitucional se ha trasladado a nuestra actual Carta Magna, donde, a diferencia de otros países, únicamente se han producido dos reformas constitucionales, de distinto significado.

a) Por un lado, la modificación del art. 13.2 CE, como consecuencia de la ratificación del Tratado de la Unión Europea, y con la finalidad de permitir el sufragio pasivo en los comicios locales a cualquier ciudadano de un Estado miembro de la Unión residente en España. La misma no tuvo un especial significado político, provocó la Declaración del Tribunal Constitucional de 1 de julio de 1992, y se produjo con el consenso de todos los grupos parlamentarios, aunque no se procedió, pues únicamente fue defendido por grupos políticos minoritarios, a la convocatoria del referéndum facultativo prevista en el art. 167 CE.
b) Por otro lado, la reforma del art. 135 CE en el año 2011, sin duda de mayor calado político, pues significó la modificación de una decisión política fundamental sin intervención del poder constituyente. Dicha modificación se hizo con menor consenso parlamentario que la anterior y tuvo como objeto la constitucionalización de los principios de estabilidad y equilibrio presupuestario, con la finalidad de calmar a los mercados internacionales en plena crisis económica. Sin duda alguna, España fue más allá que ningún otro país europeo, aceptando determinadas presiones internacionales, dando una preferencia absoluta al pago de la deuda pública y sus intereses en detrimento del mantenimiento del Estado Social. La reforma afecta a cuestiones capitales de la teoría del Estado y de la teoría de la Constitución, a la propia soberanía estatal en el ámbito fiscal y presupuestario, limitándose la potestad legislativa de las Cortes Generales, al modelo económico constitucionalizado, al significado del principio de reserva de Constitución, a las funciones del propio poder de reforma, etc. Y todo ello a través del procedimiento del art. 167 CE, sin utilizar la vía del referéndum facultativo.

Ello ha conducido a que la reforma constitucional se convierta en un auténtico problema político, aunque parece que cada vez sean más las voces que abogan por una necesidad imperiosa de la misma, cuya no utilización puede convertir en irresolubles muchos problemas que aún pueden solucionarse, aunque cada vez más con un mayor grado de dificultad.

El primer intento serio de reforma constitucional, tras el fracaso del intento fallido del Plan Ibarretxe de reforma constitucional subrepticia, pues pretendía la no aplicación de determinados preceptos constitucionales al País Vasco, se produce en el año 2005, mediante la propuesta del Gobierno y la elaboración del correspondiente informe del Consejo de Estado (Rubio Llorente, Álvarez Junco, 2006). La propuesta del Gobierno afectaba a cuestiones tales como la europeización de la Constitución española, la supresión de la preterición de la mujer frente al varón en el orden de sucesión a la Corona, la reforma de la posición constitucional del Senado, y la constitucionalización de las actuales Comunidades Autónomas existentes. Sin embargo, el Informe del Consejo de Estado, no aceptado al final por el Gobierno, iba más allá, proponiendo las modificaciones de varias decenas de preceptos constitucionales.

Posteriormente los partidos políticos, la doctrina científica y la propia sociedad civil apuntaron un mayor número de reformas concretas y puntuales, que afectaban a una pluralidad de cuestiones que no habían sido abordadas en el Informe del Consejo de Estado.

Un nuevo impulso parece haberse producido tras las elecciones generales del 20 de diciembre del 2015, no solo en los programas de los partidos políticos, sino de forma especial en el pacto de Gobierno suscrito entre el PSOE y Ciudadanos, posteriormente diluida en el proceso de investidura del Presidente del Gobierno, pues las propuestas y contrapuestas entre las diferentes fuerzas políticas fueron prescindiendo de la misma. A ello puede que no fuese ajena la propia composición de las Cortes Generales, donde el Partido Popular, reacio a cualquier reforma constitucional, disponía, con sus senadores y diputados, de veto para cualquier modificación de nuestro texto constitucional.

Si procedemos a una suma de todas las reformas propuestas y/o proyectadas, resultaría que una gran parte de los preceptos constitucionales serían objeto de propuestas de modificación, a las cuales habría que añadir aquellas otras modificaciones de carácter técnico, estético y sistemático. Si efectuamos un análisis cuantitativo de las mismas, más de las dos terceras partes de los preceptos constitucionales se verían afectados. A ellos hay que añadir la supresión de determinados preceptos constitucionales de carácter transitorio, y la adición, por incorporación de nuevos contenidos constitucionales, de nuevos preceptos. Es decir, se asimilaría más a la idea de una reforma total de la Constitución que no a la idea de reformas parciales.

Sin duda alguna, una reforma de esta naturaleza, además de exigir el procedimiento agravado de reforma constitucional del art. 168 CE, difícilmente puede encontrar el consenso necesario entre las diversas fuerzas políticas partidarias de la reforma constitucional. Por ello resulta imprescindible abandonar muchas y/o algunas de ellas para llevar a cabo las que sean factibles. En todo caso creemos que ha llegado el momento de intentar una reforma constitucional en profundidad que no tiene por qué alterar la identidad del actual texto constitucional, las grandes decisiones políticas fundamentales, los principios constitucionales en suma, aunque sí proceder a una mejor normativización de los mismos, incluso en el caso de que pueda afectar al núcleo duro de algunos contenidos constitucionales, como puede suceder, a modo de ejemplo, con el Título VIII de nuestra actual Constitución, que debemos considerar plenamente superado.

Ello no debe suponer aplicar la teoría de que un amplísimo consenso constitucional, tal y como sucedió en la elaboración de la actual Constitución, resulte imprescindible para proceder a la reforma de la misma, la cual debe ser desestimada en caso contrario. Esta tesis no viene impuesta ni por el principio democrático ni por la lógica constitucional. Además, ello supondría elevar el consenso, que es solo un procedimiento, a una especie de categoría autónoma e independiente, convirtiéndolo en un auténtico canon de constitucionalidad. Frente a ello, hay que afirmar que ese consenso únicamente es exigible jurídicamente para dar cumplimiento a las mayorías constitucionalmente establecidas.

Por otro lado, parece que es lógico rechazar, por las razones anteriormente apuntadas, la intervención genuina de un poder constituyente que suponga una eliminación del «régimen» de la Constitución de 1978. Y es que aunque se produzca una reforma en profundidad del texto constitucional actual, aquella debe ser entendida como una obra del poder de reforma, del poder constituyente constituido.

No es este el momento de analizar todas y cada una de las reformas constitucionales propuestas, aunque de las consideraciones anteriores es posible colegir buena parte de ellas; ni tampoco de añadir otras nuevas, sino tan solo de plantear los problemas teóricos generales que puedan generarse. Tres ideas finales al respecto.

a) En principio se plantea la posibilidad de una cesta de reformas o de una reforma única y global. Ambos procedimientos plantean sus ventajas e inconvenientes, siendo, en último caso, el necesario consenso entre las fuerzas políticas, a fin de alcanzar las mayorías constitucionalmente exigidas, el que determine la opción por una u otra. En todo caso creemos que la existencia al unísono de la llamada «reforma express» del pacto de Gobierno anteriormente mencionado y su convivencia con otra reforma de mayor calado no parece el más apropiado.
b) La reforma o reformas constitucionales proyectadas y/o defendidas, no pueden significar, por las razones anteriormente apuntadas, una ruptura de la actual legitimidad constitucional, haciendo intervenir a un auténtico poder constituyente, en el sentido revolucionario liberal del mismo, en la configuración de la misma, produciéndose una destrucción, figura dogmática que es distinta de la reforma de la misma, de la actual constitución y la configuración de una nueva que nada tenga que ver con la anterior.
c) La reforma constitucional que se realice ha de ser, necesariamente, una reforma en profundidad y no una reforma puntual y casuística,

debiendo realizarse a través del procedimiento agravado del art. 168 CE. La desidia en la formulación de reformas constitucionales, serias y necesarias, durante todo este periodo no puede conducir a otra conclusión.

En suma creemos que hay que optar por una reforma en profundidad de la Constitución, en un único momento o en sucesivos momentos, según sea la coyuntura política concreta. Y que en todo caso las fuerzas políticas tienen que ser conscientes de que aun en el caso de una reforma de numerosos preceptos constitucionales, lo cual parece inevitable, esta solo puede servir para mantener y profundizar en la vigencia de los actuales principios constitucionales y para incorporar nuevas decisiones políticas fundamentales.

V. Bibliografía

AAVV, Número monográfico sobre la «reforma Constitucional», *Teoría y Realidad Constitucional*, nº 29, 2012.

Aláez, Benito, *Los límites materiales a la reforma de la Constitución de 1978*, Centro de Estudios Políticos y Constitucionales, Madrid, 2000.

Álvarez Conde, Enrique, «¿Es necesario un nuevo contrato social», en Tur Ausina, Rosario (Dir.), *Problemas actuales del Derecho Constitucional en un contexto de crisis*, Comares, Granada, 2015.

Álvarez Conde, Enrique; Tur Ausina, Rosario, «La normativización de la jurisprudencia y las fuentes del derecho», *Revista General de Derecho Público Comparado*, Iustel, nº 3, 2008. En www.iustel.com.

Aragón, Manuel, «¿Cambiar la Constitución para adaptarla o para transformarla?», *Teoría y Realidad Constitucional*, nº 36, 2015.

Becker, Jerónimo, *La reforma constitucional en España. Estudio histórico-crítico acerca del origen y vicisitudes de las Constituciones españolas*, Imprenta de Jaime Ratés, Madrid, 1923.

Cabo, Carlos de, *La reforma constitucional en la perspectiva de las fuentes del derecho*, Trotta, Madrid, 2003.

Corwin, Edward S., «The Higher law» Background of American Constitutional Law», *Harvard Law Review*, vol. 42, nº 3, 1928-29.

Fioravanti, Maurizio, *Constitucionalismo. Experiencias históricas y tendencias actuales*, Trotta, Madrid, 2014.

García de Enterría, Eduardo, *Justicia y Seguridad en un mundo de leyes desbocadas*, Civitas, Madrid, 1993.

García Pelayo, Manuel, *Derecho Constitucional Comparado*, Alianza, Madrid, 1993.

Hesse, Konrad, *Escritos de Derecho Constitucional*, Fundación Coloquio Jurídico Europeo, Madrid, 2011.

Jellinek, George, *Reforma y mutación de la Constitución*, Centro de Estudios Constitucionales, Madrid, 1991.

Jellinek, George, *Teoría General del Estado*, Fondo de Cultura Económica de España, Madrid, 2012.
Kägi, Werner, *La Constitución como ordenamiento jurídico fundamental del Estado*, Dykinson, Madrid, 2005.
Klein, Claude, *Théorie et pratique du pouvoir constituant*, Presses Universitaires de France, Paris, 1966.
Kriele, Martin, *Introducción a la Teoría del Estado*, De Palma, Buenos Aires, 1980.
Loewenstein, Karl, *Teoría de la Constitución*, Ariel, Madrid, 1986.
Mortati, Constantino, *La Constitución en sentido material*, Centro de estudios Constitucionales, Madrid, 2001.
Núñez, Michel; Estrada, Rafael (Ed.), *La reforma constitucional. Sus implicaciones jurídicas y políticas en el contexto comparado*, Porrúa, Monterrey, 2009.
Pegoraro, Lucio, «Tribunales Constitucionales y revisión de la Constitución», *Pensamiento constitucional*, nº 6, 1999.
Pérez Royo, Javier, *La reforma constitucional inviable*, La Catarata, Madrid, 2015.
Ragone, Sabrina, *El control judicial de la reforma constitucional. Aspectos teóricos y comparativos*, Porrúa, México, 2012.
Ramaaswamy, Muruga, *The comerce clause in the Constitution of the United States*, Longmans, New York, 1948.
Rubio Llorente, Francisco; Álvarez Junco, José, *El informe del Consejo de Estado sobre la reforma constitucional. Texto del informe y debates académicos*, Centro de Estudios Políticos y Constitucionales, Madrid, 2006.
Schmitt, Carl, *Teoría de la Constitución*, Alianza, Madrid, 2011.
Sieyès, Enmanuel Joseph, *Qu´est-ce que le tiers État?*, Editions du Boucher, Paris, 2002 (texto original de 1879).
Tur Ausina, Rosario, «El ordenamiento jurídico ante la emergencia. Un proceso ¿reversible? de desconstitucionalización del sistema político español», *Federalismi. Rivista di Diritto Publico Comparato ed Europeo*, nº 6, 23 de marzo de 2016. http://www.federalismi.it.
Tur Ausina, Rosario; Alvarez Conde, Enrique, *Las consecuencias jurídicas de la Sentencia del Tribunal Constitucional 31/2010, de 28 de junio, sobre el Estatuto de Autonomía de Cataluña. La sentencia de la perfecta libertad*, Aranzadi, Pamplona, 2010.
Vega, Pedro de, *La reforma constitucional y la problemática del poder constituyente*, Tecnos, Madrid, 2011.

REGENERACIÓN DEMOCRÁTICA Y REFORMA CONSTITUCIONAL

FRANCISCO BALAGUER CALLEJÓN
Catedrático de Derecho Constitucional
Universidad de Granada
Catedrático Jean Monnet ad personam de
Derecho Constitucional Europeo y Globalización

I. REGENERACIÓN DEMOCRÁTICA Y REFORMA CONSTITUCIONAL

La idea de una regeneración democrática y constitucional parece estar vinculada a la recuperación de una fase previa a la actual en la que las condiciones de nuestro sistema democrático eran sustancialmente mejores y que, por tanto, permite no ya una «transformación» democrática de un modelo que no funciona como tal, sino una «regeneración» que haga posible basarse en el pasado para proyectar un futuro más acorde con las condiciones exigibles a una democracia pluralista avanzada. Desde mi punto de vista hablar de regeneración es posible justamente porque podemos encontrar en los primeros tiempos de nuestra reciente experiencia democrática, actitudes y valores que hoy parecen haberse perdido y que hicieron posible una convivencia relativamente armónica de los diversos proyectos políticos que tenían una representatividad social significativa. Al mismo tiempo que también podemos encontrar, en los primeros momentos de desarrollo constitucional, una percepción de la ordenación territorial más acorde con el sentido integrador de la Constitución.

Esa recuperación no es, en mi opinión, incompatible con la idea de cambio constitucional por cuanto la renovación del espíritu constituyente que dio lugar a la Constitución de 1978 debe encuadrarse en un contexto social y político muy distinto al de ese texto. Es posible, por tanto, la regeneración, pero es necesaria también la renovación. Esto es, la revitalización de lo que el pasado nos ofrece de nuestra mejor tradición constitucional y la búsqueda de nuevos referentes que permitan corregir la deriva de nuestro sistema constitucional y establecer un nuevo marco de convivencia basado en un consenso social fundamental, como fue en su día el texto de 1978.

Por otro lado, el pasado no nos ofrece únicamente la luz que podemos proyectar a nuestro tiempo sino también las sombras de aquello que propició una evolución negativa y, por tanto, las claves de lo que quizás haya que revisar no solo para revertir esa evolución sino también para evitar que se reproduzca en el futuro. Desde esta perspectiva, también cabe plantearse si las soluciones que se dieron en su día a los problemas que nuestra sociedad tenía fueron acertadas en todas sus vertientes o si, por el contrario, algunos de los problemas que todavía seguimos arrastrando desde la transición podrían haber sido resueltos con un planteamiento diferente de los agentes políticos que gestionaron el proceso constituyente.

Es preciso señalar, en todo caso, que muchos de estos problemas están vinculados a un pasado que cada vez aparece más desdibujado en el contexto de la globalización y de la integración europea. La Constitución de 1978 fue, pese a sus cláusulas de apertura, la manifestación de un proceso constituyente unitario, propio del Estado nacional, que hoy día no resulta pensable si tenemos en cuenta la fragmentación del poder constituyente que se produce con el proceso de integración en Europa, que determina límites jurídicos materiales al proceso de revisión constitucional. En efecto, tanto la posible revisión total a la que nuestra Constitución se abre cuanto la mera reforma de sus preceptos, no sólo deben respetar los límites formales y procedimentales relativos al procedimiento de revisión sino que debe someterse a los condicionamientos materiales derivados de nuestra pertenencia a la Unión Europea.

II. El contexto de la reforma: la fragmentación del poder constituyente

1. *Reforma constitucional y pluralidad de espacios constitucionales*

La interacción dialéctica entre los diversos espacios constitucionales en Europa está afectando a conceptos clásicos del Derecho constitucional nacional como son el poder constituyente y el poder de reforma constitucional. En el contexto de la integración europea no podemos ver ya a los sistemas constitucionales de los Estados miembros en perspectiva exclusivamente «nacional» ni tampoco podamos ver el sistema jurídico de la Unión Europea en perspectiva exclusivamente «europea» como si se trataran de esferas separadas (Häberle, 1991, 1995, 2004). Esa interacción está generando un Derecho constitucional europeo entendido en un doble sentido: en sentido estricto como Derecho constitucional de la Unión Europea y en sentido amplio como Derecho constitucional de los diversos niveles constitucionales (europeo, estatal, territorial) en Europa (F. Balaguer Callejón, 2015[a]).

En el contexto de esta pluralidad de espacios constitucionales, la institución de la reforma debe ser contemplada desde una perspectiva diferente a la tradicional. Esa perspectiva debe partir de una premisa metodológica que se deriva de la constatación de un hecho fundamental: puesto que la «materia constitucional» no está hoy solamente en las constituciones nacionales, de «reforma constitucional» no se puede hablar sólo por referencia al texto de esas constituciones. Esta es una consecuencia del pluralismo ordinamental al que se abren los sistemas constitucionales de los Estados miembros de la Unión Europea.

La fragmentación de la materia constitucional es también la fragmentación del poder constituyente, que implica límites específicos a la reforma (F. Balaguer Callejón, 2002; 99-130). Esos límites se manifiestan en todos los niveles constitucionales. En el europeo se evidencian en la cláusula de salvaguardia de la identidad constitucional de los Estados del art. 4.2 TUE reformado por el Tratado de Lisboa, que establece que: «*La Unión respetará la igualdad de los Estados miembros ante los Tratados, así como su identidad nacional, inherente a las estructuras fundamentales políticas y constitucionales de éstos, también en lo referente a la autonomía local y regional. Respetará las funciones esenciales del Estado, especialmente las que tienen por objeto garantizar su integridad territorial, mantener el orden público y salvaguardar la seguridad nacional. En particular, la seguridad nacional seguirá siendo responsabilidad exclusiva de cada Estado miembro*».

En el plano estatal, aunque esos límites no estén expresamente contemplados, se derivan del proceso de integración europea, por lo que son hoy operativos en relación con las posibilidades de reforma de las constituciones nacionales y lo serán mientras los Estados sigan formando parte de la Unión Europea. Las constituciones nacionales no pueden reformarse ya en la práctica —aunque formalmente no haya impedimentos jurídicos para ello en el Derecho interno— en un sentido contrario al Derecho de la Unión Europea.

Partiendo también de la diversidad de espacios constitucionales podemos comprender mejor las posibilidades de la reforma en relación con las necesidades constitucionales de los distintos niveles. Para ello hemos de tener en cuenta la relación dialéctica que se genera entre los diversos niveles ordinamentales y las necesidades de reforma que esa relación dialéctica origina. En un sistema de pluralismo ordinamental, facilitar la reforma de las normas fundamentales es algo necesario para que la interacción entre los diversos ordenamientos pueda funcionar de manera eficaz.

En un contexto de pluralidad de espacios constitucionales, como el que existe actualmente en los Estados miembros de la Unión Europea, es necesario relativizar alguna de las funciones de la rigidez constitucional. Así, por ejemplo, la excesiva rigidez de las normas fundamentales como mecanismo de garantía de las minorías y del propio sistema democrático, carece en gran medida de sentido si tenemos en cuenta la transformación que supone el proceso de integración europea. La integración en la Unión Europea constituye actualmente la principal garantía frente a las involuciones democráticas que se habían intentado combatir previamente en los Estados europeos mediante disposiciones intangibles establecidas en las Constituciones o mediante procedimientos muy rígidos de reforma destinados a impedir que mayorías coyunturales pudieran alterar los fundamentos del pacto constitucional, lesionando los derechos de las minorías.

La excesiva rigidez de las constituciones, que no aporta ya nada sustancial a la estabilidad democrática de los Estados miembros de la Unión Europea, dificulta la realización de las reformas constitucionales necesarias. El aplazamiento indefinido de las reformas no contribuye a racionalizar el sistema y produce un efecto acumulativo en el que problemas menores de carácter básicamente técnico terminan por amplificarse y convertirse en grandes problemas políticos. Frente a esta situación, es necesario promover una cultura constitucional más abierta, que no se base en la sacralización de los textos fundamentales sino en su consideración dinámica. Son las normas las que deben estar al servicio de la sociedad y las que deben adaptarse para hacer frente a las nuevas necesidades sociales.

2. *La dimensión pasiva de la fragmentación del poder constituyente*

La dimensión pasiva de la fragmentación del poder constituyente nacional hace referencia a los límites a la reforma derivados del proceso de integración europea. Desde esa perspectiva, el problema que se plantea con el proceso de integración europeo es si el poder de reforma puede (como posibilidad jurídica) llegar a convertirse en poder constituyente: en puridad, sí es posible hablar todavía de poder constituyente desde la perspectiva con la que tradicionalmente se ha diferenciado poder constituyente y poder de reforma: la ausencia de límites jurídicos del primero de ellos. En definitiva, se trata de analizar la incidencia que la progresiva fragmentación del poder constituyente está teniendo sobre la tradicional relación entre poder constituyente y poder de reforma y si, en el contexto de la pluralidad de espacios constitucionales, es posible todavía realizar una distinción operativa entre poder constituyente y poder de reforma. Si es posible, en suma, mantener las categorías doctrinales que hemos heredado y, en el caso de que lo sea, con qué alcance.

Si el proceso de integración europea ha relativizado el poder soberano de los Estados, dando lugar a una auténtica transferencia de soberanía a la Unión Europea, cabe plantearse hasta que punto sigue siendo aplicable el propio concepto de «poder constituyente» en cuanto poder originario y sin límites jurídicos. Al mismo tiempo, puesto que una parte de la materia constitucional se sitúa ya en una esfera externa al Estado, tenemos que convenir que no es posible hablar de «reforma constitucional» sólo por referencia al Estado y a la Constitución estatal. Desde esa perspectiva, tendremos que valorar en qué medida la Unión Europea está ejerciendo un poder de reforma que puede afectar no sólo a su materia constitucional propia, sino también a sus relaciones con el Estado y con la Constitución estatal.

El proceso de integración europea ha alcanzado una intensidad tal que resulta difícil hablar de un poder constituyente originario en los Estados miembros. En efecto, no cabe dudar ya de la existencia de límites materiales a la reforma, derivados de la integración en la Unión Europea. En la medida en que ese proceso va adquiriendo caracteres de irreversibilidad, se puede hablar de la imposibilidad de intervención del poder constituyente originario en los ordenamientos constitucionales estatales. Eso supone la transformación efectiva del poder constituyente en un mero poder de reforma. Esta es la principal consecuencia de la fragmentación del poder constituyente. Por otra parte, en cuanto el proceso de integración europea vaya avanzando, los límites materiales serán más estrictos y, por tanto, el poder de reforma tendrá un menor margen de maniobra.

Ciertamente, frente a esta consideración podrían oponerse las previsiones relativas a la retirada voluntaria de los Estados miembros que se han incorporado por el Tratado de Lisboa al art. 50 del Tratado de la Unión Europea reformado. La posibilidad jurídica de retirarse de la Unión es, pues, aceptada por la propia Unión Europea y va a tener su primera prueba con la aplicación que se haga de este precepto tras el triunfo del Brexit en el Reino Unido. Cuestión distinta es si resulta hoy posible esa retirada para los Estados integrados en la zona euro, cuya economía depende estrechamente de su pertenencia a la Unión Europea. Más allá de las dificultades fácticas (más bien, imposibilidad actual) de retirarse de la Unión, la cuestión puede plantearse también en el plano jurídico para todos los Estados miembros desde la perspectiva de que, incluso si aceptamos que jurídicamente la retirada voluntaria es posible, eso no significa que los Estados sigan teniendo poder constituyente originario. Una cosa es que puedan recuperar el poder constituyente que han perdido debido a la integración en la Unión Europea (mediante su retirada voluntaria) y otra muy distinta que sigan poseyéndolo mientras estén dentro de la UE.

Mientras los Estados miembros sigan formando parte de la Unión Europea sólo pueden ejercer un poder constituyente limitado, ya que tienen que respetar las obligaciones que se derivan de su pertenencia a la Unión Europea. No pueden, por ejemplo, recuperar por vía de reforma constitucional (o de ejercicio de poder constituyente) las competencias que han transferido a la Unión Europea. Tampoco pueden establecer una ordenación de los Derechos Fundamentales que limite las previsiones establecidas en la Carta de los Derechos Fundamentales de la UE.

La limitación del poder constituyente de los Estados no supone que el poder «constituyente» que ejerce la Unión Europea sobre sus propias normas fundamentales sea un poder originario. Por el contrario, la Unión Europea tiene una capacidad de conformación de sus normas fundamentales claramente determinada por los Estados. Hasta tal punto es así, que los Estados han establecido condicionantes específicos de la capacidad de penetración del Derecho europeo a través de la cláusula de salvaguardia de la identidad constitucional de los Estados miembros (art. 4.2 TUE reformado por el Tratado de Lisboa, ya mencionado). Estas cláusulas suponen una aceptación o «europeización» de los llamados «contralímites» que habían sido defendidos por la doctrina constitucional nacional y por la jurisprudencia constitucional de los Estados miembros, incorporándose a algunos ordenamientos constitucionales.

Vemos aquí un ejemplo claro de la interacción entre los niveles constitucionales europeo y estatal. Esa interacción nos evidencia también que ni el poder constituyente europeo ni el estatal pueden atribuirse una condición originaria de la que carecen. Por ese motivo, tenemos que asumir que el poder constituyente es un poder fragmentado bajo las condiciones de diversidad de espacios constitucionales.

La progresiva fragmentación del poder constituyente plantea algunas cuestiones al Derecho constitucional nacional. Si esa fragmentación diera lugar a una plena equiparación entre poder de reforma y poder constituyente (al desaparecer el carácter jurídicamente ilimitado de este último) se pondrían en cuestión las funciones que el poder constituyente y la diferenciación misma entre poder constituyente-poder de reforma desarrollan. Sin embargo, hay que decir que tal equiparación no se produce más que en el aspecto parcial relativo a los límites que la fragmentación del poder constituyente introduce en su ejercicio. Por lo demás, queda en pie la diferenciación sustancial entre poder de reforma y poder constituyente.

Hay que tener en cuenta que la unidad de la Constitución y del ordenamiento jurídico es un reflejo de la del poder constituyente. Esa unidad podría quedar comprometida si no existiera ya, en ningún ámbito del ordenamiento, el ejercicio de un poder constituyente unitario. Por otra parte, y conectado con lo anterior, el poder constituyente da lugar a una ordenación que pretende ser sistemática, por cuanto no actúa de manera parcial sino que instaura un entero orden constitucional. Esto no ocurre con el poder de reforma. El poder de reforma puede dar lugar a modificaciones esenciales del orden constitucional. Sin embargo, siempre serán modificaciones parciales (pues, en otro caso, habrá un auténtico ejercicio de poder constituyente y una nueva Constitución).

Todo esto no impide tener en cuenta que el poder constituyente y el poder de reforma participan de una misma naturaleza. El resultado del ejercicio de ambos poderes es una ordenación constitucional. Desde esta perspectiva siempre será inestable la frontera que separa el poder constituyente originario y el derivado. Desde el punto de vista del resultado final, ambos aportan normas constitucionales al ordenamiento (De Cabo Martín, 2003; 64)[1].

Ahora bien, pese a que por diferentes vías se llegue al mismo resultado, en realidad reforma constitucional y poder constituyente responden a una distinta razón de ser y, por tanto, no se pueden identificar. El momento de instauración de una Constitución nunca podrá ser equiparado totalmente al de la reforma, incluso si el poder constituyente está sometido a limitaciones jurídicas previas. No sólo porque la instauración de un nuevo orden constitucional presenta siempre una nota de plenitud del que la reforma carece, sino también porque a los límites jurídicos que puedan condicionar al poder constituyente, éste puede añadir los que estime convenientes respecto del poder de reforma. Resulta claro, por tanto, que la progresiva fragmentación del poder constituyente no resta utilidad a la diferenciación teórica entre poder constituyente y poder de reforma (Azpitarte, 2016; 856)[2]. La fragmentación implica únicamente

[1] Como indica Carlos de Cabo, la reforma constitucional es la única fuente de Derecho constitucional de carácter formal.

[2] Todo ello, sin perjuicio de reconocer las dudas que se pueden plantear en relación con el sentido actual del concepto de poder constituyente, como bien indica Miguel Azpitarte: «El cambio en la conciencia y en la práctica jurídica, la debilidad

que el rasgo distintivo del poder constituyente originario no puede ser ya el de su configuración como un poder estrictamente político y carente de límites materiales. No obstante, más allá de sus nuevos límites, el poder constituyente interviene con plena capacidad de decisión política configurando un nuevo orden constitucional.

3. *La dimensión activa de la fragmentación del poder constituyente*

Hemos visto la incidencia que la pluralidad de espacios constitucionales puede tener sobre la fragmentación del poder constituyente por lo que se refiere a la vertiente pasiva de ese proceso: los límites a la reforma y el acercamiento conceptual entre poder constituyente y poder de reforma. Ahora conviene que nos detengamos en la vertiente activa: la incidencia de la diversidad de espacios constitucionales en las transformaciones constitucionales de los ordenamientos con los que interactúan.

Los procedimientos de reforma constitucional no incorporan, como es lógico, mecanismos formales por los cuales la Unión Europea pueda decidir por sí misma una reforma constitucional. En todo caso, forma parte de la naturaleza de las cosas que la integración supranacional incida en el ámbito constitucional como lo hace en el infraconstitucional. Ejemplos recientes hemos visto de esta incidencia por lo que se refiere a reformas constitucionales nacionales promovidas informalmente por parte de determinadas instituciones europeas (F. Balaguer Callejón, 2012).

La interacción constitucional entre esos ámbitos resulta, por tanto, inevitable y de ahí que se haya insistido por la doctrina en los efectos que esa interacción ha provocado y está provocando (Muñoz Machado, 1993; Ruipérez, 2000; García Herrera, 1999; Aláez, 1998)[3]. Podríamos decir que la Unión Europea está ejercitando ya un poder constituyente sobre los Estados miembros (Häberle, 1999; 94-95)[4], si bien no se trata de un poder constituyente originario sino derivado (F. Balaguer Callejón, 1997; 595-596). Este ejercicio de poder de reforma es congruente con la especial fase de transición en que se encuentra el proceso de integración. En este

---

de los mecanismos que han de garantizar la adaptación de la Constitución al tiempo y la insuficiente normatividad de la Constitución ante la existencia de problemas supranacionales, invitan a poner en cuestión la utilidad dogmática del concepto de poder constituyente».

[3] Al respecto, con distintas valoraciones respecto de la congruencia de las mutaciones derivadas del Derecho europeo con los principios constitucionales.

[4] A este respecto Peter Häberle habla de la «europeización» de la teoría del poder constituyente y del poder de reforma, así como de Europa como poder constituyente mediato o indirecto, aunque no por referencia sólo a la Unión Europea (también al Consejo de Europa, por ejemplo).

momento, se puede afirmar que los Estados miembros han perdido ya en gran parte la condición de ordenamientos originarios mientras que la Unión Europea todavía no ha adquirido esa condición. La interacción entre el orden constitucional incipiente de la Unión Europea y el consolidado de los Estados miembros es una realidad cada vez más tangible (Häberle, 2004; 11-24) y debe ser valorada también en su vertiente metodológica. El nivel europeo no puede desconocerse ya en el estudio del derecho constitucional nacional (F. Balaguer Callejón, 2015b; 39-62).

III. La flexibilidad de la Constitución y la importancia de una cultura constitucional integradora

En nuestro proceso constituyente, sin embargo, esta dimensión europea del Derecho constitucional estuvo ausente, ya que la integración en Europa era en ese momento tan sólo una aspiración que se concretaría unos años más tarde. En realidad, la Constitución de 1978 se aprueba en el marco de una Estado nacional todavía centralizado (a pesar de la puesta en marcha de regímenes preautonómicos) que surge del largo período de dictadura que siguió a nuestra guerra civil y que comienza una nueva andadura democrática a partir de las elecciones de junio de 1977. Es la propia Constitución la que prefigura el futuro al abrirse a la integración supranacional y a la descentralización territorial mediante previsiones constitucionales específicas.

Si hubiera que definir el valor esencial que se manifestó durante el proceso constituyente de 1978 no podría hablarse tanto de un principio de carácter material cuanto de una actitud que se manifiesta en el plano formal: la voluntad de llegar a acuerdos, de consensuar y de establecer un marco de convivencia flexible en el que toda la sociedad tuviera cabida. Se puede discutir, a partir de ahí, si los acuerdos fueron o no acertados en todos sus extremos, a tenor de la experiencia posterior, pero de lo que no cabe duda es de que esa actitud, basada en el reconocimiento de «la verdad» de los otros y en la renuncia a imponer de manera incondicional y absoluta los propios planteamientos, es justamente la que hizo posible una Constitución democrática y un desarrollo constitucional equilibrado durante muchos años.

El ejemplo más significativo, por cuanto afecta al principal problema que tiene hoy la Constitución española, es el de la cuestión territorial. Pese a que, en el momento constituyente, dio lugar a una ruptura parcial del consenso (por los nacionalistas vascos y también por un sector de Alianza Popular) lo cierto es que las tensiones territoriales posteriores se resolvieron siempre dentro de la Constitución, con flexibilidad y voluntad de integración, haciendo posible el desarrollo del Estado Autonómico. La apertura de nuestro texto constitucional a una conformación negociada de la estructura territorial del Estado permitió la configuración progresiva de un modelo propio, a través de interpretaciones, a veces discutibles, de los preceptos constitucionales, pero que por vía de negociación política o de construcción jurisprudencial de nuestro Tribunal Constitucional hicieron posible la permanente renovación del consenso en este ámbito.

La integración territorial se realizó en el marco de la Constitución gracias a la peculiar configuración del Título VIII, que trasladó a los Estatutos de Autonomía la tensión política derivada del encaje de cada Comunidad Autónoma en el sistema constitucional. Esa flexibilidad peculiar de nuestro ordenamiento iba unida a una actitud específicamente integradora en los primeros años de desarrollo constitucional que hizo posible la participación de los sectores nacionalistas periféricos (en la expresión ya clásica de Gumersindo Trujillo) como factor «constituyente» en el nivel estatutario, como parte integrante, por así decirlo, de la «Constitución material» (Kelsen, 1960; 228. Mortati, 1940)[5]. La sensibilidad hacia esos sectores se reflejó también en la jurisprudencia del Tribunal Constitucional que, durante muchos años, corrigió orientaciones excesivamente centralistas de las instituciones generales del Estado al tiempo que validó interpretaciones, a veces ciertamente discutibles, de los Estatutos de Autonomía, evitando así su cuestionamiento constitucional (Tomás Villarroya, 1985; 25 ss. F. Balaguer Callejón, 1996; 129-160)[6].

Estas convenciones constitucionales, por caracterizarlas de alguna manera, se correspondían con la percepción de que, en realidad, las Comunidades Autónomas (y muy singularmente las que habían tenido una posición destacada en el proceso constituyente y en la configuración posterior del Estado Autonómico) eran «Estado», de tal manera que la Constitución no era, en realidad, ni podía ser en modo alguno, «propiedad» de

[5] En este caso no en el sentido kelseniano (la norma o las normas que regulan la producción de normas jurídicas; cfr., Hans Kelsen) sino en el sentido de Mortati, como factores reales de poder que se integran dentro de la Constitución material como un factor normativo. Hay que tener en cuenta que esta concepción material de Mortati no apela a la diferenciación entre una Constitución formal y una Constitución real, Derecho vivo, *law in action* o texto y contexto constitucional, formulaciones que él critica. Por el contrario, lo característico de la teoría de Mortati es que para él, la Constitución real o el Derecho vivo son una manifestación de la Constitución material, de la permanencia de la Constitución material dentro del ordenamiento. Si, por el contrario, la Constitución real o el Derecho vivo se apartan de la Constitución material entonces la unidad del sistema jurídico se ve afectada y podemos estar ante una posible ruptura constitucional que evidencie la aparición de una nueva constitución material. Por tanto, la teoría de Mortati no se limita a apelar a los factores reales de poder porque en eso no se diferenciaría de otros planteamientos, como los de Lassalle. Lo que aporta Mortati es que configura esos factores reales de poder como un factor normativo deduciendo de ellos los principios a los que debe ajustarse el ordenamiento y que configuran la auténtica Constitución en sentido jurídico.

[6] Ya de manera temprana se señalaron por algunos autores los problemas jurídicos que estaba planteando el proceso autonómico (cfr., por ejemplo, Tomás Villarroya). Posteriormente se plantearían más problemas, baste recordar la polémica acerca de las cláusulas subrogatorias en materia de Administración de justicia.

las instituciones generales del Estado. La jurisprudencia constitucional expresó de manera decisiva esta idea en diversas sentencias que contribuyeron a configurar la imagen de nuestro Estado Autonómico. Las Comunidades Autónomas eran también poder público estatal, eran también «Estado», lo que implicaba su aceptación como intérpretes privilegiados de la Constitución, al mismo nivel que las instituciones generales del Estado, y excluía la posibilidad de patrimonializar la Constitución por parte de estas últimas[7].

La percepción cultural de las Comunidades Autónomas como instituciones de naturaleza constitucional, que son «Estado» en una relación de paridad con las instituciones generales del Estado, contribuyó a la configuración de un Estado Autonómico en el que las tensiones territoriales se mantuvieron dentro del marco de la Constitución sin orientarse —más que por sectores minoritarios— hacia la independencia de determinados territorios, específicamente de Cataluña y del País Vasco. Esta situación fue cambiando progresivamente a partir del año 2000, con el primer gobierno en mayoría absoluta del PP, dando lugar a una cierta «patrimonialización» de la Constitución por parte del Gobierno de la Nación, unida a una política recentralizadora que sería muy cuestionada por algunas Comunidades Autónomas tanto a nivel político cuanto mediante el recurso al Tribunal Constitucional.

Pese a ello, incluso el llamado «Plan Ibarretxe», que surgió en el contexto de este nuevo clima político, no se planteó como una opción independentista clara sino más bien como el intento de excepcionar la aplicación de una parte de la Constitución dentro del País Vasco mediante un nuevo Estatuto político que, en cualquier caso, tenía poca solidez desde el punto de vista jurídico y no podía ser aceptado en su formulación literal, absolutamente inconsistente con nuestro marco constitucional. Pero el Plan Ibarretxe era también la manifestación de un cambio en la manera de entender las relaciones Estado-Comunidades Autónomas que evidenciaba un malestar creciente en algunas de ellas y que, pese a su fracaso, podía entenderse como una advertencia para corregir el rumbo y propiciar una mayor integración territorial con sentido de Estado y dejando a un lado las tensiones políticas partidistas.

No fue así, sin embargo. La siguiente oleada de propuestas de reforma estatutaria, encabezadas por Cataluña, fueron objeto de una deslegitimación permanente por parte de algunos sectores que antepusieron sus intereses partidistas a las demandas de integración territorial. El resultado es conocido y forma parte ya de la historia reciente de nuestro país: la impugnación del Estatuto de Cataluña fue aceptada por el Tribunal Cons-

---

[7] En una jurisprudencia muy consolidada del TC que arranca ya del año 1981. En la STC 32/1981, de 28 de julio, FJ 5 se dice ya: «*la Constitución es la norma suprema del Estado como totalidad y (que), en consecuencia, sus principios obligan por igual a todas las organizaciones que forman parte de esa totalidad*».

titucional con su peculiar doctrina de que la interposición del recurso de inconstitucionalidad no tiene que responder a la defensa de un interés público objetivo sino que «*puede legítimamente responder a razones políticas o de oportunidad*»[8]. Esa impugnación dejó fuera del debate jurídico y político a otros Estatutos como el de Andalucía, que compartían con el de Cataluña una formulación similar en sus preceptos fundamentales. A partir de ahí, la Sentencia 31/2010 contribuyó a consolidar un cambio esencial en la percepción cultural del Estado Autonómico que se había desarrollado desde la transición a la democracia y que había comenzado a transformarse hacia tendencias de menor integración y consenso a comienzos del nuevo siglo.

Ante todo, el comprensible sentimiento de discriminación de una gran parte de la sociedad catalana, ante unos recursos dirigidos específicamente contra su Estatuto de Autonomía y que no cuestionaban otros con preceptos similares de otros Estatutos. En segundo lugar, el hecho de que se invalidaran normas que habían sido objeto de refrendo popular, algo perfectamente legítimo desde el punto de vista jurídico, pero con un claro potencial desintegrador en el plano político. Por último, la consolidación de un cambio claro de referentes culturales en la consideración de las Comunidades Autónomas y, específicamente, de los sectores nacionalistas periféricos. Frente a su pretensión de integrarse con un nuevo modelo de Estatuto en el marco constitucional, el rechazo de ese modelo habría de conducir a elevar la tensión política hacia el propio marco constitucional, como así ha ocurrido posteriormente.

La tensión independentista sucesiva se vería potenciada por la negativa del Gobierno de la Nación a una posible negociación en relación con el modelo de financiación autonómica y por el posterior rechazo a cualquier diálogo en torno a la posibilidad de celebrar un referéndum en Cataluña. Los sectores independentistas ganaron mucho terreno ante la inactividad absoluta del Gobierno de la Nación, que se limitó a adoptar medidas represivas implicando de nuevo al Tribunal Constitucional en un conflicto político de gran intensidad.

Pese al importante avance del independentismo, el resultado de las elecciones «plebiscitarias» al Parlamento de Cataluña sería bastante claro: con un porcentaje de los sectores independentistas que no superó el 48% de los votos, ganaron las elecciones desde el punto de vista de la representación parlamentaria pero perdieron el plebiscito. La deriva posterior, con la no aceptación del resultado por parte de estos sectores resulta preocupante porque no sólo se están desvinculando de la Constitución española sino, lo que es más grave, de los principios fundamentales en los que se inspira el patrimonio constitucional europeo y, por tanto, del respeto básico a las reglas de la democracia pluralista.

---

[8] STC 31/2010, de 28 de junio, FJ 2.

En todo caso, desde el punto de vista de la regeneración democrática y la reforma constitucional, estas tensiones independentistas plantean diversas cuestiones en relación con la cuestión del poder constituyente y de los límites al poder de reforma en España, incluyendo también los límites derivados de nuestra integración en Europa y de los principios en los que se basa la UE que, desde luego, no son compatibles con la pretensión de que una minoría pueda imponer al conjunto de la sociedad decisiones irreversibles de alcance constitucional (Guillén López, en prensa)[9].

Por lo que se refiere a la legitimidad de la opción independentista en el contexto democrático, habría que señalar que Constitución y democracia pluralista no son coextensas. Por el contrario, la democracia pluralista debe ser, necesariamente, más amplia que la Constitución, haciendo posible las alternativas que quieren reformar la Constitución e incluso la revisión total de la Constitución siempre que esas alternativas se planteen de manera democrática y pacífica. Por tanto, podemos decir que entre Constitución y democracia pluralista existe una inevitable asimetría que es inherente a la idea misma de democracia en cuanto a la posibilidad de alternativas contrarias a la Constitución siempre que no sean contrarias también a la idea misma de democracia.

Desde esa perspectiva nada hay que objetar a la defensa por parte de los sectores independentistas de sus posiciones siempre que respeten las reglas democráticas, como ha establecido el Tribunal Constitucional[10]. Es preciso indicar, sin embargo, que estos sectores no han planteado, pese a que podrían hacerlo y así lo ha sugerido el Tribunal Constitucional[11] una iniciativa de reforma constitucional destinada a hacer posible la independencia de Cataluña. Por el contrario, se han centrado desde el primer momento en la idea de una referéndum, basada en el llamado «derecho

---

9 Comparto, desde luego, la inquietud que la categoría misma de poder constituyente genera en el constitucionalista y lo que de problemático supone su aparición en el escenario político español actual. Cfr., a este respecto, el trabajo de E. Guillén López.

10 «*El planteamiento de concepciones que pretendan modificar el fundamento mismo del orden constitucional tiene cabida en nuestro ordenamiento, siempre que no se prepare o defienda a través de una actividad que vulnere los principios democráticos, los derechos fundamentales o el resto de los mandatos constitucionales, y el intento de su consecución efectiva se realice en el marco de los procedimientos de reforma de la Constitución, pues el respeto a esos procedimientos es, siempre y en todo caso, inexcusable*». STC 42/2014, de 25 de marzo, FJ 4.

11 STC 42/2014, de 25 de marzo, FJ 4: «*el deber de lealtad constitucional, que como este Tribunal ha señalado se traduce en un «deber de auxilio recíproco», de «recíproco apoyo y mutua lealtad», «concreción, a su vez el más amplio deber de fidelidad a la Constitución» (STC 247/2007, de 12 diciembre, FJ 4) por parte de los poderes públicos, requiere que si la Asamblea Legislativa de una Comunidad Autónoma, que tiene reconocida por la Constitución iniciativa de reforma constitucional (artículos 87.2 y 166 CE), formulase una propuesta en tal sentido, el Parlamento español deberá entrar a considerarla*».

a decidir». Comoquiera que el Gobierno de la Nación ha rechazado frontalmente cualquier negociación política y se ha limitado a recurrir a instrumentos jurisdiccionales para afrontar el problema, la tensión se ha ido incrementando dando lugar a planteamientos cada vez más radicales por parte de los sectores independentistas.

Si finalmente se impusieran las posiciones independentistas en Cataluña, parece evidente que eso supondría el fin de la Constitución Española de 1978. Es cierto que ha habido experiencias históricas de cambio del sujeto constituyente y del territorio del Estado, como en la reunificación alemana, manteniendo formalmente la misma Constitución (la *Grundgesetz*), lo que no deja de resultar discutible desde el punto de vista teórico. En todo caso, esos cambios se producirían en Cataluña a través de una reducción y no una ampliación de ambos elementos, el territorio y el sujeto constituyente. Por tanto, habría que entender, entonces, que una parte del poder constituyente original habría realizado un nuevo acto constituyente que modificaría la Constitución común, de tal manera que habría que iniciar un nuevo proceso constituyente en España con el nuevo sujeto constituyente que ahora no integraría a una parte del anterior.

No debemos olvidar, en todo caso, que la revisión total está sometida a procedimientos formales específicos en la propia Constitución. Son esos procedimientos los que garantizan la continuidad de la democracia pluralista. La democracia, como hemos indicado, no es coextensa con la Constitución, sino que necesariamente debe ser más amplia para hacer posible la propia transformación de la Constitución y su apertura al cambio. Sin embargo, lo que diferencia la revisión total prevista en la Constitución de la mera intervención del poder constituyente y, por tanto, la ruptura formal y material de la Constitución, consiste justamente en que el cumplimiento de las exigencias formales de la revisión total garantiza la continuidad de la democracia pluralista, que dio lugar a la Constitución y que abre, con la revisión total, un nuevo orden constitucional. Si algún sentido tiene la previsión de cláusulas de revisión total en la propia Constitución es justamente ese, permitir que el cambio de la Constitución se realice mediante procedimientos democráticos, garantizando la continuidad de la democracia pluralista.

Desde el punto de vista de nuestro sistema constitucional, puesto que no existen límites formales a la reforma y se admite la revisión total de la Constitución, eso sería jurídicamente viable en cuanto tal revisión total, que daría lugar a una nueva Constitución, siempre que se siguieran los procedimientos establecidos en la propia Constitución. Por lo que se refiere a Cataluña, su viabilidad debería estar condicionada a la existencia de una mayoría clara: si los partidos independentistas consideraron en su momento que la reforma del Estatuto de Autonomía exigía dos tercios del

Parlamento de Cataluña[12] parece razonable que se exija una mayoría similar para iniciar un proceso que es de mucha mayor entidad que la mera reforma estatutaria. Si, por el contrario, se impone por los sectores independentistas, todavía minoritarios, una declaración unilateral de independencia, estaríamos ante un acto de ruptura constitucional que no podría ampararse en el sistema constitucional ni podría considerarse democrático.

En la actualidad, resulta claro que, aunque de una manera un tanto heterodoxa, a través de unas elecciones plebiscitarias, se ha ejercitado ya el «derecho a decidir» y se ha perdido el plebiscito. Por tanto, los pasos que están dando desde el Parlamento para impulsar la independencia son profundamente antidemocráticos. Una minoría pretende imponer a la mayoría de la sociedad una opción constituyente de la envergadura de la construcción de un Estado propio, e incluso pretende elaborar una Constitución que sirva para el conjunto de la ciudadanía catalana. Si tenemos en cuenta el contexto europeo en el que los independentistas catalanes se mueven, parece claro que estas pretensiones son contrarias también al Derecho europeo, evidenciando una involución democrática del sistema político catalán. El ejercicio de poder constituyente interno en Cataluña por una minoría de la población sobre la mayoría no puede aceptarse acríticamente. La involución democrática que está generando el Parlamento catalán supone la negación del patrimonio constitucional europeo en sus elementos esenciales: la democracia pluralista, la garantía de los derechos de las minorías (en este caso, de la mayoría en realidad), y el respeto a las reglas del Estado de Derecho.

V. Democracia pluralista y democracia «directa». El «Brexit» y el «derecho a decidir»

El constitucionalismo del siglo XX evolucionó en algunos países europeos hacia las constituciones normativas a partir del final de la Segunda Guerra Mundial. Un avance significativo que partió de la trágica experiencia de sistemas democráticos que habían dado un poder soberano e ilimitado a la mayoría gobernante, permitiendo la implantación de regímenes totalitarios que provocaron la guerra y exterminaron de manera sistemática a sus opositores políticos. El constitucionalismo de las constituciones normativas se asienta sobre la idea de la democracia pluralista, de la apertura permanente del sistema, de la reversibilidad de las opciones de gobierno y de la diferenciación clara y rotunda entre el nivel del gobierno en el que rige el principio mayoritario y el nivel constitucional

[12] Así lo establecen los artículos 222 y 223 del actual Estatuto de Autonomía de Cataluña: «*La aprobación de la reforma requiere el voto favorable de las dos terceras partes de los miembros del Parlamento*».

a través del cual se controla política y jurídicamente a la mayoría gobernante y se garantizan los derechos de las minorías y la democracia pluralista.

Con la democracia pluralista, el constitucionalismo se transforma en auténtico «Derecho constitucional», por medio de las constituciones normativas, y establece las condiciones para garantizar, a través del Derecho, la convivencia pacífica entre sectores sociales que antes se enfrentaron de manera radical. Pero este desarrollo no se ha dado de la misma manera en todos los países europeos, entre otros motivos, porque esos enfrentamientos, que exigían la intervención del Derecho constitucional y de las constituciones normativas, no fueron tan radicales en algunos de ellos. Mientras en Alemania, Italia, Portugal o España, por poner algunos ejemplos, la necesidad de promover el consenso social y de garantizar los derechos de las minorías era más evidente, a tenor de su trágica experiencia histórica, en el Reino Unido o en Francia, también a modo de ejemplo, no lo era tanto, en la medida en que se había asentado históricamente un consenso social sobre los valores fundamentales y una cultura democrática muy avanzada.

Es preciso señalar que estas condiciones sociales han ido cambiando con el tiempo y hemos podido ver una evolución considerable del constitucionalismo francés hacia los principios en los que se asientan las constituciones normativas, como también una importante transformación del constitucionalismo inglés hacia principios similares y al reconocimiento del pluralismo territorial. Esa evolución refleja las transformaciones que han experimentado estas sociedades respecto de los elementos de consenso fundamental que inspiran los sistemas constitucionales. Se trata ahora de sociedades más complejas en las que la democracia pluralista adquiere dimensiones semejantes, teniendo en cuenta esa mayor diversidad social de base, a las que inspiraron la implantación de constituciones normativas en otros países europeos.

La deriva independentista catalana, que ha puesto todo el acento en la propuesta de un referéndum en el que se ejercería el «derecho a decidir», así como el reciente ejemplo del Brexit en el Reino Unido, nos plantea el problema de la articulación de mecanismos de democracia directa dentro de sistemas que están construidos sobre la idea de la democracia pluralista. Ambos conceptos de democracia no son incompatibles porque la democracia directa puede ser un modo de ampliar el espacio político consultando a la ciudadanía opciones de gobierno que permitan respuestas no condicionadas por los mecanismos de democracia representativa. Desde esa perspectiva, los procesos refrendatarios pueden ser coherentes con la idea de democracia pluralista y extender las fronteras del debate público, haciendo que ese debate se abra a la sociedad en su conjunto.

Cuestión distinta cabe plantearse en relación con procesos refrendatarios que no afectan solamente a opciones de gobierno sino a decisiones fundamentales de naturaleza constitucional, y que, por tanto, pueden incidir también en la democracia pluralista. Una democracia avanzada se basa en el consenso sobre las cuestiones esenciales, dejando a las opciones de gobierno aquellas decisiones que no pueden contradecir los principios constitucionales, precisamente porque sobre ellos se ha producido ya el consenso fundamental de la sociedad en el momento de aprobar la Constitución. Esa diferenciación entre el nivel de gobierno y el nivel constitucional explica que se requieran consensos más amplios incluso en los procedimientos legislativos cuando se pretenden regular aspectos sensibles respecto de las normas fundamentales del sistema.

Nuestra Constitución recoge estas exigencias en la regulación del poder legislativo, cuando contempla diferentes mayorías en función de la materia que va a ser regulada, como es el caso de las leyes orgánicas (que requieren mayoría absoluta del Congreso de los Diputados) o de las leyes de armonización (que exigen una decisión previa por mayoría absoluta del Congreso y del Senado para apreciar la necesidad de dictarlas). Lo mismo ocurre en algunos Estatutos de Autonomía, como en el de Cataluña, que contempla un tipo legislativo especial con mayoría cualificada para las leyes de desarrollo básico del Estatuto (con el voto favorable de la mayoría absoluta del Pleno del Parlamento).

Por lo que se refiere a los procesos refrendatarios, también se contempla esta exigencia para algunos de ellos, como en el referéndum de iniciativa autonómica ex art. 151 CE, que requiere «*el voto afirmativo de la mayoría absoluta de los electores de cada provincia*», lo que implica un consenso muy elevado. Se trata aquí de la puesta en marcha de un nuevo poder territorial con amplias competencias sobre la ciudadanía de las provincias que lo integran, lo que justifica ese requisito.

No ocurre lo mismo con el referéndum constitucional, que no está sometido a condiciones especiales respecto de su aprobación, como tampoco lo están los previstos para la aprobación o reforma de los Estatutos de Autonomía. La explicación es clara: se somete a referéndum un texto normativo al que se le exige en nuestro sistema constitucional un alto consenso, con mayorías reforzadas, lo que implica que ese texto se ha aprobado previamente de acuerdo con las condiciones propias de una democracia pluralista, de manera que la ratificación final se mueve en el marco de esas condiciones democráticas. Naturalmente, partiendo siempre de la base de que, en un proceso refrendatario, es el «sí» que pretende modificar el orden constitucional el que necesita obtener legitimidad, por cuanto la situación existente, en un contexto democrático, cuenta ya con una legitimidad propia.

Esta activación previa de la democracia pluralista contribuye a reducir la tensión que se manifiesta siempre en un proceso refrendatario, en el que generalmente se decide en torno a una opción simple y dicotómica, un «si» o un «no» sin matices a la propuesta. El carácter necesariamente simplificador del proceso resulta difícil de encajar con la complejidad de la democracia pluralista y puede obstaculizar la integración basada en la promoción del consenso que es un elemento fundamental en este modelo de democracia. Pero en el contexto de una reforma constitucional que haya sido objeto de negociación previa y que presenta a referéndum un texto con un alto grado de consenso entre los representantes políticos, esa tensión se diluye y el propio referéndum puede funcionar como un factor de integración política. Por otro lado, en este tipo de procesos, el referéndum opera también como mecanismo de control político de la ciudadanía sobre sus representantes, y no como mero instrumento de decisión.

La decisión refrendataria de «independencia» de un territorio, como ha ocurrido con la de retirada de la Unión Europea por parte del Reino Unido se produce, sin embargo, sobre un «vacío democrático»: se trata de una decisión de claro alcance constitucional que no ha sido objeto previo de consenso sino que, por el contrario, expresa una división social fundamental en la que el resultado del referéndum va a determinar los derechos y la forma de vida de generaciones futuras sin que opere, en modo alguno, con carácter previo, la democracia pluralista en sus técnicas y mecanismos de articulación de consensos entre los diversos sectores sociales.

El caso del Reino Unido resulta bastante expresivo de esa situación: por un reducido porcentaje de votos, el 51,9 % frente al 48,1% se ha decidido, en el referéndum celebrado el 23 de junio de 2016, abandonar la Unión Europea. El referéndum no ha resuelto el problema más que en el ámbito jurídico, en el que se procederá a dar trámite a la decisión de abandono voluntario de la Unión. Por el contrario, dejando a un lado la vertiente económica en la que se ha iniciado una deriva que parece comprometer seriamente a la economía del Reino Unido, en el ámbito político y social su resultado está provocando una auténtica convulsión, con la aparición de graves fracturas que ponen en cuestión la propia existencia del Reino Unido como país.

Sin que podamos prever lo que ocurrirá en el futuro hay ya, a pocos días de la celebración del referéndum, una crisis política tanto en el gobierno, con la dimisión del primer ministro, cuanto en el liderazgo de los dos grandes partidos, conservador y laborista. Al mismo tiempo, se ha reactivado el proceso independentista escocés con la posible petición de un nuevo referéndum, habida cuenta del cambio de las condiciones que se derivan de la salida de la UE. Se manifiestan también posibles tensiones similares en Irlanda del Norte y, a nivel anecdótico pero no menos significativo, hasta en la ciudad de Londres. En definitiva, en todos los territorios donde ganó el «Remain». El llamado «Bregret» que se ha generado en gran parte de la sociedad inglesa, unido a la consternación de los que salieron derrotados, ha propiciado ya iniciativas como la recogida de firmas para solicitar un segundo referéndum, basadas justamente en la idea de que no es suficiente para adoptar una decisión de esta naturaleza con la mayoría de los votos, sino que se debe requerir un porcentaje mínimo de participación del 75% con una mayoría cualificada del 60% a favor que, de no obtenerse, debería dar lugar a un segundo referéndum.

Es preciso advertir que esta propuesta se sigue manteniendo en la misma lógica de aceptar un resultado favorable de una mayoría no cualificada aunque sea en un segundo referéndum. Esa es la lógica en la que se mueve el constitucionalismo inglés, en el que los consensos esenciales se han ido sedimentando históricamente sin que pueda hablarse de grandes brechas o rupturas sociales que hayan puesto en cuestión los fundamentos del sistema. La cultura democrática inglesa, admirable en tantos sentidos, no se ajusta, sin embargo, a las condiciones de una sociedad progresivamente segmentada en el plano cultural, religioso y territorial, en el contexto de la globalización. Las brechas sociales se han manifestado de manera dramática no sólo en el plano territorial sino también, de manera llamativa, en el generacional, teniendo en cuenta la distribución del voto por edades y la importante diferencia entre los grupos más jóvenes de edad, favorables a permanecer en la UE y los grupos de mayor edad, favorables al Brexit.

Esas brechas sociales sólo se pueden ver incrementadas con procesos refrendatarios en los que la división de la sociedad sobre cuestiones de alcance constitucional se vean sometidas a decisiones basadas en un «si» o un «no» por la simple mayoría de los votos emitidos, sin tener en cuenta el porcentaje de participación ni exigir una mayoría cualificada que exprese un consenso social mínimo. Supone una involución, desde el punto de vista del desarrollo constitucional, aceptar que una simple mayoría pueda decidir sin límite alguno sobre el conjunto de la sociedad cuando se trata de ámbitos de naturaleza constitucional que deben reflejar consensos sociales significativos.

La gran lección que podemos aprender del «Brexit» y de los problemas que ha generado ya y generará en el futuro en el Reino Unido, es la de que, para hacer coherentes los procesos refrendatarios con la democracia pluralista, es necesario que se trasladen a esos procesos las condiciones constitucionales de protección de las minorías y de garantía del pluralismo, cuando esos procesos afecten a cuestiones de naturaleza constitucional. En el caso de las reformas constitucionales formales, existiendo procedimientos previos que garantizan un consenso social básico, el referéndum (como instrumento que sirve además a los fines del control político de los representantes) no opera sobre un vacío democrático, como sí ocurre en los casos en los que se pretende la separación de un territorio de una unidad política previamente existente. Para llenar ese vacío democrático es necesario requerir consensos superiores en los procesos refrendatarios de esa naturaleza, que garanticen que la decisión será compatible con las exigencias de la democracia pluralista.

VI. Bibliografía

Aláez Corral, Benito, «Soberanía constitucional e integración europea», *Fundamentos*, nº 1, Oviedo, 1998.

Azpitarte Sánchez, Miguel, «Sobre la utilidad contemporánea del concepto de poder constituyente», en García Herrera, Miguel Ángel; Asensi Sabater, José; y Balaguer Callejón, Francisco, *Constitucionalismo Crítico. Liber Amicorum Carlos de Cabo Martín*, 2ª Edición, Tomo II, Tirant lo Blanch, Valencia, 2016.

Balaguer Callejón, Francisco (Coordinador); Cámara Villar, Gregorio; López Aguilar, Juan Fernando; Balaguer Callejón, Mª Luisa; Montilla Martos, José Antonio, *Manual de Derecho Constitucional*, 10ª ed., Vol. I, Tecnos, Madrid, 2015a, Capítulo IX.

Balaguer Callejón, Francisco, «Profili metodologici del Diritto Costituzionale europeo», *La cittadinanza europea*, nº 1/2015b. En versión portuguesa: «Perfis metodológicos do Direito Constitucional Europeu», en Pereira da Silva, Vasco, y Balaguer Callejón, Francisco (coordenadores) *O constitucionalismo do séc. XXI na sua dimensão estadual, supranacional e global*, Instituto de Ciências Jurídico-Políticas da Faculdade de Direito da Universidade de Lisboa.

Balaguer Callejón, Francisco, «Crisi economica e crisi costituzionale in Europa» KorEuropa, nº 1/2012. Disponible en Internet en: http://www.unikore.it/index.php/indici/numero-1. Versiones posteriores en: «Crise économique et crise constitutionnelle en Europe», *Constitutions*, avril-juin 2013; «Crisis económica y crisis constitucional en Europa«, *Revista Española de Derecho Constitucional*, nº 98, Mayo/Agosto 2013; y «Una interpretación constitucional de la crisis económica», *Revista de Derecho Constitucional Europeo*, Año 10, nº 19, Enero-Junio de 2013, http://www.ugr.es/~redce.

Balaguer Callejón, Francisco, «El status constitucional de la reforma y la fragmentación del Poder Constituyente», en AAVV, *La democracia constitucional. Estudios en homenaje al Profesor Rubio Llorente*, Congreso de los Diputados, Tribunal Constitucional, Vol. I, Madrid, 2002.

Balaguer Callejón, Francisco, «La constitucionalización de la Unión Europea y la articulación de los ordenamientos europeo y estatal», en García Herrera, Miguel Ángel (dir.), *El constitucionalismo en la crisis del Estado social*, Universidad del País Vasco, Bilbao, 1997.

Balaguer Callejón, Francisco, «La constitucionalización del Estado autonómico», *Anuario de Derecho constitucional y Parlamentario*, nº 9, Murcia, 1997.

De Cabo Martín, Carlos, *La reforma constitucional en la perspectiva de las fuentes del Derecho*, Ed. Trotta, Madrid, 2003.

García Herrera, Miguel Ángel, «Rigidez constitucional y Estado social», en Andrés Ibañez, Perfecto (dir.), *La experiencia constitucional: del Estado legislativo de derecho al Estado constitucional de Derecho*, Consejo General del Poder Judicial, Madrid, 1999.

Guillén López, Enrique, «L'approche espagnole sur le pouvoir constituant et ses derniers développements», en prensa en París (Francia).

Häberle, Peter, ¿*Tienen España y Europa una Constitución*? Versión española de Miguel Azpitarte Sánchez, con Prólogo de Ángel López López, Fundación El Monte, Sevilla, 2004.

Häberle, Peter, «Europa als werdende Verfassungsgemeinschaft», versión española de Francisco Balaguer Callejón, «Europa como comunidad constitucional en desarrollo», *Revista de Derecho Constitucional Europeo*, nº 1, Enero-Junio de 2004. Versión electrónica en http://www.ugr.es/~redce.

Häberle, Peter, «Europa -eine Verfassungsgemeinschaft?», en la recopilación del mismo autor *Europäische Verfassungslehre in Einzelstudien*, Nomos, Baden-Baden, 1999.

Häberle, Peter, »Die europäische Verfassungsstaatlichkeit», *Kritische Vierteljahresschrift für Gesetzgebung und Rechtswissenschaft*, Heft 3/1995, versión española de Francisco Balaguer Callejón, «El Estado constitucional Europeo», *Cuestiones Constitucionales. Revista Mexicana de Derecho Constitucional* nº 2, Mexico, Enero-Junio de 2000. Disponible en Internet en: http://www.juridicas.unam.mx/publica/librev/rev/cconst/cont/2/art/art4.pdf.

Häberle, Peter, «Gemeineuropäisches Verfassungsrecht», *EuGRZ*, 1991, versión española de Emilio Mikunda, «Derecho constitucional común europeo», REP, nº 79, 1993.

Kelsen, Hans, *Reine Rechtslehre*, 2ª Edición, de 1960, Verlag Franz Deuticke, Viena, reimpresión de 1967.

Mortati, Costantino, *La Costituzione in senso materiale*, 1940, Ristampa inalterata, Giuffrè Editore, Milano, 1998.

Muñoz Machado, Santiago, *La Unión europea y las mutaciones del Estado*, Alianza Editorial, Madrid, 1993.

Ruipérez, Javier, *La «Constitución europea» y la teoría del poder constituyente*, Biblioteca Nueva, Madrid, 2000.

Tomás Villarroya, Joaquín, «Proceso autonómico y observancia de la Constitución», *REDC* nº 15, 1985.

CRISIS Y REGENERACIÓN: DIMENSIONES INTERNA Y EUROPEA DE LA CRISIS DE LOS MECANISMOS DE REPRESENTACIÓN POLÍTICA[1]

Ángel Rodríguez
Catedrático de Derecho Constitucional
Universidad de Málaga

I. Introducción

No existe una acuerdo unánime sobre la relación que existe entre la actual crisis del modelo europeo de Estado Social y la paralela crisis de los postulados de la democracia representativa que, hasta ahora, le han proporcionado legitimidad política y estabilidad. En un extremo se encuentran los que piensan que la segunda es tan sólo una consecuencia epidérmica de la primera, y que bastará tan sólo con la restauración de las prestaciones sociales que han caracterizado el Estado del bienestar europeo para que se acallen las voces críticas con las actuales instituciones de democracia representativa. En el opuesto, los que creen que ha

[1] Texto, actualizado para su publicación, de la ponencia presentada al segundo panel, «La dimensión internacional/europea para la regeneración» del Congreso internacional *Poderes públicos y privados ante la regeneración constitucional democrática*, celebrado en la Universidad Miguel Hernández de Elche los días 26 y 27 de octubre de 2015. Agradezco a la directora del Congreso, la profesora Rosario Tur Ausina, la invitación para participar en el mismo.

llegado el momento de reemplazarlos por otros que permitan profundizar en las bases democráticas del sistema político en su conjunto. Para unos, la crisis de los mecanismos de representación cesará con la vuelta del Estado Social; para otros, no terminará hasta que se sustituyan por nuevos instrumentos que garanticen una mayor participación popular en la toma de las decisiones públicas.

Sea cual sea la relación que exista entre ambos fenómenos, lo que es indudable es que se han desarrollado prácticamente en paralelo. Las movilizaciones sociales de protesta frente a los recortes en prestaciones sociales y las exigencias ligadas al equilibrio presupuestario, no sólo han clamado contra esas políticas como una ineficaz y desigualitaria receta para salir de la crisis económica, sino que, al grito de «¡No nos representan!» han puesto de manifiesto su desacuerdo con el uso que hasta ahora se ha hecho en nuestro país, y en el entorno europeo, de los instrumentos clásicos de la democracia representativa.

En esta ponencia nos centraremos en algunos aspectos de esa crisis y de las propuestas que han nacido al calor de la misma para regenerar los mecanismos de representación, poniendo de manifiesto las similitudes y diferencias habidas en esas dos dimensiones, la interna española y la europea. Así, en el epígrafe siguiente nos centraremos en la estrecha relación que ha existido entre los factores desencadenantes de la crisis en los niveles nacional y europeo. A continuación, analizaremos por separado las propuestas de regeneración planteadas en cada uno de estos niveles, resaltando en este caso los contrastes que pueden apreciarse entre el primero y el segundo. Concluiremos poniendo de manifiesto una aparente paradoja: que ante una crisis económica cuyos factores desencadenantes en el nivel interno y en el europeo se relacionan de manera muy estrecha, las propuestas de regeneración de los mecanismos de representación política formuladas en cada uno de estos entornos muestren importantes diferencias entre sí.

II. La crisis en España y en Europa

En una de las últimas obras que dejó escritas cuando ya sabía que su muerte estaba próxima, Tony Judt (2011), probablemente el historiador contemporáneo que mejor haya analizado el nacimiento y posterior evolución de la socialdemocracia en nuestro continente, describía las condiciones sociales de la posguerra europea como una época de «austeridad», recordando que entonces ese término se empleaba no sólo para referirse a una circunstancia económica de escasez, sino que al mismo tiempo «aspiraba a fomentar una ética pública» (2010; 42).

Las palabras de Judt, en realidad una evocación de vivencias personales de la Inglaterra de su infancia, fueron escritas prácticamente en el mismo momento en el que la compañía de servicios financieros norteamericana Lehman Brothers protagonizó la quiebra empresarial más importante de la historia, poniendo fecha (finales de 2008) al inicio de la crisis global del capitalismo en la que todavía estamos inmersos. Fue esa crisis la que trajo consigo la correspondiente quiebra del modelo de Estado Social que el movimiento socialdemócrata europeo tanto había contribuido a fundar.

La crisis ha sido de tal envergadura que ha implicado también un cambio profundo en el sentido de las palabras que se emplean para diagnosticar sus causas o postular sus posibles soluciones. Uno de los términos que ha cambiado radicalmente de significado es el de «austeridad», al que ya no puede atribuirse —al menos, no sólo— el sentido que, según Judt, fue tomando a partir de la posguerra en el imaginario colectivo de la socialdemocracia europea, simbolizando la aspiración por una recta administración de los bienes públicos presidida por la lucha contra el despilfarro y por la sobriedad como modelo de una conducta personal alejada de la ostentación y el lujo. Es en ese sentido, que hoy suena decididamente anticuado, en el que Judt se lamenta de que en la actualidad no abunden los políticos austeros, y en el que afirma que «un poco de austeridad nos vendría bien» (2011; 44).

Muy al contrario, propugnar en la actualidad políticas «de austeridad» ha pasado a ser sinónimo de defender una salida de la crisis económica que abandona por completo la idea de que el Estado debe fomentar el crecimiento con políticas de estímulo económico de carácter anticíclico y orientación keynesiana y cuya principal receta es, en un sentido completamente opuesto, el recorte en gastos sociales. Este es, como se sabe, y a diferencia de lo ocurrido en otros escenarios (por ejemplo, en los Estados Unidos) el discurso político dominante en Europa, que ha hecho que la Unión Europea (en adelante, UE o la Unión) se enfrente a la crisis económica, al menos hasta ahora, con un sesgo fuertemente conservador.

Son manifiestas las interrelaciones que han existido entre las dimensiones interna y europea de la crisis y las recetas económicas para salir de la misma. En muchos Estados miembros, sobre todo en el sur de Europa, las políticas basadas en la nueva concepción de la austeridad han sido una clara imposición de la UE. La crisis de la deuda soberana en países como Grecia, Portugal, Irlanda o Chipre abocó a un rescate por parte de la Unión, cuyo precio fue un inmenso recorte en prestaciones sociales en cada uno de ellos. En todo estos países (sobre todo, el primero de los citados), las manifestaciones de protesta contra las consecuencias de la crisis fueron también una toma de postura en contra de la imposición de esas recetas por parte de la UE, y, en muchos casos, un alegato directamente en contra de la Unión como proyecto político común.

El caso español también ilustra claramente las profundas relaciones entre las dimensiones interna y europea de la crisis. Al comienzo de la política de recortes sociales en España se le puede poner una fecha precisa: la del debate parlamentario del 12 de mayo de 2010, el día en el que el Presidente Rodríguez Zapatero anunció en el Congreso de los Diputados un plan de ajuste de 15.000 millones de euros en gasto social, aprobado quince días más tarde en la Cámara (por un solo voto de diferencia) con la convalidación del Real Decreto-ley 8/2010, de 20 de mayo, por el que se adoptaron medidas extraordinarias para la reducción del déficit público, la primera norma que dio carta de naturaleza jurídica a las políticas de austeridad en nuestro país. Tan sólo unos días antes, en la cumbre de los jefes de Estado y de gobierno del Eurogrupo de 7 de mayo, el presidente del gobierno español había sido informado de las exigencias que la Unión imponía sobre España y de la necesidad de realizar un viraje radical en su política social para reducir el déficit público.

Quizá el paradigma de la interrelación entre los niveles interno y europeo de la crisis en nuestro país sea, por su carácter simbólico, el proceso de reforma del art. 135 de la Constitución Española (CE) que tuvo lugar un año más tarde, en septiembre de 2011.

Hay que tener en cuenta que, al contrario de lo que sucede en muchos países de nuestro entorno, una reforma constitucional sigue siendo entre nosotros un acontecimiento excepcional. Es cierto que cuando, el 16 de abril de 2004, José Luis Rodríguez Zapatero obtuvo por primera vez la confianza del Congreso de los Diputados, fue investido Presidente con un programa de gobierno en el que incluyó una propuesta de reforma constitucional que incluía cuatro puntos: la derogación de la preferencia del varón sobre la mujer en el orden de sucesión al Trono, una nueva regulación del Senado como Cámara de representación territorial, la mención expresa en el texto constitucional de las diecisiete Comunidades Autónomas y la dos Ciudades Autónomas que se habían establecido en España, y la introducción en la Constitución, al igual que en otros textos constitucionales europeos, de una «cláusula Europa», mediante la cual se diera plena legitimidad constitucional a la integración de España en la Unión Europea. Pues bien, a pesar de que, sobre el fondo, ninguna de estas reformas despertaba los recelos de los grupos políticos presentes en el Parlamento, ninguna de ellas pudo llevarse a cabo. La imposibilidad de suscitar el necesario consenso en torno a su necesidad impidió que el proyecto pudiera sustanciarse. El propio Presidente del Gobierno reconoció el fracaso de su iniciativa cuando, cuatro años más tarde, en 2008, volvió a solicitar por segunda vez la confianza parlamentaria para formar gobierno. En esta ocasión, reconoció, ni siquiera se proponía estudiar la posibilidad de acometer la reforma constitucional, que se daba pues por descartada.

Y, sin embargo, fue en el año 2011, bajo su segunda presidencia, cuando, ciertamente que de una manera inesperada, se iba a llevar a cabo la segunda —y, por ahora, última— reforma de la Constitución de 1978, la del artículo 135 CE. Para esas fechas, Zapatero ya había anunciado que pensaba convocar elecciones anticipadas en septiembre. Pero, escasas semanas antes de que se procediera a la anunciada disolución del Parlamento, y de común acuerdo con el grupo mayoritario de la oposición, anunció por sorpresa la reforma de la Constitución.

La reforma iba a cambiar por completo el sentido del art. 135 CE, introduciendo en la Constitución una cláusula de estabilidad presupuestaria en los términos exigidos por la Unión Europea, cláusula que se aplicaría no sólo a los Presupuestos Generales del Estado español sino también a las Comunidades Autónomas y a los gobiernos locales, que hasta ese momento habían gozado de una amplia autonomía financiera para la gestión de sus propios presupuestos. Según el nuevo art. 135 CE, el principio de «estabilidad presupuestaria» rige para las actuaciones de todas las administraciones públicas españolas. Se autoriza al Estado para que, mediante una Ley Orgánica, se establezca el déficit estructural máximo permitido al Estado y a las Comunidades Autónomas y se ordena que las entidades locales presenten equilibrio presupuestario. El pago de los créditos de la deuda pública de todas esas administraciones gozará, dice también el nuevo artículo de la Constitución, de prioridad absoluta.

La inserción en la Constitución del mandato de estabilidad presupuestaria fue consecuencia de la presión ejercida por las autoridades de la Unión Europea, de algunos de sus más importantes Estados miembros (particularmente, Alemania) y de los organismos financieros internacionales, que marcaron esa política de ajuste ante el riesgo de que la crisis financiera de alguno de los Estados miembros de la Unión que compartían una moneda común contaminara toda la Eurozona.

Un destacado testimonio de la influencia que la UE tuvo en el desarrollo de la reforma constitucional del articulo 135 de la Constitución lo ofrece el propio presidente Rodríguez Zapatero en sus memorias. En ellas (Rodríguez Zapatero, 2013; 248 ss.), incluye la carta, «estrictamente confidencial» que le remitió, como presidente del gobierno de España el entonces presidente del Banco Central europeo, Jean-Claude Trichet. Aunque el propio Zapatero defiende en el mismo lugar que la reforma constitucional no vino impuesta por nadie y fue una «decisión autónoma», lo cierto es que, en su misiva, Trichet, en un tono prácticamente de imposición, le desgranó a Zapatero las reformas económicas que esperaba que se realizaran en España en el corto y medio plazo (reformas que, en su gran mayoría, se han llevado efectivamente a cabo, tanto por el segundo gobierno Zapatero como, a un ritmo aún más intenso, por el Gobierno de Mariano Rajoy, que le sucedió como presidente tras las elecciones de noviembre de 2011). Entre las reformas «recomendadas» por Trichet se encontraba la adopción por parte del gobierno de «medidas audaces que garanticen las sostenibilidad de las finanzas públicas», exigiendo al gobierno que, «de manera clara, con acciones», demostrara «su compromiso incondicional con los objetivos de política fiscal». La carta fue remitida el 5 de agosto de 2011, apenas 20 días antes de que se presentara ante el Congreso la proposición de reforma constitucional elevando al texto de la Constitución el principio de estabilidad presupuestaria.

Además de incluir en la propia Constitución las medidas solicitadas por Europa, la reforma constitucional estableció el principio de subordinación de la política fiscal española a los dictados de la Unión, introduciendo por primera vez una mención expresa a la Unión Europea en el texto constitucional. Así, el nuevo art. 135 CE ordena que el déficit estructural del Estado y de las Comunidades Autónomas no pueda superar los márgenes que la Unión Europea establezca para sus Estados miembros y que, en su conjunto, la deuda pública española no pueda superar el valor de referencia establecido en el Tratado de Funcionamiento de la Unión Europea.

La influencia europea no sólo condicionó los nuevos principios financieros introducidos en la Constitución y consiguió que, por primera vez, la Constitución trasladara expresamente a la Unión decisiones de política financiera que hasta entonces encomendaba a los gobiernos y los parlamentos de la Nación y de las Comunidades Autónomas. Además, impuso un ritmo insólito en el propio proceso de puesta en marcha de la reforma, que fue propuesta, debatida, aprobada y entró en vigor en un plazo récord. La propuesta de esta «reforma exprés» tuvo entrada en el Congreso el viernes 26 de agosto de 2011 y seis días más tarde, el 2 de septiembre, ya se había debatido y aprobado. El trámite en el Senado duró aún menos (sólo cinco días), y si bien hubo de esperar quince días más para entrar en vigor, fue únicamente porque la propia Constitución establece ese plazo para que una décima parte de los miembros de cualquiera de las dos Cámaras de las Cortes solicitara un referéndum. Al no hacerlo en número suficiente, el referéndum no se convocó.

Ante este panorama, no es de extrañar que los múltiples movimientos de protesta habidos en nuestro país contra las políticas de austeridad desde el inicio de la crisis hayan sido también protestas contra el derrotero político dominante en la Unión Europea y las imposiciones que, desde Europa, se han hecho a la política nacional. En buena medida, han sido también movimientos de protesta contra la UE como tal y contra la falta de legitimación democrática de las decisiones tomadas, se supone que por oscuros tecnócratas, en «los pasillos de Bruselas».

Como decíamos más atrás, la reforma del art. 135 CE tiene, por su carácter simbólico, un destacado protagonismo en la estrecha relación que existe entre las dimensiones europeas e interna de las políticas ensayadas para luchar contra la crisis económica. Si la principal queja frente a las «imposiciones» de la UE estriban en la pérdida de soberanía que las mismas implican para el pueblo español, nada la reflejaría mejor que la injerencia europea en la reforma del texto que es expresión directa de la soberanía nacional, la propia Constitución.

A partir de aquí, sin embargo, si nos centramos en el sentido de las propuestas de regeneración de los mecanismos de democracia representativa que han emergido al calor de las protestas contra la crisis económica, nos encontramos con algunas divergencias significativas entre el nivel interno y el europeo.

III. Las propuestas de regeneración a escala nacional

Como es de sobra conocido, aunque convenga ahora volver a ponerlo de relieve, durante la transición política española se tomó deliberadamente la decisión de fortalecer los grandes partidos, es decir, aquellos que lograran concitar el apoyo de la mayoría del electorado, atribuyéndoles importantes funciones en la toma de las decisiones políticas más relevantes. La consolidación política de los partidos se llevó a la misma Constitución, principalmente en la disposición específica que le dedica el propio texto constitucional (art. 6 CE), en las que regulan el régimen electoral para las Cortes Generales (arts. 68 y 69 CE) y en las que contemplan —de una manera muy limitada— mecanismos de democracia directa o semidirecta que puedan compensar el papel otorgado a los partidos, como la iniciativa legislativa popular (art. 87.3 CE) o el referéndum (art. 92 CE).

Se han dado explicaciones de diverso tipo para justificar las razones que pudieron animar a los constituyentes españoles a actuar de ese modo. Van desde evitar la excesiva fragmentación política que caracterizó los anteriores períodos democráticos en España a garantizar que sólo determinados partidos políticos (de centro derecha o centro izquierda) pudieran aspirar, como efectivamente ha sido, a posiciones de gobierno en la nueva democracia recién instaurada. Esa misma orientación fue, en todo caso, la que presidió también la aprobación de la normativa de desarrollo de las disposiciones constitucionales que se acaban de citar, particularmente la Ley Orgánica del Régimen Electoral General (LOREG), que, por otra parte, no hizo en este aspecto sino copiar la anterior normativa electoral aprobada tras el franquismo para regular las elecciones de las que surgieron las Cortes que aprobaron la Constitución. No han faltado opiniones (algunas de testigos directos del proceso de aprobación de estas normas) que no han dudado en calificar por todo ello nuestro sistema electoral de «maquiavélico» (ver al respecto Presno, 2015).

En todo caso, las críticas que en nuestro país está recibiendo la actual regulación de los mecanismos de representación política tras el estallido de la crisis económica han permitido confirmar la hipótesis, cuya formulación académica se remonta a la finalización de la transición, de que el fortalecimiento excesivo de los partidos políticos como actores privilegiados de nuestro sistema político podía, con el tiempo, convertir lo que en su momento fue, sin duda, un «facilitador» de la transición en un factor «dificultador» de la consolidación democrática. Dicho en otras palabras: la decisión de dotar de un protagonismo casi exclusivo a los partidos como actores privilegiados del sistema político fue una de las claves del éxito de la operación de reemplazo del autoritarismo franquista por un régimen democrático que tuvo lugar en España entre 1975 y 1982, pero, con el tiempo, se ha erigido en uno de los obstáculos más importantes para que se consolide el mismo sistema democrático que contribuyó a instaurar. No conviene olvidar que transición y consolidación son períodos distintos de un proceso más amplio y prolongado, el de sustitución de una dictadura por una democracia, y que cada uno de ellos tiene sus propias y distintas necesidades funcionales (ver Rodríguez, 1989).

¿En qué han consistido, en nuestro país, las críticas a la actual regulación de los mecanismos de representación política? Se han centrado, fundamentalmente, en tres aspectos: en primer lugar, la escasa proporcionalidad del sistema electoral, que deja fuera del Parlamento a los partidos que han obtenido un escaso número de votos o infrarrepresenta a aquellos cuyos apoyos no se ven favorecidos por las reglas que implanta el propio sistema. En segundo lugar, en el escaso papel que nuestro ordenamiento concede a los mecanismos de democracia semidirecta. Y, por último, en la colonización por parte de los partidos políticos de instancias u organismos en los que estos deberían estar ausentes. Cada una de estas críticas puede ser objeto de valoraciones específicas.

Como se sabe, nuestro sistema electoral para el Congreso de los Diputados (no tratamos ahora, por razones de tiempo, las particularidades del sistema electoral para el Senado) premia a determinados partidos con un plus de representación en la Cámara, es decir, les otorga un porcentaje de escaños superior al porcentaje de votos recibidos en el conjunto del territorio nacional y, simultáneamente, castiga a otros partidos infrarrepresentándolos, es decir, atribuyéndoles un porcentaje de escaños inferior al porcentaje de votos. La causa de este fenómeno no reside sólo, ni principalmente, como sin embargo se afirma en muchas ocasiones, en la técnica que emplea la LOREG para atribuir los escaños (la fórmula D´Hondt), sino que en el mismo juegan un importante papel otros elementos del sistema, principalmente la identificación de la circunscripción electoral con la provincia, el hecho de que un buen número de ellas estén relativamente despobladas pero todas (excepto las ciudades autónomas de Ceuta y Melilla) cuenten con al menos dos escaños, que en muchas (casi una veintena) no se elijan más de tres o cuatro diputados, lo que hace que en las mismas (que eligen en su conjunto casi una quinta parte del Congreso) la proporcionalidad del sistema se resienta considerablemente, y, por último, que los partidos que no consiguen un escaño en una provincia no puedan recuperar de alguna forma los votos obtenidos para aplicarlos a un segundo reparto a nivel nacional, lo que perjudica, sobre todo, a las fuerzas políticas que tienen un apoyo relativamente considerable en el conjunto de la Nación pero no ocupan los primeros o segundos puestos en ninguna provincia. Algunas de estas causas (por ejemplo, la circunscripción provincial) están establecidas por la propia Constitución, mientras que otras (por ejemplo, el mínimo de dos escaños por provincia) han sido decisiones tomadas por el legislador [sobre todo ello, ver el documentado *Informe* del Consejo de Estado sobre la reforma electoral en Rubio y Biglino (editores), 2009].

Las propuestas para incrementar la proporcionalidad del sistema electoral, de manera que puedan acceder al Congreso las voces de los que se consideran no representados, son de naturaleza muy variada. Pasan, por ejemplo, por incrementar el número de diputados, al menos hasta el máximo de 400 que permite la Constitución (la LOREG los fija en 350), por reducir a un escaño el mínimo provincial o por contemplar un mecanismo de recuperación de los votos perdidos en cada provincia estableciendo un *pool* a nivel nacional. Algunos abogan también por el desbloqueo de las listas electorales. Los más descontentos con el sistema, en fin, propugnan terminar con la circunscripción provincial, estableciendo bien una sola circunscripción nacional, bien, en el extremo opuesto, pequeños distritos uninominales. Hay también quien propugna una mezcla de ambas alternativas, instaurando un procedimiento de doble voto (al candidato individual en un distrito uninominal, al partido en una lista nacional) similar el existente en Alemania (sobre el conocido como «modelo alemán» y sus posibilidades reales de aplicación en nuestro país, ver el esclarecedor estudio de Vidal, 2012).

No faltan, sin embargo, los que consideran que nuestro sistema electoral, tal y como está en la actualidad, presenta igualmente considerables ventajas. Las listas abiertas o los distritos uninominales pueden propiciar una privatización de la política, con candidatos que busquen patrocinios fuera de los partidos para financiar sus propias campañas; donde algunos sólo ven una repudiable falta de proporcionalidad otros ven un saludable mecanismo para que las zonas rurales o despobladas no se queden sin representación, etc. Además, hay quien advierte, probablemente con razón, que aunque, como se acaba de sugerir, la decisión de optar por la provincia como circunscripción electoral no fue en su momento inocente, su sustitución hoy en día por otro tipo de distrito electoral lo sería aún menos, pues el conocimiento que ya poseemos del comportamiento del electorado en cada territorio condicionaría sin duda cualquier diseño que se quisiera implantar, con el consiguiente riesgo de *gerrymandering*.

Por último, habría que tener en cuenta que uno de los aspectos positivos de la circunscripción provincial es que, por su tamaño, ha coadyuvado considerablemente a la pureza del proceso electoral, evitando los «pucherazos» y otras corruptelas en el recuento de votos, tan frecuentes en nuestra historia política, donde han sido frecuentes regímenes electorales totalmente permeados por el caciquismo y propiciadores de fenómenos como el «encasillamiento» (una revisión reciente puede verse en Alzaga, 2015). Estos males fueron endémicos durante la Restauración borbónica del siglo XIX, pero estuvieron presentes también en la II República. No es una afirmación exagerada decir que la limpieza en los procesos electorales sólo se ha logrado consolidar en toda la convulsa historia política de nuestro país a partir del sistema instaurado en 1977. Sin duda, esta debería ser una razón adicional para pensarse muy bien la introducción de cambios en el mismo.

En todo caso, los últimos resultados electorales (los de las elecciones generales de 20 de diciembre de 2015 y del 26 de junio de 2016) han cambiado radicalmente el panorama político de nuestro país, poniendo el foco no ya en el supuesto déficit de representatividad, a causa de la escasa proporcionalidad del sistema electoral, sino en el riesgo que supone para la gobernabilidad una excesiva fragmentación del Congreso. Un cambio en los resultados electorales que, por otra parte, se ha producido sin que haya mediado reforma electoral alguna, lo que permite poner en cuestión la opinión de quienes afirmaban que la LOREG era la principal causa de lo que se dio en llamar, con indudable intención deslegitimadora, el «bipartidismo dinástico» (una expresión que evocaba el turnismo antidemocrático de la Restauración).

La segunda gran crítica que se ha vertido en nuestro país sobre la actual regulación de los mecanismos de democracia representativa parte de la idea de que uno de los déficits de nuestra democracia viene dado por nuestros endebles mecanismos de democracia directa. Esta afirmación tiene, sin duda, fundamentos poderosos. Debe recordarse que la regulación constitucional de los instrumentos jurídicos más importantes para canalizar la participación del electorado al margen de los partidos, la iniciativa legislativa popular y el referéndum, está plagada de cautelas. Pueden verse, por ejemplo, en los límites que impone el art. 87.3 CE a la primera (que no puede versar sobre «*materias propias de ley orgánica, tributarias o de carácter internacional, ni en lo relativo a la prerrogativa de gracia*») o los requisitos que señala el art. 92 CE para la celebración de un referéndum consultivo (propuesta del Presidente del gobierno y autorización del Congreso de los Diputados). Una prueba directa de su prácticamente nula relevancia en nuestro sistema político es la escasez de ocasiones en las que estos mecanismos se han empleado desde la aprobación de de la Constitución.

Es cierto que, al hilo de las últimas reformas de los Estatutos de Autonomía de algunas Comunidades Autónomas, éstas han tratado de regular de una manera más generosa tanto sus propios mecanismos de iniciativa legislativa popular como otros mecanismos de democracia participativa cobijados bajo la ya de por sí controvertida (Rodríguez, 2006) competencia autonómica sobre «consultas populares». Los problemas políticos originados por la consulta independentista en Cataluña, que pretendía regularse por leyes autonómicas de desarrollo de esta competencia, auguran sin embargo que los derroteros por los que transcurrirá en el futuro inmediato la participación popular en las Comunidades Autónomas no será muy diferente de como ha sido hasta ahora a nivel estatal (ver al respecto Rodríguez y Sánchez-Molina, 2016).

Una de las causas por las que la regulación actual de lo instrumentos de participación popular directa ha sido más criticada es que no se encuentran previstos para dar comienzo a una reforma constitucional. En efecto, como se sabe, el art. 166 CE excluye expresamente la iniciativa popular a este respecto, pues contempla que la reforma de la Constitución sólo puedan iniciarla el Gobierno, el Congreso, el Senado o las Comunidades Autónomas. No obstante, la otra modalidad de participación popular directa, el referéndum, sí se encuentra prevista para el procedimiento de reforma, en algunos casos, los de reforma ordinaria, con carácter facultativo y en otros, los de la reforma agravada, con carácter obligatorio.

La tercera crítica al funcionamiento de la democracia representativa en nuestro país se ha centrado en los excesos partidocráticos. Con ello queremos señalar la evidencia de que los partidos políticos han «colonizado» instituciones que fueron diseñadas por el constituyente situándolas al margen de la *party politics*, bien con llamadas constitucionales a su independencia, como en el caso de la Administración Pública (art. 103 CE) o el Poder Judicial (art. 117 CE), bien incluso por haberse contemplado como órganos (como el Tribunal Constitucional, art. 159 CE) u organismos (todos los reguladores independientes, de gran trascendencia política aunque carezcan de *status* constitucional) cuya principal misión es controlar las decisiones del Parlamento o el Gobierno. Esta última crítica pone el acento en la degeneración hacia la partidocracia a la que puede llegar el Estado de Partidos cuando el protagonismo de los partidos políticos queda fuera de control y se extiende, fuera del gobierno y el Parlamento, a lugares del sistema político donde su acción resulta más perjudicial que beneficiosa.

Si hay algo que tienen en común todas las recetas de regeneración democrática basadas en estas críticas es su reproche al monopolio por parte de los grandes partidos políticos como actores, prácticamente en exclusiva, de nuestro sistema político. En contraste, como veremos a continuación, las propuestas de regeneración democrática actualmente a debate en el seno de la UE tienen como ingrediente principal avanzar en una dirección aparentemente opuesta: la consolidación de los partidos políticos europeos.

IV. Las propuestas de regeneración a escala europea

Como decíamos más atrás, el grito de «¡No nos representan!» no sólo ha presidido las críticas a los mecanismos de democracia representativa en el nivel interno. También se han escuchado en el nivel europeo, debido, sin duda, a la estrecha relación entre ambos. Las críticas en el seno de la UE por la persistencia del denominado «déficit democrático» son, sin embargo, muy anteriores a la actual crisis económica, y se remontan al comienzo mismo de las entonces Comunidades Europeas, al final de la década de los cincuenta del pasado siglo. También a nivel europeo, la receta más esgrimida para la regeneración ha sido la de incrementar la legitimidad democrática de la Unión, en este caso mediante el fortalecimiento de la única institución que, desde el año 1979 es elegida por sufragio universal, el Parlamento Europeo (PE).

Sin embargo, en el caso de la UE el acento no se ha puesto, como ha ocurrido a nivel nacional, en articular mecanismos de participación popular al margen o como complemento de los partidos, sino, por el contrario en fortalecer la presencia de auténticos partidos políticos europeos en el Parlamento (sobre lo que sigue, ver Rodríguez, 2016). La proclamación del papel de los partidos en la vida democrática de la Unión se recoge en el propio Tratado de la Unión Europea (TUE), que establece que «*los partidos políticos a escala europea contribuirán a formar la conciencia europea y a expresar la voluntad de los ciudadanos de la Unión*» (art. 10.4 TUE). La muestra más reciente de la preocupación por parte de la UE de consolidar auténticos partidos políticos a escala europea ha sido la aprobación, en octubre de 2014, del Reglamento 1141/2014, del Parlamento europeo y del Consejo, sobre el estatuto y la financiación de los partidos políticos europeos y las fundaciones políticas europeas (se trata de un reglamento comunitario que modifica otro anterior, el Reglamento 2004/2003, que había sido reformado a su vez en 2007).

Las referencias a la «*conciencia política europea*» en el TUE y las alusiones del Reglamento a unos «*partidos políticos europeos verdaderamente transnacionales*» que deben esforzarse por «*establecer un fuerte vínculo entre la sociedad civil europea y las instituciones de la Unión*» dan buena cuenta de la importante función que se pretende atribuir a los partidos para paliar el déficit democrático que padece la UE. Una de sus facetas es, como se sabe, el hecho de que la principal fuente de legitimidad de la Unión es la que le otorgan indirectamente los Estados. La intención manifiesta del legislador comunitario es que los PPE ayuden a construir una legitimidad alternativa, o cuando menos complementaria, a la que tiene su origen en cada uno de los Estados miembros.

¿Se ha avanzado, con la actual regulación comunitaria, en la dirección de consolidar el papel de unos partidos políticos europeos (PPE) que contribuyan a paliar el déficit democrático de la Unión? Quizá la respuesta a este interrogante pueda ser un sí… a medias.

Es necesario poner de relieve que el protagonismo electoral de los PPE no se encuentra contemplado normativamente para todos los procesos electorales que tienen lugar en el seno de la Unión, sino sólo, y de manera muy matizada, para las elecciones al Parlamento Europeo. A día de hoy, los procesos electorales que tienen lugar en el seno de la Unión pueden clasificarse, desde el punto de vista competencial, en dos grandes grupos: aquellos que se encuentran bajo la competencia exclusiva de los Estados y aquellos en los que puede hablarse de una competencia compartida con la UE, que ha aprobado normas que les son también de aplicación. En este segundo grupo se encuentran las elecciones locales y las elecciones al PE. En el primero, todas las demás.

En las normas que regulan los procesos electorales que son de competencia exclusiva de los Estados miembros no existe ningún mecanismo para incentivar la concurrencia a los mismos de los PPE. Es cierto que, en algunos casos, los regímenes electorales establecidos por los Estados han introducido instrumentos que favorecen la «conciencia política europea», pero estos se han limitado a extender a los residentes nacionales de otro Estado miembro el derecho de sufragio en elecciones de carácter regional o nacional, más allá de las obligaciones que para con los Estados conllevan los derechos de ciudadanía de la UE (Sánchez-Molina, 2016). Sin embargo, ningún Estado miembro ha regulado en modo alguno la concurrencia en esas elecciones de los PPE.

En el caso de las elecciones al PE, las normas de la UE son tan sólo un poco más ambiciosas. Aunque desde la aprobación del primer reglamento que reguló las elecciones del PE por sufragio universal, en 1976, está latente la idea de la existencia de un proceso electoral uniforme para toda la UE (principio que sigue en la actualidad consagrado en los tratados), los continuos fracasos en los intentos de aprobarlo lo han convertido en poco menos que un *desiderátum*. Actualmente, las normas comunes llegan tan sólo a definir las condiciones para el ejercicio del derecho de sufragio por los ciudadanos de la UE residentes en otro Estado miembro, a establecer el número de escaños que corresponden a cada Estado y, desde la reforma de 2002, a exigirles que apliquen algún tipo de fórmula proporcional para su adjudicación.

En realidad, las elecciones al PE siguen siendo 28 elecciones nacionales simultáneas, en las que el debate electoral gira sobre todo en torno a cuestiones domésticas y a la que concurren en exclusiva partidos nacionales. La actual regulación favorece en muy escasa medida que los PPE puedan contribuir en esa convocatoria electoral a la formación de la conciencia política europea. En la práctica, se reduce a contemplar (y ello sólo en una recomendación de la Comisión) la posibilidad de que en las papeletas de voto los partidos nacionales puedan incluir también, junto al suyo propio, el logo que identifique al partido político europeo al que pertenecen y a que los partidos europeos designen si lo desean un candidato a presidente de la Comisión.

Medidas de otro tipo tendentes a asegurar el protagonismo de los PPE en las elecciones al PE podrían haber sido, sin embargo, posibles. No por la vía de limitar la participación en esos comicios de los partidos nacionales, sino incentivando la participación de los PPE de manera directa o indirecta. La incentivación directa de la participación electoral de los PPE en esas elecciones podría haber venido de la mano de normas sobre aspectos clave de todos los procesos electorales, como las campañas electorales (sobre todo, el acceso a medios de comunicación públicos) o la financiación. Con respecto a lo primero, las normas que lo regulan, que son las propias de cada Estado miembro, no contemplan la posibilidad de que los PPE puedan hacer sus propios actos de campaña electoral. De hecho, las campañas electorales propiamente europeas son prácticamente inexistentes. Y en cuanto a la financiación, el Reglamento de 2014 no sólo no ha contemplado la posibilidad de que la concedida a los partidos europeos pueda emplearse para financiar la concurrencia a las elecciones al PE de sus afiliados nacionales, sino que lo prohíbe expresamente.

Tampoco puede hablarse de normas que incentiven el protagonismo de los partidos europeos de manera indirecta, por ejemplo mediante el establecimiento de fórmulas electorales que favorezcan las candidaturas europeas. En 2011, el PE intentó introducir un sistema de doble voto en las elecciones europeas, en virtud del cual los electores podrían votar, simultáneamente a la candidatura nacional, a una lista europea, presentada por un PPE, en la que se elegirían 25 eurodiputados. La introducción de esta fórmula estaba especialmente prevista para fortalecer la presencia en la concurrencia electoral al PE de los PPE, pero la reticencia de los Estados miembros impidió su puesta en marcha (Mellado, 2014).

Las peculiaridades del modelo europeo del Estado de Partidos están también presentes en el modo en el cual las normas de la UE disciplinan la relación de confianza entre Parlamento y Gobierno. En los regímenes parlamentarios de la mayoría de los Estados miembros, los mecanismos de otorgamiento y retirada de la confianza parlamentaria al gobierno están fuertemente condicionados por el papel que desempeñan los partidos políticos que apoyan desde el Parlamento al gobierno o que forman parte de éste. En el caso de la Unión, esa relación es, como se sabe, más compleja, pues la Comisión Europea, el órgano que encarna el ejecutivo comunitario, debe contar con la confianza no sólo del Parlamento, que debe investirlo, sino también de los Estados miembros a través del Consejo. A partir de la reforma del Tratado de Lisboa, el Consejo deberá «tener en cuenta» los resultados de las elecciones europeas para proponer al presidente de la Comisión, como efectivamente hizo tras las de 2014, en la que el candidato propuesto fue el líder del partido europeo cuyas afiliaciones nacionales eran mayoritarias en la Cámara. Esa previsión, sin embargo, no asegura por completo el protagonismo de los PPE en la designación del gobierno de la Unión, ya que el Consejo sigue siendo en exclusiva titular de un discrecional derecho de propuesta de su presidente.

V. Conclusiones

Cada uno de los paneles del presente congreso ha pasado revista a distintos aspectos de la crisis y las propuestas de regeneración democrática desde diferentes perspectivas: las del cambio constitucional, el liderazgo público y privado, el factor territorial y las relaciones entre las dimensiones europea e interna. En la presente ponencia, centrada en este último aspecto, hemos querido poner el acento en el contraste existente en las propuestas de regeneración y reforma de los mecanismos de representación política que se han dado en el nivel interno y el nivel europeo.

En ambos escenarios la preocupación principal de los que han adoptado un posicionamiento crítico con el sistema tienen un punto de partida común: el recelo ante las políticas de «austeridad» (en el sentido actual del término) que tienen su origen en las decisiones económicas tomadas en el seno de la Unión y ejecutadas, prácticamente sin margen alguno, por parte de España y otros Estados miembros. Lo que se ha visto en muchos lugares, entre ellos nuestro país, como una «imposición» de la Unión ha traído consigo una fuerte deslegitimación ante grandes sectores de la opinión pública de las políticas dictadas «desde Bruselas».

Un buen ejemplo de ello es la diferente valoración que han tenido, en el transcurso de 25 años, las dos reformas constitucionales habidas en nuestro país, la del art. 13.2 y la del art. 135 CE, siendo ambas igualmente consecuencia directa de nuestra pertenencia a la UE.

Sin embargo, si centramos nuestro análisis en las propuestas de regeneración de los mecanismos de representación política es posible advertir significativas diferencias entre el plano europeo y el plano interno. En el primero, la crítica principal ha sido la de la excesiva relevancia que tienen atribuida los grandes partidos políticos nacionales a la hora de optar por determinadas políticas públicas, hasta el punto de que se les acusa de desposeer al pueblo de su papel de protagonista en la toma de las grandes decisiones políticas. En el seno de la UE, por el contrario, lo que se echa en falta es la existencia de auténticos partidos políticos europeos que puedan contrarrestar el poder que actualmente ejercen los Estados miembros. La principal peculiaridad del régimen constitucional de los PPE viene dada por el hecho de que uno de los objetivos de la constitucionalización de los partidos europeos sea pretender que estos contribuyan a paliar el déficit democrático de la UE. Sin embargo, los partidos europeos tienen una limitada relevancia en el proceso de toma de decisiones de la Unión, debido al protagonismo que se concede a los propios Estados miembros o a sus partidos nacionales.

Si la principal propuesta de regeneración en el nivel interno parece seguir la consigna «menos partidos y más participación popular», en el nivel europeo la receta para remediar el denominado déficit democrático de la Unión parece ser, por el contrario, fortalecer la relevancia de los partidos políticos en el conjunto del sistema.

VI. Referencias

Alzaga Villaamil, Oscar, «Hacia el estudio de lo preocupante en nuestro régimen de partidos», *Teoría y Realidad Constitucional,* nº 35, 2015.

Judt, Tony, «Austeridad», en *El refugio de la memoria*, Taurus, Madrid, 2010.
Mellado Prado, Pilar, «El sistema de representación del Parlamento Europeo cuestionado: la ausencia de un procedimiento electoral uniforme», *Teoría y Realidad Constitucional*, nº 33, 2014.
Presno Linera, Miguel Ángel, «Régimen electoral («maquiavélico») y sistema de partidos (con sesgo mayoritario)», *Revista Española de Derecho Constitucional*, nº 104, 2015.
Rodríguez, Ángel, *Transición política y consolidación constitucional de los partidos políticos*, Centro de Estudios Constitucionales, Madrid, 1989.
* Voz «Consultas Populares», en Francisco Balaguer Callejón (editor) *Reformas Estatutarias y Distribución de Competencias*, Sevilla, Instituto Andaluz de Administración Publica, Sevilla, 2006.
* «El régimen constitucional de los partidos políticos en el derecho de la Unión Europea: un equilibrio *sui generis*», *Teoría y Realidad Constitucional* nº 38, 2016 (en prensa).
Rodríguez, Ángel y Sánchez-Molina, Pablo, «Residencia y derechos de participación», en Mayte Echezarreta Ferrer (editora), *La residencia de los gerontoinmigrantes. Derechos y obligaciones de los jubilados europeos en los lugares europeos de retiro*, Tirant Lo Blanch, Valencia, 2016.
Rodríguez Zapatero, José Luis, *El dilema: 600 días de vértigo*, Planeta, Barcelona, 2013.
Rubio Llorente, Francisco y Biglino Campos, Paloma (editores), *El informe del Consejo de Estado sobre la reforma electoral: texto del informe y debates académicos*, Consejo de Estado – Centro de Estudios Políticos y Constitucionales, Madrid, 2009.
Sánchez- Molina, Pablo, «La extensión del derecho de sufragio de los extranjeros: un análisis comparado entre los Estados miembros de la Unión Europea», *Revista Europea de Derechos Fundamentales*, nº 27, 2016.
Vidal Prado, Carlos, *El sistema electoral alemán y su posible implantación en España*, Tirant lo Blanch, Valencia, 2012.

LA DIMENSIÓN INTERNACIONAL Y EUROPEA DE LA REGENERACIÓN CONSTITUCIONAL DEMOCRÁTICA

LUIS JIMENA QUESADA
Catedrático de Derecho Constitucional
Universitat de València

I. OBSERVACIONES PRELIMINARES

Resulta indudable que la dimensión transnacional de la regeneración democrática constituye un parámetro inexorable de relevancia constitucional, por el creciente movimiento (de retroalimentación) de internacionalización del Derecho constitucional y de constitucionalización del Derecho internacional (Flauss, 2004).

En efecto, la crisis económica y financiera mundial de los últimos años ha puesto de manifiesto no sólo una globalización de tipo prevalentemente mercantilista sino, igualmente, una mayor atención a la mundialización del Derecho constitucional (De Vega García, 1998), por cuanto hemos comprobado que las medidas económicas adolecen de un gran déficit de legitimación popular (Mateos y de Cabo, 2015); en puridad, reflejan una crisis económica reveladora, además, de una crisis de legitimidad del propio sistema, poniéndose en jaque el funcionamiento del sistema democrático para controlar a los poderes económicos (Álvarez Conde, 2013).

En semejante déficit democrático, dicho sea de paso, radica el verdadero desafío del constitucionalismo como teoría jurídica de los límites del poder (Pace, 2008). En cualquier caso, la crisis ha provocado una mayor sensibilidad en la opinión pública internacional a la hora de acentuar los, hasta fechas recientes, laxos controles no sólo frente a la corrupción política en el ámbito interno, sino asimismo frente a una paralela corrupción a escala internacional, incluidos actores externos con gran proyección política (por su poder económico y su influencia en las «masas») y tradicionalmente exentos de toda supervisión guiada por un mínimo de seriedad en su gestión.

Un ejemplo de lo primero viene suministrado por el proceso de destitución por corrupción de la Presidenta brasileña Dilma Rousseff activado durante el primer semestre de 2016, mientras que una ilustración de lo segundo la ofrece la investigación de las corruptelas en el seno de la FIFA (*Federación Internacional de Football Association*) a la hora de atribuir la organización de mundiales de fútbol y su debate en el seno del Parlamento Europeo (incluso en el curso de sesiones plenarias, por ejemplo en junio de 2015, en donde se debatió también acerca de prácticas sospechosas en la organización de los Juegos Europeos de Bakú —celebrados en junio de 2015— en conexión con la situación de los derechos humanos en Azerbaiyán).

Como bien se ha criticado, la corrupción, al alterar el modo democrático de funcionamiento de la sociedad y privar a los Estados de los recursos necesarios (especialmente a los más pobres, pero también a aquellos más ricos que sufren, en el contexto de la crisis económica y financiera, el saqueo de los corruptos) para llevar a cabo sus tareas esenciales en materia de producción de servicios básicos y estabilidad institucional, se encuentra en el origen directo o indirecto de la mayor parte de las violaciones de derechos humanos (Doucin, 2005).

Con semejante enfoque, es insoslayable acometer los mecanismos de promoción de la regeneración democrática y la lucha contra la corrupción de carácter jurisdiccional y no jurisdiccional, vinculante y no (buenas prácticas), así como la implicación de las autoridades públicas y de los operadores del sector privado, de los medios de comunicación y del conjunto de la sociedad civil a través de una buena educación para la ciudadanía y los derechos humanos (con tal espíritu, por ejemplo, la *Carta sobre la educación para la ciudadanía democrática y la educación en derechos humanos*, Recomendación CM/Rec(2010)7 adoptada por el Comité de Ministros del Consejo de Europa el 11 de mayo de 2010).

En cualquier caso, el enfoque no es nuevo. Más en particular, en cuanto al énfasis en la protección de los derechos humanos, la preocupación por atajar la corrupción no es ajena a las inquietudes del constitucionalismo contemporáneo, ya desde sus orígenes. Lo ejemplifica la Declaración francesa de derechos del hombre y del ciudadano de 1789, que ya en su Preámbulo afirmaba que «*la ignorancia, el olvido o el menosprecio de los derechos del hombre son las únicas causas de las desgracias públicas y de la corrupción de los gobiernos*». El Preámbulo de la paralela y correlativa Declaración francesa de derechos de la mujer y de la ciudadana de 1791 promovida por Olympe de Gouges sostenía lo mismo por referencia a «*los derechos de la mujer*». De igual modo, el coincidente artículo 15 de ambas declaraciones propugnaba que «*la sociedad*»/«*la masa de mujeres*» tiene el derecho de «*pedir cuentas de su administración a todo funcionario público*».

Ahora bien, la Declaración de 1791 presenta una mayor riqueza en un nada despreciable *Epílogo* o *Postámbulo*, no sólo porque critica el que la mujer haya «*reinado*» al lado de la «*debilidad de los hombres*», sino sobre todo porque pone el acento en «*la convicción acerca de las injusticias del hombre*» haciendo una llamada a la mujer para que «*despierte*» y sea consciente de su propio papel a través de una «*educación nacional*» que sea expresión asimismo de una sana «*educación de las mujeres*». Se trata de un rico alegato feminista mediante el que se critica la dependencia de gobiernos corruptos durante siglos «*de la administración nocturna de las mujeres*», para que éstas sean sujetos activos y visibles del juego político.

En estas coordenadas, es obvio que la falta de transparencia y la existencia de corrupción comportan un déficit de democracia y una violación de derechos humanos y, por tanto, una imperfección del Estado social y democrático de Derecho. Así las cosas, como quiera que dicho Estado, y la integralidad de sus tres calificativos, se ha convertido en una exigencia axiológica de orden internacional (Jimena, 1997 y 2016), debe destacarse la relevancia de la asunción de estándares y compromisos internacionales (universales y regionales) de transparencia y anticorrupción por la vía aplicativa (arts. 93 a 96 de la Constitución Española, CE) e interpretativa (art. 10.2 CE) impuesta por los mandatos constitucionales.

II. Elementos normativos y axiológicos de orden universal

1. *Referencia especial a la Convención contra la corrupción de 2003*

En el terreno universal, la Asamblea General de la ONU, con motivo de la adopción de la Convención de 2003, declaró como día internacional contra la corrupción el día 9 de diciembre, no por casualidad como víspera al día internacional de los derechos humanos, con objeto de aumentar la sensibilización respecto de semejante lacra para el conjunto de la sociedad. Se trata de tener presentes «*los principios de debida gestión de los asuntos y los bienes públicos, equidad, responsabilidad e igualdad ante la ley, así como la necesidad de salvaguardar la integridad y fomentar una cultura de rechazo de la corrupción*».

Naturalmente, los altos niveles de corrupción frenan la inversión (también, y sobre todo, la extranjera) y el desarrollo, abocando a un gobierno inoperativo. La corrupción no es, pese a ello, un problema de índole solamente económica, sino asimismo política, una imbricación que puede utilizarse como pretexto y trasfondo para activar controvertidas reformas constitucionales como la del artículo 135 de la Carta Magna española en 2011. Dicho lo cual, las reformas son susceptibles desde luego de dirigirse a la estructuras de las diversas Constituciones y, al tiempo, a la relación subyacente que existe entre el mercado y el Estado, pero una reforma eficaz no puede producirse a menos que la comunidad internacional y los dirigentes políticos nacionales apoyen esos cambios (Ackerman, 1999).

En este ámbito, la Convención de Naciones Unidas contra la corrupción se adoptó el 31 de octubre de 2003, habiendo sido ratificada por España en 2006 (instrumento de ratificación publicado en el BOE de 19 de julio de 2006). Entre sus precedentes, vale la pena mencionar las Resoluciones de la Asamblea General 56/186, de 21 de diciembre de 2001, y 57/244, de 20 de diciembre de 2002, relativas a la prevención de las prácticas corruptas y de la transferencia de fondos de origen ilícito, la lucha contra ellas y la repatriación de esos fondos a sus países de origen; resoluciones que fueron precedidas unos días antes por la 57/169, de 18 de diciembre de 2002, en la que se aceptó el ofrecimiento del Gobierno de México de ser anfitrión de una conferencia política de alto nivel con objeto de firmar la convención y se pidió al Secretario General que programara la conferencia por un período de tres días antes del fin de 2003. Con carácter previo, el Consejo Económico y Social había mostrado su apoyo en tal dirección mediante su Resolución 2001/13 titulada «*Fortalecimiento de la cooperación internacional para prevenir y combatir la transferencia de fondos de origen ilícito derivados de actos de corrupción, incluido el blanqueo de capitales, así como para repatriarlos*».

De igual manera, como antecedentes de interés, es menester aludir, de un lado, al llamado *Consenso de Monterrey*, aprobado por la Conferencia Internacional sobre la Financiación para el Desarrollo, celebrada en dicha ciudad mexicana del 18 al 22 de marzo de 2002, en el que se subrayó que la lucha contra la corrupción a todos los niveles era una cuestión prioritaria. Y, de otro lado, cabe recordar la Declaración de Johannesburgo sobre el Desarrollo Sostenible, aprobada por la Cumbre Mundial sobre el Desarrollo Sostenible, celebrada en la citada ciudad sudafricana del 26 de agosto al 4 de septiembre de 2002, en particular su párrafo 19, en el que se sostuvo que la corrupción representaba una amenaza para el desarrollo sostenible de la población, mostrando su preocupación por la gravedad de los problemas y las amenazas que plantea la corrupción para la estabilidad y seguridad de las sociedades al socavar las instituciones y los valores de la democracia, la ética y la justicia y al comprometer el desarrollo sostenible y el imperio de la ley.

Todas estas resoluciones se negociaron en un ambiente en el que no faltó la autocrítica, de modo que se abordó la penalización del soborno de funcionarios de organizaciones internacionales públicas, incluidas las Naciones Unidas, teniendo en cuanta la cuestión de los privilegios e inmunidades. Con tal filosofía, se pidió al Secretario General de la ONU que proporcionara a la Oficina de Naciones Unidas contra la Droga y el Delito los recursos necesarios para promover de forma eficaz la rápida entrada en vigor de la Convención.

En el Preámbulo de la Convención se subraya la globalización de la corrupción como paralela al fenómeno de la globalización económica, afirmándose que «*la corrupción ha dejado de ser un problema local para convertirse en un fenómeno transnacional que afecta a todas las sociedades y economías, lo que hace esencial la cooperación internacional para prevenirla y luchar contra ella*», por lo que se apela al fortalecimiento de la capacidad y la creación de instituciones para prevención y lucha contra la corrupción. Y ello no es incompatible con el reconocimiento de «*los principios fundamentales del debido proceso en los procesos penales y en los procedimientos civiles o administrativos sobre derechos de propiedad*».

En todo caso, se enfatiza que «*el enriquecimiento personal ilícito puede ser particularmente nocivo para las instituciones democráticas, las economías nacionales y el imperio de la ley*», lo que trasciende las fronteras estatales. Por ello, se incide en que la prevención y la erradicación de la corrupción son responsabilidad de todos los Estados y que «*éstos deben cooperar entre sí, con el apoyo y la participación de personas y grupos que no pertenecen al sector público, como la sociedad civil, las organizaciones no gubernamentales y las organizaciones de base comunitaria, para que sus esfuerzos en este ámbito sean eficaces*». Sobre esta cuestión, en los últimos años, al margen de los mecanismos públicos de exigencia de responsabilidad, se viene introduciendo un concepto de «*accountability*» social que apuesta por las iniciativas de los movimientos sociales y de los medios de comunicación frente a las prácticas corruptas (Peruzzoti y Smulovitz, 2002, y Rajagopal, 2003).

2. *Elementos de toma en consideración en el ámbito interno*

A la luz de los actores del conjunto de la sociedad, sectores público y privado, anteriormente mencionados, conviene efectuar alguna reflexión. En lo que concierne al sector público, el artículo 7 de la Convención universal obliga a adoptar sistemas de convocatoria, contratación, retención, promoción y jubilación de empleados públicos basados «*en principios de eficiencia y transparencia y en criterios objetivos como el mérito, la equidad y la aptitud*», incluyendo «*procedimientos adecuados de selección y formación de los titulares de cargos públicos que se consideren especialmente vulnerables a la corrupción, así como, cuando proceda, la rotación de esas personas a otros cargos*», fomentando «*una remuneración adecuada y escalas de sueldo equitativas, teniendo en cuenta el nivel de desarrollo económico del Estado Parte*» y promoviendo «*programas de formación y capacitación que les permitan cumplir los requisitos de desempeño correcto, honorable y debido de sus funciones y les proporcionen capacitación especializada y apropiada para que sean más conscientes de los riesgos de corrupción inherentes al desempeño de sus funciones. Tales programas podrán hacer referencia a códigos o normas de conducta en las esferas pertinentes*».

Pues bien, no parece que esa disposición se compadezca claramente con los datos del mercado laboral y la contratación pública en España en el primer semestre de 2016. Así, a finales de abril de 2016 tuvieron impacto mediático los datos de la Encuesta de Población Activa publicados por el INE, a tenor de los cuales durante el primer semestre subió el desempleo, al tiempo que la contratación pública creció en ocho Comunidades Autónomas que ampliaron sus plantillas en casi cuarenta mil empleados públicos, destacando los incrementos en algunas como Cataluña (más de un 50% de esas contrataciones, con 20.600 nuevos efectivos), Canarias (10.000) o Madrid (5.500). Por supuesto, la oferta pública de empleo debe responder a las legítimas expectativas de las muchas candidaturas que preparan oposiciones con esfuerzo y tenacidad para encontrar una salida profesional como servidores públicos ejerciendo el derecho fundamental previsto en el articulo 23.2 CE en conexión con los criterios de mérito y capacidad establecidos en el artículo 103.3 CE.

Sin embargo, la precipitación en convocatorias públicas, si se entremezcla con períodos electorales o episodios de conflictividad competencial entre Estado y alguna o algunas Comunidades Autónomas, no suele ser buena consejera para el diseño de un organigrama funcionarial transparente, eficiencia y eficaz. Correlativamente, la precipitación, trocada de motivaciones basadas en la austeridad «anticrisis», tampoco se ha revelado incontrovertida al suprimirse determinados entes públicos (especialmente en el ámbito autonómico, como Defensorías del Pueblo, Comités Económicos y Sociales, Sindicaturas de Cuentas, Consejos Consultivos, etc.) con la correspondiente afectación a puestos públicos de trabajo.

El ejemplo polémico de lo acabado de reseñar viene suministrado por la Ley valenciana 4/2013, de 27 de noviembre, de Supresión de la Prestación de los Servicios de Radiodifusión y Televisión de Ámbito Autonómico, de Titularidad de la Generalitat, así como de Disolución y Liquidación de Radiotelevisión Valenciana. En el Preámbulo de dicha Ley se justificaba el «*redimensionamiento de una plantilla que alcanzaba más de 1.600 trabajadores*», en aras de la «*situación económica que atravesaba en los últimos años el ente público Radiotelevisión Valenciana*».

Como paso previo a la adopción de la ley, se había procedido a reducir la plantilla, medida que fue impugnada ante la Sala de lo Social del Tribunal Superior de Justicia de la Comunitat Valenciana, que mediante Sentencia nº 2338 de 14 de noviembre de 2003 había declarado nulo el despido colectivo determinando la necesidad de reingreso de más de mil trabajadores; dicha readmisión, se esgrime en la Ley, habría hecho «*inviable la continuidad de la empresa, puesto que el coste de los gastos de personal que genera el mantenimiento de dicha sobredimensionada plantilla, unidos a los de funcionamiento y mantenimiento de la sociedad, suponen un elevado nivel de gastos de personal que la Generalitat no puede asumir en unos momentos de crisis económica y en los que la escasez de recursos económicos le obliga a priorizar los servicios que se consideran básicos*». La polémica no ha quedado ni muchos cerrada y, de hecho, a principios de mayo de 2016 se aprobó en la correspondiente comisión de las Cortes Valencianas la nueva ley de creación de la Corporación Valenciana de Medios de Comunicación para sustituir a la desaparecida Radio Televisión Valenciana (RTVV), en donde uno de sus puntos de fricción negociadora ha radicado precisamente en el modo de proceder a las contrataciones de personal y el establecimiento de criterios que en cierto modo prioricen a los antiguos empleados del ente público.

El precitado artículo 7 de la Convención de la ONU no se refiere sólo a funcionarios públicos, sino asimismo a cargos públicos. En particular, en el apartado 2 se alude a la adopción de medidas legislativas y administrativas apropiadas «*a fin de establecer criterios para la candidatura y elección a cargos públicos*»; a renglón seguido, el apartado 3 alude al aumento de «*la transparencia respecto de la financiación de candidaturas a cargos públicos electivos y, cuando proceda, respecto de la financiación de los partidos políticos*», agregándose la pertinencia de «*adoptar sistemas destinados a promover la transparencia y a prevenir conflictos de intereses, o a mantener y fortalecer dichos sistemas*».

Ha sido justamente en esa esfera de los cargos públicos y de los partidos políticos en los que ha incidido uno de los informes sobre España elaborados a finales de 2015 por la ONG *Transparencia Internacional* (TI). Se trata de la única organización no gubernamental a escala universal dedicada a combatir la corrupción, congregando a la sociedad civil, sector privado y los gobiernos en una amplia coalición global. En concreto, acomete las diferentes facetas de la corrupción, tanto en el interior de los países como en el plano de las relaciones económicas, comerciales y políticas internacionales. El propósito es comprender y enfrentar los dos rostros de la corrupción: quien corrompe y quien permite ser corrompido.

En el ámbito internacional, TI impulsa campañas de concienciación sobre los efectos de la corrupción, promueve la adopción de reformas políticas, así como el establecimiento y aceptación de convenciones internacionales sobre la materia y la implementación de dichos acuerdos por parte de los gobiernos, corporaciones y empresas. Asimismo, a nivel nacional, alienta una mayor transparencia y el cumplimiento del principio de rendición de cuentas, supervisando a tal efecto el cometido de algunas instituciones claves y ejerciendo presión para la adopción no partidista de las reformas que sean necesarias. No obstante, TI no denuncia casos individuales de corrupción (animando en tal tarea a periodistas y medios de comunicación), sino que orienta sus esfuerzos a una perspectiva de logros sustentables en el largo plazo, privilegiando la prevención y la reforma de los sistemas.

En el plano nacional, como se avanzaba, en el caso de España, TI presentó en octubre de 2015 un conjunto de sesenta propuestas de *Medidas de transparencia y prevención de la corrupción en subvenciones, licitaciones y contratos públicos*, por considerarse éste uno de los principales focos actuales de la corrupción en España, después de haber sustituido en buena medida a la corrupción urbanística, principal ámbito de la corrupción hace unos años. Estas medidas se enviaron a los partidos políticos que concurrían a las elecciones generales de 20 de diciembre de 2015, para que las pudieran tomar en consideración e incorporar a sus programas, tras considerarse insuficiente para corregir la situación el marco establecido mediante la Ley 19/2013, de 19 de diciembre, de Transparencia, Acceso a la información Pública y Buen Gobierno; entre esas medidas, resulta de interés la idea de proteger al informante o delator de casos de corrupción (*whistleblower*) como estrategia de prevención, en lugar de resignarse con investigados o condenados arrepentidos que, por despecho, sólo «tiran de la manta» a posteriori. Sea como fuere, el debate conceptual o terminológico no debe descuidar las dimensiones tanto políticas como económicas, culturales y lingüísticas de la corrupción, para evitar al máximo la impunidad (Heidenheimer y Johnston, 2001).

III. Parámetros continentales: Consejo de Europa, Unión Europea y OSCE

Con carácter previo, reviste interés hacer referencia al modo en que el Preámbulo de la Convención de Naciones Unidas de 2003 acomete las sinergias y la lucha multinivel contra la corrupción. Particularmente, se expresa «*reconocimiento*» por «*los instrumentos multilaterales encaminados a prevenir y combatir la corrupción, incluidos, entre otros la Convención Interamericana contra la Corrupción, aprobada por la Organización de los Estados Americanos el 29 de marzo de 1996, el Convenio relativo a la lucha contra los actos de corrupción en los que estén implicados funcionarios de las Comunidades Europeas o de los Estados Miembros de la Unión Europea, aprobado por el Consejo de la Unión Europea el 26 de mayo de 1997, el Con-*

venio sobre la lucha contra el soborno de los funcionarios públicos extranjeros en las transacciones comerciales internacionales, aprobado por la Organización de Cooperación y Desarrollo Económicos el 21 de noviembre de 1997, el Convenio de derecho penal sobre la corrupción, aprobado por el Comité de Ministros del Consejo de Europa el 27 de enero de 1999, el Convenio de derecho civil sobre la corrupción, aprobado por el Comité de Ministros del Consejo de Europa el 4 de noviembre de 1999, y la Convención de la Unión Africana para prevenir y combatir la corrupción, aprobada por los Jefes de Estado y de Gobierno de la Unión Africana el 12 de julio de 2003».

Ello va en la línea, ciertamente, de la complementariedad resaltada por la Conferencia Mundial de Derechos Humanos celebrada en Viena en junio de 1993, en cuya Declaración Final se afirmaba (apartado 37): «*Los acuerdos regionales desempeñan un papel fundamental en la promoción y protección de los derechos humanos y deben reforzar las normas universales de derechos humanos contenidas en los instrumentos internacionales y su protección. La Conferencia Mundial de Derechos Humanos apoya los esfuerzos que se llevan a cabo para fortalecer esos acuerdos e incrementar su eficacia, al tiempo que subraya la importancia que tiene la cooperación con las Naciones Unidas en sus actividades de derechos humanos. La Conferencia Mundial de Derechos Humanos reitera la necesidad de estudiar la posibilidad de establecer, donde aún no existan, acuerdos regionales o subregionales para la promoción y protección de los derechos humanos*».

Avanzado lo anterior, pasemos revista a las medidas de regeneración democrática y lucha contra la corrupción adoptadas en los tres foros regionales que operan en el continente europeo.

1. Consejo de Europa

Indudablemente, el Consejo de Europa, integrado por 47 Estados Miembros, constituye la organización paneuropea por excelencia. Sus tres pilares son la Democracia, el Estado de Derecho y los Derechos Humanos, los cuales dan soporte a esa construcción europea que apuesta por una creciente constitucionalización.

1. Referencia al Convenio Europeo de Derechos Humanos (CEDH)

La jurisprudencia del TEDH ofrece pronunciamientos que podríamos diversificar en dos grandes bloques, a saber: de un lado, aquellas sentencias en las que los justiciables obtienen amparo como víctimas de un sistema judicial que presentan signos de corrupción o persiguen hacer valer la tutela judicial efectiva frente a posibles espacios de inmunidad y, de otro lado, aquellas resoluciones en las que los derechos fundamentales reconocidos en el CEDH se ponen a prueba como mecanismos de salvaguardia frente a la persecución o los procedimientos articulados frente a prácticas corruptas.

Del primer bloque podemos traer a colación casos de justiciables que son víctimas de un sistema judicial corrupto (verbigracia, STEDH *Ramanauskas c. Lituania*, de 5 de febrero de 2008 —violación del artículo 6 CEDH—). Conviene asimismo mencionar jurisprudencia concerniente a justiciables que persiguen hacer valer la tutela judicial efectiva frente a posibles espacios de inmunidad (STEDH *Cordova c. Italia* nº 2, de 30 de enero de 2003).

En esta última sentencia se considera contrario a la tutela judicial efectiva (artículo 6 CEDH) que la prerrogativa de inmunidad *ex* artículo 68 de la Constitución italiana degenere en un privilegio injustificado para evitar el procesamiento de un parlamentario haciendo prevalecer el criterio meramente político de la Cámara frente al de la justicia. Sobre el particular, en términos de Derecho internacional comparado de los derechos humanos, es interesante poner la mirada, en el marco del sistema interamericano, en el pronunciamiento presentado por la Coalición Internacional de Organizaciones de Derechos Humanos de las Américas con ocasión del 34º período ordinario de sesiones de la Asamblea General de la OEA (Quito, Ecuador, 6-8 de junio de 2004), en donde se manifestó «*enfáticamente que la impunidad es una forma de corrupción y, en sí, una violación de los derechos humanos*», por lo que los Estados Miembros «*deben asegurar la adopción de un concepto de corrupción que incluye el uso abusivo del poder como fuente de violación de derechos humanos y generador de impunidad*»; de lo contrario, se fragua un círculo vicioso en el que se implica inexorablemente de forma perversa a la Sociedad como cómplice del Estado (Fox, 2005).

En cuanto al segundo bloque, cabría mencionar el juego de la presunción de inocencia (artículo 6.2 CEDH) con relación a los posibles efectos de los procesos penales en el terreno sancionador administrativo. Valga el ejemplo de la doctrina establecida en la STEDH *Vassilios Stavropoulos c. Grecia*, de 30 de junio de 2007: el demandante había sido acusado penalmente (por fraude y declaración falsa de bienes inmuebles) de obtener una vivienda de promoción pública y, pese a haber sido absuelto de ello por falta de pruebas, las jurisdicciones administrativas confirmaron los actos de la Administración competente en materia de vivienda tendentes a revocar la atribución de dicha vivienda; los órganos jurisdiccionales contencioso-administrativos entendieron que el demandante no había sido absuelto tras ser declarado totalmente inocente, sino por falta de pruebas y, por tanto, que ello comportaba que existían dudas y que, en última instancia, la omisión de declarar bienes inmuebles habría sido intencionada. Para el TEDH, por el contrario, el principio *in dubio pro reo* comporta que, para apreciar el alcance de la presunción de inocencia del artículo 6.2 CEDH, «*no debe existir ningún diferencia cualitativa entre una absolución por falta de pruebas y una absolución derivada de la constatación de la inocencia de la persona sin duda alguna*» (§ 39).

Otros ejemplos vienen dados por la conexión entre los derechos a la tutela judicial y a recursos efectivos (artículos 6 y 13, respectivamente, del CEDH), así como a la legalidad penal del artículo 7 CEDH (incluidas las vertientes de accesibilidad y previsibilidad de la norma) por un lado y, por otro, los eventuales bienes de las personas afectadas, es decir, el derecho de propiedad reconocido en el artículo 1 del Protocolo nº 1 al CEDH: así, en la STEDH *Plechkov c. Rumanía*, de 16 de septiembre de 2014, se declaró la violación de algunas de dichas disposiciones (artículo 7 CEDH y artículo 1 del Protocolo nº 1) como consecuencia de la detención de un capitán de navío acusado de pesca fraudulenta sin base legal para dicha imputación y de la incautación de dicho navío, de las herramientas y de la carga a bordo.

2. Otros instrumentos y mecanismos de derechos humanos y regeneración democrática

De entrada, debe resaltarse que la acción del Consejo de Europa frente a la corrupción se impulsó a finales de los noventa del siglo pasado, primeramente con la adopción de instrumentos normativos vinculantes como el Convenio Penal sobre la Corrupción de 27 de enero de 1999 o el Convenio Civil sobre la Corrupción de 4 de noviembre de 1999, a los que siguió otro instrumento sectorial nada desdeñable como la Convención sobre el blanqueo y confiscación de efectos procedentes del crimen y sobre financiación del terrorismo de 16 de mayo de 2005, sin olvidar la apuesta por la transparencia expresada en el Convenio sobre Acceso a los Documentos Públicos de 18 de junio de 2009 (no ratificado por España) o el Protocolo adicional a la Carta Europea de la Autonomía Local sobre el derecho de participación en los asuntos de las entidades locales de 16 de noviembre de 2009, que incide en ese derecho de acceso a documentos públicos (tampoco ratificado por España).

Con relación a estos dos últimos instrumentos, una reflexión interesante se suscita en clave de distribución territorial del poder en España, en el sentido de dilucidar si, pese a no estar ratificados por nuestro país al no haber ejercido el Estado su competencia soberana correspondiente (el *treaty making power*), cabria indirectamente su asunción a través de pasarelas «materiales» en el ámbito autonómico, es decir, mediante Leyes autonómicas en la materia. La cuestión no es baladí ni hipotética, como lo demuestra la Ley 1/2014, de 24 de junio, de Transparencia Pública de Andalucía (que supera a la Ley estatal, Ley 19/2013, de 19 de diciembre, de Transparencia, Acceso a la Información Pública y Buen Gobierno), remitiéndose llamativamente a los cánones de ese Convenio europeo de 2009 no aceptado por España.

La cuestión, por otra parte, no deja de ser espinosa, puesto que la jurisprudencia constitucional española más reciente parece expresar reticencias en tal dirección en la resolución de conflictos competenciales que guardarían *mutatis mutandis* conexión. Como botón de muestra, mediante la STC 62/2016, de 17 de marzo, se declara la inconstitucionalidad parcial del Decreto-ley catalán 6/2013, de 23 de diciembre, sobre pobreza energética, en la medida en que la competencia en la materia sería estatal (para el TC, incardinada en la ordenación general de la economía —materia 13ª— y en el sector energético —materia 25ª—), y ello pese a que los magistrados constitucionales discrepantes subrayan, con razón, que la legislación estatal no satisface plenamente la obligación de conseguir los objetivos establecidos por la Directiva 2009/72/CE del Parlamento Europeo y del Consejo, de 13 de julio de 2009, dictada en el marco de la lucha contra la pobreza energética. En otras palabras, pese a la omisión estatal en el cumplimiento leal de las obligaciones comunitarias europeas, se veda al nivel autonómico que pueda suplir dicha omisión a través de títulos competenciales regionales conexos (como la asistencia social o la protección del consumidor).

Por lo demás, el marco normativo se completa con instrumentos no vinculantes como la Recomendación del Comité de Ministros a los Estados Miembros sobre reglas comunes contra la corrupción relativa a financiación de partidos políticos y campañas electorales de 8 de abril de 2003, o la previa Recomendación del mismo órgano político del Consejo de Europa sobre códigos de conducta para los funcionarios públicos de 11 de mayo de 2000.

En lo que atañe a mecanismos dirigidos directa o indirectamente a combatir la corrupción, pueden mencionarse cinco. El primero es el Grupo de Estados contra la Corrupción (GRECO), que en fecha 6 de diciembre 2013 (publicación el 15 de enero de 2014) emitió el último informe sobre España sobre la valoración de las prácticas sospechosas e irregulares con relación a determinados cargos públicos: así, emitió una serie de recomendaciones respecto de la institución parlamentaria (elaboración de un código de conducta para prevenir los conflictos de intereses, los regalos y actividades accesorias con intereses financieros; o adopción de reglas para disciplinar las relaciones entre los parlamentarios y los grupos de interés u otros terceros que persigan influir en el proceso legislativo), la judicatura (código deontológico accesible al público; o prolongación de los plazos de prescripción de los procedimientos disciplinarios) y la fiscalía (reglas deontológicas de fácil acceso público; o mejora de la transparencia en la comunicación entre la Fiscalía General y el Gobierno). El segundo mecanismo es el Comité de Expertos para la evaluación de medidas contra el blanqueo de dinero y financiación del terrorismo (MONEYVAL).

En tercer lugar, la Comisión Europea para la Democracia a través del Derecho (conocida como «Comisión de Venecia») ha publicado, entre otros, varios dictámenes en 2011 sobre la nueva Constitución de Hungría, en los que expresa sospechas en materia de regeneración democrática por lo que afecta al estatuto jurídico y la remuneración de los jueces, la organización y la administración de los tribunales, o el Tribunal Constitucional de Hungría.

En cuarto término, el Comisario de Derechos Humanos critica asimismo en su acción elementos que afecten a los pilares del Consejo de Europa como el alto nivel de corrupción del poder judicial y el modo en que ello socava el imperio de la ley produciendo una pérdida de confianza de la ciudadanía en las instituciones (por ejemplo, *Report by Nils Muižnieks, Commissioner for Human Rights of the Council of Europe following his visit to Albania from 23 to 27 September 2013*, Strasbourg, 16 January 2014).

En fin, la Asamblea Parlamentaria del Consejo de Europa lanzó en abril de 2014 una plataforma contra la corrupción para crear en Estrasburgo un nuevo espacio de diálogo frente a esa amenaza de los valores europeos promoviendo transparencia y honestidad en la vida pública (a modo de *guardianes* en sus respectivos parlamentos nacionales) y velando por las recomendaciones del GRECO. Esa nueva plataforma, por supuesto, no es incompatible con la acción de las comisiones permanentes existentes en el marco de la Asamblea Parlamentaria, que a veces promueve incluso sesiones deslocalizadas, como la celebrada en Helsinki el 27 de mayo de 2014 de la Comisión de cuestiones jurídicas y derechos humanos sobre el tema «*prevención y erradicación de la corrupción en el sistema judicial*», y entre cuyas conclusiones se sostuvo que la corrupción judicial no comporta solamente una violación de la equidad del proceso, una distorsión del principio de igualdad de armas, un atentado a la presunción de inocencia o retrasos deliberados en el procedimiento, sino asimismo una amenaza para otros derechos fundamentales de naturaleza sustancial.

2. *Unión Europea*

Como en el caso del Consejo de Europa, la Unión Europea (UE) confirma en el Derecho primario u originario su «*adhesión a los principios de libertad, democracia y respeto de los derechos humanos y de las libertades fundamentales y del Estado de Derecho*» (Preámbulo del TUE). Para dotar de vigencia a dichos principios y valores fundamentales, se ha destacado que la UE cuenta con tres mecanismos concretos: el procedimiento del artículo 7 TUE introducido en 2001 mediante el Tratado de Niza; el *Mecanismo de Cooperación y Verificación*, diseñado especialmente para supervisar el progreso realizado por Rumanía y Bulgaria en los campos de la lucha contra la corrupción, el crimen organizado y la reforma del poder judicial, temas que quedaron pendientes de completar tras su Tratado de Adhesión; y el mecanismo de control de la eficiencia de la justicia denominado «*Justice Scoreboard*», que monitorea asimismo la independencia de los órganos jurisdiccionales (Bar Cendón, 2014).

De forma más específica, el artículo 83 TFUE (ubicado en el Título V «*Espacio de libertad, seguridad y justicia*», capítulo IV «*Cooperación judicial en materia penal*») dispone en su apartado 1 que el Parlamento Europeo y el Consejo pueden establecer, mediante directivas adoptadas con arreglo al procedimiento legislativo ordinario, normas mínimas relativas a la definición de las infracciones penales y de las sanciones en ámbitos delictivos que sean de especial gravedad y tengan una dimensión transfronteriza derivada del carácter o de las repercusiones de dichas infracciones o de una necesidad particular de combatirlas según criterios comunes. Estos ámbitos delictivos son los siguientes: el terrorismo, la trata de seres humanos y la explotación sexual de mujeres y niños, el tráfico ilícito de drogas, el tráfico ilícito de armas, el blanqueo de capitales, *la corrupción*, la falsificación de medios de pago, la delincuencia informática y la delincuencia organizada.

En desarrollo de esa base habilitante, el Derecho secundario o derivado ha producido normas como la Directiva 2005/60/CE, del Parlamento Europeo y del Consejo, de 26 de octubre de 2005, relativa a la prevención de la utilización del sistema financiero para el blanqueo de capitales; la Decisión marco 2003/568/JAI del Consejo, de 22 de julio de 2003, relativa a la lucha contra la corrupción en el sector privado, y el Convenio de 26 de mayo de 1997 establecido sobre la base del apartado 2.c) del artículo K.3 del TUE relativo a la lucha contra los actos de corrupción en los que estén implicados funcionarios de las Comunidades Europeas o de los Estados miembros de la UE.

En el ámbito jurisprudencial, el TJUE se ha ocupado de asuntos que afectan al sector privado en relación con la contratación pública. Por ejemplo, mediante la STJUE de 22 de octubre de 2015, *Edilux* (asunto C 425/14) se resolvió la petición de decisión prejudicial planteada por el Consejo de Justicia Administrativa de la Región Siciliana (Italia) sobre interpretación del artículo 45 de la Directiva 2004/18/CE del Parlamento Europeo y del Consejo, de 31 de marzo de 2004, sobre coordinación de los procedimientos de adjudicación de los contratos públicos de obras, de suministro y de servicios. Se trataba de evitar, en el fondo del asunto a nivel nacional, la interferencia de prácticas mafiosas en la atribución de contratos públicos.

A tal efecto, el Tribunal de Luxemburgo tuvo presente que el artículo 2 de la citada Directiva dispone que «*los poderes adjudicadores darán a los operadores económicos un tratamiento igualitario y no discriminatorio y obrarán con transparencia*». Ahora bien, la misma directiva habilita para excluir de la participación en una contratación pública a cualquier candidato o licitador que haya sido condenado mediante sentencia firme, de la que tenga conocimiento el poder adjudicador, por uno o varios de los motivos siguientes: participación en una organización delictiva, corrupción, fraude o blanqueo de capitales. Por añadidura, especifica otros motivos posibles de exclusión de todo operador económico, entre ellos que se encuentre en situación de dificultad financiera o insolvencia (quiebra, liquidación, cese de actividades, intervención judicial, concurso de acreedores o situación análoga), que se vea implicado en un delito que afecte a su moralidad profesional, que no esté al corriente en sus obligaciones relativas al pago de las cotizaciones de la seguridad social, que no haya cumplido sus obligaciones tributarias o que se le considere gravemente culpable de hacer declaraciones falsas al proporcionar la información exigida en el procedimiento de contratación.

En su fallo, el TJUE declaró que las normas fundamentales y los principios generales del TFUE, en particular los principios de igualdad de trato y de no discriminación y la obligación de transparencia que de ellos se deriva, deben interpretarse en el sentido de que no se oponen a una disposición del Derecho nacional en virtud de la cual un poder adjudicador puede establecer que un candidato o licitador quedará automáticamente excluido del procedimiento de licitación de un contrato público si no presenta, junto con su oferta, una aceptación por escrito de los compromisos y declaraciones contenidos en un protocolo de legalidad, como el que se discute en el litigio principal, «*cuyo objetivo es luchar contra la infiltración de la delincuencia organizada en el sector de los contratos públicos*».

Por otro lado, el TJUE se ha pronunciado asimismo sobre asuntos relacionados con la acción de la justicia penal contra la corrupción, incluso con manifestaciones transnacionales que trascienden las fronteras comunes europeas (Bassiouni y Vetere, 1999). Como ejemplo, en la Sentencia de 5 de marzo de 2015 (*Ahmed Abdelaziz Ezz*, asunto C 220/14 P) abordó medidas restrictivas contra determinadas personas habida cuenta de la situación en Egipto en relación con la inmovilización de capitales de personas imputadas en procedimientos judiciales por malversación de fondos públicos a la luz de la Convención de las Naciones Unidas contra la corrupción de 2003.

El asunto traía su origen de la solicitud de asistencia judicial formulada por las autoridades egipcias con respecto a la investigación desarrollada por la Fiscalía egipcia contra los cuatro recurrentes en relación con delitos de corrupción y de apropiación ilegal de activos públicos de una empresa del sector público. En todo caso, lo interesante de la argumentación del TJUE es que avala la lucha contra la corrupción no sólo frente a personas perseguidas penalmente, sino también frente «*a personas sujetas a procedimientos judiciales conexos a procesos penales por hechos de malversación de fondos públicos*», pues estas últimas pueden ser calificadas de «*personas asociadas a los individuos sujetos a dichos procesos penales*».

Para cerrar el presente epígrafe, procede completarlo aludiendo al papel de las instituciones políticas y de otros órganos, organismos y agencias de la UE. Así, el Parlamento Europeo ha modificado en los últimos años su normativa interna para establecer procedimientos más rigurosos de control en materia de desplazamientos o de dietas de los eurodiputados, mientras que *ad extra* no ha rehuido debates plenarios como el ya mencionado sobre las sospechas de irregularidades en la organización de eventos deportivos europeos. La Eurocámara además, procede recordarlo, aprobó en 2001 el Código Europeo de Buena Conducta Administrativa sobre la base de las propuestas de la Defensoría del Pueblo Europeo y con apoyo en el derecho a una buena administración incluido en el artículo 41 de la Carta de los Derechos Fundamentales de la UE.

De igual modo, en su cometido de «guardiana de los Tratados», la Comisión Europea hace frente asimismo al fenómeno de la corrupción: como ilustración, en su *Informe anticorrupción* presentado al Consejo y al Parlamento Europeo en febrero de 2014 puso su foco de atención en la lucha contra la corrupción en el seno de los sistemas nacionales de adjudicación pública, dada la importancia crucial que se atribuye a esos mercados públicos para el funcionamiento del mercado interior. Con ese enfoque, la Comisión toma como premisa que la corrupción resulta gravemente nociva para la economía y para la sociedad en su conjunto, y no sólo en Europa sino en clave de buena gobernanza a escala mundial (Santiso, 2001), alertando de que numerosos países en el mundo sufren una corrupción endémica que obstaculiza el desarrollo económico, amenaza la democracia y compromete la vigencia de la justicia social y del Estado de Derecho.

Por último, la Oficina Europea de Lucha contra el Fraude (OLAF) se creó en 1999 y tiene un cometido relevante de supervisión tendente a evitar la corrupción y faltas graves en las instituciones de la UE y a asegurar la regular ejecución del presupuesto comunitario, en aras de la protección de los intereses financieros de la UE. Con su programa «Hércules III» contribuye a financiar muchos de los proyectos de los países de la UE ayudándoles a combatir las actividades delictivas contra el presupuesto de la UE: algunos ejemplos son la financiación de la adquisición de escáneres y otros equipos técnicos en aeropuertos y puertos, así como de actividades de formación.

3. *La Organización sobre la Seguridad y la Cooperación en Europa*

La OSCE (con 57 Estados miembros, no sólo europeos, sino asimismo otros como Canadá, Estados Unidos de América o la Federación de Rusia), desde su orígenes en 1975 (inicialmente como CSCE), se ha convertido en la mayor organización de seguridad regional en el mundo, con el objetivo de actuar a favor de la paz, la democracia y la estabilidad de millones de personas de Vancouver a Vladivostok. Y, en tal cometido, no ha permanecido ajena a la lucha contra la corrupción.

El documento más significativo en dicho terreno viene constituido por la *Declaración sobre el fortalecimiento de la buena gobernanza y la lucha contra la corrupción, el blanqueo de capitales y la financiación del terrorismo*, adoptada en Dublín por el Consejo Ministerial de la OSCE el 7 de diciembre de 2012. Efectivamente, en dicha Declaración ya se reconoce de entrada que «*la Carta de las Naciones Unidas, el Acta Final de Helsinki y los documentos históricos posteriores de la OSCE contienen instrumentos, principios y compromisos comunes que los Estados participantes han de aplicar en su empeño por promover la buena gobernanza y la transparencia*».

Seguidamente, se pone el énfasis en que la buena gobernanza en todos los niveles es indispensable para el crecimiento económico, la estabilidad política y la seguridad. Se subraya de tal suerte que la buena gobernanza y la gobernanza empresarial, el Estado de derecho y las instituciones consolidadas constituyen las bases esenciales para una economía sólida que permita a los Estados reducir la pobreza y la desigualdad, potenciar la integración social y las oportunidades para todos, atraer la inversión y proteger el medio ambiente.

Se trata, pues, de vectores decisivos que, en una aproximación multinivel, permiten crear un entorno de confianza esencial para asegurar un desarrollo social y económico positivo. En dicha dinámica, se enfatiza la función primordial de la transparencia en aras de una seguridad jurídica, puesto que «*la transparencia de los asuntos públicos es un requisito esencial para que los Estados asuman su responsabilidad y haya una participación activa de la sociedad civil y del sector privado en los procesos económicos y de desarrollo. La transparencia aumenta el grado de previsibilidad y confianza en instituciones y economías que funcionan basándose en normas legislativas apropiadas y respetando plenamente el Estado de derecho*».

Pero, sobre todo, se realza la importancia de «*educar y formar a los funcionarios públicos en materia de conducta ética, elaborando y haciendo obligatorios códigos de conducta y normas legislativas pertinentes en materia de conflicto de intereses, así como adoptando y aplicando sistemas integrales de declaración de ingresos y de activos para dichos funcionarios*». Sólo con el establecimiento de esas pautas éticas y de conducta estrictas para los empleados públicos, se reforzará la buena gobernanza, la integridad del sector público y el Estado de Derecho.

Por lo demás, en la filosofía ya avanzada por la Declaración de Olympe de Gouges de 1791, se reconoce que no se puede tener éxito en la buena gobernanza y en la lucha contra la corrupción sin la participación plena y equitativa de hombres y mujeres en los procesos e instituciones políticos y económicos; por lo cual es primordial «*habilitar a la mujer para que participe y contribuya activamente en las políticas y actividades relacionadas con una buena gobernanza que beneficiará por igual a hombres y mujeres*».

IV. Reflexión final

Al hilo de lo acabado de expresar, se aludía igualmente en el primer epígrafe del presente trabajo a las Declaraciones francesas de 1789 y 1791 para observar, desde los inicios del constitucionalismo contemporáneo, la intensa relación de causa-efecto que se establecía entre la corrupción de los gobiernos y la conculcación de los derechos humanos. Si esto era así percibido en Europa, ya en el primer cuarto del siglo XIX no faltaban manifestaciones de esa misma preocupación en América Latina, manifestaciones que desgraciadamente no han perdido en absoluto vigencia en el momento presente.

Como ilustración, cabe traer a colación el Decreto emitido en Lima por Simón Bolívar el 12 de enero de 1824 con el fin de reducir el mal de la corrupción en la entonces «Gran Colombia», y en el que decretaba la pena capital para «*todo funcionario público, a quien se le convenciere en juicio sumario de haber malversado o tomado para sí de los fondos públicos*» (art. 1º), pena que se extendía igualmente a «*los jueces a quienes, según la ley, compete este juicio, que en su caso no procedieren conforme a este decreto*» (art. 2º), habilitándose al efecto una especie de «*acción pública*» a tenor de la cual «*todo individuo puede acusar a los funcionarios públicos*» del citado delito (art. 3º).

Llegados a este punto, entiendo que los parámetros internacionales y europeos reseñados persiguen reforzar la regeneración constitucional democrática. A tal efecto, se me antoja necesario hacer valer un *juego de voluntades positivas* en todos los ámbitos, que sean expresión de un sólido consenso a favor de una verdadera *regeneración constitucional democrática* con correctivos en los diversos frentes del sistema político (Torres del Moral, 2014). Y es que, por paradójico que parezca, las sinergias entre esos parámetros supranacionales y los estándares estatales son tanto más necesarias cuanto que no existe ninguna empresa mejor que el Estado para ser capaz de llevar a cabo la gestión de los asuntos que atañen a la ciudadanía con la mayor de las eficacias posibles, pese al riesgo de ser arbitrario en sus decisiones; por lo que se impone exigirle su plena adecuación al principio democrático y, por lo tanto, considerando y dialogando con la ciudadanía (Tur Ausina, 2015).

En este escenario se requiere, en primer lugar, una resuelta *voluntad política* para la incorporación de los reseñados parámetros normativos internacionales y europeos. Se impone igualmente una indeleble *voluntad jurisdiccional* y una independiente *voluntad mediática* que, en ambos casos, ofrezcan una imagen de despolitización de las causas de corrupción que afecten a dirigentes y partidos políticos.

A continuación, ha de prevalecer asimismo una libre *voluntad académica* (la Universidad al servicio de esa regeneración, no de una «intocable» clase política) para que la «clase universitaria» no se convierta en «casta universitaria» que degenere (temporal o permanentemente, en condición de asesores o de políticos) en paralelo a la «casta política», generándose perversos espacios intercambiables de inmunidad y, al final, de impunidad.

Por último, se debe hacer imperar una firme *voluntad social* (por parte de la sociedad civil) articulada a través de una loable educación para la ciudadanía y los derechos humanos, pues cuanto más conciencia exista acerca de los valores democráticos, más exigencia habrá respecto de los dirigentes políticos. En otro caso, nos veremos abocados al problema del conocido como *civismo desestructurado*, en los que parte de la sociedad acepte curiosos y sorprendentes espacios de inmunidad y de impunidad dando pábulo a «héroes nacionalistas» venidos a menos por haberse enriquecido ilícitamente tras un largo paso por la política patrimonializando incluso el territorio en el que han ejercido el poder de modo caciquil, perdonando a «ídolos deportivos» por sus evasiones impositivas, o mostrando indiferencia frente a casos de corrupción de actores poderosos como los atinentes a la «gerontocracia *fifera*» (de la FIFA, o su filial continental en Europa, la UEFA).

Así pues, el problema de la corrupción se ha globalizado en una perversa dirección, habiéndose detectado como principales síndromes los mercados de influencia, los cárteles elitistas, los oligarcas y los clanes, y los magnates oficiales (Johnston, 2006). Frente a semejante caldo de cultivo, la receta para abonar la regeneración democrática debe ser definitivamente una mayor conciencia europea y un acentuado sentimiento constitucional (Tajadura, 1997).

V. Bibliografía

Ackerman, Susan Rose, *Corruption and Government: Causes, Consequences and Reform*, Cambridge: Cambridge University Press, 1999 (versión española titulada *La corrupción y los gobiernos: causas, consecuencias y reforma*, Siglo XXI de España, Madrid, 2001).

Álvarez Conde, Enrique, «El Derecho constitucional y la crisis», *Revista de Derecho Político*, nº 88, 2013.

Bar Cendón, Antonio, «La Unión Europea como unión de valores y derechos: teoría y realidad», *Teoría y Realidad Constitucional*, nº 33, 2014.

Bassiouni, M. Cherif y Vetere, Eduardo, «Organized Crime and its Transnational Manifestations», en Bassiouni, M. Cherif (Ed.), *International Criminal Law: Crimes*, Vol. I, 2ª ed., Transnational Publishers, New York, 1999.

De Vega García, Pedro, «Mundialización y Derecho Constitucional: la crisis del principio democrático en el constitucionalismo actual», *Revista de Estudios Políticos*, nº 100, 1998.

Doucin, Michel, «La corruption, atteinte aux droits de l'homme, l'Afrique incertaine», Paris, marzo 2005, *Irénées.net (Fiches et Dossiers)*, http://www.irenees.net/bdf_fiche-analyse-605_fr.html (visitado el 9 de mayo de 2016).

Flauss, Jean-François, «L'internationalisation de l'exercice de la fonction constituante: une nouvelle forme de constitutionnalisme?», en *Essays in honour of Georgios I. Kassimatis*, Ant. N. Sakkoulas/Berliner Wissenschafts/Bruylant, Bruxelles, 2004.

Fox, Jonathan, «Empowerment and Institutional Change: Mapping 'Virtuous Circles' of State-Society Interaction», en Alsop, Ruth (Ed.), *Power, Rights and Poverty: Concepts and Connections*, World Bank/DFID, Washington DC, 2005.

Heidenheimer, Arnold J. and Johnston, Michael (Eds.), *Political Corruption: Concepts and Texts*, Transaction Publishers, 3ª ed., New Brunswick, 2001.

Jimena Quesada, Luis, *La Europa social y democrática de Derecho*, Dykinson, Madrid, 1997.

Jimena Quesada, Luis, *Devaluación y blindaje del Estado social y democrático de Derecho*, Tirant lo Blanch, Valencia, 2016.

Johnston, Michael, *Syndromes of Corruption: Wealth, Power and Democracy*, Colgate University, New York, 2006.

Mateos y de Cabo, Óscar, *Presente y futuro de los sistemas políticos y de los modelos constitucionales. Un estudio comparado*, Dykinson, 2ª ed., Madrid, 2015.

Pace, Alessandro, *I limiti del potere*, Jovene Editore, Napoli, 2008.

Peruzzotti, Enrique y Smulovitz, Catarina, «Accountability Social: la otra cara del control», en Peruzzotti, Enrique y Smulovitz, Catarina (Eds.), *Controlando la política: ciudadanos y medios en las nuevas democracias latinoamericanas*, Temas, Buenos Aires, 2002.

Rajagopal, Balakrishnan, «International Law and Social Movements: Challenges of Theorizing Resistance», *Columbia Journal of Transnational Law*, Vol. 41, nº 2, 2003.

Santiso, Carlos, «Good Governance and Aid Effectiveness: The World Bank and Condi-tionality», *The Georgetown Public Policy Review*, Vol. 7, nº 1, 2001.

Tajadura Tejada, Javier, «El sentimiento constitucional», *Claves de la razón práctica*, nº 77, 1997.

Torres del Moral, Antonio, «Representación y regeneración democrática», en Tajadura Tejada, Javier (Coord.), *Diez propuestas para mejorar la calidad de la democracia en España (Informe Funciva)*, Biblioteca Nueva, Madrid, 2014.

Tur Ausina, Rosario, «Constitución en tiempos de crisis. La necesaria búsqueda de una nueva identidad constitucional», en Tur Ausina, Rosario (Dir.), *Problemas actuales de Derecho Constitucional en un contexto de crisis*, Comares, Granada, 2015.

REGENERACIÓN DEMOCRÁTICA: GRANDES RETOS E INCIDENCIA DE LA DESCENTRALIZACIÓN POLÍTICA. EL CASO ESPAÑOL

Francisco Javier Díaz Revorio

Catedrático de Derecho Constitucional
Universidad de Castilla-La Mancha

I. ¿De qué hablamos cuando hablamos de regeneración? Regeneración y Constitución

En nuestra sociedad se habla actualmente mucho de regeneración, ya sea sin más, o acompañada de los adjetivos «política» y/o «democrática». Sin embargo, no está muy claro lo que se quiere expresar con este término, y mucho menos si tiene algún significado preciso en términos jurídico-constitucionales. Desde luego, la Constitución de 1978 no utiliza ni una sola vez esa palabra, y tampoco ha sido un término tradicionalmente usado por la doctrina o la jurisprudencia. El Diccionario de la lengua española (Real Academia Española, 2014), define regeneración como «acción y efecto de regenerar», y ofrece las siguientes dos acepciones para este verbo:

«1. tr. Dar nuevo ser a algo que degeneró, restablecerlo o mejorarlo. U. t. c. prnl.

2. tr. Hacer que alguien abandone una conducta o unos hábitos reprobables para llevar una vida moral y físicamente ordenada. U. t. c. prnl».

Puede partirse, entonces, de la idea de que la regeneración implica que algo había empeorado hasta degenerar, y se hace necesario restablecerlo, recuperarlo, o incluso mejorarlo. Ese «algo», aplicado al contexto que ahora nos interesa, es probablemente nuestro sistema político-institucional, y en particular su carácter democrático. Se habla con frecuencia de «calidad democrática», normalmente para afirmar que la misma es insuficiente o debe incrementarse.

«Regeneración» es, por tanto, un concepto político y social, que no puede definirse fácilmente en términos jurídico-constitucionales. Pero puede tener implicaciones constitucionales, ya que con frecuencia se une a esta idea la de la conveniencia o necesidad de reformar la Constitución como parte de ese proceso de regeneración. Tampoco hay unanimidad sobre las dimensiones y características de la crisis política e institucional, ni sobre qué valores son los que han de adaptarse y cuáles han de permanecer. Autores como Gauchet (2010; 176) hablan de una segunda crisis de crecimiento de la democracia, que tendría de específico la autodestrucción de sus cimientos. Sin embargo, la idea de regeneración más bien nos conduce a pensar en la recuperación o revitalización de los valores más positivos del sistema, que se habrían ido deteriorando en su aplicación o sustituyendo por otros.

Desde luego, el debate sobre regeneración, calidad democrática, participación y transparencia está más o menos presente en la mayoría de las sociedades occidentales; hay, además, un debate sobre la cuestión de la legitimidad democrática en el plano internacional, cada vez más necesario en un contexto de globalización en el que los Estados se resisten a ceder su papel protagonista ante la mayor debilidad democrática existente en todos los ámbitos supranacionales (véase al respecto Fukuyama, 2004; 155). Pero en todo caso, el debate sobre la calidad democrática puede tener características específicas en cada sistema. Y estas especialidades muchas veces van a afectar directamente a las implicaciones constitucionales antes mencionadas, debido a que cada Constitución ha sido aprobada en un momento determinado y tiene su propio contexto histórico-político, así como su propio procedimiento de reforma, más o menos utilizado según los casos y las propias circunstancias.

Así, en mi opinión en el caso español, la regeneración democrática puede implicar un conjunto de tareas —a las que luego me referiré— que a su vez requerirán determinadas medidas políticas, sociales y jurídicas, pero muy probablemente también implicará reformas constitucionales. Y ello, en mi modesta opinión, por dos motivos:

a) La Constitución de 1978 se aprueba en el contexto de un período de transición desde la dictadura a la democracia, cuyo resultado no era del todo seguro. La apertura y el pluralismo que trajo el cambio de régimen implicó la aparición de numerosos partidos políticos y movimientos sociales de toda índole, mientras amenazas de diversas naturalezas (terrorismo, extremismos, crisis económica, riesgo de involución) debilitaban la naciente democracia. En este contexto, por un lado era muy importante afianzar la democracia, lo que requería facilitar la gobernabilidad; y por otro, tras casi 40 años de dictadura, las exigencias democráticas, siendo muy intensas en cuanto a la necesidad de un cambio de régimen, no lo eran tanto en lo relativo a la idea de calidad, siendo la idea básica la posibilidad de que los ciudadanos eligieran periódica y libremente a sus representantes entre diversas candidaturas que reflejasen el pluralismo político. Todo esto explica las limitaciones a la participación directa, las características del sistema electoral, o los mecanismos para facilitar la gobernabilidad, en el contexto de un modelo parlamentario «racionalizado».

b) Por otro lado, el lapso de tiempo transcurrido desde la aprobación de la Constitución ha hecho que las exigencias sociales y políticas se hayan hecho mayores. Tras la ilusión de un modelo democrático «puro» y necesariamente limpio, han ido apareciendo numerosos casos de corrupción, y ya en el siglo XXI, la crisis económica iniciada en los años 2008-2009 ha tenido importantes consecuencias políticas y sociales, en materias como transparencia, austeridad en el gasto público, exigencia de responsabilidades, interpretación restrictiva —o directamente cuestionamiento— de las prerrogativas legal o constitucionalmente reconocidas a quienes de uno u otro modo pertenecen a la «clase política», participación ciudadana en la gestión de los asuntos públicos, y un largo etcétera. Como ha destacado Tur Ausina (2015; 5), la crisis puede ser un momento lógico para el replanteamiento de las categorías dogmáticas existentes en Derecho Constitucional, pues ello está en la esencia de nuestra disciplina; pero en todo caso «es en momentos de crisis cuando más necesaria resulta la inspiración de la Carta Magna, el respeto y profundización en su esencia» (Tur Ausina 2015, 10).

Todo ello implica una sensación bastante generalizada de que, lo que era adecuado y suficiente en 1978, no lo es hoy. La sociedad ha decidido «subir el listón» de la calidad democrática. Y es ahí donde la reforma constitucional puede jugar un papel fundamental. Todo ello partiendo —aunque por supuesto esta es una apreciación subjetiva—, de que nuestro sistema es, desde 1978, un régimen incuestionablemente democrático, cuya axiología fundamental (soberanía popular, separación de poderes, derechos fundamentales) sigue plenamente vigente. Por ello lo que se hace necesario es una reforma o adaptación de la Constitución a las circunstancias y exigencias actuales, en materia de calidad democrática y actualización de los derechos (entre otras, acaso más cuestionables y complejas, que convendría abordar), y no, en modo alguno, un «cambio de régimen», y mucho menos si el mismo implica ignorar las reglas establecidas en los artículos 166 a 169 para la modificación (incluso total) del texto constitucional.

II. Los retos de la regeneración democrática

Aunque hay algunos estudios que llevan a cabo una valoración bastante amplia (por ejemplo, Politikon, 2014, o en un plano más jurídico-político, Garrorena Morales, 2016; 67), resulta difícil plantear un elenco realmente completo de retos que deberían abordarse en al marco de un proceso de regeneración democrática. Elenco que, por lo demás, estaría siempre condicionado por apreciaciones más o menos subjetivas sobre prioridades; y podría también variar según contextos geográficos o políticos. En cualquier caso, pensando en la mayor parte de las sociedades occidentales, pero muy especialmente en España, creo que habría una importante coincidencia en que, entre otras, al menos habría que emprender las siguientes tareas:

1) Implantar mecanismos tendentes a facilitar la participación de los ciudadanos en la toma de decisiones políticas, de tal manera que la democracia no se agote en la elección de representantes, sino que existan mejores y más transitables vías de participación directa.

2) Muy en relación con lo anterior, hay que posibilitar una «sociedad civil» más fuerte y protagonista, que pueda articularse a través de grupos sociales que, al tiempo que participan en la vida pública, sirvan de contralímite al poder.

3) Mejorar las vías de comunicación entre electores y representantes, procurando una mayor cercanía entre ellos, así como mecanismos que intensifiquen la receptividad (*responsiveness*) y posibiliten la rendición de cuentas (*accountability*), que contribuirán a recuperar la confianza en los representantes y en general, en la llamada «clase política».

4) También relacionado con lo anterior, estaría la reflexión sobre el sistema electoral adecuado, en la medida en que este puede facilitar una mayor identificación entre electores y elegidos, así como que el pluralismo social se traslade adecuadamente a la composición parlamentaria. Sin embargo sobre esta cuestión hay dos tendencias aparentemente contradictorias: mayor proporcionalidad electoral tiende a garantizar un mayor pluralismo, pero fórmulas mayoritarias en circunscripciones pequeñas pueden facilitar la cercanía entre electores y representantes (además de que pueden favorecer la gobernabilidad).

5) Facilitar la transparencia en la gestión pública, posibilitando la publicidad activa y el acceso a la información pública por los ciudadanos.

6) Establecer mecanismos para asegurar un conjunto de prácticas que se han dado en denominar de «buen gobierno», y que en definitiva implican la exigencia de comportamientos «honestos» a los servidores públicos. Aunque como veremos el significado de esta palabra dificulta extraer

consecuencias en el terreno estrictamente jurídico, es cierto que tiende a abrirse camino un concepto de honestidad pública, que en definitiva permite a la sociedad exigir responsabilidades más allá del incumplimiento de la ley.

7) Revisar las posibles prerrogativas que se reconozcan a los cargos públicos, adecuándolas a los principios de igualdad, justicia y a las exigencias del Estado de Derecho, o suprimiendo las que no encuentren sentido en este contexto, para que no se conviertan en privilegios. Y, más ampliamente, limitar la posibilidad de que se llegue a situaciones de concentración temporal de poder, por acumulación ilimitada de períodos de tiempo o de diferentes cargos públicos, sobre todo cuando esta situación deriva principalmente del poder de los partidos políticos.

8) Implantar o fortalecer controles eficaces y sanciones adecuadas que puedan imponerse con cierta agilidad, de cara a evitar los abusos en la gestión de los recursos públicos, así como en la financiación de los partidos políticos, y más ampliamente todas las formas de corrupción económica en todo cargo público o representativo, y por supuesto en los partidos políticos.

A continuación, vamos a desarrollar algo, dentro de lo que permiten las características del presente trabajo, las anteriores ideas generales. Pero antes conviene apuntar algunas consideraciones que pueden servir de contexto, siempre desde el punto de vista de quien esto escribe.

En primer lugar, hay que partir de un diagnóstico de una situación política crítica en muchos aspectos, pero que también presenta aspectos positivos, y valores que han ido implantándose trabajosamente en los últimos siglos, o más propiamente —en el caso español— en las últimas décadas. Tenemos un edificio valioso, dañado más o menos gravemente en varios puntos, pero no en sus pilares o estructuras fundamentales. Hay que repararlo, pero no demolerlo para construir uno nuevo, cuya viabilidad sería dudosa, y las experiencias históricas y comparadas apuntan a que no sería en modo alguno ni mejor ni más estable.

En segundo lugar, y estrechamente relacionado con lo anterior, la finalidad de este conjunto de medidas no debería ser romper con los actuales modelos o sistemas democráticos, sino adecuarlos a la realidad actual (como ya se dijo esa es la idea de fondo de la regeneración). No se trata de establecer cambios revolucionarios, sino profundas reformas. En particular, no se trata de sustituir los actuales modelos de democracia representativa por otros de democracia directa, lo que como vamos a ver puede resultar inviable e inconveniente; sino más bien de fortalecer la participación directa y el protagonismo del pueblo, recuperando eso que se ha dado en llamar «empoderamiento ciudadano». Para el caso español, ya se apuntó que no se trata de establecer un nuevo proceso constituyente rupturista en la forma y en los contenidos esenciales, sino una reforma en profundidad que, sin embargo, respete los valores esenciales que dan legitimidad al sistema (soberanía popular, Estado social y democrático de Derecho, valores superiores), y que han permitido el período de convivencia democrática más sólido, estable y duradero de nuestra historia contemporánea.

En tercer lugar, afrontar los retos aquí apuntados, adoptando las medidas necesarias para alcanzar esos objetivos (por lo demás, algunas medidas pueden responder simultáneamente a varios de los objetivos o retos apuntados), no implicará un cambio inmediato ni una repentina superación de la crisis de confianza ni del llamado sentimiento de «desafección» ciudadana. Ninguna de las medidas que vamos a comentar a continuación es una «fórmula mágica» que nos permita inmediatamente establecer una sociedad más democrática y más justa, sino que más bien son medidas que, cada una en su ámbito, pueden ayudar a mejorar la calidad de nuestra democracia, si bien sus efectos en algunos casos no serán apreciables hasta que transcurra cierto tiempo. Y ello porque estas medidas, que en algunos supuestos implican modificaciones jurídicas, conllevan además ciertos cambios sociales, culturales y, sobre todo, de comportamiento político.

III. Democracia participativa y relación entre electores y representantes

El debate entre democracia directa y democracia representativa es constante en la historia, y particularmente desde los orígenes de la Edad Contemporánea, cuando los argumentos de Sieyès se contrapusieron a los de Rousseau. Hoy, probablemente, los perfiles del debate son diferentes, pues no se trata abiertamente de una confrontación entre representación y democracia directa, sino entre una concepción más liberal o más activa y participativa de la democracia; algunos autores (Pendás, 2016; 18) contraponen «democracia constitucional» de raíz liberal, frente a «democracia radical», entroncada con las ideas de Rousseau. También se ha destacado la complejidad del propio concepto de representación política (por ejemplo, García Guitián, 2004; 109 ss.). Y hoy es muy común señalar la existencia de una crisis de la representación política, en el centro de la cual suele situarse a los partidos políticos (véase por ejemplo VV.AA. Encuesta, 2014, en particular la segunda cuestión).

En cualquier caso, como varios autores (Espín, 1994; 50; Díez-Picazo, 2014; 212) han justificado en profundidad, parece necesario mantener la representación política en el contexto actual, ya que la democracia directa, además de inviable en sociedades complejas, puede resultar inconveniente para aquellos ciudadanos que prefieren encomendar a otros la gestión de los asuntos públicos para no ocuparse ellos («la libertad individual incluye la opción de vivir al margen de la política», Pendás, 2016; 18); además, podría resultar inadecuada a la hora de adoptar decisiones que requieren mayores debates o de aprobar normas que pueden resultar modificadas, completadas o rectificadas en aspectos parciales o de detalle, a lo largo de una tramitación parlamentaria. Como ha destacado Díez-Picazo, 2014; 219, «la democracia representativa permite el matiz y el compromiso, algo que resulta muy difícil —cuando no imposible— en la democracia directa».

En realidad, cuando se critican ciertos aspectos de nuestro modelo representativo, la mayoría de las veces no se cuestiona la representación política en sí misma, sino ciertos elementos de su funcionamiento, y en especial las dificultades para una comunicación más intensa entre representados y representantes, derivadas en parte de que a la supresión del mandato imperativo le ha sucedido una especie de mandato imperativo «de facto» de los partidos políticos. En efecto, las consecuencias de la *partitocracia* imperante en muchas sociedades actuales se manifiestan en los más diversos aspectos de la vida política, pervirtiendo la idea modélica de diversos paradigmas de nuestra democracia, desde la separación de poderes al control del Gobierno, pasando por las listas electorales y toda la relación entre electores y representantes. Esta ha pasado a ser una «relación sin relación», lo que hace necesario dotarla de contenido, así como establecer nuevos «contrapoderes» (Garrorena, 2016; 79 ss.).

De esta manera, la dialéctica más importante no se produce entre democracia representativa y democracia directa, sino entre partidos políticos y ciudadanos como protagonistas de la relación con los representantes. Ello implica que hay mucho que hacer para volver a dar el protagonismo político a los ciudadanos, pero creo que los partidos políticos, aun no siendo un elemento que haya acompañado a la democracia en toda su historia, sí lo han sido durante la Edad Contemporánea, de manera que pueden considerarse sustanciales al modelo de representación política que comienza con ella. Como ha destacado Velasco, 2013; 223, en la actualidad es difícil hablar de democracia sin partidos políticos, pero es imposible considerar a los partidos como elementos de la democracia si estos no funcionan en sintonía con el objetivo de servir a esta. De hecho, desde los orígenes de los actuales sistemas constitucionales, todos los modelos que han querido prescindir de los partidos como instrumento para la canalización de la relación representativa, lejos de mejorar la calidad democrática, han roto con la propia idea de democracia pluralista.

Dicho lo anterior, se trata de nuevo de mejorar para evitar las distorsiones que se han ido produciendo. Y hay, en este ámbito, mucha tarea por hacer. Por un lado, en lo relativo a la participación directa de los ciudadanos y, por otro, en lo que atañe a las relaciones entre electores y representantes.

Comenzando por lo primero, frente a la democracia representativa que podríamos denominar «convencional« se viene hablando de democracia participativa, democracia deliberativa y democracia inclusiva (por ejemplo, Pendás, 2016; 22). La primera propugna la intensificación de las vías de participación ciudadana directa, estableciendo mayores espacios abiertos a dicha participación. La segunda defiende unas condiciones ideales en las que es posible la adopción de decisiones tras un debate público de ciudadanos libres, iguales y bien informados. La tercera, en cambio, propugna asignar cuotas de representación a colectivos minoritarios, y llevada a su extremo supondría una ruptura con la idea de la representación política, en la que la cámara parlamentaria representa a la nación (o actualmente diríamos, a todo el pueblo). Por su parte, la democracia deliberativa es un modelo ideal, un desiderátum, que sin embargo puede servir como referencia importante para implantar cambios sociales y culturales, los cuales requerirán sobre todo una mejor educación ciudadana que conducirá a sociedades más capacitadas y activas, capaces de adoptar decisiones (ya sea por vía directa o representativa) con mucha mayor información y con criterios muchos más fundados.

Pero es probablemente la democracia participativa la idea que más interés tiene desde la perspectiva de la regeneración democrática. Descartada la democracia directa, el contexto actual permite abrir un mayor ámbito para la participación ciudadana en la toma de decisiones, gracias sobre todo a los instrumentos que brindan las nuevas tecnologías. Ciertamente, todos los sistemas representativos han contado siempre con elementos de democracia directa o semidirecta, como el referéndum, la iniciativa legislativa popular o, en ámbitos locales muy reducidos, el concejo abierto. Hoy en día estos elementos pueden utilizarse de forma más ágil y con mayor frecuencia. En algunos ordenamientos, como el español, ciertamente parece que el poder constituyente plasmó demasiadas trabas y cortapisas en su regulación, que ponen de relieve un cierto recelo hacia los instrumentos de participación directa. La regulación del referéndum, meramente consultivo y solo susceptible de ser convocado por el Gobierno; o de la iniciativa legislativa popular, con la exigencia elevada de 500.000 firmas y con una serie de materias totalmente vedadas, pueden ser un buen ejemplo de lo que venimos señalando. Por ello se justificaría en estos ámbitos una reforma constitucional que removiera estas exageradas trabas para los mencionados instrumentos de participación.

Pero más allá de flexibilizar estos instrumentos de democracia directa, la regeneración democrática demanda en este ámbito que los ciudadanos, individual o colectivamente, puedan participar más activamente en la «vida política, económica, cultural y social», algo que corresponde a los poderes públicos «facilitar», por utilizar la terminología del artículo 9.2 de la Constitución española. Desde luego, ya existen las vías de los derechos fundamentales con una vertiente más participativa, desde la propia libertad de expresión (hoy quizá ha ido pasando ya de ser una «libertad burguesa», o un derecho mucho más accesible y democrático que nunca gracias a internet) a las libertades de manifestación o asociación, o la propias libertades religiosa o sindical en sus vertientes colectivas. Pero una mayor calidad democrática puede conseguirse, más allá del reconocimiento de estas posibilidades, facilitando su ejercicio y potenciando el papel de las entidades resultantes (asociaciones, sindicatos, comunidades, y más ampliamente todo tipo de movimientos ciudadanos que pretendan jugar un papel en la vida social). Ello conllevará algunas medidas concretas que, por ejemplo, permitan regular los *lobbies* y sus relaciones con los poderes públicos basadas en los principios de participación y transparencia, contribuyendo a «una sociedad civil fuerte e independiente« (Politikon, 2014; 198), y en definitiva a un mayor protagonismo de los ciudadanos y los colectivos por ellos formados, característica propia de un sistema democrático en el que el papel de los ciudadanos no se limita a la elección de sus representantes.

Pero además de los mecanismos de democracia directa y del mayor protagonismo de la sociedad civil, y desde luego con una importancia no menor que estos elementos, aparece la necesidad de establecer una comunicación más ágil y sencilla entre electores y representantes, con la exigencia de que estos rindan cuentas no solo en los supuestos de responsabilidades legales (casos de infracciones del ordenamiento) o políticas, sino de una manera más habitual y cotidiana. En este punto, es común señalar que los partidos políticos han constituido muchas veces un obstáculo para esa comunicación directa entre representantes y representados, al establecer una especie de «barrera» o de nuevo «mandato imperativo» que merma enormemente las posibilidades de actuación o iniciativa individual de los parlamentarios. Estos, en realidad, sienten casi siempre más necesidad de satisfacer a la estructura del partido que les posicionó en la lista electoral, que a los votantes que apoyaron dicha lista. Ciertamente, los partidos políticos son básicamente un elemento de la representación contemporánea que viene a romper los esquemas tradicionales de la representación parlamentaria original, pero desde luego esta circunstancia, profunda y antigua, por un lado no explicaría por sí misma la actual crisis de confianza, y por otro puede superarse o paliarse con otro modelo de partidos y de relaciones electores-representantes.

A mi juicio, es muy importante señalar que los partidos no son el problema (todas las alternativas que han intentado eliminar el pluralismo de partidos han conducido a la negación de la democracia); aunque tal vez uno de los problemas de esta crisis política sean *«estos»* partidos. Por eso en este ámbito hay mucho que hacer para acercar a los representantes (y antes incluso, a los candidatos y a los partidos que canalizan esa relación representativa) a la sociedad. Para empezar, desde luego, mayor democracia interna, que vendría dada con un sistema más amplio y abierto para la elección de los cargos directivos. Para seguir, mayor cercanía con la sociedad a la hora de fijar los candidatos electorales, lo cual, con todas las dificultades y cuestiones que se quieran plantear, se podría conseguir con un sistema de primarias abiertas para la elección de candidatos (sobre las primarias, puede verse por ejemplo Gambino, 1997; 117; Amorós y Puy, 2013; 65). Para avanzar más, ya hablando de relación con representantes electos, primero una mayor comunicación entre estos y sus votantes, que podría llevarse a cabo (como propone Garrorena, 2016; 84) mediante registros de electores y fórmulas más ágiles de comunicación postelectoral, aprovechando la ventaja que ofrecen las nuevas tecnologías, y estableciendo un auténtico derecho de los electores a la comunicación con sus representantes, lo que implicaría obligaciones en esta línea para los representantes y los propios partidos.

IV. Sobre la transparencia

«Transparencia» es otra palabra que «está de moda», y no solamente en España sino en muchas otras sociedades. La idea, como es obvio, implica la posibilidad de conocer algo, y en nuestro contexto, supone esencialmente la posibilidad de que los ciudadanos conozcan cómo se gestionan los asuntos públicos, y en consecuencia puedan acceder a los datos e informaciones que poseen los poderes públicos o a los relativos a su funcionamiento. Desde luego, esta idea no es nueva, pues se trata de un principio consustancial a la democracia, hasta el punto de que es una de las características que más claramente diferencian a esta de los regímenes totalitarios: como destaca por ejemplo De Esteban (1997; 14), todo gobernante totalitario se caracteriza por privar a sus súbditos del conocimiento, mientras que en los sistemas democráticos el conocimiento de lo que sucede en la sociedad no es solo una necesidad, sino incluso un derecho fundamental. Con todo, hay que considerar que en lo relativo a la vida privada de las personas sucede lo contrario: a diferencia de los regímenes totalitarios, que muchas veces la dejan desprotegida, los sistemas democráticos deben proteger con carácter general la opacidad de esos aspectos privados de los ciudadanos. Con lo que encontramos aquí uno de los primeros límites a la transparencia, como es el relativo a que esta, con carácter general, no debe extenderse a datos e informaciones privados (incluso aunque el sujeto titular de esos datos desempeñe un cargo público). La regla debería ser transparencia de lo público y opacidad de lo privado, pero como ha puesto de relieve por ejemplo Fernández Galiano, 2013, los imprecisos límites entre lo público y lo privado hacen difícil atender esas demandas contrapuestas, de manera que «reconciliar el derecho de acceso a la información pública con la protección de datos personales es un desafío jurídico, pero sobre todo un oxímoron cultural».

En realidad, nos encontramos ante dos principios más o menos «tradicionales» en las sociedades contemporáneas, pero en los cuales se ha puesto mucho mayor énfasis en los últimos años, en parte como consecuencia del auge de las nuevas tecnologías en esta era digital que algunos han denominado ya la «galaxia Internet» (Castells, 2001), y en parte por la propia crisis política e institucional. En efecto, las nuevas tecnologías pueden facilitar enormemente la transparencia y el acceso a la información, pero también son una gran amenaza para la intimidad y la vida privada de las personas. Por otro lado, la crisis de confianza o «desafección», motivada en parte por la proliferación de los casos de corrupción que han podido ser conocidos por la sociedad, ha puesto sobre la mesa la necesidad de exigir una mayor transparencia en la gestión de los asuntos públicos.

En el caso español, quizá lo reciente de este énfasis puede explicar que un principio o derecho a la transparencia no figure expresamente en la Constitución de 1978. Sí aparecen algunos derechos o principios que podríamos considerar próximos o derivados, como el derecho a recibir información veraz (art. 20.1, d), o los mandatos al legislador para que regule la audiencia de los ciudadanos en los procedimientos de elaboración de disposiciones administrativas, o de los interesados en los procedimientos administrativos, así como el acceso de los ciudadanos a los archivos y registros administrativos (art. 105). Desde luego, estas menciones resultan hoy insuficientes. Por poner un ejemplo, el derecho a recibir información veraz parece ser solo la contrapartida del derecho a comunicar dicha información, y no se centra en la información pública, con lo que más bien se configura como una consecuencia refleja del derecho de otros, y no como un auténtico derecho de acceso ni como un mandato de transparencia. En cuanto a los principios del artículo 105, basta apuntar que son mandatos al legislador (no derechos) y solo se refieren a la Administración pública y no al resto de los poderes del Estado, o que el apartado b) de este precepto casi parece poner más énfasis en los límites que en el propio acceso.

Todo ello es una razón para considerar que en un futuro proceso de reforma constitucional, tan imprescindible ya por tantos motivos, convendría introducir algunos principios vinculados a la transparencia de una manera más acorde con las exigencias actuales (configuración como derechos fundamentales de los ciudadanos, amplitud en la parte pasiva, restricción de los límites, establecimiento de garantías constitucionales). Lo cual no es incompatible con señalar que, a pesar de esta limitada regulación constitucional, una interpretación evolutiva de la Constitución puede dar lugar ya a un cierto protagonismo constitucional de la transparencia y el acceso a la información. Y, por otro lado, nada impide que el legislador establezca un marco jurídico más actual, completo y garantista de la transparencia.

Como es sabido, esto es lo que ha intentado hacer la Ley 19/2013, de 9 de diciembre, de transparencia, acceso a la información pública y buen gobierno. No es posible llevar a cabo en este lugar un comentario global de esta norma, que por otro lado ya han realizado algunos autores (por ejemplo, Guichot, 2014 o, más brevemente, Galiana Saura y Andreu Llovet, 2014). Como su título sugiere, su contenido es más amplio que el de la regulación de la transparencia. En realidad, divide este principio en dos grandes pilares (publicidad activa y acceso a la información, que sería la «publicidad pasiva»), y añade diversas disposiciones sobre el buen gobierno, aspecto al que nos referiremos un poco más abajo.

Sin duda, es un primer esfuerzo de regulación legal de una materia en la que España era, hasta ese momento, uno de los pocos países que estaba huérfano de una normativa global. La Ley tiene, al menos en lo relativo a la transparencia, un ámbito subjetivo bastante amplio, ya que, además de a la práctica totalidad de las Administraciones públicas, resulta aplicable, en sus actividades sujetas al Derecho Administrativo, a las Corporaciones de Derecho Público, la Casa de su Majestad el Rey, el Congreso de los Diputados, el Senado, el Tribunal Constitucional y el Consejo General del Poder Judicial, así como el Banco de España, el Consejo de Estado, el Defensor del Pueblo, el Tribunal de Cuentas, el Consejo Económico y Social y las instituciones autonómicas análogas, en relación con sus actividades sujetas a Derecho Administrativo, así como a las sociedades con más de un 50% de participación pública, e incluso a las Fundaciones del sector público (art. 2). Además esta norma contiene novedades interesantes, como la implantación de los «portales de la transparencia», o la creación del Consejo de la Transparencia y Buen Gobierno, que velará por el cumplimiento de los fines de la ley y resolverá las reclamaciones en la materia.

Sin embargo, la ley también ha sido criticada en algunos aspectos, al considerarla poco ambiciosa en lo relativo a la adecuación a los estándares europeos, así como limitada al no configurar el acceso a la información como derecho fundamental (Pérez Velasco, 2014); o incluso hay quien la ha criticado desde la perspectiva de la utilización del lenguaje (Cayero González, 2014). Desde luego, la configuración como derecho fundamental del acceso a la información, permitida como antes he sugerido partiendo de una interpretación evolutiva del art. 20.1,d) de la Constitución, habría resultado al tiempo más acorde con el enfoque del derecho de acceso a los documentos reconocido en el artículo 42 de la Carta de los derechos fundamentales de la Unión Europea, así como con el Convenio sobre el acceso a los documentos públicos aprobado en el marco del Consejo de Europa, que toma como presupuesto los arts. 6, 8 y 10 del Convenio europeo para la protección de los derechos humanos y libertades fundamentales (Convenio de Roma). Pero es significativo que la Ley, aun cuando reconoce un derecho de acceso a la información, solo invoca como fundamento constitucional del mismo el artículo 105 b) de la norma suprema, y nunca el artículo 20.1 d).

En suma, la ley de transparencia de 2013 es un importante primer paso en el camino hacia el reconocimiento y garantía de la transparencia como principio y como derecho, que además está siendo ya desarrollado y completado por diversas leyes de las Comunidades Autónomas. Pero queda camino por recorrer hasta configurar el acceso a la información pública como auténtico derecho fundamental, además de establecer sus consecuencias en muchos otros ámbitos.

V. El buen gobierno

Como se ha apuntado, la misma ley de transparencia de 2013 contiene un título II dedicado al bueno gobierno. Pero la idea del «buen gobierno» encierra en realidad un conjunto más amplio de principios, que afectan a las más variadas cuestiones. En su sentido más amplio, abarcaría prácticamente la totalidad de los retos y cuestiones que venimos analizando en este trabajo. Se trataría en realidad de un conjunto de prácticas tendentes a implantar una gestión pública más adecuada a las ideas de corrección y de calidad democrática que derivan de las exigencias sociales. Desde luego, este conjunto de prácticas, que ahora se demandan socialmente y en parte han sido plasmadas en esta y otras leyes (incluyendo las regulaciones autonómicas de la materia), tienen mucho que ver con el intento de dar una respuesta «preventiva» a los numerosos casos de corrupción que han sido conocidos en los últimos años, tratando de impedir su repetición en el futuro. Pero también algunas prácticas de buen gobierno se entienden más bien como un intento de erradicar comportamientos que la sociedad puede considerar contrarios a una cierta idea de «ética pública» aunque no supongan estrictamente infracciones jurídicas. Es cierto que los titulares de los poderes públicos deberían tener un comportamiento ejemplar, y ha habido no pocas situaciones en las que comportamientos absolutamente inobjetables desde el punto de vista jurídico, parecen haber generado un rechazo social mayoritario, desde determinadas actuaciones de un Jefe de Estado hasta comportamientos de diversos cargos públicos.

Desde luego, no está nada mal que se exijan ciertos comportamientos éticos (aunque muchas veces en este caso la ética sea un concepto susceptible de evolución y socialmente cambiante) a los titulares de los cargos y funciones públicos. El problema surge cuando se tratan de convertir esas exigencias en jurídicamente vinculantes, cuyo incumplimiento debiera generar necesariamente una respuesta del ordenamiento en forma de sanción. Porque ello casi siempre es muy difícil, y no deja de suponer un esfuerzo complejo y acaso inútil de mezclar el Derecho con la Ética. Creo que este aspecto, unido a la ambigüedad e inconcreción (al menos en el ámbito propiamente jurídico) de algunos de estos principios que se tratan de imponer como parámetro, está presente en no pocos de los «principios de buen gobierno» que recoge nuestra ley de 2013. La mayoría de estos, o son tan ambiguos que no es muy fácil establecer sus consecuencias jurídicas, o plantean dificultades a la hora de tratar de implantar una sanción jurídica, o, en el extremo contrario, difícilmente pueden significar nada más que la obligación de cumplimiento del resto de las leyes (por lo demás, estas características se acentúan en algunas de las legislaciones autonómicas de transparencia). Y probablemente en muchos casos no deban significar nada más que esa obligación de sometimiento al Derecho, pero entonces no queda claro qué puede añadir su incorporación a la ley como principios de buen gobierno.

Basta leer algunos de los principios del artículo 26.2 de la ley de transparencia (especialmente los principios generales de su apartado a) para ejemplificar lo que acabamos de apuntar. Encontramos en ese apartado a) del art. 26.2 principios como «dedicación al servicio público», «imparcialidad», «diligencia debida», «conducta digna», «esmerada corrección», cuya precisión en el ámbito jurídico parece bastante complicada. Si bien es cierto que el incumplimiento de estos principios no parece, *per se*, susceptible de sanción (el artículo 29, al establecer el régimen sancionador se remite solo expresamente a los principios de actuación del art. 26.2 b), también lo es que su inclusión en esa ley implica una configuración normativa, que conlleva la necesidad de dotar a los mismos de consecuencias jurídicas que sin embargo no es fácil precisar.

Por otro lado, entre los propios principios de actuación del artículo 26.2 b) encontramos no pocas ambigüedades, así como otros que parecen no añadir mucho a las exigencias ya derivadas de otros preceptos legales. Así, por ejemplo, los altos cargos a los que resulta aplicable este título de la ley (1º) «*desempeñarán su actividad con plena dedicación y con pleno respeto a la normativa reguladora de las incompatibilidades y los conflictos de intereses*»; (5º) «*No se implicarán en situaciones, actividades o intereses incompatibles con sus funciones y se abstendrán de intervenir en los asuntos en que concurra alguna causa que pueda afectar a su objetividad*»; (6º) «*No aceptarán para sí regalos que superen los usos habituales, sociales o de cortesía, ni favores o servicios en condiciones ventajosas que puedan condicionar el desarrollo de sus funciones*»; o (8º) «*Gestionarán, protegerán y conservarán adecuadamente los recursos públicos, que no podrán ser utilizados para actividades que no sean las permitidas por la normativa que sea de aplicación*». Un conjunto de principios que, más allá de lo que tienen de exigencia del cumplimiento de otras normas jurídicas, no queda muy claro qué pueden añadir, o incluso si sería positivo que algo se añada a esa exigencia.

En suma, la idea del buen gobierno encierra la conveniencia de implantar prácticas positivas en los altos cargos, controlando mucho más sus actuaciones. En su sentido más estricto, ello afecta a diversos altos cargos de las distintas administraciones. Pero estas exigencias, en la medida en que ya derivaban de otros preceptos legales, poco añaden a la exigencia de sometimiento a la Constitución y a la ley que compete a todo cargo público, especialmente a los que forman parte de las distintas administraciones. Y en la parte en que se trate de exigencias de comportamientos éticos o ejemplares que la sociedad demanda, difícilmente se pueden convertir en obligaciones jurídicas, de manera que su inclusión en una norma jurídica pretendidamente vinculante (en lugar de en un código de buenas prácticas, por ejemplo), no deja de plantear algunos problemas.

VI. Prerrogativas

Uno de los aspectos de nuestro sistema jurídico-político que más han sido criticados en los últimos años es la existencia de diversas prerrogativas, aplicables a distintos cargos públicos. Como es sabido, la Constitución española reconoce la inviolabilidad del rey (art. 56), así como las prerrogativas de inviolabilidad, inmunidad y fuero especial de diputados y senadores (art. 71) y el fuero especial de los miembros del Gobierno (art. 102), aunque los Estatutos de Autonomía y diversas leyes han ido ampliando el ámbito de estas prerrogativas, y en particular han establecido el aforamiento de otros cargos públicos, así como de otros miembros de la Familia Real (por ejemplo, véase el artículo 55 bis de la Ley Orgánica del Poder Judicial, añadido por la reciente Ley Orgánica 4/2014, de 11 de julio).

De este modo, la cuestión de las prerrogativas, y especialmente el alto (según algunos) número de aforados, ha sido uno de los aspectos que de forma reiterada se viene señalando como de necesaria reforma para favorecer la regeneración política. Ciertamente, el debate sobre este punto en ocasiones no está exento de cierta demagogia, implícita a la muy usual calificación de las prerrogativas como «privilegios». De esta forma, se transmite una idea que presupone lo injustificado de su mantenimiento, y por tanto, como todo privilegio, puede plantearse como medida obvia e imprescindible su abolición.

Sin embargo, un debate más objetivo y sereno de la cuestión requiere más matices. Conviene partir de la finalidad de cada prerrogativa, apreciando en qué medida está justificada, y en caso afirmativo, ver en qué medida el funcionamiento actual de cada prerrogativa sirve a dicha finalidad. Es, sin duda, un debate más complejo y no exento de aspectos dudosos o cuestionables, pero necesario. Así, por ejemplo, si las prerrogativas parlamentarias sirven a la finalidad de proteger el adecuado funcionamiento de la Cámara y evitar posibles persecuciones injustificadas a los diputados y senadores, es esta una finalidad legítima. Desde luego, estas prerrogativas están previstas en la Constitución, pero ello no es óbice para que deban interpretarse de conformidad con otros principios y valores constitucionales, o incluso, si la finalidad que inspiró en su día su reconocimiento hoy ya no se aprecia, o no se cumple con el mantenimiento de la institución, tendría sentido propugnar su eliminación en una futura reforma constitucional. Desde esta perspectiva, resulta muy oportuna la jurisprudencia constitucional que ha ido reduciendo el papel de la inmunidad, señalando que la Cámara parlamentaria no puede denegar el suplicatorio de forma arbitraria, inmotivada, o incluso cuando la motivación no justifique su denegación en el caso concreto (véanse por ejemplo las sentencias del Tribunal Constitucional español 90/1985, de 22 de julio, y 206/1992, de 27 de noviembre). Ello, en la práctica, le ha ido restando mucha incidencia a la prerrogativa de la inmunidad, hasta el punto de que la inmensa mayoría de los suplicatorios van a ser concedidos. Pero en este contexto, y teniendo en cuenta que hoy difícilmente la detención o el procesamiento de un parlamentario va a afectar al funcionamiento de la Cámara en su conjunto, quizá lo más prudente sería suprimir esta prerrogativa constitucional en el futuro. Solución diferente merece, a mi juicio, el caso de la inviolabilidad, que interpretada restrictivamente como prerrogativa que protege de forma estricta las manifestaciones de los parlamentarios en su actividad como tales, ya sea en la Cámara o las meras reproducciones de las allí formuladas, sigue teniendo sentido, si tenemos en cuenta además que los propios reglamentos parlamentarios permiten al presidente evitar cualquier abuso o lesión de derechos de terceros retirando la palabra al parlamentario infractor, o aplicando otras medidas disciplinarias de más calado previstas en el propio reglamento.

Con los parámetros apuntados, quizá la situación que plantea más dudas es la de los aforamientos. Pueden tener sentido si se piensa en una mayor garantía que puede ofrecer, cuando existen riesgos de acusaciones penales motivadas por criterios políticos, el hecho de que el juicio sea conocido por un órgano judicial colegiado y de mayor rango. Pero plantean también problemas, por un lado porque no siempre se aprecia de forma clara la necesidad (y la propia existencia real) de esa mayor garantía, y por otro porque a veces ello priva al aforado de una eventual revisión de la condena penal, que es un derecho reconocido por el Tribunal Constitucional y los tratados internacionales. Por tanto, quizá esta prerrogativa puede mantenerse solo en aquellos cargos para los que se valore como imprescindible, y partiendo de una interpretación siempre restrictiva.

Dicha interpretación debe aplicarse siempre a todas las prerrogativas que deban mantenerse, para hacerlas compatibles con los principios del Estado de Derecho como igualdad y tutela judicial efectiva. Así, por ejemplo, la inviolabilidad del rey debería interpretarse de forma relativa y no absoluta, y no se entiende por qué ha de abarcar ámbitos como el de sus relaciones civiles, en actos que no tengan vinculación con su función como monarca.

Desde luego, la cuestión de las prerrogativas se vincula también a la de la compensación económica (así como otro tipo de derechos con contenido económico) de los cargos públicos, y especialmente de los de carácter representativo y los altos cargos de las distintas administraciones. Pero ello nos lleva ya al siguiente punto.

VII. Gasto público, financiación, austeridad

Es evidente la capital importancia de los aspectos económicos en una tarea de regeneración política y democrática. La crisis de los últimos años, aunque aquí esté siendo analizada en su perspectiva política a institucional, ha sido también económica. Y ha coincidido con un período en el que se han conocido numerosos casos de corrupción de carácter económico, que han afectado tanto a instituciones, como a partidos políticos, como a entidades que forman parte de la sociedad civil, y a particulares más o menos famosos. Podría decirse que la corrupción, aunque no esté afortunadamente generalizada ni pueda considerarse (salvo acaso en algunos ámbitos concretos) endémica, si ha estado demasiado repartida. Y probablemente los casos de corrupción económica hayan sido los más comunes y trascendentes.

Desde luego, dentro de lo extraordinariamente preocupante de la situación, acaso el único elemento positivo es que se hayan podido conocer estos casos, y que en buena parte de ellos haya habido una respuesta jurídica en forma de sanción (en su caso penal) o esta esté en vías de producirse. Pero las medidas a adoptar en este terreno son todavía muchas y afectan a muy distintos ámbitos.

En primer lugar, las medidas tendentes a una adecuada reparación en los casos de corrupción, que no solo tendrían que ver con una sanción más contundente para estos supuestos (cuando se considere que la actualmente prevista es insuficiente o inadecuada), sino sobre todo con una acción de la justicia más rápida, ágil y eficaz, ya que los retrasos en la administración de justicia, no por frecuentes más admisibles, son a veces tan acusados que llega a generarse en muchos ciudadanos una sensación de impunidad o falta de respuesta. Por otro lado, también cabría ubicar en este ámbito las medidas tendentes a la reparación económica, y en particular a la devolución de todo lo defraudado en estos casos, y en su caso a las consiguientes sanciones económicas proporcionadas a la entidad del daño causado. Y en fin, igualmente se ubicarían aquí todas las medidas adicionales de control contable y auditoría que puedan establecerse, a través de órganos públicos específicos (como los tribunales de cuentas) o de entidades privadas independientes.

En segundo lugar, medidas dirigidas a establecer una regulación que impida en lo posible la proliferación de estos supuestos. En esta línea pueden ir varias de las prácticas incluidas en el ámbito antes denominado como «buen gobierno», así como todas las medidas de transparencia y acceso a la información, cuando se relacionan con aspectos económicos y financieros. Acaso una transparencia real en materia económica sea una de las mejores medidas preventivas, al posibilitar el conocimiento por la ciudadanía de los estados de cuentas de las distintas instituciones, de sus gastos y de los conceptos en que los mismos se han producido. En esta línea van algunas medidas que se han ido generalizando, como las publicaciones de declaraciones de bienes y rentas de los cargos públicos.

Mención aparte merece sin duda la cuestión de la financiación de los partidos políticos. Este aspecto ha sido objeto de varias reformas que han intentado por un lado, limitar los gatos, y por otro dotar de mayor transparencia a las fuentes de financiación. Esta sigue siendo en nuestro país principalmente de origen público, pero algunos casos de corrupción ponen de relieve los notorios incumplimientos e irregularidades que presuntamente se han cometido. Por eso aquí es importante establecer una regulación más rigurosa y transparente, así como mayores y más eficaces controles.

Sin embargo, es importante destacar que, si el Derecho nunca lo puede todo, en este caso todavía puede afirmarse con más claridad que ninguna medida o control jurídico será suficiente si las normas no se cumplen; y dicho cumplimiento, aunque requiere de controles y sanciones eficaces, implica también una cultura que asuma que es siempre intolerable saltarse la norma. Como bien destacó Nino (2005), el incumplimiento más o menos generalizado de la ley es uno de los factores más importante y que menos suele considerarse, entre los que dificultan o impiden el desarrollo de las sociedades.

Todavía dentro del ámbito económico, pero más allá de las medidas directamente destinadas a luchar contra la corrupción, hay que citar aquellas encaminadas a reducir en lo posible los gatos públicos que no se consideren necesarios, así como a exigir una adecuada justificación de estos. En este terreno hay que ubicar el amplio debate que en los últimos años se ha planteado sobre cuál debe ser el sueldo adecuado de un cargo público, o incluso, para el caso de los parlamentarios autonómicos, sobre si deben tener una compensación regular en forma de nómina a su actividad parlamentaria. Sentado que la remuneración económica no forma parte del derecho fundamental de participación política (véase al respecto la sentencia del Tribunal Constitucional español 36/2014, de 27 de febrero), en este tema conviene de nuevo no incurrir en demagogias, y sí más bien analizar la cuestión con objetividad, valorando pros y contras. Con estos parámetros debería llevarse a cabo un debate público en el cual cabría hacer desde consideraciones históricas sobre el origen de la retribución económica de los diputados como forma de hacer frente al «elitismo» de la actividad de representación política decimonónica y democratizar el acceso a la función representativa, hasta otras reflexiones sobre el funcionamiento de los parlamentos en la actualidad, la mayor o menor capacidad de actuación individual de los diputados al margen de la disciplina de partidos, y la posibilidad, hoy realmente existente en muchas situaciones, de que la dedicación parlamentaria pueda compatibilizarse en algunos casos con otras actividades profesionales o laborales. Esta posibilidad, más allá del argumento del ahorro de gasto público consistente en la sustitución del sueldo fijo por las dietas o compensaciones puntuales por la actividad efectivamente desarrollada, puede resultar más justa en los casos concretos en los que la dedicación parlamentaria pueda desempeñarse junto a otra actividad por la que se recibe la retribución principal.

En el caso de los altos cargos de las administraciones, el debate debe considerar, además de lo ya dicho, por un lado, que sin una retribución digna difícilmente se podrá contar con los más cualificados como gestores de las políticas públicas; pero, por otro, que la sociedad demanda la mayor austeridad en el gasto público, especialmente en épocas de crisis, y que los contrastes y desigualdades salariales muy acusadas suelen resultar rechazados por parte de la sociedad.

Por otro lado, más allá de la cuestión de las retribuciones en sentido estricto, está como ya se apuntó el aspecto relativo a otros derechos de contenido económico de los representantes y otros altos cargos. Nos referimos, por ejemplo, a dietas, franquicia en transportes públicos, chóferes y coches vinculados al cargo, teléfonos móviles, tarjetas de crédito, etcétera. Es innegable que, en ocasiones, la funciones y tareas propias del cargo pueden justificar la existencia de algunas de estas prestaciones. Y también es cierto que, en los años de crisis más profunda, se ha hecho mucha incidencia (a veces no exenta de cierta demagogia) en la conveniencia de suprimirlas o en su innecesariedad. Su calificación como privilegios o prebendas (en la cuarta acepción que ofrece el Diccionario de la lengua española, como «oficio, empleo o ministerio lucrativo y poco trabajoso«) tiende a su descalificación en bloque e impide un debate sosegado sobre su mayor o menor conveniencia. En realidad, ese debate es el que procede, considerando siempre que, cuando se entienda que es conveniente mantener esos derechos como parte de las contraprestaciones de un cargo determinado, su uso debe estar regido por los principios de justificación y transparencia. Sin olvidar que, desde luego, su mantenimiento o su mayor o menor extensión dependerán también de criterios y coyunturas sociales que pueden ir cambiando, y es sin duda notorio que en tiempos de crisis, en los que muchas personas pasan necesidades importantes, estos derechos económicos de los cargos públicos tienden a parecer como menos justificables. Por lo demás, la tendencia a mantener estos derechos solo en los casos en que resulten muy necesarios, es un principio que, aunque se ha manifestado social y políticamente en medio de ese contexto de crisis, debería mantenerse siempre. En fin, el reciente debate sobre los viajes de los diputados y senadores que ha sufragado el erario público, ha puesto de relieve que probablemente durante décadas los parlamentarios han disfrutado de esta posibilidad sin ningún control ni transparencia, lo que habrá provocado probablemente que el uso justificado y prudente de la misma haya quedado en manos de cada parlamentario individual, lo cual desde luego no es nada conveniente. En todo caso, una nueva forma de gestionar este derecho de contenido económico basada en una mayor transparencia y control ha de implantarse hacia el futuro, sin que quepa pedir responsabilidades hacia el pasado, salvo en los casos de infracciones jurídicas probadas.

Por último, habría que apuntar que el debate sobre la austeridad en el gasto público es mucho más amplio, y ha abarcado en los últimos años la cuestión de la conveniencia de suprimir algunos órganos o entidades del entramado institucional, muy especialmente en el ámbito autonómico al que más adelante nos referiremos específicamente. Así defensores del pueblo, tribunales de cuentas, o consejos consultivos, han estado en el centro de la polémica sobre la conveniencia de su supresión, aunque recientemente también las propias diputaciones provinciales han sido objeto de cuestionamiento. Más allá de la supresión de algunos órganos, el debate se extiende al tema de las dimensiones razonables de una administración, y especialmente de las autonómicas (número y entidad de consejerías, direcciones generales, etcétera) y de las locales (véase Comisión para la Reforma de las Administraciones Públicas, 2013). En el caso concreto de las entidades locales, ya se ha adoptado una importante reforma normativa tendente, entre otros fines, a racionalizar su funcionamiento, aclarar su ámbito competencial, y favorecer la fusión de municipios (véase Ley 27/2013, de 27 de diciembre, de racionalización y sostenibilidad de la Administración Local). No es posible profundizar aquí en estas cuestiones, que han centrado el debate público en los últimos años y ya han sido objeto de algún amplio y riguroso estudio doctrinal (Belda, 2014), con algunas comunidades como Castilla-La Mancha liderando la supresión de algunos de estos órganos. Basta apuntar la cuestión, y señalar obviamente que es sano y positivo plantear que cualquier administración, o más ampliamente el entramado institucional de cualquier entidad pública territorial, debe ceñirse a lo estrictamente necesario para el cumplimiento de sus fines, evitando todas las duplicidades entre administraciones cuando no exista justificación objetiva para ellas. Todo ello teniendo en cuenta que detrás de este entramado hay dinero público y aparece la cuestión del funcionamiento eficaz de las administraciones públicas y de todas las instituciones.

VIII. Responsabilidad jurídica, responsabilidad política, control

Al tratar la cuestión del buen gobierno, ya hemos apuntado las dificultades existentes para dar carácter normativo a principios de naturaleza ética, e intentar establecer consecuencias jurídicas de los mismos. Ahora, en términos más amplios y dentro del ámbito de la responsabilidad, conviene establecer las diferencias entre responsabilidad jurídica y responsabilidad política. Y ello porque si hasta ahora nos hemos referido en general a medidas y controles jurídicos, procede detenerse en este momento en la responsabilidad política y sus formas de exigencia.

Para intentar distinguir estos conceptos, hay que partir de que la responsabilidad jurídica: a) se produce por la infracción de la ley; b) la pueden exigir los sujetos legitimados ante los tribunales, y c) conlleva una respuesta jurídica en forma de sanción (civil, penal, administrativa...). Por el contrario, la responsabilidad política: a) no se produce por la infracción de la ley, sino que se puede producir por cualquier comportamiento inadecuado; b) la pueden exigir los sujetos que han nombrado al representante o cargo, en última instancia el pueblo (aunque en este caso hay diferencias causadas entre los modelos presidencialistas y los parlamentarios); y c) supone una respuesta política que conlleva la obligación de cesar.

Así como respecto a la responsabilidad jurídica, el ordenamiento ha de regular tanto los motivos o parámetros para exigirla, como los procedimientos, en relación a la responsabilidad política solo se regulan jurídicamente los procedimientos, ya que los motivos conllevan precisamente una valoración política, en principio no susceptible de concreción jurídica.

Nuestro sistema, como modelo parlamentario, establece la responsabilidad política de cualquier alto cargo (que haya sido libremente designado) ante quien lo nombró, y así, por ejemplo, el presidente del Gobierno puede cesar libremente a los ministros. Y al presidente (y con él a todo el Gobierno) puede cesarle el Congreso, pero solamente a través de las vías constitucionalmente previstas, como es propio del llamado «parlamentarismo racionalizado»: la moción de censura (que necesariamente ha de ser «constructiva», es decir, incluir a la vez un nuevo candidato a la presidencia) y la cuestión de confianza.

En cambio, en los modelos presidencialistas, el presidente es elegido directamente por el pueblo y no responde políticamente ante el Parlamento (el *impeachment* no es en puridad una vía de exigencia de responsabilidades políticas, sino jurídicas, si se quiere una especie de antejuicio o de autorización para procesar, que en todo caso requiere no una simple desaprobación política, sino una imputación de carácter jurídico). El pueblo podrá exigir responsabilidad al presidente, negándole la reelección, en los casos en que esta quepa, o bien mediante la posibilidad de revocar el mandato, en los sistemas en que esta existe. Por lo demás, para equilibrar más adecuadamente el sistema de división de poderes y evitar la acumulación de poder en una persona, se ha ido implantando en la mayoría de los modelos presidencialistas la limitación de los mandatos del presidente, bien sea a uno o a dos.

Estos esquemas de relaciones, tan sintéticamente descritos, sirven de base para plantear si, en un contexto de reforma constitucional tendente a propiciar la regeneración democrática, resultaría conveniente mantener el esquema existente, basado en el modelo parlamentario, o convendría introducir algún elemento adicional, con la finalidad de aumentar los controles y el equilibrio de poderes.

En esta línea, dos han sido las propuestas más habitualmente sugeridas, y en ambos casos se trata de la introducción de elementos más habituales en los modelos presidencialistas, lo que puede explicarse por la cada vez más notoria confluencia en muchos aspectos, entre ambos tipos de modelos. Dichos elementos serían la limitación de los mandatos presidenciales, y la posibilidad de implantar alguna fórmula de revocación de los representantes electos, como podría ser un referéndum revocatorio, al estilo ya existente en otros sistemas.

En cuanto a lo primero, hay que mencionar que la limitación de los mandatos no es una medida consustancial al modelo presidencialista, que le haya acompañado desde su origen, sino que ha sido posteriormente introducida en algunos sistemas basados en este modelo: primeramente México, con la limitación a un solo mandato de seis años; más tarde Estados Unidos a través de una enmienda que estableció un límite de dos mandatos de cuatro años, y después muchos otros Estados de América, aunque curiosamente en los últimos años algunos de ellos han buscado suprimir por diversas vías esa limitación. Lo importante es señalar que su introducción responde a la necesidad de evitar concentración y abusos de poder en una sola persona, y evitar el hiperpresidencialismo que puede conllevar. Siendo en principio una medida ajena a los sistemas parlamentarios, su introducción sin embargo no carece de sentido, ya que en estos modelos también el presidente ha ido acumulando protagonismo y poder en el esquema de la división de poderes. Un poder que en ningún caso conviene concentrar demasiado tiempo en la misma persona. Por eso me parecen muy acertadas las propuestas de introducir limitaciones de este tipo en los sistemas europeos, y en concreto en el caso español. Ello además acentuaría la conveniencia de entender la presidencia como un cargo temporal (y por cierto, tampoco sería descartable que, a través de normas de otro rango, esa limitación se aplicase a otros cargos públicos, como ya ha hecho alguna Comunidad Autónoma con la presidencia).

Más matizada sería, a mi juicio, la respuesta que habría que dar a la posibilidad de introducir un referéndum revocatorio. En principio, el mismo no tendría mucho sentido hacia el presidente, ya que en nuestro modelo este no ha sido elegido directamente por el pueblo, sino por el Congreso, cámara ante la que responde por las vías ya mencionadas de la moción de censura y la cuestión de confianza. Sin embargo, sí podría plantearse respecto a candidatos electos, es decir, diputados o senadores que podrían ser cesados antes de la finalización de su mandato por iniciativa popular (propuesta con un número determinado de firmas, y después votación, que podría requerir para proceder a la revocación una mayoría simple o cualificada de votos). Desde luego, se trataría de un mecanismo de participación directa que podría resultar positivo, permitiendo en algunos casos que una desaprobación social muy notoria hacia actuaciones de algún representante, que sin embargo no decide individualmente dimitir, pudiera ser manifestada por el propio cuerpo electoral, obligándole al cese. Sin embargo, este mecanismo no esta exento de riesgos, tanto de instrumentalización por parte de algunos grupos, como sobre todo de control de la propia población firmante de la propuesta, por parte del poder, como ha puesto de manifiesto alguna experiencia en países que cuentan con este mecanismo. Para que el mismo sea realmente positivo y útil requiere previamente un contexto de alta calidad democrática, pluralismo, transparencia y libertad, y aun así debe rodearse de mecanismos que garanticen su utilización libre y limpia y la ausencia de toda consecuencia negativa para quienes expresen el rechazo a la autoridad cuya revocación se propone.

En fin, más allá de estos dos mecanismos, cabe comentar brevemente otra medida que ha sido objeto de amplios debates en nuestra sociedad, como sería la implantación de la obligación de dimitir para cualquier cargo público (o solo determinados cargos) cuando el mismo haya sido objeto de una imputación penal (o bien, solo en caso de ciertas imputaciones penales, como las relativas a delitos vinculados con la gestión pública o la corrupción), e incluso la obligación de renunciar cuando esta imputación se produce respecto a candidatos todavía no electos. Ello porque la sociedad parece reclamar en general la asunción de responsabilidades políticas desde este momento, aunque jurídicamente el derecho a la presunción de inocencia actúa todavía con plenitud. De ahí que resulte extraordinariamente compleja y seguramente inadecuada la pretensión de introducir esta obligación con carácter jurídico: por un lado, hay que reiterar los problemas que plantearía desde la presunción de inocencia (cuando además, como es sabido, una reciente reforma de la Ley de Enjuiciamiento Criminal ha sustituido la anterior figura del «imputado«, por la del «investigado«, tratando de evitar todo prejuicio de culpabilidad en ese momento procesal); por otro lado, la configuración de esta obligación en términos jurídicos conllevaría una especie de sanción (aunque acaso no fuera en términos formales una sanción administrativa) que requeriría ciertas garantías de defensa. Sin embargo, estas dificultades no impedirían que este cese se implante como práctica política habitual, bien sea como exigencia individual de los distintos partidos políticos, o bien mediante su inclusión en algún código ético que todos ellos acepten.

Antes de terminar este apartado procede hacer una breve mención a los mecanismos de control, por la relación que estos tienen con la responsabilidad política, en la medida en la que tienden a compartir la finalidad de limitar al poder y exigirle responsabilidades. Sin embargo, el control es un mecanismo cotidiano y no conlleva el cese. En el ámbito del control parlamentario, los mecanismos más habituales serían las preguntas, interpelaciones, peticiones de información, comparecencias, mociones de reprobación, o la constitución de comisiones de investigación. La cuestión sería si, entre las medidas de regeneración democrática, conviene implantar alguna vinculada a este ámbito del control. Hay que decir que los mecanismos de control han ido ganando agilidad y actualidad, sin necesidad de reformar la Constitución, merced a diversas reformas de los reglamentos parlamentarios, y a la propia práctica de las cámaras. En esta línea conviene profundizar, estableciendo como idea motor la de que estos mecanismos deben quedar en manos de la oposición, ya que la mayoría que apoya al Gobierno siempre será más reacia a su control. Obviamente, lo anterior se refiere a la instancia o inicio del instrumento de que se trate, no a las votaciones, en las que siempre ha de regir el principio de la mayoría. Con todo, en algunos casos en los que el instrumento tiene capital importancia, como es el de las comisiones de investigación (que se sitúan ya en la misma frontera entre el control y la responsabilidad política), convendría revisar y profundizar incluso su regulación constitucional, para garantizar la idea de que deben poder constituirse y convocarse desde la oposición, y que su funcionamiento debe ser eficaz para que constituyan un verdadero mecanismo de control.

IX. Descentralización y regeneración

Hasta aquí el planteamiento general de los principales retos y medidas para abordar la imprescindible tarea de regeneración política y democrática. Ahora procede plantearse las especialidades que esta labor tiene en los Estados políticamente descentralizados, como es el caso de España.

Ello nos conduce a reflexionar sobre la incidencia que tiene la descentralización política en la democracia. En este tema, y aun partiendo de que, como es obvio, puede haber sistemas democráticos más o menos descentralizados, de manera que la democracia puede darse también en Estados centralistas, sin embargo hay que apuntar que, en principio, la mayor descentralización puede contribuir a una mayor cercanía y mejor comunicación entre los ciudadanos y sus representantes y gobiernos. Es obvio que, más allá de la circunstancia geográfica (hay ciudades que están más cerca de la capital del Estado que de la de su región), los ciudadanos tienden a sentir como más próximo al poder de nivel inferior (al local que al regional, y a este que al estatal o los supranacionales). Y todo ello facilita su participación en los asuntos públicos. Por lo demás, esta participación es mucho mas fácil de articular y da mucho más protagonismo al ciudadano, en los ámbitos más reducidos y con menor población, lo que se suele producir más fácilmente en el ámbito territorial local más próximo al ciudadano. De hecho, la democracia directa solo se ha conocido en la historia en comunidades muy pequeñas, y hoy en ámbitos municipales caracterizados por la muy escasa población (como es el caso del concejo abierto en España).

Por otro lado, la descentralización política supone una suerte de «división vertical del poder», y dado que toda división contribuye a su limitación y control, la descentralización tiende a resultar también positiva desde este punto de vista. Experiencias como la de los Estados Unidos demuestran que una fuerte descentralización política es también un importante elemento de control y limitación del poder central.

Sin embargo, la descentralización introduce también otros factores que parecen apuntar en una línea diferente. Por un lado, la estructura de poder se hace más compleja, lo que por un lado puede dificultar la gobernabilidad, y por otro puede desconcertar al ciudadano, que en muchos casos puede llegar a desconocer cuál de los poderes es el competente y, por tanto, a quién ha de exigir responsabilidad en caso de un mal funcionamiento o de cualquier otro problema. Además, la propia multiplicación de las administraciones es un factor que suele implicar un mayor gasto público y un más elevado coste financiero para su mantenimiento, lo que supone un elemento no deseable desde el punto de vista de la regeneración política.

Para minimizar los problemas que acabamos de señalar, es imprescindible un sistema de reparto competencial lo mas claro posible, así como mecanismos eficaces de solución de controversias entre poderes territoriales, ya que las mismas afectan obviamente a los ciudadanos. Igualmente, se establecen principios como el de subsidiaridad, que implica que la intervención de los poderes o administraciones más lejanos a los ciudadanos quedará supeditada a que el servicio, la competencia o la regulación de que se trate no pueda ser llevada a cabo por el poder más cercano o de nivel inferior.

En suma, la descentralización política es un factor que puede ayudar a la limitación del poder y facilitar la participación ciudadana, pero introduce factores de complejidad y de riesgo que hay que intentar minimizar en toda labor de regeneración democrática.

X. El modelo autonómico y la regeneración democrática

Entrando ya en el comentario del llamado «modelo autonómico» español, acaso una de las características que con más frecuencia se le atribuyen es la de la complejidad, tanto en su diseño como en el reparto competencial. No es posible, en el contexto del presente trabajo, llevar a cabo una valoración del diseño constitucional de este modelo y su evolución posterior (a esta cuestión me he referido ya, véase Díaz Revorio, 2014; 99 ss.), pero en la actualidad parece evidente que es uno de los ámbitos en los que más problemas permanecen, y en los que más carencias e insuficiencias ha puesto de relieve la aplicación y desarrollo de la Constitución. Ello provoca que haya un cierto consenso doctrinal en la conveniencia de llevar a cabo algunas reformas en este modelo, aunque más allá de ello no parece haber acuerdo ni en la línea ni en los principios que deberían presidir esa reforma. Por lo demás, el hecho de que una Comunidad Autónoma haya emprendido una línea abiertamente rupturista con la Constitución y con el Tribunal Constitucional, introduce un elemento muy importante de tensión e incertidumbre, y dificulta todavía más cualquier salida.

De todos modos, en este trabajo interesa principalmente la cuestión de la incidencia del modelo territorial del Estado español en la imprescindible labor de regeneración democrática a la que nos venimos refiriendo. En esta línea, ya se ha apuntado alguno de los elementos más negativos o conflictivos, como es la propia complejidad del sistema. Hay que añadir la heterogeneidad del mismo en el terreno competencial, o el mayor gasto público que puede suponer el mantenimiento de todas las administraciones. Por otro lado, resulta notorio que muchos de los casos de corrupción que han sido conocidos en los últimos años, han tenido lugar en el ámbito de algunas administraciones autonómicas (y también locales), lo que quizá haya venido propiciado por la menor alternancia de gobiernos existente en algunas Comunidades Autónomas y municipios, unida a un más difícil control. Y, por último, de lo ya dicho se deduce otra idea, y es que la reforma constitucional, tan necesaria en tantos aspectos, parece posponerse indefinidamente, probablemente porque el modelo territorial es el aspecto en el que más difícil parece un acuerdo amplio. Desde luego, en mi opinión el consenso no tiene por qué ser el punto de partida, sino el de llegada, y siendo la reforma tan necesaria, los agentes políticos deberían en todo caso plantear o iniciar ese proceso, con leal espíritu de acuerdo. Pero la realidad parece constatar que esa situación no se ha producido ni parece inminente, de manera que, en resumen, la dificultad para alcanzar el consenso sobre una reforma del modelo territorial, está impidiendo también cualquier otra reforma constitucional, incluyendo las que hemos apuntado como imprescindibles para llevar a cabo un proceso de regeneración.

Dicho lo anterior, también conviene apuntar las ventajas que indudablemente el modelo autonómico ha supuesto, y sigue suponiendo, desde la perspectiva de la calidad democrática y la regeneración. A las ventajas inherentes a todo modelo descentralizado, ya apuntadas en el apartado anterior, cabe añadir otras específicas en el caso español. Y es que, probablemente por la propia rigidez constitucional, por la heterogeneidad del modelo, y porque algunas Comunidades Autónomas han sentido la necesidad de «ir más allá» de la regulación del Estado (aunque no siempre de forma ordenada), en materia de comunicación ciudadana, prestación de servicios y otras, encontramos que, en buena parte de los retos que hemos ido analizando en este trabajo, algunas Comunidades Autónomas han sido pioneras, habiendo avanzado antes y más que la regulación estatal. Creo que pueden encontrarse muchos ejemplos, entre los cuales podemos destacar los siguientes:

a) La regulación de la iniciativa legislativa popular, y más ampliamente de otras formas de participación popular, ha sido más flexible y abierta, en general, en el ordenamiento autonómico que en el estatal.

b) En materia de transparencia, fue en el ámbito autonómico donde primeramente se implantaron medidas como la obligación de publicar las declaraciones de bienes y rentas de los cargos públicos, que luego se han ido extendiendo. Incluso recientemente alguna Comunidad Autónoma ha añadido la obligación de quienes hayan sido nombrados consejeros, de comparecer ante el parlamento autonómico para informar sobre sus bienes y situación económica.

c) También en materia de transparencia y buen gobierno, la mayoría de las leyes autonómicas que se han ido aprobando, intentan ir, dentro de su ámbito competencial, más allá de la legislación estatal.

d) En lo relativo a la austeridad en el gasto público, algunas Comunidades han eliminado la generalización del sueldo fijo de los diputados, o han reducido la dimensión de sus parlamentos (aunque ambas medidas, a pesar de que han sido declaradas conformes a la Constitución por el Tribunal Constitucional, han sido cuestionadas por otros posibles efectos que provocan); o bien, han suprimido órganos de su entramado institucional, como tribunales de cuenta, defensores del pueblo o consejos consultivos autonómicos.

e) En fin, también hay al menos una Comunidad Autónoma (Castilla-La Mancha) que tiene legalmente establecida la limitación del período presidencial a ocho años consecutivos.

En suma, la evolución del modelo autonómico español ha supuesto luces y sombras en materia de limitación y separación de lo poderes, lucha contra la corrupción, calidad democrática y regeneración, pero en muchos casos las novedades más avanzadas han empezado en el ámbito autonómico y se han implantado más tardíamente en el ámbito estatal.

XI. Reflexiones finales

La regeneración democrática es una demanda cada vez más acuciante que vienen planteando la mayoría de las sociedades occidentales, y desde luego la española. Es esta una idea genérica y acaso un tanto ambigua, pero cabe entrar en el nivel de los retos en los que se desglosa, y las concretas medidas necesarias para afrontarlos. Como se ha tratado de destacar, estas medidas son muy variadas y de muy amplio calado, afectando a aspectos como la participación ciudadana, la cercanía entre ciudadanía y representantes políticos, la transparencia y el buen gobierno, la interpretación restrictiva de las prerrogativas de los cargos públicos, la austeridad en el gasto público, la financiación y los controles y límites al poder.

En el caso español, algunas de esas medidas implican necesariamente una reforma constitucional, aunque ni la Constitución lo puede todo, ni por desgracia se vislumbra en el momento presente el consenso necesario para emprender la misma.

Por lo demás, aquí hemos intentado defender justificadamente una línea reformista en materia de regeneración, pues el sistema democrático representativo, que en el caso español tiene su origen en la Constitución de 1978, sigue estando vigente en lo relativo a su axiología fundamental, aunque necesite como se ha dicho amplias reformas. Pero estas han de llevarse a cabo por el procedimiento constitucionalmente previsto, y respetar esos valores esenciales de la propia Constitución.

Por otro lado, aunque en este trabajo nos hemos centrado en una perspectiva jurídico-constitucional, hay que ser conscientes de las limitaciones del Derecho para abordar los profundos retos que supone la regeneración democrática. Son necesarias medidas educativas, culturales, sociales y políticas que acompañen las igualmente necesarias reformas jurídicas. Y eso significa que ningún cambo va a ser fulminante o inmediato, sino que es necesario tiempo para su implementación.

Por lo demás, la existencia de un modelo políticamente descentralizado, como es el sistema autonómico español, ha jugado en un sentido contradictorio desde la perspectiva de la regeneración democrática: por un lado, ha introducido un elemento de complejidad adicional, y ha permitido la multiplicación de los casos de corrupción, acaso por la mera proliferación de administraciones y gobiernos, en algunos de los cuales prácticamente no ha habido alternancia, ya que han estado durante períodos muy prolongados bajo el gobierno de un mismo partido que ha podido así acumular un amplio poder bajo muy escasos controles; pero, por otro lado, ha permitido acercar el gobierno a los ciudadanos, y ha permitido la implantación previa y más ágil de medidas que han facilitado la participación ciudadana y la limitación del poder.

En suma, hay luces y sombras en materia de regeneración democrática, y el modelo autonómico español no es una excepción en este sentido. La crisis de confianza y la «desafección» ciudadana parecen profundas. Pero también esta crisis política e institucional ha puesto sobre la mesa, de forma acuciante, la necesidad de adoptar amplias y profundas medidas de reforma, algunas de las cuales ya se han empezado a implantar. Si este proceso de reformas se lleva a cabo adecuadamente y con buen criterio, habremos conseguido que la etapa democrática más sólida y prolongada de nuestra historia contemporánea, no acabe bruscamente como consecuencia de la crisis, sino que inicie un nuevo período de desarrollo, avance y modernización, que conduzca al fortalecimiento de nuestro sistema.

XII. Bibliografía

Amorós González, Pablo y Puy Segura, Socorro, «Descripción de los procesos de elecciones primarias en Estados Unidos», en *Cuadernos económicos del ICE*, nº 85, 2013 (consultado en https://www.yumpu.com/es/document/view/39636351/cice-85-65-80-a0c8b566b64acd2112d686434ec9d709/15, fecha de consulta 16-5-2016).

Belda Pérez-Pedrero, Enrique, *Los derechos de las personas y las funciones del Estado como límite a la supresión de instituciones. La crisis económica y la reforma del Estado,* Centro de Estudios Políticos y Constitucionales, Madrid, 2014.

Castells, Manuel, *La galaxia Internet. Reflexiones sobre Internet, empresa y sociedad,* Areté, Madrid, 2001.

Cayero González, Antonio, «El lenguaje y la Ley de Transparencia», *Revista Práctica de Derecho,* nº 167, diciembre, CEF, Madrid, 2014.
Comisión para la Reforma de las Administraciones Públicas (CORA), *Informe sobre la reforma de las administraciones públicas,* Gobierno de España, Madrid, 2013 (accesible en http://www.seap.minhap.gob.es/dms/es/web/areas/reforma_aapp/INFORME-LIBRO/INFORME%20LIBRO.PDF, fecha de consulta 16-5-2016).
De Esteban, Jorge, «Los medios de comunicación como control del poder político», *Revista de Derecho Político,* nº 42, UNED, 1997.
Díaz Revorio, Francisco Javier, «Proceso constituyente y proceso descentralizador: ¿de dónde venimos y adónde vamos?», en Joan Oliver Araujo (dir.), *El futuro territorial del Estado español. ¿Centralización, autonomía, federalismo, confederación o sucesión?,* Tirant lo Blanch, Valencia, 2014.
Díez-Picazo, Luis María. 2014. «Apología de la democracia representativa», *Parlamento y Constitución. Anuario,* nº 16, Cortes de Castilla-La Mancha, 2014.
Espín Templado, Eduardo, *Lecciones de Derecho Político,* Tirant lo Blanch, Valencia, 1994.
Fernández-Galiano, Luis, «Los límites de la transparencia», *El País,* 9 de agosto de 2013 (http://elpais.com/elpais/2013/07/31/opinion/1375287254_166171.html, fecha de consulta 15 de mayo de 2016).
Fukuyama, Francis, *La construcción del Estado. Hacia un nuevo orden mundial en el siglo XXI.* Traducción de María Alonso, Ediciones B., Barcelona, 2004.
Galiana Saura, Ángeles, y Andreu Llovet, Roser, «Transparencia, indeterminación, y una casa de cristal en construcción», *Revista Práctica de Derecho,* nº 167, diciembre, CEF, Madrid, 2014.
Gambino, Silvio, «Elecciones primarias y representación política: algunas reflexiones para el debate», *Parlamento y Constitución. Anuario,* nº 1, 1997.
García Guitián, Elena, «El significado de la representación política», *Anuario de la Facultad de Derecho de la Universidad Autónoma de Madrid,* nº 8, 2004.
Garrorena Morales, Ángel, «Democracia, participación y representación. La crisis actual de la democracia representativa. ¿Qué hacer?», en José Luis Cascajo Castro y Augusto Martín de la Vega, *Participación, representación y democracia. XII Congreso de la Asociación de Constitucionalistas de España,* Tirant lo Blanch, Valencia, 2016.
Gauchet, Marcel, «La democracia. De una crisis a otra», en Victoria Camps (ed.), *Democracia sin ciudadanos. La construcción de la ciudadan*ía en las democracias liberales, Trotta, Madrid, 2010.
Guichot, Emilio (coord.), *Transparencia, Acceso a la Información Pública y Buen Gobierno,* Tecnos, Madrid, 2014.
Nino, Carlos Santiago, *Un país al margen de la ley,* Ariel, Buenos Aires, 2005.
Pendás García, Benigno, «Las formas de la democracia», *El cronista del Estado social y democrático de Derecho,* nº 60, abril, Portalderecho, Madrid, 2016.
Pérez Velasco, María del Mar, «La Ley 19/2013, de 9 de diciembre, de transparencia, acceso a la información pública y buen gobierno: una ocasión perdida en la equiparación a los estándares europeos», en *Blog del Instituto de Derecho Público,* 2014 http://idpbarcelona.blogspot.com.es/2014/01/la-ley-192013-de-9-de-diciembre-de.html, (fecha de consulta 16 de mayo de 2016).
Politikon, *La urna rota. La crisis política e institucional del modelo español,* Debate. 4ª edición, Barcelona, 2014.

Real Academia Española, *Diccionario de la lengua española,* Espasa, vigésimotercera edición, Barcelona, 2014.

Velasco Retamosa, José Manuel, «Democracia y partidos políticos», en Alicia Valmaña Ochaíta (coord.), *Democracia en el mundo antiguo y en la actualidad,* Andavira, Granada, 2013.

VV.AA., «Encuesta sobre la representación política», *Teoría y realidad constitucional,* nº 34, 2º semestre, UNED, Madrid, 2014.

¿REGENERACIÓN Y/O CAMBIO CONSTITUCIONAL? LA EXPERIENCIA ITALIANA*

MARCO OLIVETTI

Catedrático de Derecho Constitucional
Universidad LUMSA de Roma (Italia)

---

* Traducción de Rosario Tur Ausina, Profesora Titular —Catedrática acreditada— de Derecho Constitucional, de la Universidad Miguel Hernández de Elche.

Movimiento Cinco Estrellas, o la regeneración constitucional sin reforma. 3. La sentencia 1/2014 de la Corte Constitucional: el triunfo de la «constitución normativa»?. IX. La reforma constitucional de 2016, o la reforma constitucional como pasaje obligado hacia la regeneración. X. Bibliografía.

I. Regeneración y cambio constitucional: algunas precisiones preliminares

Los términos «regeneración» y «cambio» constitucional no tienen un significado conceptual preciso, elaborado en el ámbito de los estudios del derecho constitucional y de la ciencia política. Aquellos, no obstante, evocan fenómenos y procesos de notable relevancia tanto desde el punto de vista del estudio del derecho positivo del Estado contemporáneo, como desde el derecho constitucional comparado y la teoría de la Constitución. Es por ello que se necesita una labor de clarificación o, si se prefiere, de descodificación conceptual, para permitirnos ubicar mejor nuestro tema.

Partimos, pues, del concepto de «cambio» constitucional, que para el jurista es más fácil de analizar. Dicho término nos indica, de hecho, y de forma genérica, una modificación, más o menos profunda, de la Constitución, que puede realizarse a través de formas y recorridos diversos: a) mediante un cambio de significado de los principios y de las reglas constitucionales, realizado sin una modificación del texto, sino en virtud de una serie de comportamientos adoptados por los titulares de los órganos constitucionales o por las fuerzas políticas organizadas (el denominado *Verfassungswandlung*), o bien como consecuencia de la evolución de la interpretación jurisprudencial de la Constitución; b) mediante una revisión formal del texto constitucional, dentro de los límites eventualmente previstos por este último o que se entiende que operan implícitamente en el sistema; c) mediante una sustitución de la Constitución en su conjunto, realizada en algunos casos desde el respeto de las reglas sobre la reforma (en este caso nos encontraríamos ante una variante de la situación indicada *sub* b), o bien en otros casos, violando estas mismas reglas, mediante formas que se podrían definir como «revolucionarias». Un análisis sobre el «cambio» constitucional nos reconduce al problema del desarrollo, de la evolución y de la decadencia de una Constitución, entendida ya sea como texto, ya sea como el conjunto de significados, instituciones, y comportamientos que tienen lugar en torno a un acto normativo reconocido como ley fundamental de un Estado.

Más oscuro parece el término «regeneración» que, referido a la Constitución, puede ser a su vez entendido al menos de dos formas diversas. Desde una primera perspectiva, se puede pensar en la Constitución, especialmente en una Constitución totalmente nueva, como base para una regeneración de la vida de una comunidad política. Y ello es así, tanto si se entiende el papel desempeñado por la Constitución según un esquema normativista (en virtud del cual la Constitución sería necesaria para renovar el ordenamiento jurídico —entendido como *ordo ordinans*— y a través del ordenamiento para regenerar la sociedad —entendida como *ordo ordinatus*—), como si se ve la Constitución como una fuerza integradora, generadora de unidad y de sentido cívico, según una perspectiva de tipo smendiano (Smend, 1928). Desde este enfoque, reescribir (quizá integralmente) una Constitución es una forma de política simbólica —realmente al máximo nivel—, antes que una actividad dirigida a producir específicas reformas sobre normas con rango constitucional (las constituciones de Brasil de 1988 y de Colombia de 1991 podrían ser consideradas ejemplos de *constitution-making* de este tipo).

Desde una segunda perspectiva, sin embargo, puede aludirse a la regeneración constitucional para indicar, o bien un retorno a una «fuerza» originaria de una carta constitucional —fuerza que se haya perdido por el transcurso del tiempo—, o bien una re-legitimación de un texto constitucional que se haya quedado sin apoyo social o se haya revelado inadecuado frente a la evolución de la sociedad. El concepto de regeneración puede quizá ser mejor comprendido, si lo acercamos al de «cambio» constitucional, como sugiere el título de nuestra mesa redonda, pudiendo entenderse como alternativo al cambio o como complementario a este último.

Si entendemos la regeneración como alternativa al cambio, ello quizá evocaría una exigencia de renovación referida, no a las normas constitucionales y a las instituciones por ellas creadas (que pueden ser objeto de cambio en una de las tres formas antes mencionadas), sino a las personas concretas —individuos y formaciones sociales— que operan en la vida pública: la regeneración vendría a indicar, pues, una exigencia de reforma «moral», más que normativa; una necesidad de cambiar las costumbres, las mentalidades y las actitudes o, en definitiva, todo aquel conjunto de estados psicológicos que se suelen definir como «cultura» (en sentido antropológico), entendida, en este trabajo (es decir en cuanto regeneración constitucional), como reforma del *ethos* público. Así se referiría a los hombres, más que a las leyes. Una democracia puede evocar, de este modo, una exigencia de renovación de las formas y los modos de participación de los ciudadanos en la vida política y, en consecuencia, de los instrumentos habitualmente utilizados para este objetivo: las asociaciones, los medios de comunicación de masas, los sindicatos y, sobre todo, los partidos políticos. No es infrecuente poner de relieve en el debate público —al menos en Italia—, que el problema no son solo las reglas, sino los actores; desde esta perspectiva, no sería la Constitución, sino los partidos políticos, los actores políticos y los mismos ciudadanos, los que deberían «reformarse» en sentido moral (lo que frecuentemente termina por producir un discurso un tanto moralista).

Es más frecuente, sin embargo, que «regeneración» y «cambio» constitucionales no se entiendan en el sentido anteriormente citado (es decir, como fenómenos alternativos), sino más bien como complementarios. Habitualmente, en el análisis de la funcionalidad de una Constitución se constata que una o más reglas o instituciones funcionan de manera inadecuada o producen (o cuanto menos toleran y no impiden) comportamientos inmorales o antijurídicos, e incluso solo disfuncionalidades en un determinado contexto. Se plantea entonces la exigencia de una renovación de los comportamientos y actitudes, pero al mismo tiempo se afirma que para imponer, facilitar o consentir tal renovación es necesario cambiar determinadas reglas, en nuestro caso reglas constitucionales. En consecuencia, desde esta perspectiva, el cambio de las normas deviene instrumental respecto a la regeneración de la Constitución, entendiéndose como objetivo a perseguir y resultado de una combinación de reglas y costumbres renovadas.

II. Regeneración y cambio constitucional como respuesta a una situación de crisis de la Constitución

En cualquier caso, los términos «regeneración» y «cambio» constitucional presuponen una situación que hasta ahora ha quedado en la sombra de nuestro discurso y que debe ser clarificada: en particular, una situación de *crisis constitucional*. De hecho, la crisis puede desembocar en la elaboración de una nueva Constitución, vista como necesaria para la regeneración del ordenamiento jurídico y de la sociedad. Pero incluso más allá de esta hipótesis extrema (que se verificó en Italia tras la segunda guerra mundial), hemos de suponer que la exigencia de regeneración o cambio no surgirá por capricho o por casualidad, sino que será una respuesta a los problemas que una determinada experiencia constitucional ha puesto de manifiesto, en algunos casos desde el inicio, y en otros en el curso de su evolución histórica. Los problemas pueden ser más o menos graves y tener diversa naturaleza, generando un debate sobre la regeneración o sobre el cambio de la Constitución. Y es que, en efecto, en el lenguaje constitucionalista el término «crisis» tiene diversas acepciones, que van desde alteraciones más o menos complejas, pero fisiológicas, de la vida de los órganos constitucionales (es el caso del concepto de «crisis de gobierno» o «crisis ministerial», o bien supuestos más graves como un *impeachment* o juicio político en una República presidencial), hasta alteraciones más graves que corren el riesgo de poner en peligro la funcionalidad de la organización constitucional (crisis del sistema), o la misma existencia del orden constitucional (cuando la crisis golpea la normatividad de la Constitución en su conjunto) o de la comunidad política organizada como Estado (por ejemplo, en los casos de secesión, o de una posible separación de un ente territorial menor de un Estado del que forma parte).

Detrás de estos fenómenos —y quizá también independientemente de estos— se manifiestan o pueden manifestarse crisis de funcionalidad o legitimación de una determinada Constitución, las cuales pueden asumir formas bastante diversas (y en consecuencia imponer exigencias de cambio o de regeneración a su vez diversas).

No obstante, se puede intentar distinguir las crisis constitucionales según que éstas afecten a las instituciones políticas —es decir, la denominada «Constitución de los poderes»—, o a los principios materiales contenidos en una carta constitucional, y en particular a los derechos fundamentales (la denominada «Constitución de los derechos»), que en el constitucionalismo contemporáneo constituyen el «corazón» del derecho constitucional sustancial, entendido como distinto del organizativo y procedimental. Esta distinción (al respecto vid. Luciani, 1985) alude a las dos dimensiones fundamentales del concepto político de Constitución, como resultado del art. 16 de la Declaración de derechos del hombre y del ciudadano de 1789: la crisis de estas dos dimensiones de la Constitución presenta problemas diversos en tanto la crisis de las instituciones implicaría, sobre todo, a datos fácticos, pues corre el riesgo de traducirse en una parálisis del aparato estatal, mientras la crisis de los principios plantea problemas, principalmente, de carácter normativo, en cuanto evidencia la dificultad por parte de tales principios para conformar efectivamente el ordenamiento jurídico. No obstante, ambas podrían poner en duda la legitimación de una Constitución y provocar demandas de regeneración de ésta así como de cambio constitucional.

III. Los caracteres de la Constitución italiana de 1947 y su legitimación

Podemos reflexionar sobre el significado global de la Constitución italiana de 1947 desde la perspectiva del derecho constitucional comparado y de la historia del constitucionalismo, situandonos desde dos diversos puntos de vista, los cuales concurren a calificar la elaboración de la nueva ley fundamental tras el segundo conflicto mundial como una «gran cesura» en la historia constitucional italiana (Bonini, 2007; 22).

El primer punto de vista subraya un dato ineludible (que es asumido también por el segundo enfoque): la Carta de 1947 marca la reentrada de Italia en la tradición del constitucionalismo occidental (Onida, 2008), de la cual había salido gradualmente en los años veinte del pasado siglo, tras la llegada del régimen fascista y el desmantelamiento de las instituciones del Estado liberal implantado en el país desde 1848 a 1922. El retorno de Italia al constitucionalismo se produce, pues, en plena sintonía con la fase más avanzada del mismo: por lo tanto, no como un puro y simple retorno al Estado liberal decimonónico, sino asumiendo la evolución en liberal-democrática que el Estado europeo había conocido en las primeras décadas del Siglo xx, con desarrollos a los cuales Italia no había sido extraña, aunque sin producirse ninguna modificación en la Constitución formal entonces vigente (el Estatuto albertino).

No obstante, al mismo tiempo la Constitución italiana de 1947 presenta algunos elementos peculiares, que la caracterizan respecto a otras Cartas constitucionales del mundo occidental y en particular de la Europa de la segunda posguerra. Estas particularidades se refieren tanto a la arquitectura global del Estado (sus fines y principios), como a la ingeniería constitucional, es decir, el conjunto de aparatos institucionales (aquello que en otro contexto Gargarella llamó la «sala de máquinas» de la Constitución) que dan cuerpo a un sistema liberal-democrático.

1. La arquitectura constitucional

La arquitectura de la Constitución de 1947 se caracteriza por asumir un proyecto de sociedad con una finalidad fuertemente emancipatoria (si no con algún matiz utopístico), sintetizada en el art. 3.2 de la Constitución, que atribuye a la República la misión de «*remover los obstáculos que, limitando de hecho la libertad y la igualdad de los ciudadanos, impidan el pleno desarrollo de la persona humana y la efectiva participación de los trabajadores en la vida económica, social y política del País*». A esta fórmula se le ha atribuido una gran importancia en la cultura constitucional italiana (una importancia superior a la que la doctrina española ha reconocido al art. 9.2 de la Constitución de 1978, que reproduce casi literalmente la disposición constitucional italiana antes citada), hasta el punto de que, según muchos observadores, aquella debería dar a entender que la Constitución no está tanto orientada a la regulación de la sociedad existente, sino más bien a la construcción de una sociedad nueva, diversa de aquella que los padres constituyentes tenían ante sus ojos (por ejemplo, según Calamandrei, 1955; 269, la Constitución contenía «una crítica contra el equilibrio económico de la sociedad presente»). Se ha hablado, al respecto, de una «revolución prometida» que la Constitución habría formalizado, traduciéndola en principios constitucionales para compensar a algunas fuerzas políticas (los partidos de masas, y en particular los partidos de izquierda de inspiración marxista) dada la imposibilidad de llevar a cabo en su momento una revolución político-social (Calamandrei, 1950, I; CXXXV).

Tal revolución prometida no consistía solo en el sometimiento de la economía a la política democrática, en la óptica de los sistemas de economía mixta dominantes también en la Europa occidental tras la segunda guerra mundial (piénsese en las nacionalizaciones impulsadas por De Gaulle durante su gobierno en los años 1944-46, y en aquellas realizadas por los laboristas británicos entre 1945 y 1951), sino que se traducía en algunas pretensiones de superación del capitalismo liberal, hacia aquellos que en el pasado se definían como «equilibrios más avanzados» o, si se prefiere, una denominada «democracia progresiva».

Alrededor de estos objetivos había una genérica convergencia de los tres partidos de masas: no sólo de los comunistas, sino también de los socialistas y de la misma Democracia Cristiana, o al menos de una parte de ésta, en particular la izquierda liderada por Giuseppe Dossetti, que fue protagonista de los trabajos de la Asamblea constituyente. No se trataba ciertamente de diseñar los rasgos de un Estado y de una sociedad «socialista» en el sentido del llamado socialismo real: el mismo Partido Comunista, y en particular su secretario, Palmiro Togliatti, era consciente de la imposibilidad histórica de tal pretensión, por lo que la grandeza del *leader* comunista (su exquisito realismo político) se encontraba precisamente en haber renunciado totalmente a perseguirlo. Pero el «pacto constitucional» llevaba consigo un gran proyecto de transformación de la sociedad italiana (es decir, de regeneración de una sociedad que apenas había salido del fascismo y de la guerra), que se observa claramente en los artículos de la Constitución dedicados a las «relaciones ético-sociales» y a las «relaciones económicas», y que constituía efectivamente el sustrato común a los grandes partidos de masas a mediados de los años cuarenta. Esta transformación no era del todo incompatible con el constitucionalismo liberal-democrático, pero incorporaba una buena dosis de dirigismo económico, como se puede ver en los arts. 41, 42, 43 y 46 de la Carta constitucional, aunque el desarrollo de tales disposiciones constitucionales se dejaba a la legislación ordinaria sucesiva.

La particularidad de la Constitución italiana respecto a otras Constituciones europeas era doble: en primer lugar, aquella procedía a la constitucionalización de la intervención económica, que en la tradición post-bélica de ordenamientos como Alemania, Francia y Reino Unido, así como, tras 1978, España, quedaba confiada a decisiones políticas reversibles. Se puede decir entonces —recuperando la idea de *constituição dirigente* elaborada unas décadas más tarde en la doctrina portuguesa por Gomes Canotilho— que en Italia, el dirigismo económico se configuraba también como un dirigismo constitucional, un fenómeno en su conjunto minoritario en el constitucionalismo europeo contemporáneo y que habría hecho surgir a continuación algunos problemas de compatibilidad con algunos principios del proceso de integración europea. Sin embargo, en cierto modo paradójicamente, la proyección de dicho dirigismo en la legislación ordinaria italiana fue quizá menos incisiva —al menos en la inmediata posguerra— que en la francesa o británica y, sobre todo, tuvo dificultades para asumir un carácter orgánico.

2. *El equilibrio institucional*

Al mismo tiempo —y esta es la segunda particularidad a la cual se aludía en el párrafo anterior— la Constitución italiana se diferencia de otros *constitutional arrangements* del mundo occidental también por el equilibrio institucional adoptado. Se ha señalado en numerosas ocasiones que sobre la Asamblea constituyente que la elaboró entre junio de 1946 y diciembre de 1947 sobrevolaba una especie de «complejo del tirano», es decir, el recuerdo de la dictadura fascista (casi como si Mussolini pudiese ser considerado una especie de «padre constituyente» en negativo respecto a la Carta de 1947), y al mismo tiempo el temor de una futura mayoría parlamentaria social-comunista. En efecto, en la Asamblea constituyente la desconfianza hacia la concentración del poder político era intensa e impregnó tanto el texto constitucional como las leyes fundamentales de desarrollo de la Constitución y la práxis generada en torno a las mismas.

Se trata, pues, de un sistema institucional con reducida capacidad decisoria, aunque no privado de una «fuerza escondida», idónea para restituirle eficacia. Los rasgos de tal equilibrio provienen de la opción por un sistema parlamentario con racionalización débil, por un bicameralismo paritario (para la legislación y para la relación de confianza con el Gobierno), en la legislación electoral (pero no en el texto constitucional) por un sistema proporcional casi puro, y por la aspiración —por decirlo de algún modo— de «democratizar la democracia» representativa, integrándola con procedimientos de democracia directa (el referéndum abrogativo de iniciativa popular), y con un articulado sistema de autonomías territoriales que culmina en el regionalismo político. A ello se añadía una articulada red de contra-poderes respecto al circuito gobierno-mayoría parlamentaria, que comprendía un Presidente de la República no gobernante, pero dotado de poderes propios, la Corte Constitucional, el Consejo Superior de la Magistratura, el Consejo Nacional de la Economía y del Trabajo, además de los ya citados institutos del referéndum y del regionalismo político. Por lo tanto, un sistema con un motor débil (el gobierno con su mayoría parlamentaria), rodeado de un complejo sistema de frenos, de una articulada red de contrapesos, de instituciones contra-mayoritarias.

3. *Los partidos políticos*

En realidad, no obstante, este sistema tenía una «fuerza escondida», bien conocida por los contemporáneos, como resulta del hecho de que la Constitución italiana de 1947 fue de las primeras en darles reconocimiento formal: los partidos políticos, entendidos como asociaciones de ciudadanos para concurrir, con un método democrático, a la formación de la política nacional (art. 49). Los partidos habían sido los verdaderos autores de la Constitución y estaban destinados a ser los protagonistas de la vida política post-bélica. Sobre ellos residía, en el fondo, la legitimación y la funcionalidad del nuevo sistema democrático. Contrariamente a lo que hoy con frecuencia se señala, la Constitución de 1947 no nació como

un acto normativo perteneciente a los jueces, ordinarios y constitucionales, para que configuraran con el mismo el ordenamiento jurídico y, mediante éste último, la forma de la sociedad. Por lo demás, no es una casualidad que la opción del Constituyente en favor del control de constitucionalidad de las leyes fuera adoptado en un contexto de desconfianza hacia la creatividad jurisprudencial (Lamarque, 2012; 17-19), y se hubiera concretado solo en las últimas semanas de los trabajos de la Asamblea: el modelo de justicia constitucional adoptado en Italia quedó ampliamente incompleto en el texto constitucional, hasta el punto de que para entender su alcance efectivo es necesario ir más allá de la Constitución, hasta llegar a las leyes constitucionales 1/1948 y 1/1953, que completaron el modelo.

La Constitución italiana nació sobretodo como *norma política*; norma que los partidos políticos se empeñarían mutuamente en poner en práctica en la dialéctica del conflicto político, culminando en la ley parlamentaria, acto principal de desarrollo y de aplicación de la Constitución. Retomando una reciente distinción (vid. por ejemplo, Bellamy, 2007) —la que diferencia el *constitucionalismo político*, de matriz británica, y el *constitucionalismo jurídico*, de matriz estadounidense—, puede observarse que, con la evolución posterior, desde los años setenta en adelante, Italia se ha colocado firmemente en la segunda de estas dos perspectivas, cuando en su origen esto no fue así: el Parlamento era el centro del sistema, el lugar en el que los partidos estaban llamados a sintetizar, a concurrir, en el nombre de los ciudadanos en ellos asociados, a determinar la política nacional.

4. *Mayoría de gobierno vs. mayoría constitucional*

Los partidos eran, en consecuencia, la «fuerza escondida» del sistema en un sentido bastante peculiar. A sus acuerdos se les confiaba el funcionamiento del régimen político creado por la Constitución. Pero no se trataba solo de acuerdos de mayoría, en la lógica de aquello que, algunas décadas después, la ciencia política anglosajona llamó *minimum winning coalitions*, sino también de acuerdos más amplios, que incluían a todos los protagonistas del compromiso constitucional, comprendida la oposición y, en particular, el Partido Comunista. De hecho, este último era al mismo tiempo uno de los sujetos del pacto constitucional originario —y formaba parte por lo tanto de las fuerzas políticas que componían el llamado «arco constitucional»—, y un actor político que, desde 1947 y hasta los años setenta (pero en realidad hasta su existencia como tal, es decir hasta 1991), estuvo excluido del área de gobierno, en base a la llamada *conventio ad excludendum* (Elia, 1970) que constituía una consecuencia directa de su posicionamiento en materia de política internacional. Así pues, la experiencia constitucional italiana de la segunda postguerra, que nace de un proceso constituyente en el origen del cual todos los partidos de masas antifascistas (comprendido el Partido Comunista) gobernaron juntos, conservó una cierta nostalgia no escrita en torno a dicho «abrazo» originario. Los pactos políticos, en el régimen democrático post-bélico, podían por lo tanto cambiar la naturaleza del «motor» de la Constitución, transformando un sistema de gobierno débil, generado en un contexto de multipartidismo fragmentado y basado sobre coaliciones frágiles e inciertas, en un equilibrio de gobierno fuerte, si se hubiera realizado la convergencia de la oposición comunista con los otros partidos, restaurando la unidad de las fuerzas que habían generado la Constitución. Entre otras cosas, esta dimensión consociativa del sistema político no era solo potencial: si es verdad que aquella no llegó nunca —sino en parte, entre 1976 y 1979— a conformar las fórmulas de gobierno (a diferencia de lo que ocurre en algunas pequeñas democracias europeas), la lógica consociativa operaba no obstante en muchos pasajes de la vida parlamentaria ordinaria, sobre todo en aquella ligada a la legislación protectora de intereses particulares (las denominadas «*leggine*»), a la que el Partido Comunista venía frecuentemente asociado.

Por este complejo conjunto de motivos, valorar la relación entre la arquitectura y la ingeniería de la Constitucion, es decir entre los fines (derechos y principios) esbozados y diseñados en aquella, y los medios (el equilibrio institucional, los partidos) dispuestos para conseguirlos, no es una cuestión fácil. De un lado, se puede considerar que el sistema de gobierno débil creado por los constituyentes estaba en contradicción con los grandes objetivos de transformación social previstos en la Constitución, los cuales habrían requerido, obviamente, una mayoría no solo fiel a aquellos, sino también medios institucionales idóneos para la consecución de dichos fines. Al mismo tiempo, no obstante, todo se reconducía a los partidos: si el arco constitucional —debilitado por la guerra fría— se hubiera recompuesto plenamente, operando también a nivel político-parlamentario, el amplio consenso del sistema de partidos de masas habría tenido la fuerza de realizar los fines constitucionalizados en 1946-47.

En cualquier caso, dada la debilidad de la arquitectura constitucional, la parte primordial del sistema eran precisamente los partidos de masas: de ellos dependía la funcionalidad de las instituciones creadas tras la segunda guerra mundial. Así, también desde esta perspectiva, se puede considerar idónea la definición dada a esta época y que se contiene en el título de un brillante ensayo de Pietro Scoppola: «la República de los partidos».

IV. La (parcial) congelación de la Constitución en los años del centrismo

Podría decirse que la legitimación de la Constitución de 1947 era, por lo tanto, plena después de su aprobación por parte de la Asamblea Constituyente, con el 90 por ciento de los votos favorables (453 votos favorables y 62 contrarios, sobre 515 votantes). La Constitución, de hecho, fue vista por muchos como la llave para la regeneración de la Italia post-bélica (por ejemplo, Calamandrei, 1955; 314-316). Aún así, la legitimación de la Constitución estaba, de un lado, mediatizada por los partidos políticos, únicos sujetos del pacto constituyente, y por el otro reposaba sobre la aplicación de la Constitución misma.

1. *El centrismo y la aplicación de la Constitución*

La Carta constitucional italiana preveía, de hecho, diversas reservas de ley, con el objetivo, entre otros, de completar la organización constitucional (sobre todo para todas aquellas instituciones —órganos, entes o procedimientos decisorios— que eran radicalmente nuevas respecto a los heredados del Estatuto albertino y del periodo constitucional transitorio), y de realizar los fines previstos por la Constitución, transformando la sociedad italiana. La aplicación de la Constitución tenía, por lo tanto, dos dimensiones: la relativa a la implementación de los derechos sociales, y la concerniente a la concreta institución de los nuevos órganos, entes y procedimientos previstos por la Constitución misma. Estas dos dimensiones hubieran requerido, de hecho, una elevada dosis de consenso constitucional, el cual, sin embargo, ya faltó gradualmente durante los mismos trabajos de la Asamblea Constituyente (un consenso que desaparece en el plano de las coaliciones de gobierno, con la exclusión del Partido Socialista y del Partido Comunista del IV gobierno De Gasperi, a la mañana siguiente de la crisis de gobierno de mayo de 1947, pero que sobrevive en las principales votaciones sobre el texto constitucional). El consenso constitucional, pues, se evaporó totalmente en la histórica campaña electoral de la primavera de 1948, posterior a la conclusión de los trabajos de la Constituyente e impregnada de un clima de contraposición frontal entre la Democracia cristiana y sus aliados «laicos» de centro, de un lado, y el Frente popular que reunía a la izquierda marxista (comunistas y socialistas) de otro, en uno de los momentos más críticos de la Guerra fría (las elecciones italianas se distanciaron en pocas semanas del llamado «golpe de Praga», que reveló al mundo la radical incompatibilidad entre las democracias liberales y el totalitarismo comunista).

La victoria de la Democracia Cristiana sobre el Frente popular compuesto por los comunistas y socialistas (48% de los votos contra el 31%) abrió la época del «centrismo», dominada por el líder demócrata cristiano Alcide de Gasperi hasta 1953 y a continuación gestionada, en líneas generales hasta 1960, por otros exponentes democristianos (se trata de aquel que Bonini, 2007; 44, ha definido como el «segundo centrismo»). Esta fase estuvo caracterizada por la plena aplicación de los mecanismos del gobierno parlamentario previstos en la nueva Constitución (lo reconocía, si bien con la boca pequeña, el mismo Calamandrei, 1955; 301-302, cuando afirmaba que Italia era una democracia parlamentaria también desde el punto de vista de la constitución material, y no sólo de la formal). Hay, no obstante, algunas diferencias entre el periodo *degasperiano* (1948-53, caracterizado por el fuerte *leadership* de De Gasperi, al mismo tiempo cabeza indiscutible de la Democracia cristiana y Presidente del Consejo de Ministros), en el que el régimen parlamentario funcionó «a la inglesa» (Elia, 1970), y los siete años sucesivos a la salida de escena del *leader* trentino, en los cuales la escisión entre el *leadership* del partido (que pasó en 1954 a las manos de Amintore Fanfani y en 1959 a las de Aldo Moro; por lo tanto, a una nueva generación de políticos) y la presidencia del gobierno (que entre 1953 y 1960 pasó por las manos de Pella, Scelba, Segni, Zoli, Fanfani y Tambroni) debilitó el nexo entre el partido de mayoría relativa, parlamento y gobierno que caracteriza el sistema parlamentario no solo en ejecutivos compuestos por un solo partido, sino también en gobiernos de coalición (como la experiencia alemana demuestra).

En consecuencia, la Constitución de 1947 estuvo seguramente operativa en los años del llamado «centrismo», pero no se puede negar que, en aquel periodo, aquella funcionó sólo plenamente en una parte: en particular, aquella que ligaba la Constitución italiana al constitucionalismo liberal-democrático de Occidente (en la configuración que entonces prevalecía). Quedaba, sin embargo, «congelada» aquella parte de la Constitución que, como se ha dicho, intentaba llegar más allá del constitucionalismo (entonces) clásico: la parte referida a las instituciones contra-mayoritarias (Corte Constitucional, Consejo Superior de la Magistratura, Regiones, referéndum), así como los grandes fines de transformación de la sociedad. O mejor, estos últimos fueron seguramente perseguidos, pero con un arsenal político en su mayoría de signo liberal-democrático clásico, manteniendo el fuerte intervencionismo económico heredado del fascismo, pero sin desarrollar una política económica dirigida a transformar la sociedad según un «diseño» que emergerá gradualmente solo en la segunda mitad de los años cincuenta (piénsese en la institución del Ministerio de Participaciones Estatales, en 1956), y sobre todo en los años sesenta, cuando se intentó una «planificación orgánica» (reivindicada por Calamandrei, 1955; 271-272, que la entendía dirigida a la «lucha legal contra el privilegio») aunque sin consecuencias importantes.

2. *Entre inobservancia constitucional y «occidentalización» de la Constitución*

Es conocida la crítica severa formulada sobre este periodo por Piero Calamandrei, según el cual un «obstruccionismo de mayoría» impidió la implementación de la Constitución, en las dimensiones ya vistas (Calamandrei, 1955; 231). Pero la opinión de Calamandrei —que definía la I legislatura (1948-53) como «el quinquenio de la inobservancia constitucional», subrayando que se trataba de una desobediencia dolosa, querida por el Gobierno democristiano— es excesivamente crítica y, en ocasiones, parece impregnada de un sectarismo basado en la incomprensión de la situación histórica con la que se encontró aquel gobierno: aparece, sin embargo, como un elemento fisiológico el hecho de que, en el contexto de la elevada temperatura política de los años cincuenta —en el que la contraposición internacional entre capitalismo liberal-democrático y totalitarismo comunista se reflejaba casi automáticamente en la confrontación entre mayoría centrista y oposición social-comunista, también tras la muerte de Stalin (debe recordarse que el PCI de Togliatti aprobó expresamente la invasión soviética de Hungría en 1956)— el consenso constitucional se debilitó notablemente, disminuyendo el «marco» constitucional común, ahora reducido prácticamente a la dimensión procedimental de la democracia. Sin embargo, para la aplicación de la «revolución prometida» —o únicamente de los más importantes principios y derechos delimitados por la Constitución— habrían sido necesarias relaciones entre los partidos de masas que estaban en aquella época totalmente ausentes (en este sentido, Fioravanti, 2009; 18 y 24).

No obstante, fue ciertamente al final de la tan vituperada I Legislatura (durante la cual ya se había configurado, mediante la Ley 624/1950, el Consejo Supremo de Defensa y fue aplicada, a través de la Ley 645/1950, la XII disposición transitoria de la Constitución, referida a la prohibición de reconstitución del partido fascista) cuando el «deshielo» constitucional comienza, lentamente, a producirse: la Ley constitucional 1/1953 y la Ley 87/1953 pusieron las bases para la entrada en funcionamiento de la Corte Constitucional, la cual, tras un largo contencioso sobre la elección del juez designado por el Partido Comunista, empezó a funcionar tres años después, el 23 de enero de 1956, y emitió su primera sentencia el 11 de junio de 1956. Y fue durante la época centrista cuando vieron la luz las leyes constitutivas del Consejo Superior de la Magistratura (Ley 195/1958) y del Consejo Nacional de la Economía y del Trabajo (Ley 33/1957). La puesta en funcionamiento de las Regiones ordinarias, para la cual había sido adoptada, con espíritu centralista, la Ley 62/1953, fue sin embargo pospuesta a tiempos mejores.

Pero, sobre todo, no puede olvidarse que precisamente durante los años del centrismo se adoptaron algunas decisiones fundamentales, las cuales integraron «desde el exterior» la Constitución misma: la adhesión a la OTAN y al Consejo de Europa y el inicio del proceso de integración europea, todas ellas opciones rechazadas, inicialmente, por la oposición de izquierdas, que fue uno de los sujetos del Pacto constitucional originario (únicamente sobre la adhesión a la CEE el Partido Socialista llegó a expresar una cauta abstención, aunque en 1957 había salido ya de la era staliniana).

El legado constitucional del centrismo es valorado también teniendo en cuenta esta tarea de «integración» *ab externo* de la Constitución italiana, que produjo un cambio constitucional no escrito (precisamente al respecto, Bonini, 2007; 46 subraya el «relevo constitucional» de la opción atlántica) que solo posteriormente —cuando ya tales decisiones habían sido aceptadas también por las fuerzas políticas que inicialmente las rechazaron— fueron reconducidas a algunas disposiciones generales (el art. 11 y después el art. 117.1 de la misma Constitución). Tuvo lugar, así, una operación de ortopedia constitucional que suponía la plena occidentalización de la Carta de 1947: se deduce de ello que los años del centrismo fueron al mismo tiempo años de inaplicación constitucional y de integración de la Constitución, que se produjo introduciendo a Italia en el contexto de alianzas y de organizaciones supranacionales que marcarán toda la historia posterior. No por casualidad, mientras la falta de aplicación de la Constitución tenía un carácter temporal —lo que fue superado en las décadas sucesivas—, la cuestión atlántica y la europea fueron gradualmente incorporadas a la Constitución material republicana.

V. El desarrollo dinámico de la Constitución: del centro-izquierda a la solidaridad nacional

El periodo que se abrió con la caida del Gobierno Tambroni y con la formación del III Gobierno Fanfani, en julio de 1960, y que duró —de cualquier forma menos lineal— hasta la crisis de los gobiernos de «solidaridad nacional» en la primavera de 1979, puede ser considerado la edad de oro de la Constitución italiana, al menos en su dimensión de proyecto de transformación social entregado a los partidos políticos (retomamos aquí algunas ideas ya esbozadas en Celotto-Bifulco-Olivetti, 2006, III; 2821).

En este periodo, mientras se consolidaban en el sistema constitucional, y se legitimaban plenamente, las nuevas instituciones activadas precisamente en los últimos años del centrismo (Corte Constitucional y CSM), vieron la luz —en 1970— las Regiones ordinarias y el referendum (abrogativo y constitucional). Al mismo tiempo, varios principios constitucionales relativos al Estado social, pero también a los derechos de libertad, fueron desarrollados de forma acelerada en el periodo sucesivo a 1968 (piénsese en el «Estatuto de los trabajadores» y en la institución del Servicio Sanitario Nacional). En los años setenta, pues, la legislación sobre las «relaciones ético-sociales» se orientó claramente más allá de la Carta de 1947, para responder a las demandas de reconocimiento de «nuevos derechos» no previstos en la Constitución, pero que emergían de las demandas de una sociedad en profunda transformación.

Pero la edad de oro de la Constitución italiana con el centro-izquierda y solidaridad nacional, lo fue también en otro sentido. En esta fase, el sistema de partidos conservaba en parte las características que se habían venido configurando en los primeros quince años sucesivos tras el final de la guerra, pero intentando superar los límites que lo caracterizaban a través de *una lógica inclusiva*, que tenía como horizonte último la coincidencia entre mayoría de gobierno y arco constitucional.

1. Ascenso y declive del proyecto inclusivo para superar la democracia bloqueada

El sistema de partidos de los años del centrismo se caracterizaba, de un lado, por la rígida contraposición entre los partidos de centro y los partidos de la izquierda marxista, los primeros dominados por la Democracia Cristiana, y los segundos por el Partido Comunista; y de otra parte, por la imposibilidad práctica de la alternancia en el poder entre estos dos bloques. La imposibilidad no era sólo numérica (las elecciones de 1953 y de 1958, aunque redimensionaron la fuerza de la DC respecto a 1958, habían confirmado la prevalencia de los partidos moderados), sino estructural: el ascenso al poder de la izquierda marxista era percibido como idóneo para producir una mutación del posicionamiento internacional de Italia, en una época en la que se dudaba de que una decisión de tal tipo hubiera podido ser tolerada por sus aliados. Italia era, por lo tanto, ya en los años cincuenta, una *democracia bloqueada*.

En el periodo sucesivo a 1960, los grupos dirigentes de la DC —en particular, aunque no solo, Aldo Moro—, intentaron superar el «bloqueo» mediante la «inclusión» (Formigoni, 2016). Según este proyecto político, habría sido necesario incluir gradualmente, primero en la mayoría parlamentaria, y después en el gobierno, junto a la Democracia Cristiana y a sus aliados de centro, primero el Partido Socialista y después al mismo Partido Comunista, recomponiendo la unidad de los partidos antifascistas que se había roto en 1947 (reactivando en consecuencia aquella que habíamos definido como la «fuerza escondida» de la Constitución). Desde esta perspectiva, «la coalición... sirv[ió], además de para conseguir una cierta mayoría y un determinado programa, para la legitimación plena (en calidad de gobernante), del partido» que venía incluído en aquella (Bonini, 2007; 62).

La primera operación se realizó de varias formas en los años del «centro-izquierda» (1960-74, con algunas interrupciones), también gracias al hecho de que, tras 1956, el Partido Socialista había gradualmente abandonado la alianza «frontista» con el Partido Comunista y la orientación filo-soviética en política exterior.

La segunda fue intentada, con mucho más esfuerzo, en el transcurso de los años setenta, también gracias a la evolución que la *leadership* de Enrico Berlinguer había desencadenado en aquel partido en torno al proyecto del denominado Eurocomunismo, y antes todavía más con la autonomía reivindicada por el PCI respecto a la Unión Soviética (a partir de su disociación de la invasión de Checoslovaquia en 1968). Así consiguió realizarse, si bien de una forma limitada, en los gobiernos de «solidaridad nacional» guiados entre 1976 y 1979 por Giulio Andreotti, sin que el Partido Comunista obtuviese nunca —ni siquiera en aquel periodo— aquello que entonces pedía: la plena (re)legitimación contitucional mediante el ingreso en el gobierno estatal. El asesinato de Moro en 1978 y la crisis del IV Gobierno Andreotti el año después marcaron el final de este proyecto, que habría conseguido hacer coincidir el espacio del gobierno y de la mayoría parlamentaria con la mayoría constituyente (la primera excluía al PCI, la segunda lo incluía).

1979-80 fue un periodo de cambio en la historia constitucional post-bélica: la posibilidad de un punto de encuentro plenamente consociativo para la democracia italiana se desvaneció definitivamente. En febrero de 1980, en el Congreso de la Democracia Cristiana, el llamado «Preámbulo», escrito por Carlo Donat-Cattin («en este momento no existen las condiciones para la participación en el gobierno del Partido comunista italiano») marcó el final de este proyecto inclusivo. La democracia italiana seguía siendo una democracia bloqueada: la Democracia Cristiana, que era el sostén principal del sistema democrático, aparecía ya debilitada, aunque en el horizonte no emergían alternativas, también porque los varios «deshielos» que se produjeron en la larga historia de la guerra fría no significaban todavía el final del orden creado en Yalta en 1944: para que esto ocurriera era necesario esperar todavía una década, aunque ciertamente ya en 1980 las huelgas organizadas en Danzica por el naciente sindicato libre *Solidarnosc* y, dos años antes, las elecciones de un pontífice polaco, habían sentado las bases culturales y políticas para que ello pudiera ocurrir.

2. *Constitucionalismo jurídico vs. constitucionalismo político*

Al mismo tiempo, no debe olvidarse que las dos décadas comprendidas entre el inicio de los años sesenta y el final de los setenta, no muestran solo el ascenso y el declive de la dimensión político-partidista de la Constitución ligada al proyecto inclusivo sobre el cual apenas se ha argumentado, sino también la consolidación de su dimensión jurídico-normativa. Fue en este periodo, de hecho, cuando la Constitución fue definitivamente entendida como aquello que, desde un punto de vista formal, era ya desde el momento de su entrada en vigor, es decir, una norma jurídica «en sí misma dotada de plena prescriptividad, capaz por fuerza propia de vincular a los poderes y de canalizar el ejercicio de cada poder discrecional, desde el que corresponde al legislador hasta aquellos de los mismos poderes privados dentro de su esfera de autonomía» (Fioravanti, 2009; 20). Por lo tanto, una norma plenamente vigente, aplicada por los jueces ordinarios en colaboración con la Corte Constitucional (Lamarque, 2012), y eventualmente en dialéctica con la política democrática adoptada por el Parlamento y por los partidos (Fioravanti, 2009; 28, habla de la plena afirmación de la Constitución como ley fundamental).

Los conflictos directos entre leyes aprobadas por el Parlamento republicano y normas constitucionales fueron, no obstante, relativamente escasos en todo este periodo; y las declaraciones de inconstitucionalidad adoptadas en estos años tuvieron como objeto, en su mayor parte, leyes antiguas, que databan del periodo anterior a la aprobación de la Constitución (al menos hasta 1965, según Simoncini, 2006; 161). En otras palabras, la Corte actuó más de forma subsidiaria a la política (desmontando la legislación heredada del fascismo y de la etapa liberal, y considerada incompatible con la Carta de 1947), que en contraposición a aquella: más que una función contra-mayoritaria, la Corte desempeñará una función sustitutiva de la inercia del legislador democrático, al cual correspondía fisiológicamente la tarea de adecuación a la nueva Constitución de la legislación precedente. Y también desde el punto de vista de su contenido, la jurisprudencia de la Corte no se diferenció significativamente de la orientación política prevalente en sede parlamentaria (en este sentido Tranfaglia, 1963; 190 y Simoncini, 2006; 162, el cual, por otro lado, subraya que, no obstante, la Corte actuó inmediatamente de manera incisiva respecto a la definición de su papel en el sistema constitucional y en la construcción de las propias técnicas de decisión).

Pero no existe duda alguna de que la Corte Constitucional era ya un actor importante del sistema constitucional: y lo demostró (como pone de relieve Simoncini, 2006; 163) la Ley constitucional 2/1967, que redujo algunas prerrogativas de los jueces constitucionales (excluyendo, entre otras, la *prorogatio* y reduciendo la duración de su mandato de 12 a 9 años): era la señal de que la política (léase bien: no sólo la mayoría, sino también la oposición, incluso en consecuencia el PCI, que votó a favor de la ley constitucional ya citada) continuaba concibiéndose como superior a la jurisdicción y como vector privilegiado de la aplicación de la Constitución; pero era también un indicador de que el juez de las leyes, que había comenzado a funcionar diez años antes, había construido por sí mismo un papel no marginal, capaz de inquietar a los protagonistas de la lucha política.

Los partidos eran todavía plenamente «soberanos», aunque aún se estaban consolidando (Corte Constitucional, pero también el CSM, que tuvo una «vida patética» en su primer mandato: v. las fuentes citadas por Alvezzi del Frate, 2006) o estaban emergiendo (el referéndum tras 1970, en particular por el uso que empezó a hacer el Partido Radical tras 1976) nuevos protagonistas, que pronto tendrían un papel decisivo.

VI. El repliegue y la crisis de la Constitución en los años del «pentapartito» y el inicio del debate sobre las reformas institucionales

La VII legislatura republicana (1979-83) fue en muchos aspectos una fase de transición, pero durante los cuatros años de su duración surgieron cuestiones que caracterizarán todos los años ochenta y que están en los orígenes de los desarrollos traumáticos que atravesó el sistema institucional y político italiano entre 1992 y 1994.

Aparentemente, tras 1979 el sistema político italiano volvió a un equilibrio no muy distinto de aquel de los años del centro-izquierda, con una pequeña ampliación hacia la derecha derivada de la inclusión del Partido Liberal Italiano, el cual, sin embargo, había mutado claramente de naturaleza desde 1976. No obstante, el contexto de los años del «pentapartido» (la coalición formada por DC, PSI, PRI, PSDI y PLI) era muy diverso de aquel antiguo centro-izquierda anterior a 1974, al menos en tanto los años ochenta eran diversos de los años sesenta. La hegemonía de la Democracia Cristiana sobre la coalición de gobierno estaba, de hecho, en crisis, y desde los partidos aliados emergían *leadership* que competían con aquellos de los exponentes democristianos. A pesar de ello, la alternativa al poder era inviable: las esperanzas de Bettino Craxi (*leader* socialista desde 1976 a 1992) de transformarse en el Mitterrand italiano, guiando a la izquierda en la conquista del poder a través de una victoria electoral, estaban destinadas a fracasar. La democracia italiana quedaba bloqueada y, frente a la imposibilidad de una *alternativa* al poder, la única variante en la historia post-bélica que aquella estaba en grado de ofrecer al electorado era la *alternancia* al gobierno de coalición (el «pentapartito», precisamente) entre exponentes democristianos y exponentes no democristianos. Pero quizá no sólo esto: ya en los años setenta, los partidos de masas (autores y actores protagonistas de la Constitución) habían demostrado su incapacidad para representar a la sociedad civil y reelaborar los intereses sectoriales emergentes desde esta última, articulándolos en visiones competitivas del interés general. Maurizio Fioravanti ha subrayado precisamente como se encuentra aquí «el inicio del declive del papel de los partidos, y con ellos de la imagen del mismo Parlamento, siempre sometidos, los unos y el otro, a la presión de los intereses sectoriales, y cada vez menos capaces de ofrecer soluciones coherentes y orgánicas» (Fioravanti, 2009; 30).

Y en este contexto se ubica el inicio del debate sobre las reformas constitucionales (y electorales) en Italia, que se sitúa en los primeros años de la década de los ochenta. Obviamente incluso antes de dicha fecha no habían faltado críticas a la Constitución de 1947 o al dominio del sistema de partidos sobre ésta (piénsese por ejemplo, en la polémica de Maranini, 1949 sobre la partidocracia; y más en general véase la excelente síntesis de Floridia, 1978; 261 ss.), y ni siquiera puntuales propuestas de reforma de la Carta constitucional (algunas de las cuales se habían traducido en micro-reformas adoptadas en el curso de las tres primeras décadas post-bélicas). Pero se trató, precisamente, de *reformettes*, dirigidas a corregir presuntas disfunciones, mientras las críticas a la Constitución provenían más bien de ambientes culturales y políticos externos al mundo de los partidos de masas (es el caso ya citado del liberal Maranini). Y aun cuando las críticas y las propuestas de reforma habían sido formuladas también desde el núcleo del sistema político (como en el caso del interesante informe del vice-secretario de la DC, Arnaldo Forlani, en la asamblea organizada en Sorrento en octubre de 1965), o por los principales constitucionalistas italianos (piénsese en el debate organizado por la revista *Gli Stati* en 1970), aquellas tuvieron, de todos modos, un carácter episódico. Hasta aquel momento, el impulso para la regeneración de las instituciones democráticas en Italia había quedado ligado a la aplicación de la Constitución, y no a su reforma. Pero ahora, a finales de los años setenta, las cosas cambiaron radicalmente.

En el origen del debate estaba la constatación de la debilidad y de la ineficiencia del *political decision-making system* en Italia y, al mismo tiempo, de la crisis de la democracia de los partidos. Desaparecido el horizonte de la ampliación de la mayoría de gobierno hasta hacerla coincidir con la mayoría constitucional, se constató que el régimen parlamentario italiano era demasiado débil, cuando tenía que funcionar según las lógicas comunes a todos los regímenes parlamentarios pluripartidistas, aquellas de las *minimun winning coalitions*: el bicameralismo paritario, el sistema electoral proporcional puro, la centralidad del Parlamento consagrada por los Reglamentos parlamentarios de 1971, la regla del voto secreto en las asambleas parlamentarias (que facilitaba la huida de la disciplina de partido), la ausencia de poderes de dirección de la mayoría parlamentaria por parte del Ejecutivo (con la excepción de la cuestión de confianza) configuraban un marco en el que solo un acuerdo político extenso y fuerte podía hacer eficaz la acción de gobierno. Pero tal acuerdo, en los años ochenta, aparecía de un lado circunscrito a la fórmula del «pentapartido», y del otro debilitado por la competición interna en la coalición de gobierno entre socialistas y democratas cristianos.

Al mismo tiempo, emergía un último dato: el de la existencia de un *déficit* no solo de capacidad decisional, sino también de legitimación democrática. Una vez que la democraticidad del sistema no venía ya medida por la capacidad de los partidos de canalizar la participación y de transformar las demandas de tutela en interés general, ni siquiera con la máxima inclusión de las fuerzas políticas del arco constitucional, se hacía necesario bajar el nivel de la pretensión y valorarla —casi schumpeterianamente— según los cánones mínimos de las democracias occidentales: es decir, sobre la base del funcionamiento del circuito consenso/poder/responsabilidad, en virtud del cual los gobernantes deben estar legitimados por el consenso electoral, que justifica el ejercicio por parte de aquellos del poder político, y deben responder ante los electores. Esto, sin embargo, requería que los electores tuvieran alguna posibilidad de incidir, no solo sobre la distribución de los votos entre los partidos, sino también sobre la opción de la coalición de gobierno, su programa y su *leader*: solo la probabilidad de la alternancia en el poder de partidos, gobiernos y primeros ministros de orientación política diversa, habría permitido a los electores elegir entre opciones verdaderamente (y no solo de forma abstracta) alternativas entre ellas. Para que esto fuese posible, no obstante, debían verificarse algunas condiciones internacionales (el final de la guerra fría, o al menos de sus inmediatos reflejos sobre la política interna italiana), políticas (una completa occidentalizacion del PCI), e institucionales (como una reforma electoral) que parecían entonces complicadas de darse. No es una casualidad, de hecho, que las sedes en las cuales, en los años ochenta, se elaboraron propuestas de reforma institucional (el Comité Riz-Bonifacio, el decálogo Spadolini y la Comisión Bozzi) permanecieran al margen de tales cuestiones.

1. El horizonte de las reformas en los años ochenta: racionalización del parlamentarismo y corrección del sistema proporcional

El discurso se aplazaba, en consecuencia, desde la regeneración (mediante la práxis política y la aplicación de las «promesas» constitucionales) al cambio de la Constitución y de las normas institucionales que estructuraban la forma de gobierno (leyes electorales, reglamentos parlamentarios). El debate sobre la reforma constitucional nacía por lo tanto alrededor del proyecto de adecuación de la democracia italiana de la segunda posguerra, respecto a aquellos que venían conformándose como los *standards* europeos prevalentes, en un contexto en el cual los sistemas democráticos estaban difundiéndose y consolidándose, en Europa y en el resto del mundo. Dichos sistemas democráticos, de otro lado, a su vez habían cambiado respecto a las soluciones prevalentes en los años cuarenta, con fuertes elementos de limitación real del poder de los gobiernos y de las mayorías parlamentarias, según modelos que la Constitución italiana de 1947 había incorporado antes que otras Cartas contemporáneas: del CSM a la Corte Constitucional, del regionalismo político al referéndum. La Constitución de 1947 podía observarse al mismo tiempo, por tanto, como un proyecto institucional y social por confirmar pero también para innovar: por confirmar en sus estructuras garantistas, para modificar en sus estructuras gobernantes, retomando una distinción formulada desde los años setenta por Serio Galeotti (Galeotti, 1976).

El debate sobre la reforma de las instituciones políticas se articulaba en los años ochenta, por lo tanto, en torno a las cuestiones de la reforma del sistema bicameral y de los procesos decisionales gubernativos y parlamentarios (todo lo cual se puede reconducir a la exigencia de racionalización del parlamentarismo para facilitar la estabilidad y la eficacia del gobierno), y de la reforma del sistema electoral.

Es cierto que había también una alternativa más radical: aquella asociada a la palabra «presidencialismo», si bien es cierto que las propuestas formuladas en aquellos años miraban más a Francia que a Estados Unidos, o más a un sistema semi-presidencial que a un régimen presidencial clásico. La propuesta más interesante en este sentido se debe a Guliano Amato y al Partido Socialista y correspondía al proyecto de Bettino Craxi (del cual Amato era, en la época, el principal consejero en materia constitucional) de imitar a François Mitterrand, ya sea en la redefinición de las relaciones de fuerza entre comunistas y socialistas, en favor de los segundos, dentro de la izquierda italiana, ya sea en la conquista del poder mediante una *leadership* fuerte (aquella que Craxi intentaba encarnar en la Italia en los años ochenta). Pero el proyecto semi-presidencial no consiguió nunca consensos sustanciales (al menos en esta fase, aunque volvió después a surgir en la segunda mitad de los años noventa), y la fuerza electoral del Partido Socialista no consiguió nunca aproximarse a la del Partido Comunista. Desde este punto de vista, Italia era una anomalía, más aún en los años en los que el «socialismo mediterráneo» celebraba sus triunfos accediendo al poder en Francia, Grecia y España: en Italia Craxi se convirtió efectivamente en Presidente del Consejo en aquel periodo (1983-87), pero no como jefe de una coalición de izquierdas, sino de una alianza con la Democracia Cristiana y otros partidos de centro, en la cual su partido, el Partido Socialista, en términos de fuerza electoral era solo un socio minoritario.

Aunque el debate sobre las reformas constitucionales y electorales de los años ochenta no produjese frutos, algunas reformas fueron adoptadas a nivel subconstitucional, con efectos no irrelevantes sobre la capacidad decisional del sistema político: la fecha clave fue 1988, durante el gobierno liderado por Ciriaco De Mita, uno de los principales protagonistas de aquellos años. Vieron la luz la reforma de la legislación presupuestaria, la de los reglamentos parlamentarios (con el abandono de la regla general del voto secreto) y la regulación general de la Presidencia del Consejo y de la actividad de gobierno. En los años sucesivos fueron aprobadas la Ley general sobre las autonomías locales y sobre la participación del sector privado en el procedimiento administrativo. Resultados que no fueron marginales (y que tenían en común la finalidad de regenerar la forma de gobierno, restituyéndole capacidad decisoria a través del cambio de normas de rango subconstitucional y de aquellas de regeneración de la democracia local y la administración mediante la participación), pero que no correspondían con las exigencias por las cuales el debate sobre las reformas se había puesto en marcha: las de relegitimar el sistema de partidos y «desbloquear» la democracia.

2. *La constitución normativa en pleno desarrollo*

En efecto, los años ochenta trajeron el debate sobre algunos aspectos singularmente importantes de la organización del sistema de gobierno italiano, sin que la legitimación de la Carta constitucional en su conjunto fuera, no obstante, puesta en duda. En este periodo la tradicional distinción entre la primera parte de la Constitución, relativa a los principios y a los derechos, y la segunda, que acoge las instituciones, se retomó para subrayar el desfase entre la permanente actualidad de la primera, de la cual se desprendía la necesidad de desarrollar ulteriormente su aplicación, y el sobrevenido carácter obsoleto de varias partes de la segunda, necesitada, en consecuencia, de una actualización capaz de someterse a profundas reformas, como una revisión radical del bicameralismo (véase por ejemplo, la opinión de un Constituyente autorizado como Giuseppe Lazzati, 1986). Pero quizá esta distinción tuvo, al menos en estos años, un carácter más acotado, pues el cuestionamiento de la Constitución afectaba, en los años ochenta, únicamente a la forma de gobierno, y no a toda la parte organizativa del texto constitucional.

Más bien al contrario: las estructuras garantistas dieron precisamente en esta década, un relevante salto de calidad: la jurisprudencia constitucional fue más firme, sobre todo en la segunda parte de los años ochenta, durante la cual la Corte constitucional consiguió —bajo la presidencia de Antonino Saja— eliminar el retraso acumulado a finales de los años setenta a causa del proceso por el escándalo Lockheed, comenzando a atacar de frente diversas decisiones legislativas apenas adoptadas por el Parlamento, no sin relevantes efectos económicos. Un indicador de la actitud más asertiva del juez de las leyes se puede ver quizá en el desarrollo del control de racionalidad («ragionevolezza») de las leyes y en la afirmación, en interpretación del art. 2 de la Constitución, de la teoría de la «Constitución abierta» (que tenía sus raíces doctrinales en los primeros años setenta —vid. Barbera, 1975—, pero que se habría consolidado solo en los años noventa y posteriores).

Al mismo tiempo, debe señalarse que la magistratura ordinaria, tras la época de los jueces estrella («pretori d'assalto») en los años setenta, consolidó su aproximación activista, aunque no de forma generalizada como en las décadas sucesivas.

Se vislumbraban ya las bases del desencuentro entre los magistrados del Ministerio Fiscal y la clase política que después explosionaría en los inicios de los años noventa, pero que en los años ochenta estaba todavía frenado por la inmunidad parlamentaria prevista en el art. 68 de la Constitución, en virtud de la cual, en el caso de procesos penales contra miembros del parlamento, era necesaria la autorización de la Cámara a la que pertenecieran para su procesamiento. La corrupción política atravesó de forma preocupante toda la década, abriéndose paso, no por casualidad, tras una grave denuncia de «cuestión moral» formulada por el *leader* del

Partido Comunista, Enrico Berlinguer, en una célebre entrevista en el periódico *La Repubblica*: se trataba de casos de corrupción de los cuales se beneficiaban en su mayor parte las organizaciones partidistas y no sus concretos afiliados en tanto portadores de intereses individuales (y a lo que no fue extraño ni siquiera el mismo PCI, que recibía entonces financiación de la Unión Soviética, pero cuyo caso saldría a la luz solo en los años noventa).

VII. La Constitución frente a un nuevo sistema político

En los inicios de los años noventa, la Constitución italiana se encontraba inmersa, por lo tanto, en dos procesos aparentemente contradictorios: de un lado, su dimensión «normativa» resultaba cada vez más reforzada y legitimada, y los órganos a los que correspondía el desarrollo de aquella gozaban ya de una legitimación plena, no afectada por críticas ocasionales a concretas decisiones.

De otra parte, su dimensión «política» era objeto de controversias que ponían en duda, no solo la idoneidad para alcanzar los elevados fines emancipatorios establecidos en la Carta constitucional, sino también la correspondencia con los *standards* de las democracias occidentales, respecto a las cuales Italia parecía, en muchos aspectos, un caso anómalo, deficitario desde el punto de vista de la legitimación democrática de los gobiernos.

En el breve periodo que transcurrió entre las elecciones legislativas del 5 de abril de 1992 y las del 27-28 de marzo de 1994, todas estas cuestiones— y el derecho constitucional italiano en su conjunto —se situaron en un contexto notablemente diverso respecto al pasado. El impacto del cambio de sistema político que se produjo rápidamente en estos dos años estaba destinado a marcar profundamente la «constitución política»; pero también la dimensión «normativa» de la Constitución acabó por resentirse de forma más que marginal.

El primer evento que hizo temblar la constitución política —el hundimiento del comunismo como sistema alternativo a la democracia liberal— se había originado fuera de Italia. Los intentos de reforma de la Unión Soviética llevados a cabo tras 1985 por Mikhail Gorbaciov y, sobre todo, el final del comunismo en la Europa centro-oriental en 1989 y la disolución de la URSS en 1991, tuvieron un impacto dramático sobre el sistema de partidos italiano. El impacto se produjo, en primer lugar, sobre el Partido Comunista, obligado a autorreconstruirse rádicalmente hasta escoger una nueva denominación que implicaba renegar su identidad de fondo, transformándose en el Partido Democrático de Izquierda (PDS), plenamente integrado en las lógicas de la democracia occidental y orientado a presentarse como alternativa de gobierno, y ya no del sistema. La existencia de una potencial alternativa de gobierno dentro del sistema democrático sentaba las bases para que Italia dejara de ser una democracia bloqueada.

Pero también como consecuencia de la «muerte» de su adversario-*partner* histórico, los partidos moderados experimentaron una transformación todavía más radical. Una serie de acontecimientos diversos, que se entremezclan en pocos meses, demuestran que la legitimación de los partidos moderados (la Democracia Cristiana y sus aliados históricos de centro —PRI, PSDI, PLI— pero también el Partido Socialista) había mermado profundamente: los escándalos de corrupción política explotaron tras el arresto, el 17 de febrero de 1992, de un exponente del Partido Socialista milanés, Mario Chiesa, revelando la existencia de un paralelo sistema de financiación de los partidos políticos respecto al legal, capaz de condicionar todo el sistema decisional político, y que recibió el calificativo global de «tangentopoli»; la crisis económica, que culminó con la salida de la lira italiana del Sistema Monetario Europeo, del cual aquella había formado parte desde los orígenes; una serie de ataques por la mafia, que culminan con el asesinato de dos de los principales Fiscales operativos en la lucha contra la criminalidad organizada, Giovanni Falcone y Paolo Borsellino; y finalmente, la parálisis del sistema de partidos, que tras las elecciones legislativas de 1992, parecían incapaces de llegar a un acuerdo para elegir al nuevo Presidente de la República y formar nuevo gobierno. Al mismo tiempo, un movimiento favorable a la reforma electoral en sentido mayoritario encontró un *leader* (el democrata cristiano Mario Segni), una serie de fuerzas que lo apoyaban (entre los cuales estaba el PDS de Achille Occhetto, que veía en la reforma electoral el instrumento para acceder al gobierno como alternativa a la Democracia Cristiana y sus aliados), el soporte de los grandes medios de comunicación y un instrumento, el referéndum abrogativo, que permitía imponer la reforma electoral a los partidos mayoritarios en el Parlamento, que eran contrarios a aquella. En un contexto político bastante confuso por la convergencia de los fenómenos citados, el referéndum del 18 de abril de 1993 registró el consenso del 87% de los votantes para la reforma electoral en un sentido prevalentemente mayoritario. Pocos meses después, las Leyes 276 y 277/1993 cambian en dicha dirección los sistemas electorales para la Cámara y el Senado, adoptando un sistema electoral mixto, reconducible a los llamados *Mixed Member Systems* (con la elección del 75% de los diputados y de los senadores mediante colegios uninominales mayoritarios a una vuelta, y del 25% mediante sistemas de recuperación proporcionales), marcando una fuerte discontinuidad respecto a las reglas institucionales en vigor desde 1946: la Constitución formal no había sido alterada, pero el funcionamiento de la misma había sido radicalmente modificado.

Después de que las elecciones municipales de junio y de noviembre de 1993 evidenciaran la crisis de los partidos tradicionales, las elecciones legislativas del 27-28 de marzo de 1994 —las primeras celebradas con el nuevo sistema electoral— registraron el nacimiento de un nuevo sistema político. De forma contraria a lo que parecía posible solo algunos meses antes, la alternancia en el poder tuvo lugar, no hacia la izquierda, sino hacia la derecha: unas fuerzas políticas extrañas al «arco constitucional» alcanzaron la mayoría parlamentaria y lograron formar el nuevo gobierno. Mientras la coalición de centro (el Pacto por Italia, liderado por Mario Segni), heredera de la Democracia Cristiana y de algunos de sus aliados, se quedó en el 17% de los votos, y una alianza de seis partidos agrupados en torno al Partido Democrático de Izquierda llegó al 33%, la nueva coalición de centro-derecha, fundada a inicios de 1994 por el principal empresario en el campo de la comunicación, Silvio Berlusconi, obtuvo el 42% de los votos y una clara mayoría en la Cámara de Diputados, mientras en el Senado consiguió un número de escaños equivalente a aquel correspondiente a la suma del centro y de la izquierda. El sistema de partidos que había creado la Constitución se había resquebrajado ya por completo y los partidos que se reconocían en la Carta de 1947 eran ya solo el sector de centro y de izquierda del sistema; teniendo en cuenta, además, que aquellos habían sido derrotados en las elecciones de 1994. Que el dato en cuestión no fuese solo político, sino de relevancia constitucional, se percibió de una declaracion pronunciada el 1 de abril de 1994 por los líderes de los tres principales partidos de centro-derecha, Silvio Berlusconi (Forza Italia), Umberto Bossi (Liga Norte) y Gianfranco Fini (Allianza Nacional), los cuales anunciaron que la nueva mayoría parlamentaria pretendía trabajar por una revisión radical de la Constitución de 1947, en torno a dos horizontes estratégicos: el presidencialismo (en lugar del sistema parlamentario), y el federalismo (en lugar del Estado Regional).

Pero a la radicalizacion del debate sobre las reformas constitucionales (que como se ha visto se encontraban ya en curso en los años ochenta y produjeron el fruto de la reforma de la ley electoral y de leyes institucionales), se añadía un nuevo funcionamiento de la forma de gobierno: las reglas del régimen parlamentario no habían sido modificadas, pero el peso del líder de la coalición ganadora en las elecciones políticas se había incrementado respecto al pasado, gracias a la legitimación popular que el nuevo sistema electoral le reconocía. Se empezó, pues, a hablar de «elección popular» del Premier y de «democracia mayoritaria»; y para definir este nuevo equilibrio (producido mediante reformas legislativas más incisivas a nivel regional y local, que introdujeron la elección directa de los Alcaldes, de los Presidentes de las Provincias y, más tarde, de los Presidentes de las Regiones), se difundió una fórmula fuertemente evocadora: la de la «Segunda República» que, según algunos (por ejemplo, G.U. Rescigno, 1994) se había instalado a la primera sin una formal revisión constitucional. El cambio constitucional estaba, para muchos, ya en marcha tras las elecciones de 1994.

Sin embargo, los opositores de la coalición de centro-derecha liderada por Silvio Berlusconi negaban que a aquel cambio le hubiese correspondido una regeneración de la política y de las instituciones. El conflicto de intereses del nuevo Presidente del Consejo; la presencia de fuerzas políticas de cultura democrática bastante dudosa, como la Liga Norte y los post-fascistas de Alianza Nacional; la dificultad de las nuevas fuerzas políticas para reconocerse en la Constitución como carta común de valores (ello mientras las fuerzas de oposición —herederas de los viejos partidos de masas, aunque ya sin... masas— tendían a usar la Constitución misma casi como la base de un programa político) convirtieron el cambio de 1994 en un equilibrio bastante inestable y poco funcional. Aquel equilibrio, no obstante, caracterizó el panorama político y constitucional italiano durante casi veinte años.

En consecuencia, el sistema italiano se debatía entre la continuidad y la ruptura. La legislación electoral y el sistema político habían cambiado y los efectos sobre la forma de gobierno eran visibles desde 1994 en la legitimación popular directa de una coalición, de un programa de gobierno y de un *leader*, además de en la alternancia en el poder de coaliciones y *leaders* contrapuestos (un fenómeno que se repetiría en las elecciones de 1996, 2001, 2006 y 2008). Un fenómeno completamente nuevo en la historia italiana (nunca antes de 1994 un partido o una coalición de partidos de la oposición habían conquistado el poder ganando las elecciones) que se convirtió, sin embargo, en la regla general tras 1994 (aunque casi siempre la alternancia fue más bien fruto del rechazo de la coalición que salía del poder, que de un consenso hacia la entrante, por lo que tiene razón Bonini, 2007; 12 y 24, cuando habla de alternancia «por desesperación»). Pero al mismo tiempo la Constitución era en buena parte la misma: sea por el sistema decisional político (aparte del impacto del sistema electoral), sea por el sistema de principios constitucionales. Italia había vivido un cambio en diversos aspectos comparable al que había experimentado Francia en 1958 (con el paso de la IV a la V República), pero continuaba rigiéndose por la Carta de 1947, gemela a la francesa de 1946, que sin embargo es derogada en 1958.

1. La radicalización del debate sobre las reformas institucionales

Después de 1994, el debate sobre las reformas constitucionales se situó, en algunos aspectos, en una lógica de continuidad con el de los años ochenta (y con los resultados del debate mismo, *in primis* la reforma electoral), pero al mismo tiempo estuvo condicionado por una aproximación bastante más radical a la cuestión, de la que fue un claro protagonista la coalición liderada por Silvio Berlusconi. Entre centro-derecha y centro-izquierda se inició, en consecuencia, una delicada partida de ajedrez sobre la reforma de la Constitución de 1947, deseada por ambos polos políticos, pero con objetivos diversos respecto a la radicalidad de la reescritura.

Ambos posicionamientos estaban inmersos en una «duda metodológica»: aquella entre reforma constitucional impuesta por la mayoría parlamentaria a la oposición, o una reforma consensuada entre las dos posturas políticas. Esta alternativa era posible en virtud del procedimiento de revisión constitucional previsto en el art. 138 de la Constitución italiana, que permite modificar la ley fundamental sobre la base de dos deliberaciones en cada una de las dos Cámaras, la segunda de las cuales tiene que ser adoptada al menos por mayoría absoluta en cada asamblea parlamentaria, pero que no hace necesario el consenso con la oposición, imponiendo siempre —como por ejemplo ocurre en Alemania y en España—, el voto favorable a la reforma de los dos tercios del Parlamento: en Italia, de hecho, en caso de aprobación de la reforma por mayoría absoluta, ésta puede perfeccionarse igualmente, aunque existe la posibilidad de un referendum de oposición que 500.000 electores, cinco consejos regionales o un quinto de una de las dos Cámaras pueden solicitar para «bloquear» la reforma misma.

Obviamente, la hipótesis de una renovación constitucional radical en torno a los *slogans* del federalismo y del presidencialismo, querida por el centro-derecha —configurándose como una ruptura sustancial de la tradición constitucional post-bélica, en la cual las fuerzas de centro-izquierda declaraban reconocerse— no podía más que moverse en la óptica de la reforma constitucional unilateral. Pero a esta hipótesis no pudo sustraerse ni siquiera el centro-izquierda, aun con la finalidad de la conservación del sistema constitucional global mediante la renovación del mismo. Si con anterioridad a 1994 la reforma de la Constitución había estado siempre pensada como un objetivo a alcanzar sobre la base del consenso entre todas las grandes fuerzas políticas, esta aproximación a la reforma constitucional que interpretaba la Constitución como un pacto que puede ser reformado solo con un nuevo pacto, obviamente entre los principales partidos, ya afectada por el modo en que la reforma electoral de 1993 había visto la luz, entraría en crisis a partir de 1994.

No faltaron, ciertamente, tras estas fechas, intentos de utilizar una reforma profunda de la Constitución como legitimación recíproca entre centro-izquierda y centro-derecha, con el objetivo de crear un nuevo «arco constitucional»: el ejemplo más interesante fue el de los trabajos de la Comisión bicameral para las reformas constitucionales presididas entre 1997 y 1998 por el *leader* del PDS Massimo D'Alema. Pero a la falta de aprobación en el Parlamento del proyecto elaborado por la Comisión D'Alema le siguieron dos intentos de reforma constitucional «por mayoría»: el de 2001, realizado con éxito por el centro-izquierda, que reformó el Título V de la Parte II de la Constitución, ampliando sensiblemente las competencias legislativas regionales con el objetivo de sustraer a la Liga Norte y al centro-derecha el argumento de la reforma federal (y de mantener las autonomías territoriales en el marco del Estado unitario, aunque acentuando la descentralización legislativa y administrativa); y el conducido en 2005-2006 por la mayoría de centro-derecha que sostenía al II y III Gobierno Berlusconi. Sin embargo, esta última reforma, que reelaboró casi integralmente la organización constitucional, obtuvo en 2005 el consenso de las dos Cámaras, pero no la del cuerpo electoral en el referéndum confirmativo del 27-28 de junio de 2006.

Después de 2006, durante algunos años el debate infinito y (casi) infructuoso sobre la reforma terminó por desdramatizarse: la Constitución de 1947 dejó de ser cuestionada de modo integral y general, y entre centro-derecha y centro-izquierda surgió la perspectiva de un acuerdo sobre temas en los cuales parecía posible un *overlapping consensus* entre las agendas constitucionales de los dos posicionamientos. En 2007, el denominado «proyecto Violante» (por el nombre del exPresidente de la Cámara, Luciano Violante), fijó los contenidos de una posible reforma consensuada: superación del bicameralismo paritario, creación de un Senado compuesto por representantes de las instituciones territoriales, y corrección de algunos aspectos del reparto de competencias legislativas entre Estado y regiones diseñado en la reforma del 2001 que se habían revelado poco funcionales.

2. *La «constitución normativa» frente al berlusconismo y a la democracia mayoritaria*

Alcanzada la plena madurez en los años setenta y ochenta del siglo XX, la dimensión normativa de la constitución llegó a su apogeo paralelamente a la introducción del sistema mayoritario, al nacimiento de un nuevo sistema político y a la radicalización del debate sobre las reformas constitucionales. Hacia esta dirección empujaban, además, una pluralidad de factores, buena parte de los cuales tenían un origen europeo o global y no eran, en consecuencia, específicos del contexto constitucional italiano. La tendencia al *judicial activism* operaba de hecho (y opera todavía) en buena parte de las democracias consolidadas: aquella tenía su centro de irradiación en la jurisprudencia del Tribunal Constitucional federal alemán, del Tribunal Supremo de Estados Unidos y, tras la atenuación de estas tendencias a raíz de los nombramientos llevados a cabo por Nixon y Reagan, en la jurisprudencia de los Tribunales Supremos de otros Paises anglosajones (por ejemplo, Canadá). Desde 1998, con la entrada en vigor del Protocolo de Estrasburgo, el activismo se convirtió en la nota característica de las decisiones del Tribunal Europeo de Derechos Humanos. Las doctrinas de autores como Robert Alexy y Ronald Dworkin ofrecieron, de este modo, los instrumentos conceptuales necesarios para el desarrollo de estas tendencias activistas, que desde los años noventa se han convertido en dominantes a nivel global y que tienen no pocos seguidores también en Italia, donde no faltan variaciones locales sobre estos temas, desde la exaltación del juicio de racionalidad («ragionevolezza») de las leyes hasta la interpretación «por valores» (acerca de esta última v. Boncinelli, 2007 y Longo, 2007).

En el fondo de este contexto, había (y hay aún) improntas específicamente italianas, ya sea en la jurisprudencia ordinaria, ya sea en la constitucional.

En la jurisprudencia ordinaria llegaron a su plena madurez, durante las dos décadas dominadas por Berlusconi, las tendencias innovadoras que habían aflorado, en forma entonces minoritaria, durante los años setenta: la generación de magistrados correspondiente a los jueces estrella («pretori d'assalto»: v. supra nr. VII.2) de los años setenta estaban ya, dos décadas después, en la cúspide de la magistratura. Las ideologías del activismo radicado a la izquierda —como el denominado «uso alternativo del derecho»— habían penetrado en amplios sectores de la magistratura, sobretodo (pero no solo) entre los magistrados orientados a la izquierda. Y todavía más penetrantes fueron los efectos de la ideología del «derecho dúctil», que desvaloriza el papel de la ley y exalta el del juez ordinario, más que el del constitucional, atribuyéndole una función equitativa: el conocido libro de Zagrebelsky es de 1992, el mismo año del escándalo de «tangentopoli». La teoría de la interpretación conforme a la Constitución —una técnica de raíz alemana, que se presta a usos bastante fantasiosos entre los pueblos latinos— emergió como uno de tantos instrumentos utilizados por la jurisprudencia en esta búsqueda de un «espacio vital» que sustraer a la ley.

El refuerzo de la justicia ordinaria tenía, pues, una vertiente práctica que poco tenía que ver con la dimensión normativa de la Constitución, pero que ha tenido un papel no marginal en el desplazamiento de la legitimación de los partidos hacia los jueces. Protagonistas de «tangentopoli» y actores de un diálogo casi en forma de espectáculo con la opinión pública (Pizzorno, 1998), los magistrados (y sobre todo los fiscales) estuvieron entre los fundadores del nuevo orden nacido en 1992-1994: su papel fue central en la destrucción del sistema de partidos de la primera República y continúa siéndolo en la dialéctica política de la Segunda. El antiberlusconismo de una parte de la justicia ordinaria se convirtió en una característica del sistema institucional italiano, en paralelo a un discurso contra la magistratura, cultivado tenazmente por el *leader* del centro-derecha y sus seguidores. En esta dura contraposición —que era en el fondo una nueva anomalía italiana— la Constitución fue utilizada frecuentemente por los jueces como arma para contrastar las no pocas leyes *ad personam* que las mayorías parlamentarias berlusconianas de los años 2001-2006 y 2008-2011 intentaban tramitar en el Parlamento para permitir al *leader* del centro-derecha hacer frente a sus no pocas batallas procesales. Esto sería irrelevante para nuestro discurso, si no fuera porque surge aquí una dimensión de dialéctica radical entre constitución rígida y mayoría parlamentaria, disociando lo que hasta 1992 había sido indisociable, es decir, los partidos políticos y la Carta constitucional.

La jurisprudencia constitucional acompañó de más formas este complejo proceso de crecimiento de la dimensión normativa de la constitución, desarrollando premisas ya anunciadas en décadas precedentes. La doctrina de los principios supremos (variante italiana de la llamada *essential feature doctrine*, sobre la misma vid. Roznai, 2013) como límite a la misma revisión de la constitución —formulada en la sentencia 1146/1988— fue reiterada en estos años en varios *obiter dicta* de la Corte, si bien sin traducirse nunca en una declaración de inconstitucionalidad de una ley de reforma constitucional (lo que se explica también por la limitada incidencia de las reformas constitucionales, Título V aparte). Es más, precisamente en estos años se registran dos casos de claros *overruling* de sentencias de la Corte Constitucional llevados a cabo mediante ley constitucional (Leyes constitucionales 2/1999 y 1/2003).

Pero la función contra-mayoritaria de la Corte Constitucional se manifestó sobre más frentes y en varios sectores de la legislación, frecuentemente a partir de bases constitucionales bastante frágiles: un ejemplo —en absoluto aislado— es la jurisprudencia sobre la reproducción asistida, a través de la cual, con pocas reticencias, el juez de las leyes procedió entre 2009 y 2013, al desmantelamiento de una ley (la Ley 40/2004), aprobada tras un largo debate parlamentario y que había sobrevivido indemne a un referéndum abrogativo desarrollado en 2005, poco después de su entrada en vigor. En este caso, la Corte no pareció tener dudas en acoger la posición política que quedó claramente en minoría, ya sea en el parlamento, ya sea en el cuerpo electoral, y a hacerlo incluso en ausencia, tanto de claros precedentes jurisprudenciales, como de parámetros constitucionales sólidos sobre los que fundar su propia decisión. Esto plantea, pues, importantes interrogantes sobre la posibilidad de que la Constitución se esté sustentando solo sobre su dimensión normativa, confiada por entero a la jurisdicción, y contra la política democrática.

Por lo demás, la misma jurisprudencia activista del Tribunal de Estrasburgo fue transformada en material que la Corte Constitucional italiana pasó a utilizar para desarrollar su función contra-mayoritaria: reconocida al CEDH y a las sentencias del Tribunal Europeo de Derechos Humanos la posición de «normas interpuestas» en el control de constitucionalidad, la Corte Constitucional italiana ha reivindicado al mismo tiempo el poder exclusivo de declarar la inconstitucionalidad de las leyes italianas en contraste con el CEDH (rechazando la inaplicación directa por parte de los jueces ordinarios según el modelo utilizado para el proprio contraste con el derecho comunitario) y ha reafirmado la superioridad de la Constitución italiana sobre el CEDH, de lo que deriva la facultad de la Corte Constitucional para reinterpretar la jurisprudencia de Estrasburgo y armonizarla con las exigencias del derecho constitucional italiano (sentencias 248 y 249/2007).

Es además necesario recordar que la Corte Constitucional, compuesta hasta 1992 por nombramientos parlamentarios y presidenciales (un discurso aparte podría hacerse con los componentes de origen judicial) inspirados por un riguroso reparto político y dirigido a dar voz en la Corte a todas las fuerzas del arco constitucional, se convirtió después de 1994 en terreno de contienda entre centro-derecha y centro-izquierda, en una partida desequilibrada a favor de la segunda de estas coaliciones: el dato estratégico es que el centro-derecha berlusconiano no ha conseguido nunca controlar la Presidencia de la República, de la que proviene la elección de un tercio de los jueces de la Corte, con la consecuencia de que las fuerzas reconducibles a la alianza liderada por Berlusconi podían formar parte únicamente del «reparto» de un tercio de los jueces constitucionales, los de elección parlamentaria. La elección de cinco jueces que corresponde al Jefe del Estado ha perdido, pues, el carácter de reparto político arbitrado por el Presidente y se ha transformado en una *domain reservé* del Quirinale (vid. como ejemplo la reconstrucción propuesta por Cassese, 2015, de la elección de tres jueces por parte del Presidente Ciampi en 2005).

En cualquier caso, la centralidad de la jurisdicción, aunque no esté exenta de aspectos problemáticos, no se inscribe en un escenario en el que la única dialéctica es la que tiene lugar entre jurisdicción y política. Las dos décadas berlusconianas han coincidido, de hecho, con la percepción interna del salto de calidad del proceso de integración europea alcanzado con los tratados de Maastricht, Amsterdam, Nizza y Lisboa, además de con la adopción del euro. Si ya en los años del centrismo la Constitución había sido integrada poderosamente desde el exterior (vid. *supra*, par. IV.2), desde los años noventa y con posterioridad, se ha visto cada vez con mayor evidencia que la Constitución italiana —ya sea en su dimensión política que en la normativa—, vive dentro de un contexto *multi-level*. Un fenómeno que ha aparecido de forma macroscópica tras la crisis económica iniciada en 2010, cuando el contexto supranacional contribuyó de forma decisiva a la crisis final del berlusconismo y a imponer, poco después, una revisión formal de la Constitución que ha introducido el principio del equilibrio presupuestario en el art. 81 de la Constitución italiana (en forma parecida a la reforma del art. 135 de la Constitución española). Al respecto, parece evidente que el impulso, ya sea hacia la regeneración que hacia el cambio constitucional, ha venido desde el exterior.

VIII. La Constitución italiana después de 2013

La época política abierta en 1994 se agotó gradualmente después de 2010, por la presión de una pluralidad de factores. La crisis económica de la zona euro ha tenido una importante incidencia en el sistema italiano, llevando en noviembre de 2011 a la dimisión del IV Gobierno Berlusconi y a la formación de un ejecutivo «técnico» liderado por Mario Monti y legitimado por la iniciativa del Presidente de la República Napolitano.

El impacto social de la crisis económica —que en Italia ha supuesto la culminación de dos décadas de estancamiento económico— erosionó la base de las dos coaliciones que se habían disputado la escena después de 1994; y las elecciones de 2013 fueron caracterizadas por el irresistible ascenso de un movimiento populista, el Movimiento Cinco Estrellas, portador de un mensaje de crítica radical a la clase política, ya sea de centro-derecha que de centro-izquierda, definida en su conjunto, en tono despreciativo, como «casta» (un término que surge, originariamente, en la polémica periodística).

En general, las elecciones legislativas de 2013, que han dado lugar a un sistema político inicialmente cuadripolar (centro-izquierda, centro-derecha, centro y Movimiento Cinco Estrellas), después transformado en un tripolarismo fragmentado (en virtud de la disolución de la coalicción de centro liderada por Mario Monti y de la fragmentacion del centro-derecha berlusconiano en una pluralidad de formaciones menores), han vuelto a plantear con cierta urgencia la vieja cuestión de las reformas constitucionales, en algunos aspectos casi con un retorno —que es no obstante más aparente que real— a los años ochenta. La crisis de los partidos y de la democracia parece, de hecho, profunda, y las exigencias de regeneración y de cambio constitucional se imponen de modo urgente.

1. *La parálisis política del 2013 y el relanzamiento del debate sobre la reforma constitucional*

Después de las elecciones de 2013, Italia se encontró en una situación de parálisis política en la cual parecía imposible formar un nuevo gobierno. La ley electoral de 2005 transformó la exigua mayoría relativa (29,6%) obtenida por el centro-izquierda el 24 de febrero de 2013 en una clara mayoría absoluta de escaños en la Cámara de Diputados. Pero el sistema electoral del Senado, en el cual los premios de mayoría se atribuían sobre la base regional, no produjo una mayoría en la Cámara alta. De aquí una situación paradójica, que permitía al líder del Partido Democrático Pierluigi Bersani disponer de una sólida mayoría en escaños en la Cámara, pero sin la posibilidad de construir una coalición en el Senado, frente a la necesidad, impuesta por el bicameralismo paritario italiano, de que un gobierno dispusiera de la confianza de ambas asambleas parlamentarias.

Tras haber conferido un pre-encargo a Bersani, el 30 de marzo de 2013, el Presidente de la República, Napolitano (cuyo mandato presidencial estaba a punto de concluir) adoptó —por primera vez en la historia de la República— una estrategia de espera (más que dudosa a la luz de los precedentes), renunciando a dar una solución a la crisis de gobierno y designando al mismo tiempo una comisión de 10 personalidades encargada de detectar los principales problemas institucionales, económicos y sociales, y a la espera de que se procediese a la elección de su sucesor.

Las elecciones presidenciales evidenciaron, pues, una nueva parálisis decisional: aún existiendo en abstracto las mayorías para elegir a un Presidente sobre la base de un acuerdo con el grupo centrista de Mario Monti y con el centro-derecha, el centro-izquierda fracasó en el intento: en el primer escrutinio naufragó la candidatura del exPresidente del Senado Franco Marini (que en teoría habría debido gozar del apoyo del centro-derecha berlusconiano), y en el cuarto la candidatura de Romano Prodi. La parálisis de las elecciones presidenciales produjo la dimisión del *leader* del Partido Democrático y un inédito acuerdo entre el centro-izquierda, el centro-derecha y el grupo centrista para la reelección del Presidente Napolitano, de 89 años. Tras la reelección, el Jefe del Estado lanzó una severa advertencia sobre la necesidad de reformar la Constitución y la ley electoral, recordando que había formulado en los años precedentes varias llamadas análogas, que no fueron escuchadas por la clase política. Pocos días después, el Jefe del Estado designó a Enrico Letta como Presidente del Consejo de una gran coalición entre las fuerzas que lo habían reelegido (centro-izquierda, centro-derecha, y centro). El nuevo gobierno, que vio la luz el 28 de abril de 2013, nacía con un programa de reforma de la Carta constitucional que retoma el debate sobre este tema, en curso desde los años ochenta.

El cambio constitucional se revelaba necesario para desbloquear la gran contradicción del bicameralismo paritario, potencialmente paralizante, en tanto era susceptible de producir mayorías que eran incompatibles entre ellas, y bloqueando la formación del gobierno, dado que la Constitución italiana es la única en el mundo que exige que el Gobierno tenga la confianza no solo de la Cámara, sino también del Senado. Pero el tema de la revisión del bicameralismo estaba conectado a las otras cuestiones constitucionales abiertas, desde la forma de gobierno al sistema electoral, sin excluir la importancia de la estructura del regionalismo, por lo demás entrelazada con la reforma del sistema bicameral. La presencia de un gobierno de gran coalición generaba un contexto en el cual la reforma podía ser perseguida mediante vías consensuadas entre las principales fuerzas políticas, aunque de inmediato surgieran nuevas oposiciones a aquella, sobre todo en el Movimiento Cinco Estrellas.

2. *La alternativa a la reforma: la ideología constitucional del Movimiento Cinco Estrellas, o la regeneración constitucional sin reforma*

El discurso constitucional del Movimiento Cinco Estrellas estaba (y está todavía) marcado por una profunda ambigüedad: de un lado esta fuerza política critica radicalmente el tipo de democracia que opera en Italia, negando desde la raíz la legitimidad de los partidos políticos y reivindicando directamente el papel de los «ciudadanos» en el ejercicio del poder político. Internet es un instrumento esencial en este discurso, pues viene concebido como mecanismo para incorporar a los ciudadanos en una forma nueva, con una organización ligera, diversa de la forma que adoptan los partidos, pero también de la utilizada por los movimientos políticos tradicionales. En la ideología constitucional del Movimiento Cinco Estrellas se dan reclamos teóricos a Rousseau y a la democracia directa (vid. por ejemplo, Casaleggio, 2013), que conviven con prácticas de disciplina leninista de los afiliados al partido, realizadas a través de un control orwelliano sobre los electos. Pero de otro lado, esta oposición al marco institucional existente se ha visto acompañada, en la práctica política sucesiva al 2013 (en el que el Movimiento pudo contar inicialmente con un grupo parlamentario de 109 diputados y de 54 senadores), de una estrategia de oposición frontal a cualquier proyecto de reforma constitucional avanzado por los otros partidos o secciones de los mismos: un interesante entramado —en consecuencia— de revolución y de conservación en el planteamiento de la reforma constitucional. Y es que para el movimiento fundado por Beppe Grillo, la regeneración constitucional es esencial pero no pasa por la vía del cambio de las reglas constitucionales, sino por la sustitución integral de los actores del proceso político y de su *modus operandi*. Una especie de revolución constitucional conservadora, por lo tanto.

La ruta reformadora diseñada en el momento del nacimiento del gobierno Letta se basaba sobre un consenso metodológico y de contenido entre centro-derecha, centro-izquierda y centro, articulándose mediante el trabajo de una Comisión de 42 técnicos nombrados por el Gobierno en junio de 2013 y sobre una ley constitucional especial que habría debido unificar el trabajo instructor en una única comisión bicameral, con la previsión, de otro lado, de una pluralidad de referéndums confirmativos finales, articulados según los grandes capítulos de la reforma (forma de gobierno, ley electoral, bicameralismo, sistema regional: vid. Comisión para la reforma constitucional, 2013). El proyecto naufragó cuando, en octubre de 2013, la mayoría que sostenía al gobierno Letta se desmembró, transformándose de grande en una pequeña coalición y perdiendo así la fuerza necesaria para guiar el proceso de reforma. Pocos meses después, la elección de Matteo Renzi como Secretario del Partido Democrático y su ascenso a la Presidencia del Consejo, generaron un contexto en el cual la reforma constitucional retoma el camino, siguiendo las vías ordinarias previstas en el art. 138.

3. *La sentencia 1/2014 de la Corte Constitucional: el triunfo de la «constitución normativa»?*

Pero mientras tanto, la agenda de las reforma se complicó ulteriormente cuando la Corte Constitucional, en su sentencia 1/2014, declaró inconstitucional la ley electoral de 2005: en consecuencia, el recorrido de las reformas se había enriquecido con un tema que ya formaba parte de aquellas, pero reabriendo ahora la contraposición —provisionalmente cerrada en 1993— entre proporcionalidad y democracia mayoritaria.

La decisión de la Corte Constitucional —adoptada en clara discontinuidad respecto a sus precedentes, sobretodo por lo que concierne a la admisibilidad de la cuestión de legitimidad constitucional que está en el origen del pronunciamiento— ha sido quizá la más «política» en los sesenta años de historia de la Corte: mientras la «constitución política» italiana aparecía marcada por graves elementos de fragilidad y de disfuncionalidad y los actores principales de ésta, los partidos, estaban al *nadir* de su capacidad para representar a la sociedad civil, la «constitución normativa» alcanzaba su *cénit*. En efecto, la sentencia 1/2014 es un objeto de observación privilegiado para medir la amplitud del camino recorrido por la dimensión normativa de la constitución respecto a la política: los padres constituyentes habían dado como presupuesto, de hecho, un sistema proporcional, pero habían evitado, con mucho cuidado, constitucionalizar dicho principio (a diferencia de muchas otras Constituciones europeas, anteriores o sucesivas a la italiana). Habían dejado a los partidos (es decir en algunos aspectos a ellos mismos, proyectados en el futuro), la decisión sobre este punto. El referéndum de 1993 había roto el monopolio partidista sobre la decisión en materia electoral, pero también en aquella ocasión la Corte Constitucional se cuidó de la tentación de leer en la Constitución un sistema electoral que no estaba escrito en ésta, limitándose a permitir un desplazamiento de la decisión sobre el sistema electoral desde los órganos representativos (y a los partidos dominantes en los mismos) al cuerpo electoral.

Con la sentencia 1/2014, la Corte Constitucional ha transferido la ley electoral desde la «constitución política» a la «constitución normativa»: una decisión audaz que no está claro si resultará definitiva. Dicha resolución, en el fondo, ha sido posible solo en el contexto de extrema debilidad de los principales actores de la constitución política en el periodo entre finales de 2013 e inicios de 2014, y solo el tiempo podrá decir si la constitucionalización de la fórmula electoral regirá en el plano de las relaciones de fuerza entre el elemento político y el jurídico de la Constitución.

IX. La reforma constitucional de 2016, o la reforma constitucional como pasaje obligado hacia la regeneración

Inmediatamente después de su formación, el 22 de febrero de 2014, el Gobierno Renzi elaboró un proyecto de reforma constitucional que fue presentado en el Parlamento el 30 de marzo siguiente. Aprobado en primera lectura en el Senado en agosto de 2014, el proyecto es modificado en diversas ocasiones en sede parlamentaria y obtiene finalmente la doble aprobación de las dos Cámaras que requiere el art. 138, concluyendo su *iter* parlamentario el 12 de abril de 2016. Se ha iniciado así, por lo tanto, la fase de la petición de referéndum sobre la ley constitucional aprobada por el Parlamento, como consecuencia de la cual el referéndum confirmativo está en el calendario para otoño de 2016.

Mucho más rápido ha sido, mientra tanto, el proceso de la reforma electoral, el cual, tras una primera votación afirmativa a inicios de 2014, fue modificada en el sucesivo *iter* parlamentario, convirtiéndose en ley en primavera de 2015 (Ley 52/2015). Pero la nueva ley electoral —bastante controvertida, sobre todo en su versión final (sobre la misma, Olivetti, 2015)— se refiere únicamente al sistema para la elección de la Cámara de diputados, mientras para la elección del Senado queda en vigor la Ley 270/2005, tal y como fue modificada por la sentencia 1/2014 de la Corte Constitucional. Y es que hay que tener en cuenta que la ley para la elección de la Cámara se caracteriza por un premio de mayoría que atribuye la mayoría de los escaños al partido que obtenga más del 40% de los votos en la primera vuelta electoral o, en su defecto, al partido que obtenga más votos en el *ballotage* o segunda vuelta nacional entre los dos partidos que hayan obtenido más votos en la primera vuelta, y en consecuencia está inspirada por la idea de producir un vencedor «la noche de las elecciones», mientras la ley electoral para el Senado (tras la sentencia 1/2014) tendría carácter proporcional, de lo que deriva una configuración contradictoria que podría ser racional solo con la entrada en vigor de la reforma constitucional, la cual sustituye al Senado electivo por un Senado electo por los Consejos regionales y lo excluye del voto de confianza al Gobierno.

En el centro de la reforma constitucional está la nueva configuración del bicameralismo italiano, con la superación del bicameralismo paritario y la transformación del Senado en una cámara de representación de las autonomías territoriales.

En base a la reforma, el Senado no estaría ya compuesto por 315 senadores elegidos por sufragio universal y directo por todos los ciudadanos de más de 25 años de edad, sino de 100 senadores, 95 de los cuales electos por los Consejos regionales, entre los consejeros mismos (74) y entre los alcaldes de los Municipios de la Región (21), a lo que se añadirían 5 senadores nombrados por el Presidente de la República por un periodo de 7 años. El Senado, así compuesto, no podría ya otorgar o retirar la confianza al Gobierno, pero le correspondería una participación significativa, aunque inevitablemente subordinada respecto al papel de la Cámara política electa por sufragio universal, en la elaboración de las leyes estatales, según modelos similares a los previstos en otros sistemas parlamentarios bicamerales europeos (España, Austria, Alemania).

El Senado podría pronunciarse sobre todos los proyectos de ley (en algunos casos previa «llamada», a iniciativa de una minoría cualificada igual a un tercio de los senadores), pero vendría reconocido un poder de co-decisión paritaria con la Cámara de diputados solo sobre un elenco bastante reducido de leyes, relativas a los sistemas electorales, la integración europea, y el sistema de las autonomías. En general, sería la Cámara la que tendría la última palabra, después de haber tomado en consideración las objeciones del Senado.

La reforma constitucional interviene además sobre el reparto de competencias entre Estado y regiones llevando a cabo una significativa recentralización legislativa. Numerosas materias (unas 26) se verían desplazadas desde la competencia legislativa regional a la exclusiva del Estado, mientras se eliminaría la competencia concurrente, un instrumento de legislación repartida entre Estado y Regiones característica del regionalismo italiano, que los autores de la reforma han considerado la causa de los excesos del contencioso legislativo entre el Estado y las autonomías territoriales.

Finalmente, la reforma constitucional intenta reducir los costes de las instituciones políticas, suprimiendo el Consejo Nacional de la Economía y del Trabajo, limitando los emolumentos de los consejeros regionales, eliminando los reembolsos electorales a los grupos consejeros regionales y reduciendo el número total de miembros del Parlamento de 915 a 730 (sin considerar que 95 de los 100 senadores serían también consejeros regionales o alcaldes y no tendrían en consecuencia derecho a una retribución suplementaria).

La reforma intenta seguir la vía de la regeneración constitucional mediante la revisión formal de la Constitución. Interviniendo en el Parlamento con ocasión del voto final del Senado sobre la reforma, el Presidente del Consejo, Matteo Renzi, unió ambas finalidades: en su opinión, la importancia de la reforma constitucional no está sólo en las modificaciones del bicameralismo y del sistema regional, sino en el mensaje que la clase política lanza a los ciudadanos, demostrando saber regenerarse a sí misma, renunciando a los privilegios de sus miembros, reduciendo los costes de las instituciones, e intentando así reabrir también de hecho los canales que hacen efectiva la relación representativa entre los ciudadanos y las instituciones democráticas.

En el momento en el que entregamos este texto, todavía no conocemos el resultado del referéndum previsto para otoño de 2016. Pero lo que parece claro es que la Constitución italiana se encuentra inmersa hoy en una grave crisis: ciertamente, su dimensión normativa puede parecer fuertemente consolidada, mientras el déficit de legitimación parece afectar, a primera vista, solo al elemento político de la Constitución. Pero este perfil no puede ser en absoluto minusvalorado en una Constitución democrática, en la cual el elemento político tiene un alcance característico. Frente a la crisis de la Constitución —una crisis de funcionamiento, pero también una crisis de legitimación— estos caminos tantas veces mencionados en estas páginas deberían ser recorridos: el de la regeneración mediante los comportamientos, mediante la renovación sobre todo moral (de los actores políticos, pero quizá también de los mismos ciudadanos), y el de la reforma, entendida no como cambio radical, sino como adecuación a los tiempos, como manutención o actualización constitucional (vid. Olivetti, en AA.VV., 2016 y Crainz-Fusaro, 2016).

La reforma de 2016 puede ser interpretada quizá de esta forma, como una manutención constitucional extraordinaria, cuyo alcance se ha visto acentuado por la larga inercia en la resolución de algunos problemas pospuestos durante un periodo demasiado largo. Pero esta no será, de todos modos, una «varita mágica»: la regeneración moral de la *polis* es, de hecho, un imperativo no menos importante. E Italia, desde este último punto de vista, no es lamentablemente una excepción aislada en el contexto europeo.

X. Bibliografía

AA.VV., «Dieci domande sulla riforma costituzionale», *Quaderni costituzionali*, nº 2, 2016.

Alexy, Robert, *Teoria dei diritti fondamentali* (1984), Il Mulino, Bologna, 2012.

Alvezzi del Frate, Paolo, «L'istituzione del Consiglio superiore della Magistratura», in Ballini, Pier Luigi; Guerrieri, Sandro; Varsori, Antonio (a cura di), *Le istituzioni repubblicane dal centrismo al centro-sinistra* (1953-1968), Carocci, Roma, 2006.

Barbera, Augusto, «Commento all'art. 2 della Costituzione», in Branca, Giuseppe; Pizzorusso, Alessandro (a cura di), *Commentario alla Costituzione – I principi fondamentali*, Zanichelli-Il foro italiano, Bologna-Roma, 1975.

Bellamy, Richard, *Political Constitutionalism. A Republican Defense of the Constitutionality of Democracy*, Cambridge University Press, Cambridge, 2007.

Bifulco, Raffaelle; Celotto, Alfonso; Olivetti, Marco, «Postfazione», in Id. (a cura di), *Commentario alla Costituzione*, vol. III, Utet, Torino, 2006.

Bin, Roberto, *Diritti e argomenti*, Giuffrè, Milano, 1992.

Boncinelli, Vanni, *I valori costituzionali fra testo e contesto. Regole e forme di razionalità del giudizio costituzionale*, G. Giappichelli, Torino, 2007.

Bonini, Francesco, *Storia della Corte costituzionale*, Carocci, Roma, 1996.

Bonini Francesco, *Storia costituzionale della Repubblica*, Carocci, Roma, 2007.

Casaleggio, Gianroberto, «Intervista», in *Corriere della Sera - La Lettura*, 23.6.2013.

Crainz, Guido; Fusaro, Carlo, *Aggiornare la Costituzione. Storia e ragioni di una riforma*, Donzelli, Roma, 2016.

Dworkin, Ronald, *I diritti presi sul serio* (1977), Il Mulino, Bologna, 1982.
Elia, Leopoldo, «Governo (forme di)», in *Enc. Dir.*, vol. XIX, Giuffré, Milano, 1970.
Calamandrei, Piero, «Cenni introduttivi sulla Costituente e sui suoi lavori», in Calamandrei, Piero; Levi, Alessandro (a cura di), *Commentario sistematico alla Costituzione italiana*, G. Barbèra Editore, Firenze, 1950.
Calamandrei, Piero, «La Costituzione e le leggi per attuarla», in Battaglia, Achille; Calamandrei, Piero; Corbino, Epicarmo; De Rosa, Gabriele; Lussu, Emilio; Sansone M.; Valiani Leo, *Dieci anni dopo 1945-1955. Saggi sulla vita democratica italiana*, Editori Laterza, Bari, 1955.
Cassese, Sabino, *Dentro la Corte. Diario di un giudice costituzionale*, Il Mulino, Bologna, 2015.
Floridia, Giuseppe, «Il dibattito sulle istituzioni (1948-1975)», *Diritto e Società*, 1978.
Formigoni, Guido, *Aldo Moro. Lo statista e il suo dramma*, Il Mulino, Bologna, 2016.
Galeotti, Serio, «Strutture garantistiche e strutture governanti nel modello e nella realtà costituzionale», *Il Politico*, 1976, ripubbl. in Id., *Alla ricerca della governabilità*, Giuffrè, Milano, 1985.
Gargarella, Roberto, *La sala de máquinas de la Constitución. Dos siglos de constitucionalismo en América Latina (1810-2010)*, Katz Editores, Buenos Aires, 2014.
Lamarque, Elisabetta, *Corte costituzionale e giudici nell'Italia repubblicana*, Editori Laterza, Roma-Bari, 2012.
Lazzati, Giuseppe, «Le ragioni di una democrazia compiuta», intervista a *Rinascita*, 1.2.1986, a cura di M. De Angelis.
Longo, Andrea, *I valori costituzionali come categoria dogmatica. Problemi e ipotesi*, Jovene, Napoli, 2007.
Luciani, Massimo, «La «Costituzione dei diritti» e «la Costituzione dei poteri». Noterelle brevi su un modello interpretativo ricorrente», vol. II, in *Studi in onore di Crisafulli*, Cedam, Padova, 1985.
Maranini, Giuseppe, «Governo parlamentare e partitocrazia», in *Rassegna di diritto pubblico*, I, 1951.
Olivetti, Marco, «La reforma electoral italiana de 2015», *Cuadernos de pensamiento político*, nº 47, 2015.
Onida, Valerio, *La Costituzione ieri e oggi*, Il Mulino, Bologna, 2008.
Pizzorno, Alessandro, *Il potere dei giudici. Stato democratico e controllo della virtù*, Laterza, Roma-Bari, 1998.
Rescigno, Giuseppe Ugo, «A proposito di prima e seconda Repubblica», in *Studi parlamentari e di politica costituzionale*, 1994.
Roznai, Yaniv, «Unconstitutional Constitutional Amendments - The Migration and Success of a Constitutional Idea», *American Journal of Comparative Law*, 2013.
Simoncini, Andrea, «Il primo dodicennio della Corte costituzionale e la definizione del suo ruolo tra le istituzioni repubblicane», in Ballini, Pier Luigi; Guerrieri, Sandro; Varsori, Antonio (a cura di), *Le istituzioni repubblicane dal centrismo al centro-sinistra (1953-1968)*, Carocci, Roma, 2006.
Scoppola, Pietro, *La Repubblica dei partiti. Evoluzione e crisi di un sistema politico 1945-1996*, II ed., Il Mulino, Bologna, 1997.

Smend, Rudolf, *Costituzione e diritto costituzionale* (1928), Giuffrè, Milano, 1988.
Tranfaglia, Nicola, «Per una storia politica della Corte costituzionale», in Id., *Dallo stato liberale al regime fascista. Problemi e ricerche*, Feltrinelli, Milano, 1973.
Zagrebelsky, Gustavo, *Il diritto mite*, Einaudi, Torino, 1992.

CONSTITUCIONALISMO TRIDIMENSIONAL (GLOBALIZACIÓN, PRIVATIZACIÓN Y BUROCRATIZACIÓN): LA REGENERACIÓN DEMOCRÁTICA A TRAVÉS DE CONSULTAS AUTONÓMICAS Y CONVENCIONES ESTATUTARIAS

Mª Esther Seijas Villadangos

Profesora Titular de Derecho Constitucional (Catedrática acreditada)
Universidad de León

I. Planteamiento: constitucionalismo tridimensional

Aldoux Husley, escribía en *Contrapunto* que la vida más confortable sería aquella en la que se «pudiera delegar todo lo aburrido, desde gobernar a hacer salchichas, en cualquier persona» (p. 270). Con ese referente, Bismarck, y mucho antes John Godfrey Saxe, sostenían que «las leyes, como las salchichas, pierden el respeto en la medida en que sabemos cómo se hacen» y, por lo tanto, lo recomendable sería alejar a sus destinatarios, los ciudadanos, de su proceso de elaboración (Shapiro, 2008)[1].

---

[1] La cita se atribuye originariamente a Bismarck, sin embargo, esa vinculación

La situación ha cambiado drásticamente. Los ciudadanos del siglo XXI reclaman ese derecho a saber y un correlativo derecho a participar.

Esta centuria ha arrancado con un escenario en el que el Derecho Constitucional tiene que cohabitar con un marco hostil que podríamos sintetizar como un escenario 3D: descontento, desconfianza y desafección.

El descontento se focaliza en la percepción del deterioro de los derechos, particularmente los sociales y prestacionales, cuya sostenibilidad parece pender de un hilo. Esta situación, acelerada por la recesión económica, atisba un futuro no muy lejano en el que las condiciones de vida generales pudieran ser mucho peores a las presentes. Una auténtica involución jurídica y vital cuyo protagonista será la reducción e, incluso, desaparición del Estado de bienestar.

La desconfianza tiene como punto de mira la representatividad. Esa lealtad entre representantes y representados no se presume, sino que por el contrario se cuestiona de modo sistemático, valorándose como elemento imprescindible a supervisar y controlar, más allá del momento puntual de una votación. Así los cauces de representación, la responsabilidad de quien nos representa, son los objetivos de un cuestionamiento popular, respaldado por la doctrina y por la jurisprudencia que reivindica la importancia de la democracia «*como procedimiento y no solo como resultado*» (STC 42/2014, de 25 de marzo, FJ. 4.a). La demanda de más transparencia en los procesos de toma de decisiones de las autoridades, el afianzamiento de la separación de poderes, especialmente en lo concerniente a la potenciación de la independencia del poder judicial, y la apelación a una reducción de los cargos públicos son manifestaciones evidentes de esa suspicacia.

Finalmente, la desafección aludiría a un parecer ciudadano que se sustancia en «una falta de comprensión de los procesos de decisión, un sentimiento de exclusión de esos procesos y una desconfianza en la integridad de los actores políticos principales» (Colino, 2014; 37). El informe sobre la democracia en España, elaborado por la Fundación Alternativas en 2013 destaca que el porcentaje de insatisfechos con el funcionamiento de la democracia en España está 17 puntos porcentuales por encima de la media europea. El muro con el que se topa en este argumento son los partidos políticos, imprescindibles, pero controlables. Una vez emitido nuestro voto, parece que el vínculo se extingue y ya todo se hace a espaldas de los ciudadanos o ignorando su voluntad. El haber pasado el testigo implica la expulsión automática de la carrera. El remedio ha pivotado en

---

no se produce hasta 1930, referencia anacrónica, por lo que estimamos más veraz la asignación de su titularidad a un poeta y jurista norteamericano, John Godfrey Saxe, quien publicaría el 29 de marzo de 1869 en el The Daily Cleveland Herald, «Laws, like sausages, cease to inspire respect in proportion as we know how they are made». (Shapiro, Fred R., «Quote....Miss quote», *The New York Times Magazine*, 21 de julio de 2008.

torno a una palabra: regeneración. La implementación de este concepto indeterminado ha saturado los medios y su inclusión ha sido omnipresente en las campañas electorales habidas recientemente, tanto locales, autonómicas como generales. Sin embargo, una vez obtenido el escaño, la avidez de poder sacrifica todas esas propuestas, que ahondan ese foso entre los que se quedan fuera de los foros de representación y unos privilegiados que gracias a los votos ciudadanos han logrado acceder a los mismos, orillando discursos previos que enarbolaban precisamente estas proclamas. Si tenemos la vista puesta en la corrupción, el despilfarro y en actividades ilícitas marcadas por la prevaricación y el cohecho, poco nos anima la sutileza de los códigos de buen gobierno, las propuestas de mejoras procedimentales en la transparencia o el endurecimiento de las normas penales, principales alternativas en este particular.

Este sería el escenario en el que deberíamos reflexionar, la enfatización del mismo, más allá de los trabajos doctrinales, viene del protagonismo que en los últimos tiempos los partidos políticos están concediendo a la expresión «regeneración democrática». Esta expresión es el estribillo de programas, panfletos, manifiestos y de propuestas[2]. La esen-

---

[2] *V. gr. 40 propuestas para la regeneración democrática*, El Mundo (http://www.elmundo.es/opinion/2015/10/20/56268ec446163fe6228b45b6.html, 23-09-2015); *Manifiesto de UPyD por la regeración de la democracia y la refundación del Estado* (Leyes eficaces contra la corrupción, organismos reguladores y de control público, ley de transparencia, justicia independiente, reforma de la ley electoral, y reforma de la constitución encaminada a recoger las propuestas ciudadanas, el reparto de competencias y la financiación del modelo territorial, la mejora de la separación de poderes y asegurar el derecho a la participación política, la igualdad jurídica y de oportunidades y las libertades personales); Acuerdos entre partidos políticos, *como el del PSOE de Andalucía y ciudadanos*, de 10 de junio de 2015, centrado en la regeneración democrática de los partidos políticos (publicación y control de la estructura orgánica y las retribuciones de todos los partidos, declaración de bienes, actividades e intereses de los cargos electos, la responsabilidad patrimonial por parte de los partidos que se hayan financiado ilegalmente, el apoyo a las medidas de la Ley 3/2015, de 30 de marzo, reguladora del ejercicio de alto cargo de la administración general del Estado, medidas internas para la prevención y el control en los partidos; la separación inmediata de cualquier cargo orgánico que resulte imputado, reformas de la ley electoral (proporcionalidad en los votos, listas abiertas y desbloqueadas, reducción de los gastos electorales en un 50%); regeneración democrática de la administración (oficina de prevención del fraude y de la corrupción, incompatibilidad de la función de parlamentario autonómico con cualquier otra actividad profesional, control de las ayudas públicas, limitación de los cargos de libre designación al nivel 30), participación ciudadana en los asuntos públicos (ley de participación ciudadana, Portal del gobierno abierto, open data para toda la información que maneja y elabora la administración pública andaluza y creación de una oficina de información ciudadana en el parlamento). En la misma línea, el *Acuerdo para un gobierno reformista y de progreso, PSOE-Ciudadanos*, 24 de febrero de 2016.

50 Propuestas para la regeneración democrática (http://www.mas-democracia.org/50_propuestas) (ley de partidos, reforma electoral, la lucha contra la corrupción y la ampliación de la democracia).

cia radica en potenciar la capacidad gubernamental de actuar de manera responsiva o receptiva, legitimidad en términos de rendimiento o de resultados. El incremento de los controles sobre la eficacia de las políticas públicas y la legislación aprobada por los legislativos territoriales ayudaría a su consecución.

Desde unos parámetros más estrictamente jurídico constitucionales, la expresión 3D también pugna por hacerse un hueco en la dogmática, intentando ofrecer una explicación más amplia del contexto en el que ha de insertarse esa demanda de regeneración democrática. «Constitucionalismo en 3D» o Constitucionalismo tridimensional, con esa denominación, Joseph Corkin, ha ideado un método para conceptualizar la forma de legislar (*underworld*, inframundo) partiendo de la premisa de que el complejo parlamentario-gubernamental de carácter estatal ha menguado en aras a tres presiones, a tres ejes que inciden en ese formato tradicional. Un constitucionalismo en 3D, en el que el eje parlamento gobierno se vea afectado horizontalmente, por el peso de la burocratización y el tecnicismo de quienes no han sido electos; verticalmente, por los procesos de globalización y europeización y, lateralmente, por el peso de actores privados que claman por una autorregulación en un contexto de crisis y de recuperación del protagonismo de planteamientos neoliberales.

Esta innovación, de carácter descriptivo, en el análisis de estos procesos culmina en un reto normativo: tratar de hallar nuevas fórmulas para legitimar esta situación, más allá de los métodos constitucionalizados (disolución previa de las Cámaras, moción de censura, cuestión de confianza) y de los procesos electorales, en una redefinición del derecho Constitucional coherente con el constitucionalismo clásico.

Múltiples denominaciones pugnan por ser las más ingeniosas en esta carrera donde hay licencia para inventar: democracia multinivel, gobernanza *networked* (trabajo en red), Estados postregulatorios, *New-ish Governance* (gobernar sin leyes o gobernar sin gobiernos) o constitucionalismo policéntrico. El reto del nuevo constitucionalismo es identificar la variedad de actores implicados y la intensidad de sus actuaciones. Por otro lado, un reto es el de legislar en una especie de flujo vertiginoso, «fotónico» para responder a las expectativas de los ciudadanos que demandan respuestas más ágiles. Esta categorización de constitucionalismo tridimensional busca integrar tendencias sobre las que la doctrina había reparado desde un punto singular (Weber en la burocratización; Lindberg o Majone en la europeización; o Teubner, entre otros, en la privatización en su trabajo pionero sobre el Derecho reflexivo, de 1987, juridificación de las esferas sociales). El resultado es un constitucionalismo débil, caracterizado por una elevada tecnificación regulatoria del proceso

Texto base de ciudadanos de cara a su posicionamiento ante votaciones de investidura en municipios y comunidades autónomas.

normativo, en la que participan igualmente actores públicos y privados, y que trasciende las fronteras estatales (Lindseth, 2001; 151).

Un breve análisis de los tres pilares de un Constitucionalismo tridimensional, nos insta a reparar, inicialmente, en la burocratización. Ningún tándem gobierno-parlamento puede manejar el vasto y fragmentado entorno político actual, particularmente en un contexto de crisis democrática, y necesita delegar. El resultado es un enorme número de expertos, oficiales, economistas, juristas, científicos, asesores, técnicos, consultores, empleados en las Consejerías, Agencias, Institutos Políticos, Organismos Autónomos, un auténtico brazo del poder, un cuarto poder. La importancia de este cuerpo fue enfatizada por Shapiro (2001; 325), al sostener que «hay cuestiones científicas que no deben dejarse al voto mayoritario». Pero tampoco a sus representantes, bien porque no se confía en ellos, bien porque el tecnicismo de las decisiones a adoptar trasciende el carácter generalista de sus cargos. Constitucionalmente, la figura de la delegación legislativa (arts. 82, 83 CE) implementaría este parecer. Empíricamente, la importancia de este colectivo de burócratas o tecnócratas ha ido pareja a la virulencia de los contextos de crisis, así en el New Deal, en la creación de la CECA, o, particularmente, en las crisis griega e italiana (Seijas, 2012; 126).

Un segundo pilar de dicho constitucionalismo tridimensional es el de la globalización, internacionalización o europeización. Insertado en la reflexión de Corkin, el siglo xx fue testigo del cenit del Estado nación como la unidad dentro de la cual nosotros, los ciudadanos de un Estado, podríamos gestionar y promover el crecimiento y la plena regulación de los Estados. Ese fenómeno se magnifica cuando pensamos en regiones o espacios infraestatales. En ese contexto se ha ponderado la apelación a una nueva constitución económica para nutrir un abierto mercado interno competitivo que integre, e incluso acelere, las dinámicas de mercados supraestatales de la globalización. No puede sorprendernos que, en este sentir, la Conferencia de las Asambleas Legislativas europeas (CALRE), celebrada en Milán el 23 de octubre de 2015, pivotase en nombre de la globalización, de la que es tributaria el siglo XXI como reconocía su presidente, Raffaele Cattaneo, con una presentación titulada «Regiones, representación y subsidiariedad. ¿Cuál es el futuro para los Gobiernos regionales?» que concluiría con una apelación a una verdadera democracia global.

El tercer y último pilar del constitucionalismo tridimensional está protagonizado por la privatización. El Estado adopta un funcionamiento inspirado en los presupuestos por objetivos, para los que coopta actores privados como brazo para lograr dichos objetivos. Dichos actores son cuerpos híbridos público privados, erigidos en muchas ocasiones sobre derechos constitucionalizados como el de asociación, ocupando un espacio entre el Estado y el mercado. Procesos comerciales, industriales o tecnológicos, la banca, el ciberespacio e incluso el futbol. En la integración de estos actores buscaríamos una sanción social al Derecho Constitucional.

La importancia de estos elementos es incuestionable. Sobre los mismos se postula un realineamiento de la dinámica tradicional del Derecho Constitucional, bajo el reto de que la teoría constitucional debe evitar distanciarse demasiado del sentimiento popular, debe evitar convertirse en una reliquia constitucional, obsoleta. La alternativa que se propugna sería un derecho reflexivo o Derecho de respuesta a la sociedad y a estos ejes en los que ha de moverse. Se enfatizaría una dispersión de las fuentes de producción normativa que se singularizarían por la interdependencia mutua entre ellas, paralela al control a una co-rendición de cuentas, que funcionaría como «servo-mecanismos de control», una versión contemporánea de los «*checks and balances*».

La esencia de esta propuesta es afín a la idea de «democracia monitorizada» formulada por Keane (2009; 585). Una concentración de un poder no sometido a control es públicamente monitorizado a través de mecanismos tan diversos como asambleas de ciudadanos y jurados, foros, cumbres, congresos, parlamentos para minorías, mecanismos presupuestarios y administrativos, revisión judicial, informes anuales, defensores del pueblo, auditorías independientes, revisión por pares, blogs (*blogging*) y nuevas formas de escrutinio mediático, parlamentos transfronterizos, redes regulatorias transnacionales y métodos abiertos de coordinación. Se trata de una aglutinación de mecanismos de participación que escapan de cualquier taxonomía normativa, al menos hasta el momento presente.

En contraste con los modelos constitucionales clásicos que asumen que el interés público se canaliza desde un complejo parlamentario-gubernamental, electoralmente controlado por los ciudadanos y luego transmitido a lo largo de líneas formales de control legal, un espacio de gobernanza tridimensional, asumiría que el interés público puede ser legítimamente diseñado en esas ubicaciones descentralizadas donde la ley se diseñaría realmente por quien está sometido a la misma. Las leyes deben verse, sin demasiado artificio, expresión de nuestra autodeterminación colectiva, no solo algo que se nos impone, sino algo que nosotros debemos hacer. La asunción de que un proceso de legislación exitoso requiere la continua implicación de quienes están en sus extremos —autores y destinatarios— para hacerlo cognitivamente abierto a su pericia y experiencia.

La teoría constitucional debe seguir abrazando tótems democráticos: primero, nuestro deseo de conocer quién es el último responsable de la ley que nos vincula y, segundo, nuestro deseo de ser capaces de removerlos en las siguientes elecciones. Es decir la complementariedad de un constitucionalismo reflexivo.

II. Consultas populares autonómicas, *lege data*: misión imposible

Volviendo al planteamiento esbozado teóricamente en el primer epígrafe, cuyo epicentro es la regeneración democrática, y ante la necesidad de compatibilizar un tratamiento general de la situación, a la par que un análisis minucioso y particular de alguna de estas propuestas regeneradoras, nos hemos decantado por las consultas populares autonómicas celebradas en España, pero fijando nuestro interés más allá del caso catalán. Igualmente, como colofón a la reflexión que haremos *lege data*, trataremos de efectuar un ejercicio de prospectiva, *lege ferenda* buscando ampliar el marco de la participación ciudadana en la esfera territorial, desde lo que llamaremos las convenciones estatutarias, adaptación de las convenciones constitucionales, instrumento que canalizaría la participación directa de los ciudadanos en la reforma constitucional, al marco estatutario.

En aras de presentar una trazabilidad del producto, consultas populares, este ejercicio de zootecnia constitucional nos insta a reparar en las consultas directas a los ciudadanos celebradas en la España democrática. A nivel estatal, dos referendos, el celebrado el 12 de marzo de 1986, referéndum consultivo en relación con la Alianza Atlántica, y el que tuvo lugar el 20 de febrero de 2005, sobre el Tratado que establecía una Constitución para Europa, son los escasos ejemplos que ilustran esta práctica. Empero, ninguna consulta popular a nivel autonómico, válidamente ultimada puede analizarse, si bien hallamos ejemplos frustrados o futuribles. El vasco de 2008, el catalán de 2014, ambos sobre la secesión de dichos territorios; el canario de 2014, a resultas de reivindicar el turismo como eje prioritario de la economía canaria frente a la incidencia en su territorio de prospecciones en busca de gas y petróleo y, el que se perdió en los devaneos de la campaña electoral autonómica de 2015, planteado desde Extremadura, para reformar la ley electoral extremeña propiciando que gobernase la lista más votada y se situase la barrera electoral para el parlamento regional en el 3%, frente al 5% de los votos. A nivel municipal, las consultas populares, avaladas por el artículo 71 de la Ley 7/1985, de 2 de abril, reguladora de las bases de régimen local, se pueden cifrar en torno a las 27, aproximadamente un 25% del total sobre las que se solicitó autorización del gobierno de la nación (Martínez Alonso, 2010; 450). Entre las cuestiones variopintas que en estos se han consultado destaca el cambio de fechas y de ubicación de fiestas y romerías populares[3].

---

[3] Un mapa ilustrativo de las consultas populares celebradas en España e, igualmente, de las no autorizadas, puede encontrarse [http://politica.el país.com/2014/10/24/actualidad/1414175529_233720.html, 5-10-2015). Más allá de la anécdota, destaca la discrecionalidad con que las pertinentes autorizaciones se han emitido, así en 1990

Sobre esa base, y centrándonos en el ámbito autonómico, si tuviéramos que ubicar geográficamente esta reflexión sobre consultas populares extramuros de Cataluña, el puntero señalaría meridianamente a País Vasco y Canarias. Si el calendario fuera el que mandase, los años 2014 y 2015, una especie de bienio progresista en términos de consultas populares, parecen haber sido el epicentro de una fiebre legisladora y de una proliferación jurisprudencial de sumo interés en materia de consultas populares.

Este ha sido el escenario en el que han irrumpido, con un inusitado protagonismo, diferentes apelaciones a fórmulas de potenciación de la participación de los ciudadanos en los asuntos públicos. Con ese guión procederemos a valorar cómo pueden vertebrarse dichas consultas y cuál es su repercusión en el marco constitucional y democrático en el que se insertan. El origen diverso de estas propuestas nos insta a plantear un tratamiento ordenado de las mismas, con una vocación eminentemente descriptiva y que, por consiguiente, requiere de un planteamiento en el que la metodología a aplicar demanda un referente básico. En consecuencia, desde una *sui géneris* metodología inductiva trataremos de analizar la casuística normativa, esencialmente de rango estatutario, que ha impulsado este renacer de fórmulas participativas que complementan la principal vía de su canalización, la de una participación indirecta o de democracia representativa. Sobre esa propedéutica, proyectaremos una especie de «velo de abstracción», persiguiendo instar una reflexión sobre la virtualidad de los recursos a la democracia directa y a la democracia participativa en los actuales patrones de los Estados, complejos orgánicamente y numerosos en cuanto a su elemento popular.

1. Retrospectiva: Estatutos de Autonomía y primeras leyes de participación

El objeto de este epígrafe será efectuar una especie de barrido legislativo y jurisprudencial sobre las consultas populares, especialmente desde la oleada de reformas estatutarias acometidas en las VIII y IX Legislaturas (Álvarez Conde, 2007) y, con menor intensidad, en la X.

La alargada sombra de las reformas estatutarias nos ha deparado una convulsa situación política cuyo protagonismo redunda en el encumbramiento que en dichos procesos de reforma se ha otorgado a las consultas populares y a instrumentos participativos de democracia directa como el referéndum. Una revisión de la situación generada nos insta, siguiendo

no se autorizó a Villa de Don Fadrique, en Toledo, hacer una consulta sobre el cambio de los días de las ferias y fiestas locales y esa consulta, se permitió a muchos otros municipios como Trujillo (1996) o Massamagrell (2005).

los dictados de la evolución temporal, a efectuar una referencia al marco que precedió toda esta situación y que contribuye decisivamente a evaluar el salto sustancial que ha supuesto.

La inicial redacción de los Estatutos de Autonomía, vigente en los no reformados y sustituida en los modificados en las legislaturas VIII y IX, prestaba una atención básica, en el sentido de esencialista o mínima, a la participación ciudadana. A este respecto, su primera preocupación es la definición de quiénes son titulares de estos instrumentos, dado que su catalogación como derechos hemos de reservarla a momentos ulteriores. De este modo se articula la categoría de «condición política» que se vincula al concepto de ciudadanía. Así, hay que ser ciudadano o ciudadana española, requisito que no aparece en el Estatuto del País Vasco, y, además tener vecindad política en alguno de los municipios de la Comunidad Autónoma para ejercer esa participación. Tras este marco, los pseudos-derechos de participación que se contemplaban en los Estatutos de primera generación son, *grosso modo*, tres: el derecho de sufragio activo y pasivo, la iniciativa legislativa popular y las consultas populares, instrumento éste en el que focalizaremos nuestro interés. Lo que se ha de destacar de esta inicial recepción es la priorización de la dimensión formal, esto es del techo competencial bajo el que se amparaba tal regulación, lo prioritario era el cómo y no el qué.

Así, en el Estatuto catalán se ha de señalar una mención a la iniciativa legislativa popular (art. 32.6 EAC), y la habilitación competencial en consultas populares *municipales* en grado de «desarrollo legislativo», (art. 10.2 EAC). Andalucía —consultas populares locales— (art. 15.2), Comunidad Valenciana —consultas populares municipales— (art. 32.8), y Castilla y León (art. 34.1.12ª) se unen a esa relación de Estatutos que originariamente incluyeron las consultas populares de ámbito municipal en su regulación, en el contexto de sus competencias de desarrollo normativo y de ejecución. Canarias (art. 32.5)[4], inicialmente, y Baleares (art. 11.16) se desmarcan de esta limitación a celebrar consultas populares «municipales» contemplando la posibilidad de celebrar «consultas populares en el ámbito de Canarias y/o las Illes Balears», consultas populares autonómicas, si bien esa incorporación estatutaria en el segundo supuesto es fruto de la reforma de Ley Orgánica 2/1983, operada en virtud de la Ley Orgánica 3/1999, de 8 de enero.

En esa misma línea —regulación de las consultas populares merced a la referencia a la habilitación competencial en la que se sustancia— hallamos la redacción de Estatutos de autonomía *superstites*: Principado de

[4] Destaca, por romper esta tónica generalizada, la detallada regulación del Reglamento del Parlamento de Canarias, de 17 de abril de 1991, de las consultas populares en el ámbito de Canarias (art. 200). El impulso corresponde al Gobierno, la autorización al Parlamento de Canarias por mayoría absoluta y el objeto se remite a cuestiones políticas de especial trascendencia.

Asturias (art. 11.11), La Rioja (art. 9.7). Hemos de destacar el silencio de Navarra, Madrid, Cantabria, Ceuta y Melilla ante este particular.

En este repaso estatutario, destacan tres proyectos frustrados de Estatutos: País Vasco, Canarias y Castilla la Mancha. Pese a que estos dos últimos han recuperado el pulso reformista en la X Legislatura, Canarias todavía en un proceso abierto trasladado a la XI Legislatura y la XII..., es procedente citar sus iniciales proyectos en particular el vasco, en el que nos centraremos en el epígrafe III. El art. 13, del proyecto de Estatuto político para Euskadi, donde se regulaban las «consultas democráticas a la ciudadanía vasca por vía del referéndum» concentraba la esencia de la participación vía consultas populares y las demandas colaterales vinculadas a la misma. Pese a su inviabilidad práctica, dado que no llegó a entrar en vigor, sus consecuencias fueron de gran relevancia. Los efectos de este precepto trascendieron la no superación de la tramitación parlamentaria del mismo y se evidenciaron en la aprobación de la Ley del Parlamento Vasco 9/2008, de 27 de junio, de convocatoria y regulación de una consulta popular al objeto de recabar la opinión de la ciudadanía en la Comunidad Autónoma del País Vasco sobre la apertura de un proceso de negociación para alcanzar la paz y la normalización política. El Tribunal Constitucional, en su sentencia 103/2008, de 11 de septiembre, declararía la inconstitucionalidad de la misma, impidiendo la celebración del referéndum.

En el caso de Canarias, la propuesta de reforma de su Estatuto, presentada en septiembre de 2006 (*BOCG* 261.1, 22 de septiembre de 2006) y que sería retirada, destaca por la regulación del derecho de participación ciudadana (art. 12) y paradójicamente por el dato de que, pese a no haber prosperado la regulación del Estatuto, culminase en la aprobación de una ley que desarrollaba su proyectado art. 12.3 al establecer que «*una ley del parlamento de canarias regulará las consultas populares y los procesos de participación ciudadana*» (Ley 5/2010, de 21 de junio, canaria de Fomento a la participación ciudadana). El grado de habilitación competencial era «exclusivo» (art. 78.2) y se incorporaba el requisito del referéndum a la reforma estatuaria, como requisito de eficacia, que no de validez, pese a no estar contemplado en el Estatuto originario de 1982 (art. 163.1.b). Por lo que respecta a la propuesta de reforma del Estatuto Canario presentada en abril de 2015 (BOCG 226.1, de 24 de abril de 2015), la celebración de las consultas populares se presenta como un derecho de participación (art. 30 e) y como una potestad de la Presidencia quien «*podrá presentar por iniciativa propia o a solicitud de la ciudadanía, de conformidad con las leyes, la celebración de consultas populares en el ámbito de la Comunidad Autónoma de Canarias, sobre cuestiones de interés general en materias autonómicas o locales*» (art. 47.4).

Igualmente, Castilla la Mancha incorporaba en su proyecto de Estatuto presentado en febrero de 2007[5] la regulación de las consultas populares en su artículo 115, excluyendo el referéndum, e incorporándolo en el mecanismo de reforma de su Estatuto de Autonomía.

Tras este paréntesis, protagonizado por los Estatutos que pudieron haber sido y no fueron, hemos de reparar la atención en los referentes más relevantes en materia de consultas populares de los denominados Estatutos de Autonomía de segunda generación. En ellos, la incorporación de recursos potenciadores de la participación popular se encaminó por diversas sendas. Así, en primer lugar, la consolidación de unos catálogos de derechos, entre los cuales se priorizaron los derechos de participación política, a partir de entonces, derechos estatutarios de participación (Aparicio y Expósito, 2008 y Rosado Villaverde, 2012; 193). En segundo lugar, la habilitación competencial referente de los mismos, que varía de un Estatuto a otro y que legitima esa regulación estatutaria de los derechos. Así, Estatutos de Autonomía como el catalán, el de Andalucía, el de Aragón o Extremadura insertan las consultas populares en un máximo techo de competencias exclusivas; por el contrario, Comunitat Valenciana, Illes Balears o Castilla y León insertan el sistema de consultas populares en las competencias de desarrollo normativo y ejecución. En tercer lugar, como potenciación de las instituciones autonómicas, en especial en lo que se refiere a la iniciativa legislativa popular, desde la perspectiva del poder legislativo, y a las consultas populares, desde el ejecutivo. Y, finalmente, la inserción de mecanismos refrendarios en los procesos de reforma estatutarios, incluso en aquellas Comunidades Autónomas que no utilizaron referéndum en la aprobación inicial de sus Estatutos de Autonomía, por no requerirlo el proceso estatutario seguido acorde con la vía de acceso a la autonomía por la que se optó. Todas estas especificaciones vienen enmarcadas en los valores genéricos de democracia y pluralismo que auspician y se proyectan en dichos Estatutos, regulados en las diferentes fórmulas políticas de los mismos y ancladas igualmente en sus preámbulos (art. 4.3 EC, art. 1.3 ECyL o art. 20 EAr).

Los Estatutos en estas materias han sido objeto de procesos de desarrollo legislativo, entre los que hemos de destacar los concernientes a las iniciativas legislativas populares (Ley 3/2012, de 5 de julio, de modificación de la Ley 4/2001, de 4 de julio, *reguladora de la Iniciativa Legislativa Popular y de los Ayuntamientos de Castilla y León*; Ley 8/2011, de 5 de diciembre, de Andalucía, *relativa a la modificación de la Ley 5/1988, de 17 de octubre, de Iniciativa Legislativa Popular y de los Ayuntamientos*; Ley

[5] Cuya tramitación pasaría a la IX Legislatura, en la que sería retirado, para esperar a la X donde se aprobaría: LO 2/2014, de 21 de mayo, de reforma del Estatuto de Autonomía de Castilla-La Mancha, con una reforma puntual que afecta a la fijación de un número mínimo de 25 Diputados y un máximo de 35 para las Cortes de Castilla-La Mancha.

1/2006, de 16 de febrero, *de iniciativa legislativa popular de Cataluña*); a la participación ciudadana (Ley 11/2008, de 3 de julio, de *participación ciudadana* de la Comunitat Valenciana), o en materia de consultas populares (Ley 2/2001, de 3 de mayo, de regulación de las consultas populares locales en Andalucía) por vía de referéndum (Ley 4/2010, de 17 de marzo, *de consultas populares por vía de referéndum, de Cataluña*). Es destacable que dichas leyes, en otro ejercicio de mimetismo simétrico, proliferaron hasta en aquellas comunidades como la valenciana y la canaria, cuyos Estatutos no eran precisamente «incisivos en materia de democracia participativa» (Tur Ausina, 2013; 215). Ya en 2013, podemos destacar la Ley 4/2013, de 21 de mayo, de *Gobierno abierto de Extremadura*. Solo un año después la veda de una legislación masiva y de una jurisprudencia muy específica marcarán el devenir de las consultas populares autonómicas.

2. *Perspectiva actual: el bienio de la participación (2014-2015)*

El bienio 2014-2015 ha sido especialmente intenso en lo referente a legislación en materia de participación ciudadana, como derecho genérico que se ha visto precisado por la inclusión expresa del instrumento de las consultas populares. Como en otras ocasiones, la presión del mimetismo ha dictado esta legítima respuesta autonómica a las reclamas de desafección política y al reto de buscar una terapia en la potenciación de la participación ciudadana *ex artículo* 9.2 de la Constitución.

Dos vocablos son el factor común en esta legislación autonómica: transparencia y participación. Así, se genera un elenco de leyes que inciden en la transparencia administrativa, sobre la base de ese fomento de la participación ciudadana: la Ley 1/2014, de 24 de junio, *de transparencia pública de Andalucía*; la Ley 3/2014, de 11 de septiembre, *de transparencia y buen gobierno* de la Rioja; la Ley 12/2014, de 16 de diciembre, *de transparencia y participación ciudadana* de Murcia; la Ley 12/2014, de 26 de diciembre, *de transparencia y de acceso a la información pública* de Canarias; la Ley 19/2014, de 29 de diciembre, *de transparencia y acceso a la información pública y buen gobierno* de Cataluña; la Ley 3/2015, de 4 de marzo, *de transparencia y participación ciudadana* de Castilla y León; la Ley 8/2015, de 25 de marzo, *de transparencia de la Actividad Pública y participación ciudadana* de Aragón; la Ley 2/2015, de 2 de abril, de la Generalitat, *de Transparencia, buen gobierno y participación de la Comunitat Valenciana*. Este rico elenco legislativo, en el que la participación ciudadana se trató de encumbrar a asunto prioritario de cada autonomía se ha de completar con proyectos que no vieron la luz por las vicisitudes electorales, como los del Principado de Asturias y Euskadi y con un Reglamento, el Decreto del Gobierno de Canarias 95/2014, de 25 de septiembre por el que se aprueba *el Reglamento de las consultas a la ciudadanía en asuntos de interés general de competencia de la Comunidad Autónoma de Canarias*.

Empero, todas ellas quedan eclipsadas por la Ley 10/2014, de 26 de septiembre, de consultas populares no referendarias y otras formas de participación ciudadana de Cataluña. Estas convocatorias efectuadas por las autoridades competentes a las personas legitimadas en cada caso para manifestar su opinión sobre una determinada actuación, decisión o política pública, *mediante votación* (art. 3.1) sería objeto de enjuiciamiento por el Tribunal Constitucional en la STC 31/2015, en la que se declara parcialmente la inconstitucionalidad de la misma.

En 2015 el Tribunal Constitucional afrontó la regulación e implementación de las consultas populares, al menos, en seis ocasiones: STC 31/2015, de 25 de febrero sobre dicha Ley 10/2014; STC 32/2015, de 25 de febrero, sobre el Decreto 129/2014, de 27 de septiembre del presidente de la Generalitat de la Generalitat de Cataluña de convocatoria de la consulta no referendaria sobre el futuro político de Cataluña; STC 137/2015, de 11 de junio, sobre el Decreto del Gobierno de Canarias 95/2014, de 25 de septiembre por el que se aprueba el Reglamento de las consultas a la ciudadanía en asuntos de interés general de competencia de la Comunidad Autónoma de Canarias; STC 138/2015, de 11 de junio, sobre la consulta del 9 de noviembre de 2014 sobre el futuro político de Cataluña, y STC 147/2015, de 25 de junio, en relación con diversos preceptos del Decreto del Presidente del Gobierno de Canarias 107/2014, de 2 de octubre, por el que se convoca consulta ciudadana mediante pregunta directa en el ámbito territorial de Canarias. Por último, a finales de 2015 la STC 259/2015, de 2 de diciembre en la que se resuelve la impugnación de la Resolución del Parlamento de Cataluña 1/XI, de 9 de noviembre. De las mismas se obtiene un marco muy riguroso en el que las consultas populares autonómicas habrán de canalizarse. Al mismo nos aproximaremos en el siguiente epígrafe, una vez referenciados dos supuestos muy concretos, los de País Vasco y Canarias.

3. *Estudio de casos: País Vasco y Canarias*

Extramuros del caso catalán, dos supuestos han polarizado la atención en materia de consultas populares autonómicas: País Vasco y Canarias.

La Ley 9/2008, de 27 de junio, de convocatoria y regulación de una consulta popular al objeto de recabar la opinión ciudadana en la Comunidad Autónoma del País Vasco sobre la apertura de un proceso de negociación para alcanzar la paz y la negociación política fue el «canto del cisne» (López Basaguren, 2009; 109) del denominado Plan Ibarretxe II, alternativa al fracaso del Plan inicialmente concebido como una reforma estatutaria, bajo la denominación de Propuesta de nuevo Estatuto Político para el País Vasco, aprobado por el Parlamento de la Comunidad Autónoma vasca en diciembre de 2004 y rechazado en febrero de 2005 por el Congreso de los Diputados. El entonces Lehendakari, el señor Ibarretxe, disolvió la cámara vasca y convocó nuevas elecciones de las que resultaría un gobierno tripartito (Partido Nacionalista Vasco, Eusko Alkartasuna y Ezker Batua). En el debate de política general celebrado en septiembre de 2007, en el Parlamento vasco se presentó una «hoja de ruta» que pivotaba en torno a la celebración de una «consulta» en octubre de 2008 y un ulterior referéndum en 2010. Para dar cumplimiento a ese propósito se aprueba la Ley 9/2008.

En el preámbulo de la misma, la ley se define como «*un instrumento legal y democrático para que el pueblo vasco pueda ejercer libremente el derecho fundamental de participación ciudadana en los asuntos de trascendencia que son de su incumbencia*». Su contenido se estructuraba en un artículo único en el que se contenían las preguntas de la consulta, se identificaba a los destinatarios, los ciudadanos y las ciudadanas del País Vasco con derecho de sufragio activo y la eficacia del mismo, como no vinculante:

« *a) ¿Está usted de acuerdo en apoyar un proceso de final dialogado de la violencia, si previamente ETA manifiesta de forma inequívoca su voluntad de poner fin a la misma de una vez y para siempre?*

b) ¿Está usted de acuerdo en que los partidos vascos, sin exclusiones, inicien un proceso de negociación para alcanzar un acuerdo democrático sobre el ejercicio del derecho a decidir del Pueblo Vasco, y que dicho Acuerdo sea sometido a referéndum antes de que finalice el año 2010?»

Este artículo se acompañó de una extensa disposición adicional en la que se explicitan aspectos instrumentales como las papeletas de votación, los sobres, el escrutinio o los gastos electorales.

Contra dicha ley se interpusieron sendos recursos de inconstitucionalidad promovidos por el Presidente del Gobierno, y otro por más de cincuenta diputados del Grupo Popular del Congreso. La STC 103/2008, de 11 de septiembre, resolvió las mismas declarando la inconstitucionalidad y consiguiente nulidad de dicha ley. La argumentación sustentada en los fundamentos jurídicos de esta sentencia es esencialmente deductiva, articulándose en tres estadios: un primer paso, depurar dogmáticamente el concepto de referéndum. «*El referéndum es un instrumento de participación directa de los ciudadanos en los asuntos públicos, esto es, para el ejercicio del derecho fundamental reconocido en el art. 23.1 CE*», (STC 103/2008, FJ. 2). Esa descripción se desarrolla dirimiendo su naturaleza y haciendo que su esencia se vertebre en su esencia política; en el elemento subjetivo del mismo, sus destinatarios; en el elemento objetivo, el contenido de la consulta y en los aspectos procesales. Un segundo paso, cotejar esta dogmática con el supuesto concreto planteado en la ley objeto de recurso. La conclusión es que la consulta es un referéndum (FJ3), so pena de identificarlo con otro significante. Finalmente, se procede a enjuiciar la constitucionalidad del mismo desde tres parámetros, punto de vista competencial, material y procedimental. La conclusión alcanzada es la inconstitucionalidad de la ley y por tanto el veto, por su nulidad, a que se celebrase tal consulta, atajando con ello el exceso contenido de «voluntarismo» que en la misma se incorporó (Corcuera Atienza, 2013; 202).

Una segunda parada en este viaje por las consultas populares autonómicas nos lleva a las Islas Canarias. La razón de ser es otro intento fallido de celebrar una supuesta consulta popular autonómica. Los principales ítems de este supuesto son los siguientes: Su punto final, el comienzo de nuestra argumentación sería la pregunta directa en la que culminaría ese proceso:

«*¿Cree usted que Canarias debe cambiar su modelo medioambiental y turístico por las prospecciones de gas o petróleo? Si o no*».

El trasfondo fáctico del mismo fue la realización de unas prospecciones petrolíferas en aguas canarias, realizadas por Repsol, a 54 kilómetros de Lanzarote y a unos 62 kilómetros de Fuerteventura. Un Real Decreto del Gobierno Central (Real Decreto 547/2012, de 16 de marzo, por el que se convalida el Real Decreto 1462/2001, de 21 de diciembre), avalado por el Tribunal Supremo (STS de 23 de mayo de 2013) legitimó las prospecciones que arrancaron en noviembre de 2014 y que, tras siete semanas de prospección, se cancelaron al no hallar el volumen y la calidad suficiente para valorar una posible extracción. El rechazo desde el Gobierno de Coalición Canaria a dicha práctica impulsó la preparación de una consulta popular cuyos derroteros jurídicos podríamos sintetizar del siguiente modo.

El artículo 32.5 del Estatuto de Autonomía de Canarias (LO 10/1982, de 10 de agosto), incluye en el elenco de competencias de desarrollo legislativo y ejecución, «*el sistema de consultas populares en el ámbito de Canarias, de conformidad con lo que disponga la Ley a la que se refiere el artículo 92.3 de la Constitución y demás leyes del Estado, correspondiendo a éste la autorización de su convocatoria*». Sobre esa base se aprobó la Ley 5/2010, de 21 de junio, de fomento a la participación ciudadana de Canarias, cuyo artículo 20 regula las consultas a la ciudadanía. Su desarrollo reglamentario se produce merced al Decreto 95/2014, de 25 de septiembre, por el que se aprueba el Reglamento de las consultas a la ciudadanía en asuntos de interés general de competencia de la Comunidad Autónoma de Canarias. Este Reglamento consta de un artículo único de aprobación del mismo, una disposición derogatoria única y dos disposiciones finales. Además, se acompaña de un anexo estructurado en cuatro capítulos que se desgranan en un total de 27 artículos y una disposición adicional única. El objeto del Reglamento es la regulación de las consultas a la ciudadanía en asuntos de interés general de competencia de la Comunidad Autónoma de Canarias y, a su vez, el objeto de estas consultas es «*recabar la opinión de la ciudadanía sobre cualquier asunto de interés ge-*

neral de competencia autonómica» (art. 2). El referente subjetivo del mismo se identifica como ciudadanía (art. 3) y se explicita en dos sujetos: las entidades ciudadanas, entendiendo por tales a las personas jurídicas inscritas en el Registro de Participación ciudadana, y las personas físicas, tanto que ostenten la condición política de canarios acorde con el Estatuto (ciudadanos españoles con vecindad administrativa en cualquiera de los municipios de Canarias), como aquellas que tengan su residencia legal en Canarias, independientemente de su condición política y nacionalidad. La concreción objetiva del texto, los instrumentos de consulta a la ciudadanía, se identifican en el artículo 4 refiriéndose a sondeos, encuestas y preguntas directas. El capítulo II (arts. 5 a 8) está dedicado a los sondeos y encuestas de opinión y el capítulo III (arts. 9 a 26), intitulado «preguntas directas», describe genéricamente las mismas (art. 9), regula su forma de planteamiento, los medios para la emisión de las respuestas, las personas, físicas y jurídicas, llamadas a emitirlas y la protección de datos de carácter personal (arts. 10 a 13). Seguidamente, el Reglamento disciplina el procedimiento de planteamiento y realización, así como las garantías de este tipo de consultas directas, convocadas, previa decisión del Gobierno, por su presidente (arts. 14 y 15) y desarrolladas de conformidad con las normas con que al efecto y por Decreto se dicten. El Reglamento prevé también una posible campaña institucional (art. 17) y disciplina tanto el modo de emisión de las respuestas, como las dependencias para su depósito (arts. 18 y 19), así como los medios personales que velarán por la regularidad de tal emisión de opiniones (art. 20). La estructuración de las garantías de los diferentes procesos, incluido un sistema de reclamaciones y recursos (art. 26), así como la eficacia de las consultas, carentes de carácter vinculante (art. 27), cierran la regulación, a la que se añade únicamente la posibilidad de celebración de acuerdos y convenios para la ejecución de las consultas, conforme a la disposición adicional única.

Este Reglamento fue objeto de impugnación por parte del Gobierno del Estado, al amparo del Título V de la LOTC, la disposición adicional y las disposiciones finales, así como los artículos 3 y 4, y 9 a 26 del anexo de dicho Reglamento. La STC 137/2015, de 11 de junio atiende a dicho proceso. Sus elementos esenciales se circunscriben a las siguientes apreciaciones:

De modo preliminar, se atiende a resolver dudas sobre la vía procesal mediante la que se ha canalizado la impugnación, sosteniendo que en base a un principio de economía y de lógica procesal, la vía del Título V de la LOTC es procedente para aquellos supuestos en los que los motivos de la impugnación son no solo competenciales, sino de otro tipo (FJ 1). En el mismo orden de cosas, la introducción en la demanda de un nuevo objeto de impugnación, la delimitación del concepto de ciudadanía incluido en el reglamento, no contemplado en el acuerdo inicial del Consejo de Ministros, deriva en la exclusión de su consideración por el Tribunal.

La primera cuestión que se aborda es dirimir la distribución de competencias sobre consultas populares entre el Estado y las Comunidades Autónomas. Para ello se trata de distinguir dos conceptos que confluyen, como son los de referéndum y consultas populares (FJ 4 a y b). El referéndum recae en la competencia estatal, por la reserva de ley orgánica que se refiere al mismo, de doble filo, por desarrollar un derecho fundamental, genérica, y otra, específica marcada por el mandato del art. 92.3 CE. Adicionalmente, la Constitución atribuye al Estado la competencia para la autorización de la convocatoria de consultas populares por vía de referéndum, entendida de un modo lato al incluir la entera disciplina de la institución, esto es, tanto su establecimiento como su regulación (FJ 4 c). Por el contrario, las consultas populares no referendarias pueden recaer en el ámbito competencial de las Comunidades Autónomas, respetando lo dispuesto en el art. 149.1.18. Profundizando en la matización, la competencia estatutaria de «*desarrollo legislativo*» en materia de consultas de carácter referendario se limitaría a «*complementar o integrar en aspectos accesorios*» la entera disciplina de las mismas (FJ 4 d).

El Tribunal abandona el tono genérico de su discurso, para centrarse en la casuística objeto de la impugnación, ¿Son las consultas mediante «preguntas directas», denominación genuina de esta norma, verdaderas consultas referendarias? Los elementos guía de este ejercicio deductivo son: el estudio del referente subjetivo, es decir quiénes son los convocados; en segundo lugar, los aspectos procesales, tanto la propia emisión del voto como la habilitación de una administración electoral y, finalmente, el elemento garantista, en cuanto a la habilitación de una serie de medidas que aspiren a la correcta manifestación y expresión de la voluntad popular (FJ 5). En lo que se refiere a ese elemento subjetivo se considera que no se pueden considerar referendarias las consultas a las que dieran respuesta las entidades ciudadanas, pero sí cuando se recaba la opinión de la ciudadanía, incluyendo en ella al cuerpo electoral (FJ 6 A e).

Procesalmente, se constata que la participación ciudadana regulada en el Reglamento se realiza mediante la emisión del voto (FJ 6 B). Igualmente se incorpora una determinada Administración electoral y un sistema garantista que, aunque disparejos a los dispuestos por la Ley Orgánica del Régimen Electoral, aspiran a la implementación de su misma finalidad, que el resultado de la consulta sea una expresión fidedigna de la voluntad del cuerpo electoral. Por lo que en este aspecto se valida igualmente la hipótesis de identidad con el referéndum de las consultas con preguntas directas reguladas (FJ 6 D).

Por todo ello se concluye que en el Reglamento impugnado se crean y regulan unas modalidades de consulta referendaria inéditas, no previstas en la legislación estatal, ajenas a la autorización estatal ex art. 149.1.32, atípicas en cuanto a su régimen procesal y garantista y que vulneran la exigencia estatutaria de que en lo concerniente a las consultas populares la regulación efectuada desde la Comunidad Autónoma habría de respetar la Constitución y las leyes del Estado. En base a ese quebrantamiento se determina su inconstitucionalidad (FJ 7). Finalmente, cuando las consultas tengan como destinatarios a la entidades ciudadanas, el Tribunal entiende que no cabría reproche de inconstitucionalidad, pero que en base a la necesaria coherencia del pronunciamiento, conforme a un principio de analogía, ha de declarar inconstitucional, porque desglosar ambos instrumentos sería asignar al Tribunal un rol de legislador que no le compete y, materialmente, porque el parecer de estas entidades ciudadanas, expresado mediante un voto, pudiera considerarse como «una apariencia del voto de la ciudadanía», sustitución incompatible con el ordenamiento constitucional.

La referencia a Canarias se proyecta más allá del mencionado Reglamento, afectando a la inmediata continuidad del mismo de la mano del Decreto 107/2014, de 2 de octubre, del Presidente del Gobierno de Canarias, por el que se convoca consulta ciudadana mediante pregunta directa en el ámbito territorial de Canarias. Fruto de la impugnación de este Decreto es la STC 147/2015, de 25 de junio.

La esencia de dicho Decreto es la formulación de la pregunta a la que hemos hecho referencia líneas atrás:

«*¿Cree usted que Canarias debe cambiar su modelo medioambiental y turístico por las prospecciones de gas o de petróleo? Si o no*» (art. 5).

De su contenido destaca identificar a los destinatarios (mayores de 16 años, residentes legalmente en Canarias, con independencia de su nacionalidad, ciudadanos españoles residentes en el extranjero con la última vecindad administrativa en Canarias, entidades ciudadanas inscritas en el Registro de participación ciudadana), el sistema de emisión de las respuestas, presencial y telemático (art. 3.3), convocándose a las primeras para el domingo 23 de noviembre de 2014, de 10:00 a 19:00 horas y facultándose la emisión de respuestas por medios telemáticos para las personas físicas desde el día 19 de noviembre hasta el 23 de dicho mes, y cuando sean las entidades ciudadanas las que respondan habrían de hacerlo el 16 de noviembre.

El Tribunal Constitucional, una vez suspendida la efectividad de dicho decreto conforme al art. 161.2 CE y 77 LOTC, procede a enjuiciar su constitucionalidad.

En sus fundamentos, se marca un *prius* argumental de carácter procesal en el que se reivindica la idoneidad del cauce elegido para la demanda, Título V LOTC, por concurrir en la misma motivos competenciales y de otra índole, mixtos. Igualmente, reivindica la procedencia del pronunciamiento, pese a ser posterior a las fechas en que hubiera de haberse celebrado la consulta, porque aunque el acto haya caducado la controversia entre las partes sigue viva (FJ 2).

Materialmente, la sentencia acoge pronunciamientos vertidos en sentencias anteriores, argumentos que se condensan en el siguiente silogismo: el referéndum es una facultad estatal en cuanto a su establecimiento y regulación, la consulta convocada tiene naturaleza referendaria por contribuir a manifestar la voluntad general de los ciudadanos, conclusión, la consulta es inconstitucional (FJ. 4).

Un análisis exhaustivo de la regulación y, en particular, de la jurisprudencia en materia de consultas populares autonómicas nos lleva a describir a éstas como un concepto jurídico indeterminado, cuya implementación ostenta un grado mayúsculo de dificultad que casi deviene en imposible. Así la orientación debería dirigirnos a interrogarnos sobre ¿Cuáles son los criterios que debería cumplir una consulta popular para ser constitucional? Para ello, y siguiendo la estructura de los conceptos jurídicos indeterminados, el halo negativo del que se debería de huir son aquellos procesos que sean específicamente o esencialmente, aunque difieran en el significante, un referéndum. Desde una amplia relación género-especie, las consultas populares se caracterizarían por catalogarse como una garantía institucional, consistente en habilitar las medidas promocionales para canalizar la participación ciudadana en los asuntos públicos y la proclamación de un fin u objetivo estatutario a los efectos de fomentar la participación en los órdenes económicos, sociales y culturales de las Comunidades Autónomas. Pese al afán estatutario de creación de catálogos de derechos, en lo concerniente a consultas populares sólo admitiríamos su caracterización como derechos subjetivos *in fieri*, en la medida que «carecerán de justiciabilidad directa hasta que se concrete su régimen jurídico, pues sólo entonces se configurarán los consiguientes derechos subjetivos» (STC 247/2007, FJ 15).

Aquí hemos de efectuar una precisión en aras a la diferencia en la regulación estatutaria de las consultas populares. Mientras en aquellas Comunidades Autónomas que han determinado la regulación de las consultas populares como una implementación competencial o como una proyección funcional de sus instituciones, *v. gr.* Comunidad Valenciana, siguiendo el patrón de los Estatutos de Autonomía de primera generación, validan la no catalogación de tales consultas populares como derechos subjetivos, dado que como sostiene el Tribunal Constitucional en la Sentencia mencionada y en el mismo fundamento jurídico citado el art. 147.2 d) no genera derechos subjetivos. Dicho con rotundidad, los techos competenciales no crean derechos subjetivos. Empero, aquellos Estatutos que han optado por incluir catálogos de derechos han abierto una vía más expedita a la configuración de estos derechos a celebrar consultas populares como derechos subjetivos, matizables por cuanto han de esperar a la concreción que el legislador ordinario autonómico les confiera y recordando que el derecho estatutario que los regula limita la titularidad de los individuos frente a los poderes públicos en este ámbito al nivel de la «promoción». En este sentido, Cataluña fue pionera en el establecimiento como derecho expreso, y no solo como implementación de una habilitación competencial, de la promoción de las consultas populares autonómicas (Oliver León, 2008; 496).

A la pregunta de ¿quién convoca?, la legislación estatutaria nos depara dos sujetos activos de tales convocatorias de consultas populares que no comprendan el referéndum (STC 31/2010, FJ 69), uno inmediato y otro mediato. El inmediato corresponde a los órganos ejecutivos, ya sea en su forma colegiada (art. 122 EC) o en el líder de la misma, el presidente de la Comunidad Autónoma, v. gr. el President de la Generalitat Valenciana (art. 28.5 EV, art. 117 EA). Igualmente, esa potestad de convocatoria recae en los órganos colegiados ejecutivos de las entidades locales a las que se atribuye la potestad de convocatoria de consultas populares, ayuntamientos o, excepcionalmente, en el caso balear, los Consejos Insulares (art. 15.2.e) EIB). Cuando hablamos de esa potestad mediata de convocatoria de consultas populares, se alude a la facultad de promoción de los ciudadanos de la misma, como contempla el Estatuto de Castilla y León (art. 11 ECyL) o el Estatuto Balear cuando habla de la potestad del presidente de «*proponer por iniciativa propia o a solicitud de los ciudadanos*» (art. 117 EIB) la celebración de consultas populares.

La concreción de los instrumentos de consultas populares que abarca la regulación estatutaria se remite a «*encuestas, audiencias públicas, foros de participación*» (art. 71 EAr). La coletilla genérica con que concluye esa relación no exhaustiva excluye al referéndum (STC 31/2010, FJ 69). El régimen de las actuaciones que las Comunidades Autónomas podrán desplegar con respecto a estas consultas populares abarca «*el establecimiento del régimen jurídico, las modalidades, el procedimiento, la realización y la convocatoria*» (art. 122 EC, art 71 EAr, art. 78 EA). La nota discordante la marcan el Estatuto de Autonomía de la Comunidad Valencia y el de Castilla y León que precisan la autorización estatal para su convocatoria (art. 50.8 EV, art. 71.1.15 ECyL), algo que se comprende desde la asunción de dicha competencia en grado de desarrollo legislativo, con expresa referencia al art. 92.3 y 149.1.18 CE. Desde un punto de vista material el contenido de dichas consultas debe versar sobre «*cuestiones de interés general en materias autonómicas o locales*» (art. 28 EV) o «*decisiones políticas que sean competencia de la comunidad*» (art. 11.5 ECyL).

Los destinatarios de dichas consultas populares han de ser los ciudadanos de las respectivas Comunidades Autónomas, Consejos Insulares o Ayuntamientos legitimados para su convocatoria. La habilitación para convertirse en sujeto pasivo de las mismas es la «condición de miembro de una comunidad política» (Rosado Villaverde; 193). El Tribunal Constitucional remite al legislador y convocante de cada una de dichas consultas la precisión de sus destinatarios, con la limitación de la no coincidencia con el cuerpo electoral, puesto que esta circunstancia sería un elemento procesal indicativo de que no estaríamos ante una consulta popular, sino ante un referéndum o ante una consulta popular por vía de referéndum. Esa indeterminación se hace patente con la referencia a «*cualquier colectivo*» (STC 103/2008, FJ 3, STC 31/2010, FJ. 69). Es decir, podríamos encontrarnos con acotaciones cronológicas, intereses sectoriales, geográficos... La duda de si estos colectivos pueden estar integrados por menores o extranjeros se resuelve favorablemente si en la norma convocante se habilita a ello, con razonables restricciones (16 años, exigencia de residencia previa durante un tiempo no inferior a un año, etc.). La legalidad del proceso se salvaría, cosa bien distinta es su credibilidad.

Dentro de la vocación de mímesis que subyace tras cualquier proceso de reforma estatuaria, sorprende que en materia de consultas populares los estatuyentes no buscasen una aproximación, fluctuando el régimen competencial en la materia entre la exclusividad (Cataluña —art. 122 EC—, Aragón —art. 71.27—, Andalucía —art. 78 EA—, Extremadura —art. 9.50 EEx—), o el desarrollo legislativo y la ejecución (Valencia —art. 50.8—, Illes Balears —art. 31.10 EIB—, Castilla y León —art. 71.1.15 ECyL—). La explicación la ofrece el Tribunal Constitucional en la STC 31/2010, FJ 69, en lo que se refiere a consultas populares y FFJJ 59-61 y 64, en lo concerniente al alcance constitucional que merece la calificación como exclusivas de determinadas competencias. La «exclusividad» del art. 122 del Estatuto Catalán, y por ende de todos los restantes Estatutos que se atribuyen tal grado de atribución en materia de consultas populares, «ha de serlo, sin perjuicio de la competencia estatal relativa a las bases del régimen jurídico de las Administraciones Públicas» (STC 31/2010, FJ. 69). En consecuencia, el significante de competencia exclusiva decae frente a su significado de *«no impedir el ejercicio de las competencias exclusivas del Estado ex. art. 149.1, sea cuando éstas concurren con las autonómicas sobre el mismo espacio físico u objeto jurídico, sea cuando se trate de materias de competencia compartida, cualquiera que sea la utilización de los términos»* STC 31/201, FJ 59). Podríamos sostener, en consecuencia, que dejando a salvo aquellos Estatutos de Autonomía que han previsto expresamente la necesidad de autorización estatal para la convocatoria de consultas populares, los restantes, respetando lo preceptuado en el art. 149.1.18, bases del régimen estatutario de las Administraciones Públicas, pueden gestionar en su integridad la convocatoria de dichas consultas populares.

La zona de certeza negativa de la regulación estatutaria y de la potestad autonómica en materia de consultas populares aparece meridianamente clara en la totalidad de los Estatutos de Autonomía de segunda generación. A mayor abundamiento, el Tribunal Constitucional se ha encargado de su precisión (Pulido Quecedo; 359). La técnica que se utiliza es una referencia a los preceptos constitucionales, con los que expresamente se busca la conformidad (92.3, 149.1.32 o 149.1.18 CE), o bien mencionando expresamente la excepción de la regulación del referéndum, como hace el Estatuto de Autonomía aragonés (art. 71.27 EAr) o el de Extremadura (art. 9.50 EEx). Aquí, igualmente hallamos variaciones nada desdeñables en la fijación de esos límites. Mientras Estatutos como el valenciano se refieren al 92.3 y al 149.1.18 CE, Cataluña circunscribe ese límite al 149.1.32 CE; Illes Balears busca una combinación diferente a la del apartado 3 del artículo 92 y el núm. 32 del apartado 1 del artículo 149 de la Constitución, Aragón agrega dos nuevos preceptos de obligado respeto en el ejercicio genérico de sus competencias exclusivas, lo dispuesto en los artículos 140 y 149.1 de la Constitución, explicitando para el caso de las consultas populares, que dicha competencia exclusiva tiene como excepción «*la regulación del referéndum*» (es decir el art. 92 íntegro, no sólo el apartado 3) y de lo previsto en el artículo 149.1.32 (art. 71.27 EAr). En el caso Andaluz se opta por la identificación categórica del referéndum como excepción a la implementación de la competencia exclusiva de la Junta de Andalucía vinculada a instrumentos de consulta popular. Por su parte, Castilla y León opta por disociar los límites cuando regula el derecho de participación en los asuntos públicos, a los efectos de la promoción por los ciudadanos de la convocatoria de consultas populares (149.1.32 CE), respecto al precepto en que se norma la habilitación competencial imprescindible, en la que el límite es el art. 92.3 CE. Finalmente Extremadura, se preocupa de separar en el momento de regular su régimen competencial, en exclusividad, las consultas populares no vinculantes que sean «*diferentes al referéndum*». Cómo sintetizar este muestreo estadístico de combinaciones de diferentes preceptos tomados de uno, dos o tres en tres elementos. La transversalidad de la competencia exclusiva del Estado para fijar el «*régimen jurídico de las Administraciones públicas*», compatible con la exclusión del ámbito normativo autonómico del referéndum como derecho subjetivo, y en consecuencia de la regulación de su régimen jurídico, de la ley que lo determina, a la sazón una ley orgánica, y en especial del requisito procesal de su autorización. Es decir, del seguimiento de estas pautas derivaría la constitucionalidad de una consulta popular autonómica.

III. CONVENCIONES ESTATUTARIAS, *LEGE FERENDA*

Si hasta aquí nos hemos centrado en analizar posibilidades regeneradoras deducidas de la legislación vigente y de la jurisprudencia, en el presente epígrafe avanzaremos, *lege ferenda*, una senda regeneradora basada en la participación directa de los ciudadanos en la fase de impulso de los procesos de reforma normativos, en particular de los Estatutos de Autonomía, diferente a la ratificación *ex post* vía referéndum, designada como convención estatutaria.

El contexto temporal en el que se desenvuelve es el momento previo a su reforma, descartada su aplicación en un período de redacción *ex novo* de Estatutos de Autonomía, pero sí factible si se postulase una federalización y, consecuentemente, la aprobación de Constituciones estatales. Teóricamente, el paradigma a aplicar es el de las convenciones constitucionales, no en su acepción anglosajona de fuente del derecho, sino en su matiz procesal por el que se referenciaría una asamblea, reunión o agrupación de ciudadanos y sus representantes, avalados por precedentes organizativos similares y por el compromiso político de gobernabilidad basado en el poder discrecional del ejecutivo, con la finalidad de dotar de un suplemento al contenido normativo de la Constitución, concretamente en lo referido a la reforma constitucional, a los efectos de potenciar su flexibilidad, adoptándolas a las circunstancias cambiantes de la vida nacional, a unas nuevas necesidades, determinadas en este caso por una coyuntura de crisis. Con ella se reforzaría esa parte eficiente, presente en cada Constitución (Bagehot; 61).

En la historia constitucional ha habido experiencias de Convención Constitucional, aunque la más próxima y más convincente es la irlandesa, en la que repararemos con detalle. El término de convención constitucional lleva implícito una gran resonancia histórica que nos lleva a visualizar los personajes de Thomas Jefferson o James Madison en la Convención de Filadelfia de 1787, en lo que sería el asentamiento de las bases del constitucionalismo moderno. Otro ejemplo más próximo temporalmente sería el de Australia, años 90, y el planteamiento de un cambio pro republicano de la forma de gobierno; la Unión Europea y la redacción de la Carta de Derechos Fundamentales de la Unión, años 1999-2000 o las provincias canadienses de Columbia Británica y Ontario, en 2003-2004 y 2006, respectivamente, en relación a reformas en sus sistemas electorales son los supuestos en los que la opción de la Convención Constitucional se ha convertido en un recurso de naturaleza similar al que actualmente se diseña en Irlanda y sobre los cuales se ha inspirado esta reflexión sobre su aplicación al marco de regeneración estatutario.

Dentro de este clima regeneracionista, hemos de subrayar que en Irlanda, su aplicación se conectó con el objetivo de articular un proceso en virtud del cual asegurar que la «Constitución irlandesa afronte los retos del siglo XXI»[6]. Convencidos desde estas líneas de la importancia de la presión de la crisis económica como canal impulsor de la participación ciudadana en los asuntos públicos, incluida la reforma de la Constitución, (Seijas, 2012b; 412) el gobierno resultante de las elecciones celebradas en Irlanda el 25 de febrero de 2011, integrado por la coalición del *Fine Gael* y los laboristas, acordó en su programa común de gobierno afrontar el proceso de reforma constitucional sobre una serie de materias abanderadas por los distintos colores políticos (abolición del Senado; ampliar la capacidad de actuación de los Comités del Parlamento (*Oireachtas*) a los efectos de llevar a cabo investigaciones completas sobre diferentes materias; proteger los derechos de los ciudadanos a comunicarse confidencialmente con los representantes políticos; reducción de los sueldos de los jueces en determinadas circunstancias como parte de un recor-

[6] *Programme for Government* 2011 (6 de marzo de 2011). P. 17. http://www.taoiseach.gov.ie/eng/Publications/Publications_2011/Programme_for_Government_2011.pdf (23-2-2016).

te general de los gastos del sector público; potenciar que los derechos de los niños sean respetados, siguiendo las líneas recomendadas por el Comité interpartidos del Parlamento (*All-Party Oireachtas Committe*).

Sobre estas bases, el gobierno se comprometió a establecer una convención constitucional —aceptando para ello una propuesta formulada desde la oposición por el *Fianna Fáil*— a los efectos de tomar en consideración una «reforma constitucional comprehensiva». El balance de esa propuesta se materializó en la implementación de una convención constitucional cuyos rasgos más emblemáticos son los siguientes:

La primera sesión de la Convención constitucional tuvo lugar el 26 y 27 de enero del año 2013. Estuvo formada de 100 miembros, de los cuales 66 eran ciudadanos, 33 eran parlamentarios y un presidente, Tom Arnold, cuya procedencia inmediata era la presidencia de *Concern Worldwide* la mayor agencia irlandesa de cooperación y ayuda humanitaria. Los ciudadanos fueron elegidos por un sistema aleatorio, usando el registro electoral, por una empresa de muestreos independiente, que procuró buscar un reflejo de la población en términos de género, edad, educación y status socieconómico. Una lista con idéntico número de sustitutos se realizó en previsión de que alguno de ellos no pudiera asistir a todas las sesiones. Los partidos políticos se encargaron de la selección de sus propios miembros, en un porcentaje proporcional al de su representación parlamentaria. Esa selección presencial se completó con lo que se ha llamado apertura al «maxi público», básicamente canalizada por la apertura de la petición de informes, llegándose a recibir más de 2.500 en función de los distintos paneles de discusión, canalizados bien a través de *recursos on line* o bien a través de la apertura de los debates de la Convención a representantes de distintas organizaciones. El presupuesto con el que se dotó fue de 900.000 Euros. Los participantes no recibieron compensación económica alguna, pero sí se cubrieron sus gastos de desplazamiento y alojamiento en el Grand Hotel de Malahide, situado al norte de Dublín. La Convención se reunió una vez al mes, en sesiones de fin de semana que incluían todo el sábado y la mañana del domingo. Los debates fueron asistidos por cuatro politólogos y un jurista (*Academic and Legal Support Group*) a los efectos de facilitar toda la información requerida por los miembros de la Convención y la comparecencia de expertos de cada lado de los argumentos objeto de debate. Igualmente, los trabajos se apoyaron en una secretaría, integrada por tres funcionarios y un becario. La dinámica de trabajo se apoyó en un protocolo de participación inclusiva, organizándose diferentes mesas con unos ocho participantes de los cuales dos o tres eran políticos. El trabajo de cada grupo estaba auspiciado por un coordinador (*facilitator*) y por una persona encargada de transcribir los debates. Estos se desarrollaron a lo largo de catorce meses de Convención, con ocho fines de semana de intenso debate (Farrel, 2016; 12).

Lo que se considera por los irlandeses como «un espacio en el que reflejar los valores y principios que definen quienes somos y adonde queremos dirigir nuestro Estado»[7] se plasmaría en una Recomendación trasladada al Gobierno, que tendría la obligación de responder en sede parlamentaria en un plazo máximo de cuatro meses. Como consecuencia del debate parlamentario, el gobierno adoptaría una recomendación de reforma constitucional, algo facultativo, procediendo a la convocatoria de un referéndum.

En términos estrictamente materiales los resultados de la Convención Constitucional irlandesa se ciñeron a ocho ámbitos temáticos inicialmente identificados, junto a dos agregados desde una cláusula final de libertad de inclusión de materias, traduciéndose en un total de treinta y ocho recomendaciones al gobierno con distinto contenido, desde la reforma constitucional hasta su implementación a través de medidas administrativas. Así, la reducción del mandato presidencial a cinco años y la celebración de dicha elección de forma conjunta a las elecciones locales y europeas; postular la reducción de la edad mínima de los candidatos presidenciales y otorgar a los ciudadanos una participación directa en el proceso de designación de los candidatos a presidente. Reducción de la edad de voto a 17. Revisar el papel de las mujeres en el hogar y el fomento de su participación en la vida pública, instando la modificación del artículo 41.2.1 de la Constitución que versa sobre la posición de la mujeres en aras a la incorporación de una redacción más neutral incluyendo la referencia a tareas dentro del hogar y fuera del mismo «*beyond the home*». En ese sentido, otra recomendación se refirió a la potenciación de la participación de la mujer en política. Un quinto tema fue el del matrimonio entre personas del mismo sexo (referéndum de 22 de mayo de 2015). Un sexto tema fue la revisión del sistema electoral. Finalmente, la remoción de la ofensa de blasfemia de la Constitución, ahonda la peculiaridad del constitucionalismo irlandés.

La experiencia es positiva, lo que no obsta a que analizado desde la óptica de un jurista, no persa, sino español, requiera algunas lecciones para el futuro. En lo que concierne a la composición, prestar atención a los grupos minoritarios; en el desarrollo de la agenda, estimular la participación más activa de las mujeres en los debates, monopolizados en muchas ocasiones por los hombres; fomentar su transmisión y su apertura interactiva a todos los ciudadanos.

IV. Del discurso mediático negativista a un pesimismo constructivo

El panorama poco alentador de celebración de consultas autonómicas en otras Comunidades Autónomas vislumbra un futuro no muy nítido para

[7] O´Gorman, C., «Constitutional Convention», en *Irish Times*, 11 de junio de 2012.

esta práctica. Para dejar de lado el nominalismo de la legislación en la materia, hay que propiciar, primero una potenciación de la cultura de participación; segundo, en aras de compatibilizar el carácter restringido con que nuestro sistema representativo contempla las consultas populares, sería conveniente reparar en clarificar la discrecionalidad del gobierno en la autorización de las consultas, especialmente evidenciada en el caso de las consultas populares municipales; en la construcción de esa cultura de la participación, la consideración de dichas consultas, no como sustitutivos o como elementos que minusvaloran e incluso amenazan a la democracia representativa, sino como apoyo y refuerzo actualizador y dinamizador de la misma. Por otro lado, el régimen jurídico de referéndum y consultas populares ya es meridianamente claro. Es un ejercicio de responsabilidad política y lealtad institucional el aplicar ese marco jurídico definido, por lo tanto es repudiable el plantear consultas que claramente lo violentan, en un afán de voluntarismo o de populismo cuyos efectos son siempre impredecibles, incluso para sus propios promotores.

La necesidad de respetar el Estado constitucional, es compatible con propiciar un refuerzo del pilar democrático del mismo. La Constitución es irrenunciable desde cualquier senda que se habilite. Igualmente, la Constitución ofrece respuestas a las diferentes situaciones jurídicas tensas que se puedan contemplar (art. 8, art. 155 o art. 161.2 CE). En términos de voluntad, no es la ruta más deseable, pero no cabe declinar el recurso a las mismas o su minimización por los chantajes propios de la vida política. Una vez marcada las reglas, cómo podríamos proceder.

El Estado constitucional es irrenunciable, pero se abren nuevos frentes a los que hay que dar respuesta desde nuevos y renovados parámetros. Pero su adaptación a un nuevo mapa, diseñable desde un constitucionalismo tridimensional, en el que el eje parlamento-gobierno se vea afectado horizontalmente, por el peso de la burocratización y el tecnicismo de quienes no han sido electos; verticalmente, por los procesos de globalización y europeización y, lateralmente, por el peso de actores privados que claman por una autorregulación en un contexto de crisis y de recuperación de protagonismo de planteamientos neoliberales. Desde la literalidad de este ensayo se desea abogar por la apelación a una «Democracia deliberativa» (Levinson; 213), que busque erradicar el *gap*, el vacío que media entre representantes y representados.

Las perspectivas son poco halagüeñas, pero el pesimismo que sustentamos es esencialmente constructivo. Desde la teoría de un constitucionalismo tridimensional destaca lo positivo de integrar en el proceso de legislar a sujetos hasta ahora no formalizados, como la burocracia, la dimensión trasnacional o los sujetos privados, y postular la necesidad de combinarlos con los elementos tradicionales, gobierno y parlamento. Su principal falla radica en no identificar con meridiana claridad el nexo entre todos ellos. Esta propuesta, al igual que las de democracia deliberativa o democracia monitorizada se concentran en la legitimidad, pero el constitucionalismo moderno se asienta sobre dos pilares, legitimidad y legalidad. Es en los déficits en la conectividad de estas dos facetas donde debemos incidir.

Las propuestas de regeneración democrática, especialmente concebidas desde el plano territorial, parten de un presupuesto base: una ciudadanía responsable y unas Comunidades Autónomas leales al orden constitucional, comprometidas en dicha regeneración. Eso choca frontalmente con la realidad, y una propuesta cuyo presupuesto de partida sea una ficción está condenada al fracaso. A escala autonómica, las autonomías más beligerantes han monopolizado ese proceso consultivo, frente a otro sector más complaciente y menos reivindicativo. El riesgo es que esas medidas de regeneración aumenten la falla entre territorios.

La desafección parece ser no algo coyuntural, vinculado a las crisis sino algo estructural y no algo particular, vinculado a países en crisis, sino algo generalizado. Por otra parte, el lado oscuro de las alternativas regeneradoras analizadas, las consultas populares, evidencia una potencial dimensión populista de las mismas. Su uso, al imprimirles un contenido voluntarista, puede suponer que bajo un velo de preservar el interés general a lo que realmente se dirigen es a promocionar intereses individuales, corporativos o sectoriales. Al final puede resultar que el recurso a estas medidas de regeneración solo busque ser una garantía de la permanencia en el poder de sus promotores o del acceso al mismo.

En esencia, el desequilibrio entre legitimidad y legalidad es la piedra angular de cualquier propuesta de regeneración democrática. El huir de propuestas regeneradoras populistas o de distracción, de potenciar una participación directa que bloquee el sistema democrático, incapacitándolo para tomar decisiones o generando una fragmentación que paralice, a la italiana, la acción de gobierno, e impida la adopción de medidas impopulares. La regeneración ha de conciliarse con la credibilidad de los espacios de decisión pública como los parlamentos.

V. Bibliografía

Álvarez Conde, Enrique, *Reforma Constitucional y reformas estatutarias*, Iustel, Madrid, 2007.

Aparicio, Miguel Ángel y Expósito, Enriqueta, (Coords.), *Derechos y principios rectores en los Estatutos de Autonomía*, Atelier, Barcelona 2008.

Bagehot, Walter, *The English Constitution*, Collins, London, 1972 (1ª edic. 1867).

Colino, César, «Calidad democrática, crisis y reformas en el Estado autonómico», en Aja, Eliseo, Montilla, José Antonio y García Roca, Javier, eds., *Informe Comunidades Autónomas 2013*, Instituto de Derecho Público, Barcelona, 2014.

Corcuera Atienza, Javier, «El intento del referéndum vasco y los límites del «derecho a decidir», en Saénz Royo, Eva y Contreras Casado, Manuel, *La participación política directa. Referéndum y consultas populares*, Comuniter Editorial, Zaragoza, 2013.

— Corkin, Joseph, «Constitutionalism in 3D: Mapping and legitimating our lawmaking underworld», *European Law Journal*, Vol. 19, No. 5, September 2013.
— Farrell, David, (et. al) «The Irish Constitutional convention: a case of high legitimacy», en Reuchamps, Min y Suiter, Jane (eds.), *Constitutional deliberative democracy in Europe*. ECPR Press, Colchester, 2016.
— Keane, John, *The life and death of democracy*, Simon & Schuster, London, 2009.
— Levinson, Sanford, *Nuestra Constitución antidemocrática, En qué se equivoca la Constitución y cómo puede corregirla el pueblo*, Marcial Pons, Madrid, 2012.
— Lindseth, Peter, «Weak Constitutionalism? Reflections on Comitology and Transnational Governance in the European Union», *Oxford Journal of Legal Studies*, Vol. 21, nº 1, 2001.
— López Basaguren, Alberto, «Sobre referéndum y Comunidades Autónomas. La ley vasca de la «consulta» ante el Tribunal Constitucional (consideraciones con motivo de la STC 103/2008)», *REAF*, nº 9, octubre 2009.
— Martínez-Alonso Camps, José Luis, «Las consultas populares municipales: consideraciones sobre el marco normativo y su identificación como referéndum», *Anuario de Gobierno Local*, 2010.
— Oliver León, Baldomero, «Derechos, principios y objetivos relacionados con la participación política y social», en Balaguer Callejón, Francisco, *Reformas Estatutarias y Declaraciones de Derechos*, Instituto Andaluz de Administración Pública, Sevilla, 2008.
— Pulido Quecedo, Manuel, *El Estatuto de autonomía de Cataluña. Anotado con la Jurisprudencia sistematizada de la STC 31/2010, de 28 de junio*, Aranzadi, Pamplona, 2010.
— Rosado Villaverde, Cecilia, *La regulación estatutaria de los derechos y libertades*, Dykinson, Madrid, 2012.
— Seijas Villadangos, M.ª Esther, «Los gobiernos de los Estados en la Unión Europea», en Matía Portilla, Javier, *Pluralidad Territorial, Nuevos derechos y garantías*, Ed. Comares, Granada, 2012.
«Irlanda: reforma constitucional versus convención constitucional», *Teoría y Realidad Constitucional*, nº 30, 2012 b.
— Shapiro, Fred R., «Quote....Miss quote», *The New York Times Magazine*, 21 de julio de 2008.
— Shapiro, Martin, «The frontiers of Science Doctrine: American Experiences with the Judicial Control of Science-Based Decision-Making», en Joerges, Christian, Ladeur, Karl-Heinz y Vos, Ellen (Eds.), *Integrating Scientific Expertise into Regulatory Decision-Making: National Traditions and European Innovations*, Nomos, Baden-Baden, 1997.
— Tur Ausina, Rosario, «Leyes de participación ciudadana: las experiencias canaria y valenciana», en Bermejo Latre, José Luis y Castel Gayán, Sergio (Eds.), *Monografía de la Revista Aragonesa de Administración Pública*, Gobierno de Aragón, Zaragoza, 2013.
— Teubner, Gunther, «Juridification: concepts, aspects, limits, solutions», en Teubner, Gunther (ed.), *Juridification of Social Spheres; a comparative analysis in the areas of labour, corporate, antitrust and social welfare law*, Walter de Gruyter, Berlin, 1987.

LA REFORMA CONSTITUCIONAL DESDE UNA PERSPECTIVA DE GÉNERO

Asunción Ventura Franch

Profesora Titular de Derecho Constitucional
Universitat Jaume I de Castelló

I. Introducción

Parece que, en la actualidad, todos los males sociales que nos acechan puedan solucionarse con un cambio o modificación de la Constitución. Pero para regenerar o cambiar, para iniciar un cambio constitucional verdaderamente efectivo, hay que hacer antes un diagnóstico de la situación, ver cómo se ha desarrollado la Constitución en estos treinta y siete años y poder así evaluar los resultados y las carencias. Es necesario aprovechar la experiencia y los resultados de estos años, en los que se puede afirmar que, en términos generales, la Constitución de 1978 ha servido para transformar el orden jurídico-político, más allá incluso de lo que en aquel momento se pensaba.

El desarrollo que durante este período se ha producido hace necesaria una reforma constitucional para encauzar algunos aspectos que resultan de difícil encaje en la actual Constitución, como el Estado de las Autonomías. Pero también se puede aprovechar el momento de reforma para repensar todos aquellos aspectos que sería necesario abordar para tener finalmente una Constitución del Siglo XXI.

La reforma de la Constitución es importante, pero no es el remedio a todos los males; también hay que modificar actitudes, sobre todo de la clase política, pero también de la ciudadanía. Y dentro de la clase política, muy especialmente quienes han formado parte de los partidos que han detentado el poder en estos años, los grandes partidos y también los partidos más pequeños que los han sustentado. Todos ellos han instaurado la práctica de lo que se denomina Estado de partidos (García Pelayo, 1986), repartiéndose todo el poder, incluso el que no les correspondía. Es por ello que todas las instituciones y los órganos del Estado han sido en su composición un fiel reflejo de la composición partidista, incluido el sesgo de género, muy propio de los partidos.

La crisis económica, su mala gestión política, el empobrecimiento de la ciudadanía y la corrupción política han tenido como consecuencia la desafección de la ciudadanía respecto de la política y de las instituciones democráticas. El movimiento del 15 M es una concreción de esa desafección: se pierde la confianza en los representantes y no se quieren intermediarios, se protesta directamente.

Fruto de este descontento surgen los nuevos partidos que, de alguna manera, pretenden acabar con la corrupción y dar más protagonismo a la ciudadanía. Algunos de estos nuevos partidos intentan estructurarse organizativamente incorporando elementos de democracia directa, combinándolos con la organización partidista, aunque todavía no lo han conseguido; y no les va a resultar fácil, porque en ellos está operando el efecto simpatía con lo que hacen o han hecho los partidos clásicos[1].

La igualdad de mujeres y hombres no ha sido una preocupación de estas protestas, ni tampoco de los nuevos partidos. En general, se reproduce el esquema clásico: parece que la igualdad solo afecta a las mujeres, y son las feministas que formaron parte del Movimiento 15 M y las que militan en los nuevos partidos las que luchan por incluir en la agenda política las teorías sobre el patriarcado y todas las políticas que, consecuentemente con ese análisis, deben incorporarse en los programas políticos. La transversalidad de la igualdad de género tampoco se ha materializado en el funcionamiento de los partidos, ni tan solo en los aspectos meramente cuantitativos[2].

---

[1] Así, por ejemplo, si hacemos un repaso de las personas nombradas para los cargos del Gobierno de la Comunidad Valenciana surgido del denominado «Pacto del Botánico», de 2015, todos los partidos, tanto los viejos como los nuevos, han escogido a gente vinculada a sus partidos, militantes o simpatizantes, tanto para la titularidad de las Consellerías como para las direcciones generales y otros cargos de libre designación.

[2] Los portavoces titulares en el Congreso de los Diputados constituido a partir de las elecciones del 20D son hombres, con la única excepción del grupo mixto. Los candidatos a la presidencia del Gobierno tanto en las elecciones del 20D como para

Y todo ello, a pesar de que las protestas realizadas por el movimiento feminista han obtenido los mejores resultados en el cumplimiento de los objetivos propuestos en comparación a otros. En relación con ello, cabe destacar la no tramitación de la reforma de la Ley Orgánica 2/2010 de salud sexual y reproductiva y de la interrupción voluntaria del embarazo, promovida por el Ministro Gallardón, que finalmente tuvo que dimitir unos días después de la movilización (el «tren de la libertad») que organizó parte del movimiento feminista.

Es por ello que, ante el posible olvido y también siguiendo el esquema clásico, las constitucionalistas consideramos que la futura reforma constitucional debe abordarse desde una perspectiva de género, teniendo presentes los avances que se han producido al amparo de la Constitución de 1978. Algunos ya han sido recogidos en leyes estatales y autonómicas y otros todavía están pendientes de regulación, pero en cualquier caso, son claves para una Constitución democrática presidida por el principio de igualdad y no discriminación por razón de sexo, de manera transversal. Esto supondría un cambio en profundidad que daría lugar a una nueva constitución, totalmente diferente.

II. La Reforma Constituyente: una propuesta de la Red Feminista de Derecho constitucional

La RfdC (Red Feminista de Derecho Constitucional) viene trabajando desde hace tiempo sobre la idea de una reforma de la Constitución, bastante antes de que se planteara de forma generalizada su necesidad o conveniencia en los círculos políticos (Freixes y Sevilla, 2007); sobre todo, porque el análisis de la Constitución desde la teoría crítica feminista nos conducía a la necesidad de su reforma, dado que, como todas las Constituciones hasta ahora promulgadas, había sido redactada con una apariencia de neutralidad respecto al sexo y utilizando el universalismo de manera incorrecta (Ventura Franch, 1999; 152). Todo ello nos llevó a dedicar, de manera expresa y monográfica, nuestro Seminario anual de 2015 a «La reforma constituyente» desde la perspectiva de género.

La Constitución de 1978 representó un pacto de transición hacia la igualdad de las mujeres (Ventura Franch, 1999; 294), y efectivamente ése ha sido su cometido; pero en ningún caso era un texto en el que se incorporaba a las mujeres como sujetos políticos. Ese pacto de transición sirvió para avanzar en la igualdad de mujeres y hombres a través del cuestionamiento de la igualdad real y efectiva aplicado al ejercicio de los derechos por parte de las mujeres; y esta teorización, junto a la reivindicación del movimiento feminista y los parámetros establecidos en mate-

---

las del 26J son hombres. La mesa del Parlamento valenciano en su constitución estaba compuesta por hombres y ahora solo hay una mujer (PSOE).

ria de igualdad por los organismos internacionales, han permitido desarrollar una legislación, tanto estatal como autonómica que, sin llegar a alcanzar la igualdad real y efectiva ni la consideración de sujeto político, ha abierto una brecha en la teoría constitucional y en los niveles de igualdad de mujeres y hombres.

Es a partir de estos avances que proponemos la reforma constitucional, y por ello no creemos conveniente iniciar un nuevo proceso constituyente, dónde se volviera a cuestionar todo lo avanzado en materia de igualdad. Las feministas no queremos volver al «estado de naturaleza», queremos incorporar los avances en materia de igualdad que se han producido en los años de vigencia de la actual Constitución, y aplicar el principio de transversalidad en materia de igualdad en todo el texto constitucional. Esta propuesta nos aleja también de la posición que pretende una reforma parcial que se circunscriba a algunas materias de la Constitución (Título II, Título III, Título VIII).

La propuesta de reforma de la RfdC afecta a materias que la Constitución reserva al procedimiento «agravado» (art. 168 CE) y este procedimiento implica, de *facto*, un proceso muy similar a un proceso constituyente, en la medida en que debe ser aprobada por dos terceras partes de cada una de las Cámaras, disolver las cámaras, convocar elecciones, volver a aprobar la propuesta de reforma por las mismas mayorías y, posteriormente, someterla a referéndum para su aprobación.

Este proceso es equivalente, desde el punto de vista formal, a un proceso constituyente; con él, toda la ciudadanía podría participar y, finalmente, dar o no su aprobación. En cambio, desde el punto de vista material no se trataría de un proceso constituyente. Nuestra propuesta parte de unos presupuestos que no podrían ser cuestionados por la ciudadanía, por lo que se aleja de la teoría del poder constituyente, en la medida en que le otorga la facultad de no estar sometido a poder alguno ni a normas de ningún tipo (Lasalle, 1984), aunque ya sabemos que este poder no sé da en la realidad.

Contamos con legitimación para mantener estos argumentos dado que, precisamente, las mujeres fuimos excluidas del anterior proceso «constituyente» de elaboración de la Constitución de 1978, como hemos puesto de manifiesto en anteriores investigaciones realizadas por la RfdC.

Se trata, en definitiva, de que la reforma constituyente puede propiciar unos cambios debatidos y aprobados, en su caso, por la ciudadanía en la medida que necesitan de una reforma agravada. Un proceso similar al constituyente pero con la ventaja de que no partiremos de cero y que permite consolidar y ampliar las conquistas obtenidas en el marco de la actual Constitución.

III. Nuevos sujetos políticos: nuevos sujetos constitucionales

El actual sujeto constitucional está muy alejado de la idea de universalidad; en realidad, se puede identificar con las particularidades de algunos hombres (no con todos), pero en ningún caso con todas.

Las mujeres, mediante la activación del principio de igualdad, han ido adquiriendo, muy lentamente, mayores condiciones de igualdad, pero sin llegar a alcanzar la posición de sujeto constitucional. La igualdad, en el ámbito del Derecho constitucional, ha sido uno de los principios que más ha contribuido a la evolución del tipo de Estado, transformando el Estado liberal en Estado social. Sin lugar a dudas, se puede afirmar que representa uno de los principios más interesantes, tanto desde el punto de vista filosófico como desde el punto de vista político, pero quizás también uno de los más abstractos y más difíciles de concretar.

El concepto de igualdad, aunque ha sido muy elaborado por la doctrina jurídica, todavía se sigue confundiendo con otros conceptos que parecen afines o equivalentes; así ocurre con el concepto de identidad, sobre todo cuando se intenta aplicar en relación con los hombres y las mujeres.

La igualdad, se ha sustentado sobre un modelo de persona que se identifica con los hombres, en un principio con las particularidades de algunos hombres, a partir de una posición estrictamente formal, sin haber incorporado las diferencias existentes entre la ciudadanía. El modelo liberal ha obviado las diferencias. Precisamente, la idea de la igualdad formal se sustenta sobre la necesidad de no tener en cuenta las diferencias existentes entre las personas; en principio, las diferencias no tienen interés para el derecho, salvo que sitúen a las personas que las tienen en condiciones de evidente desigualdad.

La igualdad del Estado liberal huye del reconocimiento de las diferencias porque éstas cuestionan, de manera importante, la igualdad formal, o lo que es lo mismo, una abstracta afirmación de la igualdad. En realidad, la igualdad formal se construye sobre una ficción jurídica y responde a una valoración de los aspectos o circunstancias que tienen algunos hombres; en un primer momento, los blancos y propietarios, que son los sujetos implícitos de la norma, en el modelo sobre el que se construye el sujeto universal y, por tanto, también en el sujeto constitucional. Quedan fuera del foco de atención de la norma el resto de las personas: los hombres blancos no propietarios y los negros, pero, por supuesto, también todas las mujeres.

El Estado social ha incorporado nuevos derechos y nuevas titularidades de los mismos, pero no ha cuestionado el modelo sobre el que se sustenta el sujeto constitucional. Es verdad que la incorporación de las mujeres en los textos constitucionales y en las leyes supone, aunque de manera implícita, un cuestionamiento del modelo, o al menos un reconocimiento de que, desde luego, el sujeto «hombre», «todos», «ciudadanos», no se corresponde con el verdadero sujeto universal, y ha sido necesario explicitar que las mujeres también son sujetos de derechos en normas como en el art. 1 de la Ley Orgánica 3/2007 de 22 de marzo, para la igualdad efectiva de mujeres y hombres.

El sujeto y, sobre todo, el modelo que se ha interiorizado en la norma, es el modelo masculino. Con ánimo de sintetizar, podemos señalar la existencia de dos grandes modelos sociales: el masculino y el femenino (público-privado), con todas sus variantes y posibles interacciones.

El modelo femenino se ha vinculado al ámbito privado tradicionalmente; sin perjuicio de que muchas mujeres estén también en el ámbito público, como modelo participan del privado, que no goza de reconocimiento en ninguno de los niveles de valoración jurídica, social y económica, y sobre el que los hombres, de cualquier raza, color o posición social, ejercen el poder.

El modelo masculino se vincula al ámbito público, dónde se concentra todo el debate y el reconocimiento en cualquiera de los niveles: jurídico, social y económico. Por ello, resulta más fácil la integración de los hombres. Aunque algunos inicialmente estaban excluidos, todos participan del mismo modelo y, tal y como se les va reconociendo e igualando desde la norma, tienen más facilidad de alcanzar condiciones de igualdad, dado que es en el ámbito público donde, en su caso, sufrían discriminación. Pero en el ámbito privado todos ejercen el poder y solo necesitan alcanzar la igualdad en el ámbito público dónde, además, la intervención del Estado para establecer niveles de igualdad es más potente y consecuentemente más eficaz.

En cambio, las mujeres sufren discriminación en los dos ámbitos: el público y el privado. En los dos el poder lo ejercen los hombres, y en ambos mantienen resistencias a su redistribución; entre otros motivos, por miedo a perder la posición que ocupan, cómo se demuestra en el ámbito público. En cuanto al privado, la intervención del Estado es más débil y encuentra más obstáculos a la hora de establecer acciones políticas para la igualdad porque es un ámbito tradicionalmente reservado a la intimidad y, a la vez, el poder de los hombres no se suele identificar claramente como tal, queda tamizado por los afectos y el mito del amor.

Esta estructura, que los Ordenamientos jurídicos han interiorizado y que responde a un orden jerárquico patriarcal, posiciona a las mujeres, siempre y en cualquier circunstancia, en condiciones inferiores a los hombres. Frente a ella, no resulta suficiente, por supuesto, el reconocimiento de la igualdad formal; pero incluso deviene insuficiente la igualdad material, ya que se hace necesario abordar no sólo los derechos individuales sino también la citada estructura público-privado implícita en todo el ordenamiento jurídico y, sin duda, también en su norma de más alta jerarquía, la Constitución.

El nuevo sujeto universal debe ser omnicomprensivo de hombres y mujeres. Debe integrar las diferencias a través de un sistema de equivalencia, testada a través de la estructura público–privado, para así poder alcanzar una igualdad real y efectiva. Esta nueva formulación del sujeto universal, reconfigurado en un espacio diferente al público-privado, conduce necesariamente a una reforma total de la Constitución.

La reforma habrá de comportar la reconsideración de todos los artículos basados en el modelo público-privado, tratando estos espacios como de igual valor y como transitados indistintamente por hombres y mujeres, sin adscripción por razón de sexo.

La nueva configuración de los sujetos constitucionales necesariamente comporta la incorporación de derechos nuevos que no están actualmente reconocidos en la Constitución, como el derecho a vivir una vida libre de violencia, los derechos sexuales y reproductivos, los derechos de conciliación y los derechos de identidad.

La organización institucional del Estado también deberá diseñarse de acuerdo con la existencia de los nuevos sujetos constitucionales y la consideración de lo privado con una valoración equivalente a lo público, lo que necesariamente conlleva la necesidad de establecer garantías para que el entramado institucional se estructure bajo los criterios de democracia paritaria.

IV. Del Estado unitario al Estado federal: la internacionalización del Estado desde una perspectiva de género

La estructura territorial del Estado es una cuestión de suma transcendencia en nuestro país. En los últimos años se han producido diversos acontecimientos relacionados con ella, muy significadamente, los derivados de la iniciativa secesionista de algunos partidos catalanes; pero es lo cierto que la cuestión territorial ya fue un tema de suma importancia en la elaboración de la Constitución. El Título VIII de la Constitución es uno de los que denotan más complejidad y dificultad; prueba de ello es que gran parte de los conflictos constitucionales y, consecuentemente, de las sentencias del Tribunal Constitucional, han versado sobre esta materia.

Al amparo de dicho Título todos los territorios del Estado se convirtieron en Comunidades Autónomas, a las que se añaden dos ciudades autónomas. A pesar de su complejidad, con él se ha podido dar solución a las aspiraciones autonomistas, aunque no sin dificultades y, sobre todo, a través de la utilización de pactos políticos, la doctrina y la jurisprudencia. La Constitución ha posibilitado la transformación de un Estado centralista y dictatorial en un Estado democrático y descentralizado, en pocos años y de forma no violenta.

El desarrollo del Estado Autonómico ha incrementado la participación de la ciudadanía en los asuntos públicos y ha permitido desarrollar una legislación autonómica muy variada. En ella cabe destacar el desarrollo de la igualdad de mujeres y hombres que, a su vez y entre otras cosas, ha servido como estímulo al Estado para legislar en esta materia (Ventura Franch, 2007). Precisamente, estos avances en materia de igualdad gracias al impulso de las Comunidades Autónomas hacen pensar en la conveniencia de dotarles de una mayor relevancia y pasar a considerarlas parte de un Estado Federal. Éste es uno de los motivos que nos inclinan por la regulación de un Estado federal, pero no el único.

Siguiendo en el ámbito del Estado actual, también se puede destacar el crecimiento armonizado de las Comunidades Autónomas, en base a la aplicación del principio constitucional de la solidaridad entre los territorios más pobres y los más ricos.

Otro de los aspectos para el que sería necesario un Estado Federal es el de la necesaria ampliación de la influencia en el ámbito internacional. La globalización reclama una reformulación del poder político, ya que lo que realmente sí se ha globalizado es la economía, sin ningún tipo de control o contrapoder, y ello en detrimento de la ciudadanía de todos los países, incluido el nuestro.

La actual globalización representa un atraso en relación con los derechos de la ciudadanía, debido a la progresiva reducción del peso económico de los Estados y, consecuentemente, de su capacidad para actuar sobre las condiciones económicas. La internacionalización de la producción y del comercio, gracias a la desregulación y a los nuevos medios de transporte así como a la revolución de las tecnologías de la información y comunicación, están produciendo un mercado global. Todo ello se ve incentivado, además, por la subordinación de la economía real a las finanzas, por la preponderancia de los mercados financieros.

El concepto de globalización se utiliza, pues, fundamentalmente para describir una serie de fenómenos económicos, la formación de una auténtica internacionalización de la economía. Pero si relacionamos la globalización con los Estados, se puede entender cómo un proceso por el cual las economías nacionales se integran en el marco de la economía internacional, hace que su evolución dependa cada vez más de los mercados internacionales y menos de las políticas económicas gubernamentales (Estefanía, 1996). La globalización económica crea un abismo cada vez más profundo entre las competencias estatales y los sistemas reales de producción y distribución de bienes; con ello, se reduce la capacidad de maniobra de los gobiernos, obligados a seguir criterios económicos globales.

Sin embargo, el espectacular ensanchamiento de los espacios económicos y sociales no se ha visto acompañado de una similar amplitud de los espacios políticos (De Vega, 1998; 14). La globalización se nos presenta así como la renuncia a la autonomía del Estado o del Estado autónomo para dictar sus propias leyes y controlar los procesos políticos, económicos e incluso sociales; como la pérdida de control democrático de aquella parte de la economía necesaria para llevar a cabo la justicia social. Cualquier intento significativo de recuperar una economía política nacional se entendería, sin duda, como un bloqueo proteccionista. Sólo el mercado tiene en la actualidad el protagonismo y, como todos conocemos, nada sabe, ni quiere saber, acerca de los derechos sociales (Häbermas, 1999; 157)[3].

El Estado Social y Democrático de Derecho se encuentra ante un dilema: o se retira del proceso de globalización y se repliega al Estado nacional o se somete a los imperativos del mercado global y desmantela la protección de los derechos sociales y económicos, renunciando a todo intento serio de establecer una política redistributiva (Held, 1997; 164). Puesto que la primera posibilidad no es real, dada la irreversibilidad del proceso, a primera vista parece que no quepa otra posibilidad que aceptar la segunda; ésta es al menos la posición que mantienen los neoliberales y, en general, quienes se engloban en lo que se denomina «pensamiento único». Es imposible replegarse al Estado nacional, pero desde la perspectiva de la ciudadanía y la justicia tampoco es factible desmantelar el Estado social.

Si la globalización se deja a su propio funcionamiento, sin una intervención política, el escenario nos puede retrotraer a una concepción mínima de la democracia y, por tanto, a una reconsideración del Estado social. Las condiciones de participación en las deliberaciones y decisiones políticas, económicas y sociales quedan reducidas y de ninguna forma aseguran la igualdad y la reciprocidad que toda participación requiere (Häbermas, 1999; 102)[4].

La aceptación de la globalización como una cuestión irreversible no significa que se trate de un fenómeno natural sobre el que no cabe ningún tipo de intervención que pueda modificar su potencial; el proceso de globalización ha sido modelado por las tecnologías y la difusión cultural, así como por las decisiones de los gobiernos de liberar y desregular sus economías nacionales (Beck, 1998; 16). La obligada conversión en ciudadanos del mundo por imperativo de la lógica del mercado no debe producirse a costa de la renuncia a la condición de ciudadanía en la órbita política del Estado, dentro de la cual las personas son, ante todo, porta-

---

[3] Este autor señala que los Estados soberanos sólo pueden aprovecharse de sus economías mientras sean economías nacionales sobre las que se puede influir por medios políticos. Con la desnacionalización de la economía, especialmente con los mercados de finanzas, que expande sus redes por todo el mundo y la misma producción industrial, la política nacional pierde poder sobre las condiciones generales de producción y, con ello, el timón para el mantenimiento del nivel social alcanzado (p. 157).

[4] El autor se cuestiona «Si no solo el Estado nacional ha llegado a su fin, sino con él toda una forma de socialización política, los ciudadanos serán arrojados a un mundo de redes anónimas en el que tendrán que decidir según sus propias preferencias entre opciones creadas en términos sistémicos. En este mundo postpolítico las empresas transnacionales se convierten en el modelo de conducta».

doras de unos derechos que en todo momento puede hacer valer frente al poder. Difuminada la ciudadanía en una organización planetaria, difícilmente nadie podrá alegar derechos y esgrimir libertades que es, a la postre, donde radica la esencia de la ciudadanía, ante unos poderes que sigilosamente ocultan su presencia (De Vega, 1998; 51).

Sin embargo, frente a esta posición, un tanto catastrofista o negadora de la posibilidad de intervención para cambiar el curso de los acontecimientos, cabe esgrimir que el núcleo de nuestros Estados Democráticos de Derecho responde a valores y principios universalistas que también encontramos en la actualidad plasmados en las múltiples dimensiones de la globalización. Por decirlo de otra manera: no hay ningún impedimento lógico para que, de la misma manera que en su momento se dio un orden democrático estatal, pueda darse ahora una democracia cosmopolita, un orden político que encauce de nuevo la economía dentro de las exigencias de la justicia social.

Se hace necesario introducir el debate sobre la necesidad del Estado y de rescatar el principio democrático, aunque reubicado en un espacio diferente. Un análisis de las dimensiones del poder, de su naturaleza compleja como capacidad para la definición y satisfacción de intereses particulares, comunes y generales, nos mostraría la implicación de la dimensión económica (Held, 1997). En este sentido se puede afirmar que nos encontramos de nuevo en una continuación del proceso de construcción de la ciudadanía, incorporando las novedades producto de la globalización.

Este nuevo escenario supone romper con la idea clásica del Estado y de la soberanía, y apuntar las líneas básicas de un concepto de soberanía democrática. El elemento que realmente se ha visto afectado es el territorio, que estaría definido por la magnitud de los problemas, esto es, por la extensión de los afectados y no por las fronteras del Estado; a la vez que la exigencia del reconocimiento de los derechos humanos como marco mínimo de convivencia impuesto por el criterio de justicia (Häbermas, 1999; 281).

No se trata de renunciar al Estado, ni de sustituir los gobiernos o eliminar las autonomías por las decisiones de un gobierno mundial. Más bien al contrario, se trata de delimitar muy bien las competencias que corresponden a cada ente territorial (global, grandes regiones, Estados y Estados federados), y reforzar la toma de decisiones en todos aquellos niveles en que sea posible una participación directa, para que puedan ser más efectivas las decisiones. Soberanía democrática y ciudadanía cosmopolita deben ser las claves de la globalización (García Marzá, 1994; 58).

Esta idea es la que debe presidir la reforma de la Constitución: en clave interna, avanzar hasta un Estado federal; y en la externa, contemplar la posibilidad de reorganizar el Estado en ámbitos internacionales: Europa y el mundo. Una democracia cosmopolita con determinación de competencias en cada uno de los niveles y, consecuentemente, articulación de la toma de decisiones.

El feminismo puede realizar grandes aportaciones a la reconsideración del Estado desde una perspectiva internacional, porque desde sus orígenes es un movimiento transnacional, en justa correspondencia con el patriarcado, el sistema en el que se han estructurado todas las sociedades históricamente conocidas. En todas ellas, con diferentes formas e intensidades pero sin excepción, el patriarcado ha situado a las mujeres en posición de discriminación o subordiscriminación (Barrère y Morondo, 2011).

También actualmente los Estados mantienen una estructura patriarcal; aunque formalmente ninguno lo reconoce, lo cierto es que todos tienen niveles más o menos altos de desigualdad entre mujeres y hombres. Los Estados modernos se han fundado a partir de la exclusión de las mujeres de la ciudadanía (Wollstonsnecraft, 2000); pero además de la exclusión en el momento fundacional del Estado moderno, en estos momentos existe una interconexión de temáticas comunes que afectan a mujeres de todo el planeta y cuya solución no puede circunscribirse al ámbito estatal. Se necesita un poder global que marque las directrices para acabar con las lacras sociales que vulneran los derechos de las mujeres. En este sentido, cabe destacar que las mujeres en todos los países del mundo sufren desigualdad y discriminación, claro está, con diferentes niveles de intensidad, entre los que se pueden destacar: la desigualdad económica; la violencia de género; las dificultades para la libertad reproductiva; la paridad en la representación política; y la prostitución.

La solución a toda esta problemática no puede darse en un sólo Estado. En algunos casos, debido a la indudablemente necesaria interconexión de las políticas a adoptar. Es el caso de la prostitución, en la que la conexión es evidente: aunque se prohíba en un país concreto, los ciudadanos de ese país que la consumen se trasladarán a otros países cercanos, o incluso se organizarán cruceros fuera de las aguas jurisdiccionales del mismo en barcos en alta mar; y, por supuesto, el denominado «turismo sexual» y las mujeres traficadas con el ánimo de prostituirlas, seguirán existiendo.

También en las temáticas en las que no existe esa relación directa se dan relaciones de «simpatía» entre las mismas que impiden avanzar al conjunto de la igualdad de las mujeres. La existencia de países que legislan a favor de la discriminación de las mujeres produce formalmente un rechazo en los países que propugnan la igualdad de mujeres y hombres; pero a la vez se establece un elemento de comparación que frena el avance de la igualdad. Así, es fácil oír: «no sé de qué os quejáis, todavía hay países peores». Todo ello sin entrar a analizar algunas consecuencias nefastas para la igualdad que tienen lugar en la confluencia de culturas en las que está instalada la subordinación de las mujeres con otras más igualitarias.

En definitiva, es necesario el impulso de un poder global con su correspondiente articulación territorial, la atribución de competencias a sus diferentes niveles, y la participación de la ciudadanía; pero es necesario a la vez que dicho poder global pueda contribuir a establecer niveles de igualdad más altos. Para este impulso, se está mejor posicionado desde un Estado federal que en una atomización de naciones, donde, frente a los grandes, se tendría mucha menos relevancia.

V. La presidencia igualitaria del Estado

Otra de las cuestiones que debe reformarse en la actual Constitución es el Título II De la Corona.

La monarquía siempre ha sido cuestionada por la teoría feminista. Durante la elaboración de la Constitución el movimiento feminista se posicionó claramente por la República. Por ello, la incorporación en el texto constitucional de la monarquía parlamentaria como forma política del Estado fue uno de los motivos que le llevaron a hacer campaña por la abstención.

Los grupos feministas se negaban a afianzar esta nueva legitimidad de la monarquía porque representaba para las mujeres el máximo exponente del poder patriarcal, y ello por dos razones fundamentales. La primera, porque históricamente ha sido la forma de gobierno más extendida y todos sus gobiernos han limitado el poder de las mujeres, representando los valores y el poder masculino; y la segunda, porque la monarquía heredada del franquismo tenía una connotación especialmente machista, dado que la Ley de Sucesión en la Jefatura del Estado de 26 de julio de 1946, impedía reinar a las mujeres (Ventura Franch, 1999).

El sistema sucesorio seguido en la Constituciones monárquicas del Siglo XIX en España, y también en la mayoría de las Constituciones monárquicas de otros países, si bien no era tan radical como el establecido por las leyes franquistas, al efecto de impedir la posibilidad de que la mujer tuviera acceso a reinar, tampoco facilitaba mucho las cosas; relegaba a un segundo plano el derecho de la mujer a la sucesión que sólo se ejercía ante la falta de un varón. Las fórmulas sucesorias establecidas en las Constituciones históricas, cuyo origen se remonta a la ley de Partidas (1265) de Alfonso X se rigieron por los principios de primogenitura, representación y preferencia del varón sobre la mujer.

Por ello, los grupos de mujeres hicieron campaña a favor de la abstención en el referéndum para la aprobación del texto Constitucional, incluyendo entre sus argumentos para mantener tal posición que el art. 57 CE establece dos discriminaciones: una por razón de nacimiento, ya que solo pueden acceder a la Jefatura del Estado quienes hayan nacido en la familia real; y otra por razón de sexo, por cuanto en la misma línea y grado prima el hombre sobre la mujer.

Es evidente que, a pesar de la dificultad que entraña, en cualquier caso, el acceso de las mujeres al poder desde una estricta posición democrático-formal, la república puede facilitar en mayor medida el acceso de las mujeres a la presidencia, como a cualquier otro ciudadano. Sin más requisitos que los que puedan determinar las propias leyes con respecto a la edad, nacionalidad, etc.; pero, en cualquier caso, serán los mismos para toda la ciudadanía, no dándose tratos de favor o de discriminación por razón de nacimiento o de sexo. No al menos desde la norma.

En cualquier caso, la forma republicana no garantiza por sí misma la eliminación material de la discriminación por razón de sexo, como se puede comprobar repasando los escasos ejemplos de mujeres que han tenido acceso a las presidencias. Por ello, su regulación constitucional deberá realizarse teniendo en cuenta los nuevos sujetos constitucionales y los criterios de democracia paritaria.

VI. Bibliografía

Barrère Unzueta, María Ángeles; Morondo Taramundi, Dolores, «Subordinación y discriminación interseccional: elementos para una teoría del derecho antidiscriminatorio», *Anales de la Cátedra Francisco Suárez*, nº 45, 2011, http://revistaseug.ugr.es/index.php/acfs/article/view/523/613, 05/06/16.

Beck, Ulrick, *¿Qué es la globalización?. Falacias del globalismo, respuestas a la globalización*, Paidós, Barcelona, 1998.

De Vega García, Pedro, «Mundialización y Derecho Constitucional: la crisis del principio democrático en el constitucionalismo actual», *Revista de Estudios Políticos (Nueva Época)*, nº 100, abril-junio 1998.

Esquembre Cerdá, Mar, «Género ciudadanía y derechos. La subjetividad política y jurídica de las mujeres como clave para la igualdad efectiva», *Corts. Anuario de derecho parlamentario*, nº 23, 2010.

Estefanía, Joaquín, *La nueva economía. La globalización*, Debate, Madrid, 1996.

Freixes Sanjuán, Teresa y Sevilla Merino, Julia, *Género, Constitución y Estatutos de Autonomía*, INAP, Madrid, 2007.

García Marzá, Domingo, *Teoría de la democracia*, Nau, Valencia, 1994.

García Pelayo, Manuel, *El estado de partidos*, Alianza Editorial, Madrid, 1996 (2ª Ed.).

Häbermas, Jurgen, *La inclusión del otro. Estudios de Teoría política*, Paidós, Barcelona, 1999.

Held, David, *La democracia y el orden global. Del estado moderno al gobierno cosmopolita*, Paidós, Barcelona, 1997.

Held, David, *Un pacto global*, Alianza Editorial, Madrid, 2005.

Held, David, *Modelos de democracia*, Alianza, Madrid, 2007.

Lassalle, Ferdinand, *¿Qué es una constitución?*, Ariel, Barcelona, 1984.

Sevilla Merino, Julia y Ventura Franch, Asunción, «La Igualdad Efectiva entre mujeres y hombres», *Revista del Ministerio de trabajo y Asuntos Sociales*, nº 67, Madrid, 2007.

Tur Ausina, Rosario, «Igualdad entre mujeres y hombres en la Constitución Europea», en Álvarez Conde, Enrique y Garrido Mayol, Vicente (Eds.), *Comentarios a la Constitución Europea*, Tirant lo Blanch, Valencia, 2004

— Ventura Franch, Asunción, *Las mujeres y la Constitución Española de 1978*, Instituto de la Mujer, Madrid, 1999.
— Wollstonecraft, Mary, *Vindicación de los derechos de la mujer*, Cátedra, Madrid, 2000.

LA FORMACIÓN DE PERSONAS EN LA CIUDADANÍA DEMOCRÁTICA ¿UNA CUESTIÓN DE EDUCACIÓN?

ESTHER MARTÍN NÚÑEZ

Profesora Titular de Derecho Constitucional
Universitat de Barcelona

«La cuestión de enseñanza es cuestión de poder: el que enseña domina, puesto que enseñar es formar hombres y hombres amoldados a las miras de quien los adoctrina» (Antonio Gil de Zárate), cita extraída de Cacho Viu, B., *La Institución Libre de Enseñanza*, Rialp, Madrid, 1962, p. 40).

I. PUNTO DE PARTIDA: LOS FINES DE LA EDUCACIÓN

La educación es uno de los indicadores más fiables del modo de ser de una sociedad y permite saber cuáles son los mecanismos básicos de transmisión del conocimiento y de los valores. Precisamente por ello, todo lo relativo a la educación tiende a ser objeto de debate y de conflicto en las sociedades democráticas. La educación es un derecho de libertad individual, pero al mismo tiempo, la democracia no puede funcionar correctamente sin unos ciudadanos mínimamente educados, de ahí que los textos constitucionales suelan ocuparse de diseñar el armazón del sistema educativo de un país. Un compromiso básico en materia educativa que ponga freno a la permanente tentación de convertir los políticas ideológicas en «guerras escolares». Este es, a mi entender, el vínculo indisoluble entre educación, libertad y democracia.

El principal objetivo de la educación es educar personas para formar ciudadanos preparados para ejercer esa ciudadanía con actitud crítica responsable. La educación es por ello el soporte de las libertades individuales en las sociedades democráticas. Los derechos educativos no son sólo una manifestación del Estado social son, incluso antes, una exigencia de la autonomía individual y de la participación política.

Así, puede observarse que prácticamente todos los documentos internacionales consagran el derecho a la educación y de la libertad de enseñanza. A este reconocimiento añaden la previsión de contenidos concretos que hacen factible esos derechos. Pero queremos hacer especial mención a uno de esos contenidos, quizá uno de los más relevantes: los fines de la educación. El art. 26 DUDH reconoce que el fin de la educación es «*el pleno desarrollo de la personalidad humana y el fortalecimiento del respeto a los derechos humanos y a las libertades fundamentales; favorecer la comprensión, la tolerancia y la amistad entre todas las naciones y todos los grupos étnicos o religioso, y promover el desarrollo de las actividades de las Naciones Unidas para el mantenimiento de la paz*». En su apartado tercero se reconoce el derecho (preferente) de los padres a escoger el tipo de educación que habrá de darse a sus hijos.

La formulación más extensa del derecho a la educación se encuentra en el Pacto Internacional de Derechos Económicos, Sociales y Culturales de las Naciones Unidas, ratificado por la práctica totalidad de los países del mundo. El art. 13 de dicho documento establece que «*la educación debe orientarse hacia el pleno desarrollo de la personalidad humana y del sentido de su dignidad, y debe fortalecer el respeto por los derechos humanos y las libertades fundamentales*», añadiendo además que la educación «*debe capacitar a todas las personas para participar efectivamente en una sociedad libre, favorecer la comprensión, la tolerancia y la amistad entre todas las naciones y entre todos los grupos raciales, étnicos o religiosos, y promover las actividades (...) en pro del mantenimiento de la paz*». En el apartado segundo se especifica el contenido del derecho en función de las diversas etapas educativas: así, el derecho a una educación primaria gratuita y obligatoria para todos los niños; una obligación de desarrollar la educación secundaria generalizable y accesible para todos los jóvenes; el acceso equitativo a una educación superior; y la responsabilidad de proveer una educación fundamental para todas aquellas personas que no hayan recibido o terminado la enseñanza primario. Además impone la obligación de eliminar la discriminación en todos los niveles del sistema educativo, fijar estándares mínimos y mejorar la calidad.

Junto a este reconocimiento del derecho a la educación el Pacto acoge también la denominada libertad de enseñanza, entendida como el derecho de los padres a escoger centros educativos diferentes de los creados por las autoridades públicas, siempre que éstos cumplan las normas mínimas que el Estado prescriba o apruebe en materia de enseñanza —aspecto que pone de manifiesto la función de garante del derecho que corresponde al Estado—; y el derecho a que sus hijos reciban la educación religiosa o moral que esté de acuerdo con sus propias convicciones.

El Comité de los derechos económicos, sociales y culturales ha realizado en los últimos años una serie de observaciones generales, en concreto al art. 13 del que afirma que: «*la educación es un derecho humano intrínseco y un medio indispensable de realizar otros derechos humanos. Como derecho del ámbito de la autonomía de la persona, la educación es el principal medio que permite a adultos y menores, marginados económica y socialmente, salir de la pobreza y participar plenamente en sus comunidades*» (Sancho Gargallo, 2105; 35). Así, la Relatora Especial de la ONU sobre el derecho a la educación, Katarina Tomasevski, refiere cuatro dimensiones al derecho a la educación: disponibilidad, accesibilidad, aceptabilidad y adaptabilidad (observaciones generales al PIDESC- concretamente General Comments 13). Estas dimensiones actúan como indicadores de la gestión de la educación.

El art. 18 del PIDCP reconoce, en el ámbito de la libertad de pensamiento, de conciencia y de religión, la libertad de los padres para elegir «*la educación religiosa y moral, que esté de acuerdo con sus propias convicciones*» (art. 18.4). Las normas internacionales configuran la educación bajo una doble dimensión: como un derecho-deber de prestación que determina la obligación del Estado de garantizar el acceso a la misma, con diferente intensidad, según sea, primaria, secundaria o superior. Y como una libertad reconocida a los padres para escoger el tipo de educación que quieren reciban sus hijos conforme a sus convicciones. Estas dos dimensiones no están necesariamente en tensión, puesto que la obligación del Estado de garantizar el acceso no se cumple sólo y necesariamente organizando él mismo el servicio educativo. Así, el art. 2 CEDH establece «*El Estado, en el ejercicio de las funciones que asuma en el campo de la educación y de la enseñanza, respetará el derecho de los padres a asegurar esta educación y esta enseñanza conforme a sus convicciones religiosas y filosóficas*». Del mismo modo, la Carta de Derechos Fundamentales de la Unión Europea, omitiendo cualquier referencia a los fines de la educación, reconoce sin embargo, el derecho de los padres a «*garantizar la educación y la enseñanza de sus hijos conforme a sus convicciones religiosas, filosóficas y pedagógicas*» (art. 14.3 CDFUE).

La relevancia de estas normas en nuestro ámbito «interno» viene acreditada por el art. 10.2 CE, precepto que como se sabe, confiere a las normas internacionales en materia de derechos una supremacía interpretativa; es decir, se convierten en fuente de interpretación de los derechos contemplados en la Constitución. El papel del art. 10.2 CE y su intencionalidad en el ámbito educativo queda clara. El Estado es garante de esa educación pero al mismo tiempo debe permitir la libertad de enseñanza, y los contenidos que de esa libertad se puedan llegar a incorporar.

Como veremos a continuación, esta doble dimensión está presente en el art. 27 CE. Pero también lo están los propios fines de la educación, fines que pueden llegar a condicionar o limitar algunos de los contenidos o manifestaciones concretas de los derechos que se derivan del art. 27 CE, en su doble dimensión de derecho-deber y de libertad de enseñanza. Así, este «compromiso» queda plasmado en el art. 27.2 CE que condensa los valores o bienes jurídicos que tratan de protegerse mediante la proclamación de una serie de derechos y garantías institucionales en materia educativa. «*La educación tendrá por objeto el pleno desarrollo de la personalidad humana en el respeto a los principios democráticos de convivencia y a los derechos y libertades fundamentales*». En dicho precepto se sientan las bases para la consecución de dos objetivos cruciales: uno individual (libre desarrollo de la personalidad) y el otro colectivo (convivencia democrática). Este compromiso es posteriormente asumido por el legislador. El art. 2 de la LODE enuncia los fines que ha de tener la actividad educativa, a saber: «*a) El pleno desarrollo de la personalidad del alumno. b) La formación en el respeto de los derechos y libertades fundamentales, de la igualdad entre hombres y mujeres, y en el ejercicio de la tolerancia y de la libertad dentro de los principios democráticos de convivencia. c) La adquisición de hábitos intelectuales y técnicas de trabajo, así como de conocimientos científicos, técnicos, humanísticos, históricos y estéticos. d) La capacitación para el ejercicio de actividades profesionales. e) La formación en el respeto de la pluralidad lingüística y cultural de España. f) La preparación para participar activamente en la vida social y cultural. g) La formación para la paz, la cooperación y la solidaridad entre los pueblos, y para la prevención de conflictos y para la resolución pacífica de los mismos y no violencia en todos los ámbitos de la vida personal, familiar y social*».

Si bien el Estado asume una posición de garante, el derecho a la educación es sobre todo un derecho de libertad, por la propia naturaleza de la educación, pero que debe ser armonizada con el carácter prestacional como derecho social, hecho que nos llevará a analizar el papel que debe ser asumido por el Estado en la educación, tanto frente al propio individuo-alumno, como frente a la sociedad. La condición de garante supone, como veremos, que no puede haber una exclusividad por parte del Estado en la organización de la actividad educativa. Como señala Sancho Gargallo «.... cuando los poderes públicos ejercen un especial protagonismo en la gestión del sistema educativo, se hace más necesaria la autonomía de la escuela pública» (2015; 30).

II. La educación como derecho fundamental y la indefinición de un modelo educativo

La formulación del derecho a la educación en nuestra Constitución es compleja, —de hecho es el derecho más extenso de todos los que proclama nuestro texto constitucional—, no sólo porque la educación es un asunto especialmente conflictivo, reflejo de la propia sociedad plural, sino también por la coyuntura política que existió en el proceso constituyente.

No obstante, a pesar de esa expansión, nuestra Constitución genera una indefinición del modelo educativo, pues no toma posición por ningún sistema educativo en particular; es decir, no se constitucionaliza un sistema educativo concreto y cerrado, sino que atribuye al legislador amplias competencias para establecer el armazón educativo que por razones de oportunidad entienda más conveniente en cada momento, siempre dentro de los objetivos y límites que para el derecho a la educación establece el propio texto constitucional y del respeto al derecho de los padres a elegir para sus hijos la formación que esté de acuerdo con sus convicciones. En el ejercicio de sus competencias de organización y programación del sistema educativo, el legislador español ha optado por establecer un deber jurídico de escolarización de los niños entre los seis y los dieciséis años como medio para dar cumplimiento a la obligación constitucional de que los poderes públicos garanticen el acceso de los menores a una educación básica obligatoria (art. 4 LODE). ¿Por qué? Cámara Villar (2007; 63) comenta que los constituyentes quedaron satisfechos por la indefinición de la política educativa plasmada en la Constitución y por la esperanza de ver desarrollados con posterioridad por vía legislativa los aspectos fundamentales de sus respectivos modelos. Como recordaremos, el derecho a la educación, en tanto que derecho ubicado en la Sección I del Capítulo II del Título I, tiene reservado su desarrollo a una Ley Orgánica, ley que no sólo exige una mayoría cualificada, sino que su razón de ser es sustraer de una sola voluntad política el desarrollo del derecho y exigir mayor consenso, teniendo en cuenta que se pensaba que las mayorías absolutas serían difíciles a tenor de la exigencia de un sistema electoral proporcional en el Congreso —art. 68 CE— que es justamente la misma Cámara que debe pronunciarse por mayoría absoluta para la aprobación de las leyes orgánicas.

En el texto constitucional se visualiza una lucha entre dos «modelos educativos»: el de la libertad de enseñanza (pluralidad escolar) y el de la escuela pública (con un pluralismo en el centro educativo).

Con el reconocimiento de la libertad de enseñanza se pretendía constitucionalizar el derecho de todos a crear y dirigir centros de enseñanza libremente junto al derecho de los padres de escoger para sus hijos la formación que prefieran con arreglo a sus convicciones personales, y el deber del Estado de financiar con arreglo al principio de igualdad el derecho a la educación. Este modelo de centro derecha hunde sus raíces en el entendimiento de la educación como una realidad predominantemente privada en la que el Estado no pasa de ser la de mero agente subsidiario de la iniciativa privada.

La alternativa socialista trataba de constitucionalizar un modelo único de escuela pública como instrumento para asegurar la educación de todos en igualdad de condiciones que habría de ser gestionada no de forma burocrática por la Administración sino con arreglo a esquemas de autogestión mediante la participación paritaria de Administración, profesorado, padres, personal no docente y en su caso alumnos. El modelo de la izquierda se nutre de la idea de que la educación es un servicio público fundamental y por ello corresponde primero a la sociedad, y al Estado, sin desconocer los legítimos intereses de los padres, el papel de ordenar y tutelar el proceso educativo como un todo, y de manera especial el desarrollado en los centros públicos.

En la CE encontramos postulados de una y otra posición posibilitando la concurrencia de la iniciativa del poder público con la iniciativa privada aunque con intensidades y alcances diferentes. Y fue precisamente esta concurrencia la que propició el consenso con una posición intermedia: cada una de las dos posiciones podría encontrar reflejados sus postulados o al menos implantarlos por vía legislativa. De modo que el art. 27 representa un delicado equilibrio entre esas dos grandes opciones de la escuela pública y la escuela privada, pero no se constitucionaliza un modelo educativo sino un pacto de inclusión de mínimos sobre la educación dejando abierta al futuro la cristalización de las políticas educativas concretas.

En el fondo es un equilibrio entre los principios de libertad e igualdad en la educación. Pacto constitucional de difícil ejecución. Si el peso en la libertad es excesivo puede terminar desfavoreciendo la igualdad en el acceso a las distintos ofertas educativas; si se centra la atención en el carácter prestacional puede desvirtuar todo ámbito de libertad en el sistema educativo. Para Fernández Miranda, se integran dialécticamente «la libertad de transmisión del saber y la efectividad en el acceso a su recepción» (1988; 125).

III. La política educativa en España o las leyes educativas de partido

Ya se ha comentado que el juego de los principios y valores constitucionalizados en materia educativa ofrecen un marco constitucional lo suficientemente amplio como para dar cabida a diferente sistemas o modelos educativos. ¿Qué modelo educativo se ha constitucionalizado? Podemos afirmar que existe una indefinición del sistema educativo con una arquitectura compleja (Gómez Montoro, 2003; 103).

En efecto, se ha trasladado al legislador la tarea de concreción de un determinado modelo. Aunque la Constitución ha establecido líneas básicas y principios esenciales la determinación del modelo educativo pasa necesariamente por resolver una cuestión: resolver el grado e intensidad de intervención del poder público y el alcance de la libertad en el sistema educativo.

El grado e intensidad de intervención viene determinado por garantizar el acceso universal a la educación y la determinación de los contenidos. Así, la función del legislador orgánico es desarrollar los distintos principios, pero previamente debe tomar posición por enfatizar algunos elementos que definen modelos educativos y que posibilita el precepto, y ello es una cuestión de índole política.

Ello ha propiciado que se hayan dictado diversas leyes orgánicas de educación. Así, desde la Ley General de Educación de 1970, vigente hasta 1980, y sustituida por la LOECE 1980, ya con el gobierno de UCD (recurrida por el PSOE dando lugar a la STC 5/1981, de 13 de febrero) se han producido 7 leyes educativas que han venido a coincidir con cambios en los gobiernos del Estado. El Gobierno del PSOE aprobó en el año 1985 la LODE, que introdujo el concierto y derogó la LOECE. Fue recurrida por parte del PP (dando lugar a la STC 77/1985, de 27 de junio). Actualmente continúan vigentes algunos de sus preceptos. Posteriormente, en el año 1990 se aprobó la LOGSE, que supuso el fin definitivo de la LGE de 1970 e introdujo, entre otras medidas, la escolaridad obligatoria hasta los 16 años. Es la Ley que permite a las Comunidades Autónomas redactar una parte muy importante de los contenidos educativos y que se adapta a un modelo más tecnológico en la educación y representa un complemento de la LODE. Esta regulación fue derogada en el año 2006 por la LOE.

En el año 1995, se probó la LOPEG, Ley Orgánica de Participación, Evaluación y Gobierno de los Centros Docentes. Conocida como Ley Pertierra, fue aprobada con los votos a favor de PSOE, CiU y PNV. Votaron en contra PP, IU y CC. La ley fue rechazada de pleno por los sindicatos de profesores, que consideraban que abría la puerta a la privatización de la enseñanza pública. Fue derogada por la LOE en el año 2006.

En el año 2002 se aprobó la LOCE, la Ley Orgánica de Calidad de la Educación, promulgada durante el gobierno de José María Aznar, en la segunda legislatura, y fue paralizada en 2004 cuando Zapatero llegó al Gobierno. Esta ley otorgaba «carácter asistencial» a la educación preescolar (de 0 a 3 años), y que todos los alumnos estudiarían Religión o su alternativa, Hecho Religioso, desde la primaria al bachillerato; ambas materias serían evaluables y computarían para la nota media. Además, se endurecía el paso de curso en la ESO (repetirían con dos suspensos) y recuperaba la reválida al final del bachillerato como requisito ineludible para obtener el título y acceder a la Universidad. Sin la reválida, pero con los dos cursos de bachillerato aprobados, se podría pasar a la FP de grado superior. Esta regulación fue también derogada en el año 2006 por la LOE.

Ya con el Gobierno de José Luis Rodríguez Zapatero se elaboró la Ley Orgánica de Educación (LOE), que fue publicada en el BOE en mayo de 2006, y aprobada en el Congreso con amplia mayoría gracias al apoyo de CiU, ERC, PNV, ICV, CC, y EA. PP votó en contra e IU se abstuvo. Uno de los puntos que más revuelo causaron fue el de incluir la asignatura de religión como voluntaria, eso sí, de oferta obligatoria para los centros educativos. Esta Ley incluyó la nueva asignatura de Educación para la Ciudadanía y los Derechos Humanos, una materia obligatoria y evaluable, en detrimento de Lengua y Literatura, cuyas horas lectivas se redujeron en 25 horas. La crítica más amplia a esta Ley estaba dirigida a la menor exigencia al alumnado, con la posibilidad de pasar de curso con materias suspendidas. Además, el PP consideró que Educación para la Ciudadanía suponía la incursión del Estado, como adoctrinador en la moral de los estudiantes.

Esta última ley fue derogada por la LOMCE, la Ley Orgánica para la Mejora de la Calidad Educativa, conocida como Ley Wert. Es la propuesta de reforma de la LOE y de la LOGSE, dos leyes socialistas a las que el PP siempre se opuso. La ley vuelve a dar plena validez académica a la asignatura de Religión, recupera las pruebas externas de evaluación o reválidas y establece concierto con los colegios que separan por sexo a los alumnos. Ha encontrado fuerte oposición en todos los grupos políticos, así como en el profesorado y en el alumnado. Pero es, en estos momentos, la ley vigente en nuestro Estado.

De este rápido repaso puede observarse que el consenso en cuanto al modelo educativo es prácticamente inexistente. Además, si se analizan los preámbulos de las leyes puede observarse también como cada uno de ellos supone una crítica a la regulación anterior, por representar «*un desarrollo parcial y escasamente fiel al espíritu constitucional...*» (Preámbulo LODE).

IV. El compromiso constitucional por la libertad de enseñanza: actividad libre y tarea del Estado

La visión integral de la educación lleva a una determinada formulación de los derechos previstos en el art. 27 CE. La propia idea de persona, el papel de la familia y, específicamente, la posición de los padres como sujetos de esos derechos en cuanto responsables del cuidado del menor, determinan el alcance y función de los mismos. En ese entramado, la función del Estado es la de garante de esos derechos, tanto en cuanto al acceso a la educación como en la universalidad de la misma, y necesitan ser protegidos y garantizados sin discriminación de ningún tipo. Así, todos los actores están sometidos a los fines de la educación, aunque la formación moral corresponda al individuo.

El art. 27 CE es, como se ha visto, un precepto largo y prolijo, con unas previsiones que hacen referencia tanto al derecho a la educación como a la libertad de enseñanza. Así, la enseñanza, en tanto que instrumento esencial de la educación, es una actividad libre y una tarea del Estado. Y ello para hacer posible la protección conjunta del libre desarrollo de la personalidad y la convivencia democrática. Se proclama así la libertad de enseñanza y una libertad en la enseñanza (libertad de cátedra)

Como *actividad libre*, la enseñanza se convierte en un derecho fundamental diferenciado, aunque de la previsión conjunta de los arts. 16 (libertad ideológica), 20 (libertad de cátedra) y 27.6 (libertad de creación de centros docentes) pudiera deducirse. La transmisión del conocimiento no sólo de forma privada (o individual, como el preparador de oposiciones), sino incluso al margen del sistema educativo (centros docentes privados que no conducen a la obtención de diplomas con validez oficial), encuentra cobertura dentro del ámbito de la libertad de enseñanza. Ciertamente, la expresión «libertad de enseñanza» ha generado posiciones doctrinales controvertidas en cuanto a su alcance. Así, Embid Irujo (2001; 153) considera que la libertad de enseñanza confiere la libertad de enseñar, bien promoviendo o creando centros o impartiendo libremente la enseñanza en ellos (libertad de cátedra); pero no incorpora el derecho de los padres a escoger una enseñanza religiosa o a elegir centro educativo. Una posición diferente mantiene Martínez López-Muñiz (2007; 34), para quién la visión integradora e inseparable de los derechos contemplados en el art 27 CE, le hacen hablar de un derecho a la educación en libertad, siendo el Estado garante de que se pueda acceder a esa educación en libertad. Así, el derecho a elegir centro sería una clara manifestación de dicha libertad. Gómez Montoro (2003; 112) considera que dentro de esa libertad de elección se incluye también el derecho reconocido en el art. 27.3 CE, esto es, el derecho de los padres de elegir para los hijos la formación religiosa y moral que esté de acuerdo con sus propias convicciones.

Ya desde una de sus primeras sentencias (STC 5/1981) el TC definió el derecho a dotar al centro educativo de un ideario como uno de los contenidos del derecho a la creación de centros docentes (27.6), derecho éste último que necesita una regulación específica para su ejercicio, es decir, una normativa que regule su régimen jurídico, fundamentada en la propia previsión del art. 27.8 CE («*los poderes públicos inspeccionarán y homologarán el sistema educativo para garantizar el cumplimiento de las leyes*»). Y dicha regulación tiende a ser mayor en los centros públicos y privados concertados que en los privados por aplicación del principio de libertad de enseñanza que ofrece un mayor marco de autonomía. Pero en su FJ 8 se afirma que el derecho de los padres del art. 27.3 CE es distinto del derecho de elección de centro aunque ambos se encuentran vinculados y por ello «*es obvio que la elección de centro docente sea un modo de elegir una determinada formación religiosa y moral*». Para el TC el art. 27.3 CE no incorpora el derecho incondicionado a elegir la lengua vehicular de la enseñanza (STC 337/1994).

El derecho a la educación es también una *tarea para el Estado* en la que asume la posición de garante; una actitud reguladora que salvaguarde el derecho a la educación como libre acceso y la igualdad de oportunidades. Así, la previsión del primer apartado del art. 27 CE «*Todos tienen derecho a la educación*», proclama su carácter universal; y el carácter obligatorio y gratuito de la enseñanza básica (establecido en el art. 27.4); la función de programación general de la enseñanza (27.5); la inspección y homologación del sistema educativo (27.8) y podríamos incorporar también la obligación de financiar la educación en los términos del art. 27.9 CE. La vertiente prestacional del derecho no supone, sin embargo, que pueda exigirse al Estado cualquier tipo de educación, ni tampoco que tenga que ser impartida directamente por el Estado. La función de garante posibilita el acceso universal al sistema educativo facilitando que la propia sociedad cree y organice centros educativos. Pero no es factible un sistema educativo a la carta, pues el derecho de los padres a elegir la formación religiosa y moral acorde con sus convicciones no es un derecho absoluto y debe conjugarse con la responsabilidad del Estado de asegurar la educación de todos.

Ambos elementos deben coexistir: ni el Estado puede arrogarse el monopolio, ni los particulares pueden privar al Estado de su cometido, tanto regulador como prestacional. Por ello, en la regulación constitucional encontramos espacios de libertad y funciones públicas. Además, la propia Constitución configura unos límites a la difusión de valores —debate moral y político—. Criterios básicos para determinar hasta qué punto los poderes públicos pueden o deben tomar partido en cuestiones moral o políticamente controvertidas.

V. El papel del Estado en el derecho de todos a la educación: prestador y garante

El derecho a la educación es un derecho social, puesto que el Estado lo garantiza a todos por igual

De la consideración de la educación como derecho se deriva la universalización del acceso a la enseñanza obligatoria con el fin de procurar el adecuado desarrollo social y personal de los individuos. Este cometido es de interés general y por ello pertenece a la esfera de lo público, colocando al Estado en una posición de garante. Dicha actuación del Estado, no obstante, no debe impedir que su realización se instrumente a través de una estructura organizativa e institucional en la que los contornos entre lo público y lo privado se difuminen.

El Estado tiene que crear un servicio público de enseñanza abierto al ejercicio de la libertad de enseñanza

El derecho a la educación es un derecho social, en el sentido de que el Estado lo garantiza a todos por igual. Así, la educación en el Estado social es un servicio público, asociado al Estado: garantía del acceso y determinación de los contenidos educativos.

Garantía de acceso. «La enseñanza básica es obligatoria y gratuita». Es un derecho de acceso al sistema educativo, a beneficiarse de las instituciones de enseñanza en todos los niveles (*«A nadie se le puede denegar el derecho a la instrucción»* -art. 2 protocolo CEDH) y a la vez un deber cuando se trata de la enseñanza básica. Es aquí donde tienen sentido las previsiones constitucionales de proveer de forma universal, obligatoria y gratuita la enseñanza básica (art. 27.4). Para realizar esta provisión universal se crea un sistema educativo de centros docentes, en los que el sector privado/concertado complementa a los centros públicos, y se establece la obligación del Estado de ayudar a los centros docentes *«que reúnan los requisitos que la ley establezca»* (art. 27.9 CE). Ello ha llevado a la constitucionalización del régimen de conciertos, con una relación de aproximadamente 60%-40%. Estas cuestiones nos llevan a analizar más detenidamente algunas cuestiones que inciden directamente en el papel del Estado como garante.

¿Qué limitaciones de acceso son admisibles?

Podemos decir que respecto a la enseñanza básica ninguna. Los centros privados subvencionadas con fondos públicos deben tener criterios de admisión similares a los públicos. Los centros privados ¿pueden establecer criterios de admisión diferentes? Ya hemos comentado más arriba que los fines de la educación someten por igual a todos los actores, públicos y privados, siendo el Estado el garante de la satisfacción de los mismos. Si el Estado reconoce y homologa la enseñanza y educación que se da en los mismos, parece posible afirmar que esas facultades de homologación deben permitir al Estado controlar la adecuación de todo el sistema educativo a los fines de la educación. Parece obvio que el establecimiento de *númerus clausus* supone una limitación de acceso a la educación, y que la aplicación del principio de proporcionalidad permite afirmar que la calidad docente es incompatible con la masificación. Sin embargo, el Tribunal Constitucional ya señaló que el derecho a obtener una determinada plaza en un centro escolar sólo nace de la ley (STC 86/1985, 10 de julio, FJ 4).

¿Qué alcance tiene el deber?

El carácter obligatorio y gratuito de la enseñanza básica, como establece el art. 27.4 es una garantía institucional, que otorga libertad al legislador para establecer la duración y contenido de la enseñanza. Pero no puede en ningún caso suprimirla. Así, la franja de edad de la educación básica pueden cambiar. Existe una cierta tendencia a bajarla a los 3 años y mantener el carácter obligatorio hasta los 16 años.

Pero la Constitución no impone la escolarización obligatoria sino su enseñanza. Es el legislador el que ha establecido esa obligación. Este condicionamiento legal ha generado algún que otro conflicto ante el Tribunal Constitucional respecto a la situación de los *homeschoolers*. ¿Es compatible con el 27.4 CE, la pretensión de los padres de educar a sus hijos en casa o, más en general, fuera de centros docentes legalmente reconocidos? Ciertamente, el homeschooling no tiene cabida dentro del 27.3 CE porque sólo hace referencia a la «*formación religiosa y moral*», pero el deber de cursar la enseñanza básica es un deber de resultado consistente en obtener los conocimientos que el Estado estima indispensables.

El Tribunal Constitucional ha definido la enseñanza como: «*una actividad encaminada de modo sistemático y con un mínimo de continuidad a la transmisión de un determinado cuerpo de conocimientos y valores*» (STC 13 de febrero 1981, FJ 7) De esta afirmación se deduce, en una sociedad democrática y diversa, no sólo que dicha transmisión debe poder ser realizada en libertad por una pluralidad de sujetos, sino principalmente que ha de poder llevarse a cabo desde una amplia diversidad de planteamientos religiosos, filosóficos, morales, o incluso pedagógicos. La libertad de enseñanza puede ciertamente operar como un límite a la pretensión del Estado de monopolizar la formación de los menores.

El art. 27 CE no formula expresamente el derecho de los padres a elegir el tipo de educación que desean para sus hijos, sino que se limita a reconocer un más reducido derecho a la elección de una formación religiosa y moral que esté de acuerdo con sus propias convicciones Sin embargo, el derecho de los padres a escoger la educación de sus hijos sí está contemplado en la CE. De hecho, la incorporación al texto constitucional por el Senado del segundo apartado del artículo 10, precisamente se justificó en la intención de que una remisión al artículo 26.3 DUDH subsanase la ausencia de mención constitucional expresa al genérico derecho los padres a escoger el tipo de educación de sus hijos.

Así, limitar el *Homeschooling* a supuestos en que los padres actuasen movidos por convicciones religiosas o morales, resultaría discriminatorio. Simplemente se trata de una manifestación de esa facultad de la libertad de enseñanza que es el derecho de los padres a elegir cómo deben ser educados sus hijos, sin más indagación en causas, motivaciones o metodologías que las necesarias para constatar el bienestar del menor y el cumplimiento de su derecho a la educación. Esa elección puede consistir en una escolarización en un centro educativo público estatal, en una institución privada con un concreto ideario, o en una educación en casa, en la que serían los padres, y no los poderes públicos, quienes velasen porque, además de en la enseñanza básica, los menores fuesen educados según sus propias convicciones.

Hasta la reciente sentencia de 2 de diciembre de 2010, la jurisprudencia española, y muy especialmente el Tribunal Constitucional, no había entrado a valorar a fondo la cuestión de la educación en casa, limitándose a decidir sobre las consecuencias de la no escolarización, su imposición forzosa o la procedencia de que los menores en esas circunstancias pasaran a tutela de los poderes públicos. En ausencia de norma específica, los órganos jurisdiccionales habían acudido a la aplicación casuística de criterios de proporcionalidad para resolver los conflictos judiciales planteados por las objeciones de conciencia al sistema educativo institucional en su conjunto, ponderando los distintos derechos en conflicto, analizando las circunstancias concurrentes en cada supuesto y atendiendo especialmente al interés del menor y a la repercusión de la no escolarización en su asistencia moral o material. Para el TC, la imposición del deber de escolarización no llega a tener relevancia constitucional, siempre que no se aleguen motivos religiosos o morales, ya que los pedagógicos, no están recogidos en el artículo 27.3 de la Constitución (STC 133/2010, de 2 de diciembre, FJ 5). Además, alega que aún cuando las motivaciones hubiesen encontrado acomodo en el artículo 27.3 CE, la imposición del deber jurídico de escolarización constituye un límite incorporado por el legislador que resulta constitucionalmente viable por encontrar justificación en el propio artículo 27 y por no generar una restricción desproporcionada al derecho reconocido en el precepto alegado (FJ 7). Para el TC, el 27.3 sólo incorpora la libertad de los padres para elegir el centro docente y el derecho de los padres a que sus hijos reciban una formación religiosa y moral acorde con sus propias convicciones (FJ 4).

Sorprende, ciertamente, el tratamiento que las opciones educativas de índole pedagógica merecen para el Tribunal, que afirma rotundamente que éstas no tienen cabida ni en el derecho a la educación ni en la libertad de enseñanza reconocidos en el artículo 27 CE. Justifica su decisión en la propia exégesis del precepto constitucional a la luz del art. 26 DUDH que regula, recordemos, el derecho de los padres a escoger el tipo de educación de sus hijos, precepto que puede ser perfectamente interpretado en el sentido de incluir la posibilidad de optar por distintos sistemas pedagógicos y no sólo filosóficos o morales. Por ello, creemos que la cuestión de fondo no se centra sólo en si los fines de la educación se satisfacen, de forma más o menos eficaz, en un sistema educativo que contemple como única opción la escolarización obligatoria. El Tribunal, bajo el amparo del principio de proporcionalidad como criterio que permite, si se supera, limitar derechos fundamentales, restringe todo el potencial del derecho justificándolo en su necesidad en el contexto de una sociedad plural y los diversos elementos que la integran. De este modo, el TC justifica la imposición de un límite legal —la obligatoriedad de la escolarización— para proteger uno de los fines de la educación (su carácter democrático y de libertad).

A partir del momento en que la Constitución no cierra un sistema educativo concreto, sino que, dibuja una «franja de constitucionalidad» dentro de la cual tienen cabida una pluralidad de fórmulas legislativas, no cabe descartar que la educación en casa pueda ser una nueva vía alternativa a la tradicional oferta escuela pública-escuela privada. Por tanto, la regulación legal del *homeschooling* en nuestro país se convierte en una cuestión de decisión del Estado de reordenar el sistema educativo de forma cada vez más respetuosa con la libertad de enseñanza y con el derecho fundamental de los padres a elegir la educación de sus hijos. Dicha regulación legal habrá de responder a dos criterios básicos, perfectamente compatibles ambos con la máxima adaptación pedagógica al menor que caracteriza el *homeschooling*: mínima restricción posible de la libertad de conciencia en su manifestación concreta de libertad de enseñanza de los padres, y máxima garantía del derecho del menor a recibir una educación consistente en, al menos, una formación básica obligatoria respetuosa con el contenido, objetivo y fines que establece la Constitución. El pluralismo educativo en ningún caso puede justificar que el Estado haga dejación de las funciones que la Constitución le encomienda en materia de educación, de modo que corresponderá a los poderes públicos no sólo la previsión legal de la educación en casa, sino también el establecimiento de unos requisitos mínimos organizativos y de control que permitan garantizar el pleno respeto al derecho a la educación de los menores dentro de los fines y objetivos marcados por el artículo 27.2 CE.

Este derecho reconocido en el art. 27.3 CE debe ponerse en conexión con el artículo 16 de la misma norma fundamental que garantiza la libertad ideológica y religiosa de los individuos y las comunidades (Souto, 2012). Precisamente, en el contexto del derecho-deber que corresponde al Estado, éste reconoce a los padres la facultad de *elegir* para sus hijos la formación religiosa o ideológica que estimen adecuada en función de sus propias convicciones, tanto desde una vertiente positiva, es decir de transmisión de creencias y modelos de conducta individual, como desde una vertiente o dimensión negativa, es decir, impedir interferencias en un ámbito vedado tanto a particulares como poderes públicos. Aunque parece existir una cierta aceptación generalizada en que esta libertad incorpora la facultad de los padres de escoger el tipo de educación que se ajusta mejor a su convicciones personales, esta facultad no siempre puede imponerse, o actuar de forma prevalente. Los propios fines de la educación (art. 27.2 CE) deberían actuar como límite a esta facultad pero también como fundamento para facilitar el ejercicio del derecho a la elección de los padres.

Los problemas generados en torno al alcance del art. 27.3 CE se han centrado principalmente en la posibilidad de incorporar junto a las convicciones religiosas o morales, también las filosóficas o incluso las pedagógicas, cuestión que ya fue planteada en el proceso de elaboración de la Constitución. Además, junto a ello, se ha planteado la posibilidad de reconocer el derecho del centro educativo privado de dotarse de un ideario, siendo éste, precisamente, ideológico o metodológico. Pero en ningún caso, este derecho de opción se vehicula a través del ejercicio del derecho de los padres del 27.3 CE que tiene un ámbito muy específico. Formaría parte de las facultades inherentes a la patria potestad, que no adquiere rango de 'fundamental' en la medida en que no está vinculado a otro derecho fundamental como es el caso del 27.2 CE con el 16 CE. En este sentido, podríamos decir que el 27.3 garantiza en el ámbito educativo el art. 16 CE. Y por eso el 27.3 tiene consideración de derecho fundamental y su ámbito queda reducido a la formación 'religiosa' y 'moral' —libertad religiosa, libertad ideológica o de conciencia.

Por ello, la decisión sobre los valores morales que deben presidir la formación de cada individuo no esté en manos del Estado. La transmisión de creencias y modelos de conducta no es un asunto en el que deban inmiscuirse los poderes públicos. De lo contrario, estaríamos creando una sociedad progresivamente uniforme y dirigida (recordemos en este sentido la frase de Gil de Zárate, que inicia este trabajo). Ciertamente, el art. 27.3 CE puede ser visto como una prohibición de que el Estado tome partido en los debates morales y políticos cuyo terreno debe ser la sociedad. Pero este mismo principio viene delimitado por el art. 27.2, esto es, por los fines de la educación. De ahí que se otorgue al Estado la facultad de supervisar que toda la enseñanza (pública y privada) sea respetuosa a dichos postulados básicos: desarrollo de la personalidad, convivencia democrática, derechos fundamentales. Y significa que la libertad de los particulares puede ser restringida cuando transgreda estos límites. Y que el deber de abstención del Estado en los debates morales y políticos cese allí donde está en juego el respeto por la convivencia democrática y los derechos fundamentales. Esa posición de garante del Estado, en este ámbito, condiciona su intervención a actuar cuando están en peligro esos fines, o lo que es lo mismo, cuando el ejercicio del derecho paterno pueda contrariar los fines de la educación, como por ejemplo en el uso del velo islámico, en los centros docentes.

El juego del art. 27.3 CE en el ámbito del centro educativo público tiene una proyección singularmente diferente. No ampara facultades de los padres que consistan en exigir profesorado femenino, o clases separadas por sexo, o que no le imparta clase un profesor homosexual. Dicho precepto se interpretó que quedaría garantizado con la creación de centros docentes dotados de ideario. Por ello, sólo operaría como garantía frente a centros públicos, sobre todo en la organización de las asignaturas relacionadas con estos valores religiosos y morales (religión y su alternativa).

Pero tendría un difícil encaje frente a los centros privados, concertado o no, porque el hecho de dotarlos de ideario y llevarlos a ellos ya demuestra una cierta adhesión al mismo. Así, el derecho de los padres se ejerce antes de elegir colegio, mientras que si el centro es público el derecho se ejerce una vez que el alumno está escolarizado. Sólo los centros públicos tienen la obligación de asegurar el pluralismo interno.

VI. Previsiones sobre el sistema educativo

Convivencia de centros públicos y privados. Sistema dual

El art. 27.6 reconoce a las personas físicas y jurídicas la libertad de creación de centros docentes *«dentro del respeto a los principios constitucionales»*. Un reconocimiento que comporta la libertad de creación de centros docentes privados de todos los niveles educativos, con una dirección autónoma y dotados de un ideario, que representa el principio rector de su actuación, tanto de carácter religioso, moral o pedagógico, y que en todo caso deben respetar los principios constitucionales. Pero junto a ellos la Constitución prevé la necesaria existencia de centros docentes de titularidad pública, pues la previsión del art. 27.5 *in fine*, garantiza que los poderes públicos intervienen mediante una programación general de la enseñanza y con participación efectiva de todos los sectores afectados, en *«la creación de centros docentes»*. De forma que el Estado no puede abdicar de su función prestacional en materia educativa también en todos los niveles educativos.

Junto a estas previsiones, la propia Constitución garantiza que los poderes públicos *«ayudarán a los centros docentes que reúnan los requisitos que la ley establezca»* (art. 27.9 CE). Ciertamente, se habla de ayudar y no de sostener o financiar, verbos estos últimos con un contenido inequívocamente económico. ¿Puede hablarse, así, de un derecho a la subvención? Prácticamente existe una cierta unanimidad en establecer que en dicho precepto se constitucionaliza el régimen de conciertos, incorporándolos al sistema público. El resultado actual es prácticamente de una relación de centros públicos (60%) y privados concertados (40%), es decir, financiados con dinero público. Así, la libertad de creación de centros docentes ha contribuido a la prestación de un servicio público educativo de carácter dual. Aunque el precepto constitucional reconozca que la posibilidad de «ayudar» se remite a una ley, la actuación del legislador no es enteramente libre, pues debe ajustarse a ciertos parámetros: *«los derechos y libertades educativos, configuración de un régimen de ayudas respetuoso con el principio de igualdad y pautas constitucionales orientadoras del gasto público»* (STC 86/1985).

En todo caso, parece claro que si los centros educativos pueden ser financiados con fondos públicos, ello tiene como contraprestación la necesidad de que los mismos no discriminen en la selección del alumnado para el acceso a los mismos, ni en la propia metodología docente, como puede ser la segregación por sexos. Esta cuestión se ha planteado recientemente en el Parlamento de Cataluña, y el resultado de la votación (como consecuencia de un «error» en el sentido de su voto por parte del partido de Ciutadans) fue favorable a la no financiación, aunque volverá a plantearse en breve. Ello nos lleva a plantearnos una última cuestión, ¿puede el Estado optar por una «no ayuda» a los centros docentes privados? Creemos que la respuesta puede ser positiva siempre que no afecte a la existencia de un efectivo pluralismo educativo y a la igualdad en el disfrute de los derechos educativos, como el recibir una educación básica de forma gratuita (art. 27.4) o el de crear centros docentes (art. 27.6).

Descentralización territorial educativa

Las Comunidades Autónomas tienen la facultad de gestionar y ordenar sus propios sistemas educativos, sin llegar a una capacidad suficiente para «construir» un sistema educativo propio alejado de las bases que fija el Estado. A pesar de que el mapa educativo español parece indicar que en la práctica existen 17 realidades educativas distintas, lo cierto es que principalmente difieren en la implementación de las políticas respectivas y no tanto del diseño general del sistema. Existe, ciertamente, una homogeneidad competencial prácticamente absoluta, excepto las Comunidades que tienen especificidades en la lengua propia. Ello es debido a que el marco competencial en materia educativa entre el Estado y las CCAA y la interpretación efectuada por el TC en la materia se ha realizado a través de una lectura muy generosa. Así, la STC 111/2012, de 24 de mayo, en su FJ 5 señala que «*En relación con la educación hay que recordar que se trata de una materia compartida entre el Estado y las Comunidades Autónomas (...) y que las competencias del Estado en materia educativa derivan, sobre todo, de lo dispuesto en las cláusulas 1 y 30 del art. 149.1 CE (STC 77/1985, de 27 de junio, FJ 15), arraigando dichas competencias en el derecho fundamental a la educación (art. 27 CE) cuyo ejercicio igualitario debe garantizar el Estado*».

Más adelante la STC concreta las competencias estatales ex art. 149.1.30, de las que se deriva la homologación del sistema educativo «*en todo el territorio del Estado, por lo cual, y por la igualdad de derechos que el art. 139 CE reconoce a todos los españoles, es lógica la competencia estatal del art. 149.1.30 CE para el establecimiento de las normas básicas de desarrollo del art. 27 CE, y, asimismo, que por su propia naturaleza, corresponda al Estado la ordenación general del sistema educativo (...) que se extiende también a la programación general de la enseñanza (...) y que es de competencia estatal el establecimiento de las enseñanzas mínimas, que lleva aparejada la concreción de su contenido, que comprende la fijación de objetivos por bloques temáticos en relación con cada disciplina o materia, y la fijación de los horarios mínimos que se consideren necesarios para su enseñanza efectiva y completa*» (FJ 12).

Junto a estas limitaciones se añaden otras de carácter económico. El 75% del gasto educativo es un gasto «cautivo» predeterminado por las transferencias condicionadas, fundamentalmente por el número de estudiantes y maestros. Las diferencias en su caso vienen determinadas por la estructura socioeconómica (demografía, inmigración, desarrollo económico) más que por decisiones políticas autonómicas.

Ello se hace especialmente visible en el siguiente cuadro, respecto al porcentaje de alumnos escolarizados en sector público.

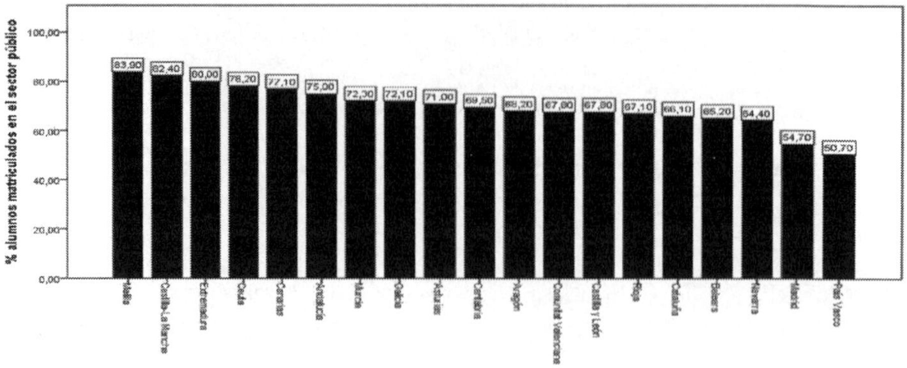

Fuente: Informe OCDE 2013

Así, la dualidad del sistema educativo no se manifiesta por igual en todos los territorios autonómicos. La riqueza económica de los territorios, medida como PIB per cápita, es un elemento predictor de aparición del sector privado. La dualidad es especialmente marcada en aquellos territorios con mayor renta per cápita. Sin embargo, los estudios también señalan que existe una clara homogeneidad en el gasto público si se analiza dividido por el número de alumnos totales de cada Comunidad. Homogeneidad también de centros educativos en relación con el número de alumnos de cada territorio.

En el curso 2012-2013. Centros educativos (infantil, primaria y secundaria obligatoria) 44.690. El sector público alberga el 68% del total. Pero si se analiza por cifras vemos que la etapa no obligatoria (0-3) y la ESO (12-16) representan un impacto mucho mayor del sector privado, mientras que la etapa 3 a 12 está mayoritariamente prestada desde el servicio público. El descenso demográfico de una determinada época comportó una reducción de escuelas públicas mientras se mantenían e incrementaban las subvenciones a los centros privados. Privatización blanda y gradual que ha estimulado mediante la comisión a terceros de parte de la gestión escolar: servicios de comedor, actividades extraescolares... En Finlandia, un país que últimamente actúa como referente en materia educativa, el 97% de los centros educativos son públicos.

VII. Reflexiones finales

En nuestro país, el sector público, a pesar de controlar las bases del sistema, delega en unidades subestatales la gestión del modelo y delega también en el sector privado buena parte de la implementación propiamente educativa. Pero en pocas ocasiones, realiza esa delegación en el propio centro educativo. Por ello, podemos plantearnos si sería factible que los centros educativos públicos gozaran de una mayor autonomía. La posibilidad de establecer una mayor pluralidad de centros en función de sus proyectos educativos, que ofrezcan mayores posibilidades de elegir y una mayor personalización de la enseñanza de acuerdo con los diferentes entornos sociales.

¿Quién toma las decisiones en un centro educativo público? O mejor aún ¿qué competencias asigna el sistema público de educación al centro educativo? Reforzar un liderazgo escolar facilitaría que un centro educativo pueda asumir la autonomía escolar. De este modo, la autonomía no es la consecuencia de una programación desde el superior, sino algo que el centro asume con iniciativa, a través de procesos más adaptados a la mejora educativa. Los países nórdicos han estado menos regulados, dejando mas ámbito de autonomía a la esfera local y a los centros, hecho que ha comportado una mayor innovación y responsabilidad a la hora de presentar proyectos educativos o de realizar actuaciones educativas concretas tendentes a mejorar los resultados académicos. La propia Constitución italiana contempla en el art. 117 la autonomía de los centros educativos.

El derecho a la educación ha tenido cambios legislativos constantes que sin embargo no han provocado cambios en la cultura escolar y educativa. Ciertamente el objetivo era mejorar la educación, pero a través de leyes «escolares» (limitadas a medidas en el sistema escolar) y no «educativas» (dirigidas a intervenir activa y socialmente en la comunidad). El riesgo de estas políticas educativas fugaces impiden la implantación y desarrollo de un adecuado y estable sistema educativo, y con ello un detrimento de un modelo educativo estable. Se imposibilita un proyecto educativo a largo plazo.

Seguramente se requiere una madurez política que traslade a nivel legislativo el consenso político habido a nivel constitucional y una labor de precisión y de pacificación del propio Tribunal. Una madurez política que además cuente con el consenso y participación de toda la comunidad educativa, y una apuesta decidida a garantizar la autonomía de los centros educativos (públicos y privados).

VIII. Bibliografía

Cacho Viu, Vicente, *La Institución Libre de Enseñanza*, Rialp, Madrid, 1962.

Cámara Villar, Gregorio¸ «Las necesidades del consenso en torno al derecho a la educación en España», *Revista de Educación*, nº 344, 2007.

Embid Irujo, Antonio, *La libertad de creación de centros de enseñanza y potestades administrativas de supervisión y control*, Consejo General del Poder Judicial, Madrid, 2001.

Fernández-Miranda y Campoamor, Alfonso, *De la libertad de enseñanza al derecho de educación. Los derechos educativos en la Constitución Española*, Centro de Estudios Ramón Areces, Madrid, 1998.

Gómez Montoro, Ángel, «Concepto pluridimensional del Derecho a la educación», en *Libertad, igualdad y pluralismo en educación*, Consejería de Educación y Fundación europea Sociedad y Educación, Madrid, 2003.

Martínez López-Muñiz, José Luis, «La educación escolar, servicio esencial: implicaciones jurídico-públicas», *Cuadernos de Derecho Judicial, Los derechos fundamentales en la educación*, nº 11, Madrid, 2007.

Souto Galván, Beatriz, *Educación y creencias. Nuevas y viejas querellas sobre cuestiones educativas*, Dykinson, Madrid, 2012.

Sancho Gargallo, Miguel Angel, *La autonomía de la escuela pública*, Iustel, Madrid, 2015.

DE LA OPACIDAD A LA CULTURA DE LA TRANSPARENCIA Y DE LA RENDICIÓN DE CUENTAS. UNA APROXIMACIÓN A LA VISIBILIZACIÓN DE LOS LOBBIES PARA LA REGENERACIÓN DEMOCRÁTICA

IRENE BELMONTE MARTÍN

Profesora de Ciencia Política y de la Administración
Universidad Miguel Hernández de Elche

I. INTRODUCCIÓN: LA IMPLICACIÓN DE LOS ACTORES PRIVADOS EN LA REGENERACIÓN DEMOCRÁTICA

Cualquier persona interesada en el devenir social, jurídico o politológico de su entorno percibe claramente que, transcurrida la primera década del siglo XXI, el panorama social y político precisa de un replanteamiento democrático que re-construya, al menos, las instituciones políticas, para acercarlas a la sociedad que representan, y recuperar así la confianza de la ciudadanía en los valores democráticos. Resulta cuanto menos preocupante el auge de los partidos de extrema derecha en Europa, que se sostienen sobre una base de clase media descontenta cada vez más empobrecida (Fukuyama, 2012) pero que quieren quitar la voz democrática a aquella parte de su clase social que consideran diferentes, el tremendo apoyo y actividad mediática que está cosechando el candidato republicano a la presidencia de Estados Unidos Donald Trump promoviendo ideas contrarias al ideal que Alexis de Tocqueville describía en su obra *La Democracia en América*, las cada vez más extendidas opciones «exit» entre los Estados miembros de la Unión Europea al no compartir sus políticas, y como no, en España, la percepción de la corrupción generalizada en los partidos políticos que la identifica como uno de los principales problemas, la creciente brecha de la desigualdad social (agravada por el alto desempleo estructural) y en general la apatía y la disminución del apoyo y la confianza en las instituciones democráticas. Es por estas razones, y quizás por mucho más si seguimos pensando en ello, que resulta más que pertinente la celebración un foro que permita el intercambio de ideas y preocupaciones sobre todas estas cuestiones, como fue el «Congreso internacional sobre Poderes públicos y privados ante la regeneración constitucional democrática» organizado por el área de Derecho Constitucional de la Universidad Miguel Hernández los días 26 y 27 de octubre de 2015.

Desde la apertura de las fronteras de las disciplinas académicas que supuso este congreso, pretendo en estas líneas exponer al lector/a mi aportación al panel tercer dedicado al *Liderazgo político e implicación de los poderes privados en la regeneración constitucional*. Nos encontramos en un momento de convulsos cambios en la percepción política, en los que coexisten la ya mencionada pérdida de confianza en el Estado y en las instituciones políticas así como el desinterés de la ciudadanía en la participación política convencional (básicamente la electoral), con un repunte de la participación política no convencional a partir de otros actores políticos colectivos, como son los movimientos sociales, los grupos de interés y los grupos de presión. De esta forma, frente a la percepción de la política como problema (en este sentido pueden verse los distintos estudios demoscópicos del CIS —Centro de Investigaciones Sociológicas— en www.cis.es), también han sido paradigmáticos tanto el movimiento 15 M, de los Indignados, o la *Spanish revolution*, que a partir del 2011 ha dado la vuelta al mundo, como el enorme éxito cosechado por las diferentes campañas a través de Internet de Avaz, Change.org, o Amnistía Internacional, entre otras. Así, no parece tanto que la ciudadanía rechace los principios y valores democráticos, sino que más bien su desconfianza se concentra en las instituciones y los canales tradicionales que forman parte del sistema político (tanto los *inputs* como los *outputs*), resultando de ello una constante, que es la demanda de una nueva forma de hacer política.

Tanto en el entorno académico como otros mucho más mundanos, aparece de forma recurrente esta nueva forma de hacer y de entender la política. Si bien hay que tomar en cuenta que ésta ha de pasar necesariamente por el modelo de gobernanza. La gobernanza no es una palabra de moda ni un término hueco, sino que ha de ser entendida como la nueva forma de gobernar que «propone como objetivo el logro de un desarrollo económico, social e institucional duradero y que promueve el equilibrio entre el Estado, la sociedad y el mercado de la economía», tal y como recoge el diccionario de la Real Academia Española. Tanto es así que el proceso político y la toma de las decisiones, ya no serán únicamente responsabilidad sólo del ámbito público sino que se compartirán con otros poderes privados organizados a través de la sociedad civil o la economía. La gobernanza es el gobierno en red, de los distintos actores representados por las instituciones públicas, las organizaciones económicas y la sociedad civil. La verdadera gobernanza democrática requeriría de una serie de equilibrios y contrapesos entre ellos, que eviten un poder desmesurado o el sometimiento de unos sobre otros.

Avanzo pues que en las siguientes páginas se analizará el papel de unos actores privados, en particular los lobbies, en la gobernanza democrática.

II. Una aproximación al contexto y concepto del lobbying

Si bien en el modelo actual de gobernanza democrática puede resultar beneficioso el papel que desempeñan determinados actores privados, como expresión del pluralismo político, éstos también generan recelos y encierran ciertos riegos. Así, en lo que respecta a la actividad de los grupos de interés y/o de presión, en la doctrina de la Ciencia Política clásica coexisten dos posiciones enfrentadas.

Por una parte, Jeremy Bentham (1879), se refiere a los «intereses siniestros» en alusión a los intereses de la organizaciones privadas. De esta construcción de la acción política, heredamos la tradición jurídica-administrativa que identifica la administración pública con el interés general y, por consiguiente, rechaza los intereses privados al considerarlos como contradictorios con el bien común.

Pero por otro lado, más recientemente, Robert Dahl reformula la teoría democrática a partir del concepto de «poliarquía», que dibuja un régimen con un alto grado de apertura y de debate público caracterizado por una competición pluralista entre las élites. En la teoría poliárquica, el concepto unívoco de interés general se desvanece y la política se convierte en negociaciones entre los diferentes representantes de los grupos e intereses sociales. Evidentemente, todos ellos tendrán cabida y representación, resultando con ello la presencia de estos intereses sociales cruciales para el fortalecimiento de la democracia (Dahl, 2014; 92), incluso sobre otras variables legales o institucionales.

En consecuencia, la presencia de los poderes privados genera efectos positivos sobre la teoría democrática en la medida que favorece el pluralismo al permitir que determinados grupos accedan a los espacios políticos de decisión. Además, agrega a los poderes públicos conocimientos especializados que pueden provenir de sectores muy diversos. Por lo tanto, se aprecian las ventajas de introducir otros actores privados en la toma de decisiones públicas dado que abre las posibilidades para la restricción o control del poder, contribuye a su descentralización repartiéndolo entre distintos actores sociales y políticos y, por último puede ser un canal para presionar hacia una mayor transparencia de los gobiernos. Para Giovanni Sartori (2009; 46), «el pluralismo político señala hacia la diversificación del poder y, en términos más exactos, hacia la existencia de una pluralidad de grupos que son tan independientes como no inclusivos», y de ello destaca que la base de la democracia puede ser tanto el consenso como el conflicto. El consenso en los aspectos fundamentales y las cuestiones concretas para resolver conflictos; y el encomio del disenso. Pues al fin y al cabo, la expresión libre y sin trabas del disenso es la antítesis de pensamiento único totalitario. De la misma forma, Transparencia Internacional (2015) señala en sus informes la necesidad de apuntalar en las democracias valores tales como la libertad de expresión y la rendición de cuentas a través de las actividades de los grupos y poderes privados.

Pero por otra parte, el excesivo poder de los actores privados en democracia también conlleva riesgos. No hay que perder de vista que los poderes privados carecen de la legitimidad democrática que otorga el mandato representativo (ya que ni se presentan a las elecciones ni son elegidos por los ciudadanos) y actúan por cuenta de intereses privados y sectoriales (no entra en sus objetivos, por tanto, velar por el bien común). Además, no debe confundirse el conocimiento especializado con la democracia. Pues aunque tal participación es condición para la democracia, se necesita también de una perspectiva general en la toma de decisiones. Así con todo, también se vislumbra el riesgo de los desequilibrios de los sectores en competencia, en los que puedan primar unos intereses (con mayor soporte económico, político o social) sobre otros. Joan Navarro y Carmen Andrés (2016) argumentan que los riesgos del lobbying pueden evitarse incrementando la transparencia en las instituciones e introduciendo una regulación o pautas de comportamiento.

En cualquier caso, y a pesar de la connotación generalmente peyorativa que proyectan, los grupos de interés, los grupos de presión y los lobbies son una realidad en nuestra sociedad.

En todas las épocas y civilizaciones, el deseo de influir en las decisiones políticas por parte de los individuos o de los grupos ha sido y es consustancial a la vida pública (Álvarez y de Montalvo, 2014; 360). Así, el propio Maurice Duverger (1997; 201) señala a los grupos de intereses como instituciones básicas de la política, siendo anteriores incluso a los propios partidos políticos.

Al hilo de la argumentación, quisiera hacer un paréntesis para recurrir a una cuestión fundamental en Ciencia Política para referirme a los actores políticos colectivos. Los grupos de interés y los grupos de presión son organizaciones que representan y expresan los intereses y demandas de determinados colectivos de personas cuya finalidad es influir en el proceso político y en la toma de decisiones (Sodaro, 2004; 197). Así pues, son vehículos para la articulación de intereses tanto de las élites como de otros colectivos más extensos. En definitiva, son organizaciones de carácter estable que actúan como intermediarios entre la ciudadanía y el Estado, de igual manera que los partidos políticos.

Pero mientras que los grupos de presión tienen intereses más estructurados y definidos, en los partidos políticos puede existir una amalgama de posiciones políticas y económicas, con un interés común que les une. Aunque la diferencia fundamental es que los partidos políticos se presentan a las elecciones para lograr el poder político, mientras que el grupo de presión no aspira a obtener el poder sino a influir sobre él. En principio, sus objetivos son más modestos y difusos (Vallés, 2008; 346). Como ya se ha mencionado, los grupos de interés o presión son consustanciales a cualquier forma de civilización humana organizada, mientras que el origen de los partidos políticos como tales surge en Inglaterra a finales del siglo XVIII.

Por otra parte, la diferencia entre los grupos de presión y grupos de interés no está tan clara, y de hecho en muchas ocasiones se utilizan ambos conceptos de forma indistinta. Todos los grupos de presión lo son de interés, pero no a la inversa. En la medida que un grupo de interés entra en el campo de la esfera política, es decir trata de cambiar o influir sobre el proceso de toma de decisión (no quedándose únicamente ante una reivindicación o manifestación de sus intereses) se convierte en grupo de presión.

Los *lobbies* son grupos de presión que diseñan y aplican estrategias para influir en quienes adoptan las decisiones gubernamentales. Así pues, el diccionario de la Real Academia Española define lobby como el «conjunto de personas que en beneficio de sus propios intereses influye en una organización, esfera o actividad social». Dependiendo de la situación sobre la que se ejerce la presión, se suele diferenciar entre lobbies internos o *lobbyist in house* (sindicatos, ONGs u organizaciones empresariales) de aquellos profesionales que se dedican a influenciar en la toma de políticas públicas para sus clientes (lobbies externos).

Etimológicamente, su origen se sitúa en Inglaterra a finales del siglo XVIII ante las limitaciones que imponía el parlamentarismo de aquella época en la que la ciudadanía no tenía permitido el acceso a la Cámara de los Comunes. De esa forma, aquellas personas que deseaban tener una audiencia con sus representantes, los llamados MP (*Members of Parliament*), debían hacerlo en los pasillos o en las salas de espera del Parlamento, que eran denominadas «lobbies». La práctica del lobby surge de la idea de hacer pasillo para abordar a los parlamentarios y miembros del gobierno para presentar sus peticiones o las de sus clientes. A pesar de este origen anecdótico, la creación, expansión y profesionalización de los lobbies tiene básicamente un calado norteamericano. En 1876 la Cámara de Representantes de Estados Unidos fue pionera en adoptar una resolución que exigía el registro de los lobistas, es decir de aquellos agentes que realizaban actividades para sus clientes como intermediarios ante los poderes públicos. Además, los lobbies como estructura parlamentaria formal aparecen también en este país en 1884 (Álvarez y de Montalvo, 2014; 363). Esta tradición llega a la actualidad, de forma que esta actividad está ampliamente protegida por la ley, en la que «casi cualquier ciudadano norteamericano pertenece al menos a algún grupo de interés» (Casado, 2008; 532).

A continuación, se expondrán de forma simplificada los distintos modelos de desarrollo normativo de esta actividad, que expresan los variados puntos de vista e idiosincrasia existentes sobre este particular.

III. El marco normativo de los lobbies

1. El modelo de Estados Unidos

Estados Unidos es el país que más esfuerzos ha realizado para regular la actividad del lobbying (Navarro y Andrés, 2016; 196), ya que se les conoce como una «tercera cámara legislativa» (Casado, 2008; 533). Quizás sea el hecho que los lobbies sean percibidos como una perversión del sistema democrático, lo que ha impulsado su regulación minuciosa para hacer más transparentes sus actividades de presión sobre las decisiones públicas. Además en el modelo estadounidense, sus acciones están estrechamente vinculadas con los derechos de libre expresión, asociación y petición garantizados por la Primera Enmienda de la Constitución, por lo que son considerados como una instancia primordial para el intercambio de información e ideas entre el gobierno y el sector privado (García, 2008; 112). Así pues, detrás de la extensa regulación del lobby está tanto la necesidad de control como de protección de la actividad.

En 1946 y tras un largo debate de varias décadas, se aprueba la *Federal Regulation of Lobbying Act*. Aunque esta controvertida ley no consiguió su objetivo, por una parte porque su redacción era «confusa y ambigua» (Casado, 2008; 353; Álvarez y Montalvo, 2014; 363) —posiblemente se redactó así deliberadamente para mitigar los desencuentros que hacían necesaria su aprobación—, y además porque durante su vigencia estuvo sometida a posteriores enmiendas y recortes, debemos señalar que supuso un avance en la medida que exponía las diferentes posturas sobre cómo regular la actividad y el choque que ésta podía ocasionar sobre los derechos fundamentales a la privacidad. Por ello, y en medio de una intensa polémica sobre quiénes deberían ser los sujetos a los que estaba sometida, en 1995, se modificó sustancialmente por la *Lobbying Disclo-*

sure Act (LDA) para centrarse en los llamados «lobistas profesionales». De esta manera, los lobistas estaban obligados a inscribirse en un registro ante el Congreso y Senado, detallando sus datos personales, los de sus clientes, las actividades que llevan a cabo, objetivos, acuerdos de tarifas, honorarios, etc. Asimismo la LDA obliga a la presentación de informes semestrales de actividad e introduce restricciones en el uso de los recursos públicos, limitaciones en los regalos, los viajes y a la financiación de las campañas electorales (García, 2008).

Por último, en 2007 la LDA también ha sido modificada por la Ley de Liderazgo Honesto y Gobierno Abierto (*Honest Leadership and Open Government Act*), introduciendo restricciones e incompatibilidades en el registro de inscripción de aquellas personas que participan o han participado en actividad pública (en aras de restringir el fenómeno de las *revolving door* o puertas giratorias).

En definitiva, aunque esta intensa regulación de los lobbies no cierra el debate sobre la polémica que generan sus actividades, los Estados Unidos aun siendo paradigma de un Estado liberal (y menos interventor) han optado por una regulación específica.

2. *El modelo europeo*

En Europa, por el contrario, los lobbies han carecido tradicionalmente de una regulación, a pesar de que en todos ellos exista una estructura más o menos formalizada y, en las tres instituciones europeas (Comisión, Consejo y Parlamento Europeo) se concentran las tasas de actividad más intensas del mundo. Sobre este particular, vale la pena el visionado del documental *Brussels Bussines. Who runs the European Union* (2012, dirigida por Frierich Moser y Matthieu Lietaert) en el que se explica cómo se ejerce la presión en las instituciones europeas y los recursos que manejan.

En las últimos años, el tímido impulso en la regulación de los lobbies en los países europeos ha venido marcada por las iniciativas comunitarias como el *Libro Blanco de la Gobernanza Europea* (2001) y, más concretamente, con el *Libro Verde sobre la Iniciativa de Transparencia Europea* (2006), ya que la transparencia ha sido una tendencia al alza desde el Tratado de Maastricht en 1992 (Alonso, 2016; 131). Así, y según el Informe de Transparencia Internacional (2015) titulado *El lobby en Europa. Influencia encubierta, acceso privilegiado*, finalizado el siglo XX, tan solo Alemania tenía una regulación (de 1951 con la última modificación de 1980, pero muy limitada). Más tarde, se sumaron Lituania (2001), Polonia (2005), Hungría (2006 pero que la derogó en 2011), Francia (2009), Eslovenia (2011), Austria (2012), Países Bajos (2012), Reino Unido (2015) e Irlanda (2015). De esta forma, son pocos los países europeos que sostienen alguna regulación o control a la actividad del lobby a pesar de que, el 58% de los europeos reconocen que «el gobierno de su país está en gran parte o totalmente controlado por unos pocos grandes intereses» tal y como recoge el informe de Transparencia Internacional (2015; 7).

En cualquier caso, cabe destacar que el panorama del lobby en Europa, es muy diverso, complejo y cada vez complicado. Esta circunstancia sumado a que adolece de unas regulaciones muy difusas, origina que apenas, y según el citado informe, se alcancen los mínimos en indicadores de transparencia, integridad e igualdad de acceso, a saber: una definición inequívoca de lobby, de las actividades que realizan, un sistema de registro, mecanismos para impedir las influencias indebidas, composición y funcionamiento de los órganos de supervisión, códigos de conducta para lobistas, códigos de conducta para los empleados públicos y restricciones a las puertas giratorias, entre otros.

Por otra parte, el 80% de la legislación que afecta a la ciudadanía europea se inicia en la Unión Europea (Moser y Dhoedt, 2012), siendo además casi toda ella diseñada o participada por los lobbies (Álvarez y de Montalvo, 2012; 368). No en vano, alrededor de las instituciones europeas (Comisión, Consejo y Parlamento Europeo) sitas en Bruselas, tienen su sede más de 15.000 lobbies en aproximadamente unas 2.500 oficinas (Moser y Dhoedt, 2012); tanto es así que esta capital administrativa concentra una de las industrias de lobbies más fuerte del mundo, tan solo por detrás de la registrada en Washington DC.

A pesar de ello, no hemos constatado un decido ímpetu para controlar y regular la actividad de influencia y presión de estos grupos sobre las instituciones europeas de forma particular, y su preocupación se focaliza básicamente en mejorar y reforzar la transparencia. En este sentido, hasta el momento ninguna institución europea contempla que un sistema de registro obligatorio de lobbies sea una opción adecuada, optando pues por un sistema de autorregulación. El Parlamento Europeo impulsó su registro voluntario de grupos de interés en 1996 y la Comisión Europea, inició el suyo en 2008.

Si bien a partir del Acuerdo entre el Parlamento Europeo y la Comisión Europea se establece un *Registro Europeo de Transparencia* para las organizaciones y las personas que trabajan por cuenta propia que participan en la elaboración y aplicación de las políticas de la Unión Europea (Ley 191/29, de 22 de julio de 2011). Este registro voluntario cubrirá «*las actividades realizadas con objeto de influir directa o indirectamente en los procesos de elaboración aplicación de las políticas y de toma de decisiones de las instituciones de la Unión, independientemente del canal medio de comunicación utilizado*». Según el Acuerdo, son susceptibles de ser registrados los consultores profesionales, los despachos de abogados, los *lobbyist in house*, asociaciones de comercio, ONG, *Think tanks*, asociaciones de organizaciones académicas, representantes de religiones, iglesias y comunidades de convicción, y asociaciones de actividades públicas con actividades de lobbying. Mientras que quedan excluidos del concepto de lobby y por tanto de registro, los servicios gubernamentales de los Estados miembros, los partidos políticos, las iglesias y las comunidades religiosas, según la última modificación de este acuerdo interinstitucional que entró en vigor el 1 de enero de 2015. Esta reforma incluyó además un incremento de la información requerida y una mayor precisión en los informes periódicos (Navarro y Andrés, 2016; 197). Así, aunque el propio Acuerdo invita al resto de instituciones europeas a unirse, hasta el momento ninguna ha seguido al Parlamento y Comisión en este planteamiento.

A fecha del 25 de junio de 2016, hay 9.439 organizaciones inscritas, siendo las más numerosas la categoría que corresponde a los grupos de presión dentro de las empresas y asociaciones comerciales, empresariales o profesionales (4.836 inscritos). Toda la información de este registro está accesible al público y, permite conocer quienes intervienen o tratan de influir en las decisiones de la Unión, los intereses que persiguen y los recursos que invierten en esas actividades (http://ec.europa.eu/transparencyregister/public/homePage.do?locale=es; Fecha de consulta: 25/06/2016).

En conclusión, las actividades de lobbying que se llevan a cabo en la Unión Europea se han regulado básicamente a través de los siguientes instrumentos (Alonso, 2016:132): el derecho de acceso de la ciudadanía a los documentos de las instituciones de la UE (Reglamento CE nº 1049/132), el registro «voluntario» del Parlamento y Comisión para los lobbies y, la redacción de códigos de conducta para los funcionarios y diputados (como por ejemplo, el «Código de conducta de los diputados al parlamento Europeo en materia de intereses económicos y conflictos de intereses» aprobado en 2012).

3. *El caso de España*

A pesar de que nuestro país carece de una regulación específica para la actividad de los grupos de interés/presión con los poderes públicos, aunque sí que tiene plena cobertura constitucional y sus límites están fijados en el Código Penal (Navarro *et al.*, 2014), el debate en torno a ello no es nuevo, arrancando incluso desde la transición política. Así, la cuestión estuvo presente en la redacción del artículo 77 de la Constitución aunque la enmienda, presentada entonces por Alianza Popular, fuera rechazada. Más tarde, en 1992 y 1993, el Centro Democrático y Social presentó sendas propuestas parlamentarias para la creación de registros de grupos de interés, condiciones y códigos deontológicos. Aunque el Grupo Parlamentario Socialista se sumara también a estas iniciativas, que fueron aprobadas en el Congreso de los Diputados por abrumadora mayoría, la disolución de las Cortes en 1993, dejó en suspenso esta materia. Una cuarta propuesta fue presentada en 2008, también como proposición no de ley, por Esquerra Republicana - Izquierda Unida - Iniciativa per Catalunya Verds, resultando asimismo rechazada. En 2012, y con motivo de la redacción de la *Ley 19/2013, de 9 de diciembre de transparencia, acceso a la información pública y buen gobierno*, se presentaron nuevas cuestiones y propuestas tanto del partido Unión Progreso y Democracia como por el Grupo Parlamentario la Izquierda Plural, pero que quedaron postergadas argumentando una legislación específica (Álvarez y De Montalvo, 2012). Queda por tanto patente que se ha desaprovechado la oportunidad que brindaba la redacción de esta ley para recoger en su articulado la cuestión del lobbying (Navarro *et al.*, 2014). En 2015, el Grupo Parlamentario catalán Convergencia i Unió también se propuso avanzar en la regulación de los lobbies a partir de los criterios de la Comisión Europea, e incluso el Partido Popular también participó en la posibilidad de creación de un registro, pero sin embargo la falta de acuerdo sobre el calado y funcionalidad, volvió a paralizar estas iniciativas.

En definitiva, nuestra historia democrática se caracteriza por diversos intentos fallidos en aportar un marco legislativo a las actividades relacionadas con los lobbies, aunque no hayan faltado actores políticos de muy variadas ideologías y posiciones, a favor de —al menos— la creación de un registro de lobbies y una regulación de mínimos. Esta cuestión no deja de ser baladí precisamente cuando los informes del CIS identifican a la corrupción como uno de los más importantes problemas del país, y evidentemente conocer quiénes influyen, cómo y con quién se reúnen nuestros representantes políticos no harán más que hacer que aclarar y facilitar el adecuado funcionamiento de la sociedad.

Por otra parte y precisamente porque el sistema político español presenta un modelo altamente descentralizado y cuasi-federal, conviene prestar atención también, aunque sea solo brevemente, el grado de susceptibilidad de esta cuestión en el nivel autonómico y regional (Villoría, Revuelta y Jiménez, 2015).

En el ámbito autonómico, los avances han sido menos fluctuantes pero no más exitosos. Casi todas las regiones han aprobado leyes de transparencia (y las que no, están en proceso), y aunque están considerando la creación de registros de grupos de interés, solo Cataluña, hasta la fecha, lo ha creado (http://justicia.gencat.cat/ca/ambits/grups_interes/; Fecha de consulta: 21/06/2016). Así mediante *Decreto 17/2015, de 28 de julio, sobre el registro de grupos de interés de la administración de la Generalidad y su sector Público*, se estableció su vigencia a partir del 1 de octubre del 2015 para personas y organizaciones que trabajan por cuenta propia y participen en la elaboración y aplicación de las políticas públicas en defensa de los intereses propios, de terceras personas u organizaciones. Por tanto, las actividades sujetas a registro serán aquellas que se realizan con la voluntad de influir directa o indirectamente en los procesos de elaboración o aplicación de las políticas públicas. A diferencia de lo que ocurre con el registro del Parlamento y la Comisión Europea, no es posible conocer en estos momentos, los datos del registro. Complementariamente, la Generalitat de Cataluña ha aprobado un *Acuerdo Gov/82/2016, de 21 de junio, por el que se aprueba el Código de conducta de los altos cargos y personal directivo de la Administración de la Generalidad y de las entidades de su sector público, y otras medidas en materia de transparencia, grupos de interés y ética pública*.

En definitiva, no podría pues sorprendernos cierto mimetismo tanto en el ámbito nacional como en el regional. Así, en un momento en el que un mayor número de formaciones y grupos políticos tendrán mayor relevancia en las Cortes, siendo necesarios los acuerdos y pactos de gobierno, cabe esperar de los lobbies un rol más activo y descentralizado. Con ello, dotar a la ciudadanía de una herramienta para conocer cómo son influenciados sus representantes políticos no puede sino ser un instrumento para la demandada regeneración democrática.

IV. Algunas propuestas para la regeneración democrática a partir de la regulación de los lobbies

Como se ha tratado, la actividad de los lobbies es ineludible en la construcción social y política de las sociedades organizadas, además de que sería totalmente inadmisible su limitación o prohibición, pues están vinculados a la defensa de unos derechos fundamentales, como la libertad de expresión y asociación. Por ello, parece más que pertinente visibilizar sus ámbitos de actuación de forma que en lugar de ser un punto débil de la democracia, se transformen en una garantía para hacer oír y escuchar la voz de los distintos intereses. «Se trata de mejorar el funcionamiento de la democracia, acostumbrando a nuestros representantes públicos a contar lo que hacen, a dejar huella de los procesos legislativos, facilitando de esta forma la participación del máximo número de personas y agentes interesados, mejorando la eficacia de nuestras leyes» (Navarro *et al.*, 2014).

Así, para que el lobbying contribuya a que la formación de decisiones públicas sea positiva en un modelo de «gobernanza democrática» (Canales, 2015), las normas concretas que clarifiquen y ordenen su funcionamiento han de guiarse por los principios de la transparencia y de la rendición de cuentas (*accountability*). Entendiendo por *transparencia* el conjunto de políticas, prácticas y procedimientos por el que discurre un flujo de información bidireccional, adecuada, confiable y honesta entre la ciudadanía y los centros de decisión, de manera recíproca; y por *rendición de cuentas*, la relación a partir de la cual las autoridades públicas están obligadas a explicar y justificar sus actuaciones ante terceros siendo susceptibles de ser evaluadas y sancionadas por ellas.

En este mismo sentido, Transparencia Internacional (2015), como la organización no gubernamental que más ha contribuido a perseguir y luchar contra la corrupción de las instituciones y en la toma de decisiones públicas, propone replantear la regulación del lobby, en base a tres ejes que den respuesta a las consiguientes preguntas: la *transparencia* (¿a quién busca influenciar, cuándo y cómo?); la *integridad* (¿se actúa según principios deontológicos de profesionalidad y ética?), y la *igualdad de acceso* a los representantes públicos (¿tienen todos los grupos de interés similares posibilidades de capacidad de acceso e influencia sobre los decisores públicos?).

Un registro de lobbies obligatorio, público y de carácter amplio (pero que defina claramente a los grupos objeto de registro sin ambigüedades, es decir que sea capaz de recoger tanto a los lobbies externos y profesionales como a los internos o *lobbies in house*) es considerada como una medida necesaria pero no suficiente, para su regulación y, por ende, para una regeneración democrática. Así, Transparencia Internacional detecta una serie de buenas prácticas que, añadidas al registro, hacen a la ciudadanía más accesible los entresijos de la toma de decisiones públicas.

— Una medida sería la *publicación obligatoria de las agendas de los representantes políticos y altos cargos de los gobiernos* con los grupos de interés, destinada a dar así mayor transparencia a los *inputs* que influyen en los procesos legislativos y políticas públicas. En lo que respecta a las instituciones comunitarias, los eurodiputados están haciendo extensible la dinámica de publicar regularmente su calendario, agendas, documentación recibida y listas de lobistas con los que están en contacto durante el desarrollo de una determinada legislación. Entendemos que la publicación de la agenda no reviste una gran complejidad ni supondría una mayor carga burocrática, dado el uso extensivo de las redes sociales (Facebook, Twitter, etc). por los representantes políticos. Pues si son una herramienta clave y de gran aceptación durante las campañas electorales, también deberían ser utilizadas una vez asumidas las responsabilidades públicas.
— Además de la publicación de agendas, es importante el establecimiento de una *huella legislativa*, que obliga a los representantes políticos (aquellos con iniciativa legislativa o incluso ejecutiva) a adjuntar un documento que incluya un listado de todas las organizaciones y grupos con los que se han reunido para adoptar la decisión. Se demanda además que la huella legislativa sea un documento vivo y prácticamente actualizado en tiempo real (Villoría y Revuelta, 2015); cuestión ésta que tampoco revestiría especial dificultad en el universo de las redes sociales.
— Incardinado en el eje de la integridad, se van extendiendo los *códigos de conducta para responsables públicos y lobistas*, además de los ejemplos mostrados de las instituciones europeas (2012) y el Parlamento de Cataluña (2016), siendo cada vez más los países europeos que los incluyen. Si bien, para que esto no quede en una mera cuestión de apariencia o buena imagen, consideramos que tales códigos

deben ir acompañados de mecanismos fuertes de rendición de cuentas que incluyan no sólo las sanciones informales (perjuicio a la imagen) sino también las formales (multas, inhabilitación, mediadas penales, etc.). Asimismo tales códigos han de reflejar las conductas positivas, es decir, el conjunto de acciones ligadas a la integridad. Así parece lógico que un código de conducta debe recoger, extensa e intensamente, qué es aceptable y qué no lo es (regalos, viajes, etc), como en el caso norteamericano, *Honest Leadership and Open Government Act* de 2007.

— Además, se propone algún tipo de *limitación a las puertas giratorias o revolving door*. Esta es una cuestión harto complicada y espinosa, en la que pueden chocar varios derechos y límites individuales y personales; si bien, no resulta ajeno a cuestiones de la ética pública, imponer unos periodos de carencia post-empleo público, al tiempo que hacer más visible, a partir de las acciones anteriores, la justificación de porqué se pasa de formar parte de un poder público al privado, o viceversa.

— Para finalizar, y en lo que atañe a la igualdad de acceso, *la presencia de los comités de expertos y asesores ha de resultar equilibrada*. Para ello en primer lugar, deberían de darse a conocer las posturas de los grupos participantes y debates que se mantienen de forma que los intereses de un o unos grupos dominen sobre los del resto, o bien, determinados grupos queden infra-representados. La ciudadanía debe conocer el déficit de legitimidad que la falta de equilibrio en la representación de intereses conlleva en la esfera pública.

— Para finalizar, si el objetivo final de la regulación de la actividad de los lobbies es que los ciudadanos y grupos de interés puedan intervenir en condiciones de igualdad en los procesos políticos y legislativos, es importante *garantizar la convocatoria pública de los procesos de consulta* divulgando los resultados de los mismos. De forma sencilla, se podrían publicar en el mismo registro web habilitado al público.

V. Recapitulación

Los grupos de presión, y en particular los lobbies, son actores determinantes en los procesos de toma de decisiones que afectan al sistema político. Quizás porque mayoritariamente sus actividades han estado asociadas a intereses opacos y particulares, no se ha sabido (o, quién sabe si querido) aprovechar su potencial en la representación plural de intereses en una democracia representativa. Con todo ello, en una sociedad globalizada (o más bien, glocalizada en la que se superpone lo global con los intereses locales) aparecerán variados intereses contrapuestos. Consideramos que no se hace bien a la democracia victimizarnos por, ni demonizar, la existencia de esos grupos. Lo que exige nuestro modelo de gobernanza democrático es hacerse valer de una cultura de la transparencia, mediante una regulación clara, extensa y sin ambages sobre la actividad que desarrollan los lobbies en su relación con los diferentes poderes públicos pues, tal y como postulaba John Stuart Mill (2004; 29) «establecer límites al poder que un gobernante le era permitido ejercer sobre determinada comunidad, y tal limitación era lo que entendían por libertad». En definitiva, nuestra libertad en democracia consiste en exigir a los poderes públicos un mayor conocimiento de su relación con los poderes privados, al tiempo que podemos y debemos exigirles a estos que sean más abiertos con las comunidades que representan.

Para finalizar, el marco de los estudios comparados ofrece inmejorables oportunidades para identificar las mejores prácticas que, desde la visibilización de los lobbies como actores ineludibles de los sistemas políticos, permitan avanzar en la regeneración democrática.

VI. Fuentes consultadas

Alonso Pelegrín, Emiliano, *El lobby en la UE. Manual sobre el buen uso de Bruselas*, 2ª edición actualizada y ampliada, ESIC, Madrid, 2016.

Álvarez Vélez, Mª Isabel y De Montalvo Jääskeläinen, Federico, «Los lobbies en el marco de la Unión Europea: una reflexión a propósito de su regulación en España», *UNED. Teoría y Realidad Constitucional*, nº 33, 2014.

Bentham, Jeremy, *An introduction to the principles of morals and legislation*. Clarendon Press, 1879.

Canales Aliende, José Manuel, *Estudios sobre la Democracia, el Gobierno y la Administración Pública contemporánea*, Universitas, Madrid, 2015.

Casado, Yolanda, «El sistema político de los Estados Unidos de América», en Chavarri, Pilar, Delgado, Irene y Oñate, Pablo (coords.) *Sistemas de organización política contemporánea*, UNED, Madrid, 2002.

Dahl, Robert, «La poliarquía», en Battle, Albert (comp.) *Diez textos básicos de Ciencia Política*, Ariel, Barcelona, 2014.

Duverger, Maurice, *Introducción a la Política*, Ariel, Barcelona, 1997.

Fukuyama, Francis, «The Future of History. Can Liberal Democracy Survive the Decline of the Middle Class?», *Foreign Affairs*, nº 91 (1), 2012.

García, José Francisco, «Modelos de regulación del Lobby en el derecho comparado», *Revista Chilena de Derecho*, nº 35 (1), 2008.

Mill, John Stuart, *Sobre la libertad*, Edaf, Madrid, 2004.

Moser, Friedrich y Dhoedt, Steven (productores), Moser, Friedrich y Lietaert, Matthieu (directores), *Brussels Busines. Who runs the European Union*, Bélgica y Austria, 2012. (Disponible en: https://www.youtube.com/watch?v=h4C5SgeVK-Q; Fecha de consulta: 22/10/2015).

Navarro, Joan, Roca, Joan, Cremades, Javier, Ontiveros, Emilio, Sevilla, Jordi, Solchaga, Carlos y Cervera, Enrique, «Los lobbies necesitan una regulación», en *El País*, 01/10/2014, (Disponible en: http://elpais.com/elpais/2014/09/26/opinion/1411757059_811169.html; Fecha de consulta: 14/10/2015).

Navarro, Joan y Andrés, Carmen, «Lobbying», *Eunomía. Revista en cultura de la Legalidad*, nº 10, 2016.
Sartori, Giovanni, *Partidos y Sistemas de Partidos. Marco para un análisis*, 2ª edición ampliada, Alianza editorial, Madrid, 2009.
Sodaro, Michael J., «La sociedad y la política: votantes, partidos y grupos de interés», en Sodaro, Michael J. *Política y Ciencia Política: una introducción*, Mac Graw Hill, Madrid, 2006.
Transparencia Internacional, *El lobby en Europa. Influencia encubierta, acceso privilegiado*, 2015. Disponible en http://transparencia.org.es/wp-content/uploads/2015/11/lobbying_eu-report_esp_web.pdf (Fecha de consulta: 23/05/2016).
Vallés, Josep M., «La acción colectiva: los grupos de interés y los movimientos sociales», en Vallés, Josep M., *Ciencia Política. Una introducción*, Ariel, Barcelona, 2008.
Villoria Mendieta, Manuel, Revuelta, Raquel y Jiménez Sánchez, Fernando, «Transparencia y regulación del lobby en Europa y España», *XII Congreso de la AECPA*, Bilbao, 2015. (Disponible en: http://www.aecpa.es/uploads/files/modules/congress/12/papers/1166.pdf; Fecha de consulta: 21/10/2015).
Villoría Mendieta, Manuel y Revuelta, Raquel, «Replantear la regulación del lobby: propuestas para un programa electoral», *Eldiario.es* , 06/10/2015 (Disponible en: http://www.eldiario.es/agendapublica/blog/Replantear-regulacion-propuestas-programa-electoral_6_438566146.html; Fecha de consulta: 06/10/2015).

LOS AYUNTAMIENTOS ANTE LA REGENERACIÓN DEMOCRÁTICA TRAS LA REFORMA DE LA ADMINISTRACIÓN LOCAL

CATALINA RUIZ-RICO RUIZ

Profesora Titular de Derecho Constitucional
Universidad de Jaén

I. PLANTEAMIENTO INICIAL

A raíz de los efectos sísmicos sobre la Administración local provocados por una oleada de leyes rupturistas tras la reforma del artículo 135 CE, el impacto sobre la autonomía local y su vertiente de regeneración democrática presentan una dimensión constitucional. La presión legal sobre los entes locales en respuesta al insostenible nivel de endeudamiento municipal determina, en consecuencia, incertidumbres en torno a la constitucionalidad de los controles del Estado sobre las entidades locales en base al *presunto* estrangulamiento del principio de autonomía local.

Las disfunciones y la corrupción en el ámbito local han justificado intromisiones jurídicas del Estado en la organización y gestión de los Ayuntamientos para la contención del gasto público, afectando a la intangibilidad constitucional del principio de autonomía local[1]. No obstante, la tutela financiera del Estado sobre los Municipios y su constitucionalidad derivada de los Estatutos de Autonomía, configura paralelamente un nuevo modelo de gobernanza local. La imposición de deberes legales de transparencia, información y participación ciudadana a los Ayuntamientos en las leyes de desarrollo constitucional, desemboca en el reconocimiento de nuevos derechos de la ciudadanía.

Sin embargo, esta incipiente apertura a la regeneración democrática municipal se enfrenta en la actualidad a una contraofensiva masiva de los Ayuntamientos, invocando la inconstitucionalidad de un proceso recentralizador sin precedentes.

II. Colisión autonomía local y regeneración democrática

Con el reconocimiento de nuevos principios constitucionales para contener la deuda pública y la consecución del equilibrio presupuestario, emergen nuevos límites al principio de autonomía local. Los Municipios se debaten entre el principio de sostenibilidad financiera con una dimensión incluso supraconstitucional y el principio constitucional de autonomía local.

La remisión del artículo 135 CE a sus normas de desarrollo constitucionaliza las injerencias estatales que, en particular, la Ley 27/2013, de 27 de diciembre, de Racionalización y Sostenibilidad de la Administración Local, dispone en relación a la iniciativa pública, competencias, retribuciones o subvenciones de los Ayuntamientos (artículos 75 bis, 75 ter...).

Entre las medidas legales de control económico de los Municipios se prevén algunas con potenciales efectos de regeneración democrática, aun a riesgo de que la defensa del principio de autonomía local interfiera en la aplicación del artículo 1.1 CE, obstaculizando el desarrollo del Estado democrático. En especial, pueden considerarse medidas tendentes a la calidad democrática aquellas destinadas a impedir retribuciones excesivas de Alcaldes, Concejales, personal de alta dirección del sector público local; la adecuación al principio de mérito de los cargos y funcionarios municipales; o la limitación del número de cargos públicos con dedicación exclusiva y del personal eventual en los Ayuntamientos (art. 104 bis y disposición adicional duodécima sobre retribuciones alta dirección Ley 27/2013).

De igual modo, la regeneración democrática de los Municipios se impulsa mediante el deber de transparencia y publicidad legal de la composición de sus órganos de administración, gestión, dirección y control, incluyendo los datos y experiencia profesional de sus miembros; sus retribuciones con inclusión en la memoria de actividades; el contenido de los contratos mercantiles o de alta dirección celebrados.

---

[1] Un reciente informe de la Comisión Europea admite que las Administraciones más pequeñas propenden en superior proporción a la corrupción.

No obstante, el férreo control jurídico sobre los entes locales por razones de eficiencia, transparencia, rendición de cuentas o responsabilidad, no se traduce necesariamente en índices de calidad democrática por la ausencia de proyección hacia la ciudadanía.

En este sentido, las entidades locales se someten a una tutela financiera potencialmente *contrademocrática* como la posibilidad de asunción por las Juntas de Gobierno Local de las competencias pertenecientes al Pleno, para evitar el bloqueo político de los presupuestos y la disolución de Ayuntamientos incumplidores en el supuesto de gestión gravemente dañosa para los intereses generales que suponga incumplimiento de sus obligaciones constitucionales (arts. 61 LBRL y 26 Ley Orgánica 2/2012, de 27 de abril, de Estabilidad Presupuestaria y Sostenibilidad Financiera); o la inhabilitación de cargos públicos por *incumplir normas de sostenibilidad financiera, por gestión grave y dañosa de intereses e incumplimiento de objetivos de estabilidad presupuestaria y deuda pública.*

III. Gobernanza local y nuevos derechos de la ciudadanía

La focalización en la Administración local de la respuesta al déficit estructural ha derivado en la exigencia legal de un severo control presupuestario y financiero de los Ayuntamientos. Desde la eficiencia económica, comienza a configurarse un modelo imperativo de Gobernanza local fundamentado en nuevos principios y deberes de transparencia, rendición de cuentas, participación ciudadana y gobierno abierto.

En principio, la supervivencia del régimen local exige necesariamente la vinculación con estrategias y políticas de calidad democrática en su gestión y servicios; y la Administración local, como la más próxima al ciudadano, constituye un escenario propicio para el desarrollo de una democracia cotidiana.

Según el Informe Stoker para el Comité de Ministros del Consejo de Europa 2000, resulta constatable el declive del interés público y el sentimiento de hastío hacia la política, la dificultad de implicar más al ciudadano y las debilidades de la democracia representativa local. En nuestro país, los estragos de la corrupción municipal han agravado estas secuelas y el nivel de aversión hacia los representantes locales. Por lo que al margen del criticado oportunismo estatal en el control de los entes públicos, la actual crisis institucional de los Ayuntamientos reclamaba una transformación y adaptación a las exigencias ciudadanas.

La reforma de la Administración local ha impulsado medidas correctoras y de regeneración democrática, implementando los principios de transparencia y participación ciudadana, aunque paralelamente también legitima la permanencia de una cultura de opacidad.

1. *Transparencia en la esfera local: Deficiencias legislativas*

En particular, los deberes de información de las entidades locales respecto del Estado (arts. 6 y 27 de la Ley Orgánica 2/2012, de 27 de abril, de Estabilidad Presupuestaria y Sostenibilidad Financiera) no se traducen en obligaciones de transparencia hacia los ciudadanos, como tampoco el deber legal de publicidad proactiva de los Ayuntamientos garantiza la apertura de información de relevancia ciudadana (v.gr. sentencias sobre corrupción, la agenda de los miembros de corporaciones locales, cargos de confianza, móviles, coches oficiales, entre otros datos).

La legislación aplicable a las entidades locales se vertebra en torno al deber de sigilo y la garantía de confidencialidad, limitando el acceso a la información pública. El hermetismo en los procesos de adopción de decisiones públicas y deliberaciones en el seno de la administración local impide el control ciudadano, con el riesgo de imposibilitar incluso el control judicial. En esta línea, el art. 70 de la Ley de Modernización —Ley 57/2003, de 16 de diciembre, de medidas para la modernización del gobierno local—, dispone que «*las sesiones del Pleno de las corporaciones locales son públicas. No obstante, podrán ser secretos el debate y votación de aquellos asuntos que puedan afectar al derecho fundamental de los ciudadanos a que se refiere el artículo 18.1 de la Constitución, cuando así se acuerde por mayoría absoluta. No son públicas las sesiones de la Junta de Gobierno Local*».

No obstante, el sigilo en los procesos decisionales ha sido replanteado por el Tribunal Constitucional considerando que son públicas las Juntas de Gobierno Local en asuntos delegados por el pleno, levantando el carácter cerrado de las sesiones respecto a decisiones importantes que garantizan el control ciudadano sobre las deliberaciones de los representantes municipales (art. 24 de la Ley 7/1985, de 2 de abril, Reguladora de las Bases del Régimen Local).

El Tribunal Constitucional admite que «*el principio democrático comprende tanto la democracia representativa como la directa, sin que la primera anule la segunda, por lo que existe, así, una conexión directa entre el principio general del art. 1.1 CE con el derecho participativo contenido en el art. 23 CE, que constituye, a su vez, un derecho fundamental en función del cual los ciudadanos pueden interponer en su defensa un recurso de amparo*» (STC 161/2013, de 26 de septiembre).

La referida STC concluye que «*la exigencia de publicidad de la actividad desarrollada por los órganos de carácter representativo se constituye como un instrumento que posibilita el control político de los elegidos por los electores y se proyecta en relación con la publicidad de sus sesiones, la publicación de las deliberaciones y los acuerdos adoptados, y el acceso a la documentación que los sirva de soporte. Esta exigencia de publicidad es, por tanto, no solo una genérica manifestación del principio democrático del Estado (art. 1.1 CE), sino también una manifestación del derecho de los ciudadanos a la participación directa en los asuntos públicos (art. 23.1 CE)».*

Desde esta perspectiva, la reforma de la Administración local contribuye, sin embargo, a la pervivencia de zonas de opacidad al no garantizar el acceso de la ciudadanía a la documentación que los Ayuntamientos se encuentran obligados legalmente a suministrar al Estado, en cumplimiento de los principios de sostenibilidad financiera y estabilidad presupuestaria.

Los deberes legales de información interadministrativa impuestos a los entes locales y basados en el principio de cooperación no se subvierten en derechos de los ciudadanos, imposibilitando el ejercicio de un control social. Sin que el interés público como parámetro previsto en la legislación de transparencia para la accesibilidad a la documentación pública, garantice la apertura a la ciudadanía de los datos que los Ayuntamientos deben facilitar al Ministerio de Hacienda.

En consecuencia, el principio de lealtad institucional aplicable a la información pública circulable entre Administraciones (art. 9 de la Ley Orgánica 2/2012, de 27 de abril, de Estabilidad Presupuestaria y Sostenibilidad Financiera) puede transfigurarse en un *principio de deslealtad ciudadana*, bifurcando el interés general del Estado y el interés público de los ciudadanos en el acceso a la misma información pública.

La tendencia a una brecha en el acceso a la información pública y a una aplicación desigual del principio de transparencia, según se ejerza como deber entre Administraciones o como derecho de los ciudadanos, resulta de la legalidad vigente. En este sentido, «el Ministerio de Hacienda con el fin de cumplir con el principio de transparencia y la obligación de suministrar información, *podrá publicar información económico-financiera con el alcance que se determine; corresponde al Ministerio de Hacienda proveer la disponibilidad pública de la información económico-financiera*, filtrando sólo los datos *que se determinen* y no todos los facilitados por las entidades locales (art. 27 de la Ley Orgánica 2/2012, de 27 de abril, de Estabilidad Presupuestaria y Sostenibilidad Financiera). De modo que la revelación de esta información de las entidades locales se prevé exclusivamente como potestativa para el Estado sin que haya primado su interés público, y aun a riesgo de colisionar con la actual Ley de Transparencia.

Con la reforma de la Administración local se ha iniciado la ocultación a la ciudadanía de datos que por su interés público integran el principio de publicidad activa. En concreto, el conocimiento ciudadano de los Municipios en situación de riesgo financiero se contraargumenta desde el art. 61 de la Ley 30/1992 por la posible lesión de derechos e intereses legítimos y perjuicios de difícil e imposible reparación. De igual modo, destacaría la resistencia de los Ayuntamientos a que se publiquen comparativas en gastos de servicios, pese a que según el Ministerio de Hacienda permitiría comprobar posibles asimetrías.

Al margen de que la discrecionalidad del Estado en la accesibilidad ciudadana a la información pública y el ejercicio de un monopolio estatal informativo, implica el riesgo de ser instrumentalizado con fines políticos y electorales.

2. *Participación ciudadana como derecho local en construcción*

Como cauces inmediatos de participación ciudadana en los asuntos públicos, los entes locales adquieren el deber de «*establecer y regular en normas de carácter orgánico, procedimientos y órganos adecuados para la efectiva participación de los vecinos en los asuntos de la vida pública local*» (art. 70 bis de la Ley 57/2003, de 16 de diciembre de Medidas para la Modernización del Gobierno Local). Según el artículo 24 de la Ley de Bases de Régimen Local, para facilitar la participación ciudadana en la gestión de los asuntos locales y mejorar ésta, los municipios podrán establecer órganos territoriales de gestión desconcentrada, con la organización, funciones y competencias que cada ayuntamiento les confiera.

El legislador admitía en la Exposición de Motivos de este texto legal que los mecanismos de participación de la LBRL «*se han manifestado como insuficientes, por su carácter meramente declarativo, el tratamiento que de la participación ciudadana se hace en la ley de bases de régimen local... y si bien es cierto que en este ámbito hay que conceder amplios márgenes a la potestad de autoorganización de las entidades locales, también lo es que la legislación básica estatal debe permitir contener unos estándares mínimos concretos que permitan la efectividad de dicha participación*»[2]. Por esta razón, el art. 18 de la Ley de Bases de Régimen Local regula como derecho de los vecinos «*participar en la gestión municipal de acuerdo con lo dispuesto en las leyes y, en su caso, cuando la colaboración con carácter voluntario de los vecinos sea interesada por los órganos de gobierno y administración municipal*».

No obstante, la eficacia del principio de participación se limita deliberadamente, puesto que «*en ningún caso, el ejercicio de tales formas de participación podrá menoscabar las facultades de decisión que corresponden a los órganos representativos y de gobierno regulados por la legislación básica y por presente Ley*».

Esta previsión legal justifica una participación local descafeinada en la práctica y reducida a consultas, encuestas o sugerencias, con el riesgo

---

2 Según Mestre Delgado (1998; 37), la intervención del individuo o grupos en la formación de la voluntad administrativa es manifestación del derecho a participar del art. 23 CE.

de frustración ciudadana. El nivel actual de participación en el marco local se encuentra en una fase primaria como reflejan generalizadamente las webs municipales, destinadas en exclusiva a trámites administrativos y a publicar noticias locales y eventos, pero sin un alcance bidireccional con la ciudadanía. Por esta razón, el derecho de participación resulta impracticable en la actualidad, sujetándose además a *concesión administrativa previa* que imposibilita a los ciudadanos su tratamiento como auténticos titulares de derechos.

Por otra parte, la participación local institucionalizada tiende a la monopolización del derecho de participación ciudadana por los representantes políticos a través de los órganos participativos creados al efecto[3]. Aunque el control político de los órganos de participación en su creación composición y funcionamiento impide el desarrollo real del principio de participación ciudadana[4].

Al respecto, la canalización forzosa del derecho de participación mediante los órganos participativos imposibilita que los ciudadanos a título individual puedan acceder directamente a los mismos. La politización y burocratización de la participación ciudadana priva a este principio y derecho de su finalidad como instrumento de control social.

Por esta razón, los reglamentos municipales de participación desaprovechan la oportunidad de convertir el ámbito local en «escenario privilegiado para poner en marcha experiencias de participación por su cercanía y accesibilidad con los actores sociales». En consecuencia, el derecho de participación se desactiva por los representantes políticos locales ante la ausencia de voluntad política de compromiso y vinculación con las decisiones y opiniones de la ciudadanía. Los procesos participativos institucionalizados no garantizan la influencia de los ciudadanos en la toma de decisiones, ni menos aún el control jurídico para evitar su manipulación pública o por grupos de interés[5].

La participación ciudadana como instrumento de legitimidad democrática se desnaturaliza si se aplica a decisiones previamente adoptadas por los representantes políticos o se limita a una operación de marketing

---

[3] STC 119/1995, FJ 4 in fine: «*mera manifestación del fenómeno participativo que tanta importancia ha tenido y sigue teniendo en las democracias actuales*» (STC 103/2008, FJ 2).

[4] Para Expósito (2013; 392), dotar de eficacia a la participación parece entrar en contradicción con el límite inexcusable de su naturaleza no vinculante. Ahora bien el carácter no vinculante del proceso participativo no lleva implícito su ineficacia.... el instituto participativo en su límite infranqueable: la no sustitución de la capacidad de decisión del órgano representativo.

[5] A propósito, vid. Sola García/Casellas López, (2004; 275). El marco legal existente, desde las leyes orgánicas hasta los reglamentos de participación, no ha sido aprovechado en toda su extensión: existen déficits en el cumplimiento estricto de algunas normas, y no se dedican suficientes recursos ni atención al funcionamiento de los mecanismos de participación establecidos.

político municipal[6]. En definitiva, la impermeabilidad de las decisiones públicas a los resultados de los procesos participativos y la excesiva intermediación política en los órganos y reglamentos locales de participación ciudadana, neutralizan el efectivo control social por la ciudadanía[7].

Bibliografía

AA.VV., *Evaluar la calidad de la democracia Una introducción al marco de trabajo de IDEA Internacional*, Instituto Internacional para la Democracia y la Asistencia Electoral, Estocolmo, 2009.

AA.VV., *La administración electrónica y el servicio a los ciudadanos. El Ministerio de Economía y Hacienda ante los retos de la Ley 11/2007, de Acceso Electrónico de los Ciudadanos a los Servicios Públicos*, Ministerio de Economía y Hacienda, Madrid, 2009.

AA.VV., *La ley de Transparencia, Acceso a la Información Pública y Buen Gobierno. Una perspectiva académica* (Wences, Kolling y Ragone coords.), CEPC, Madrid, 2014.

AA.VV., *Democracia local en Andalucía. Experiencias participativas en los municipios andaluces*, Centro de Estudios Andaluces, Sevilla, 2011.

AA.VV., *Calidad Democrática y Participación Pública, Documento Final de la Jornada Pamplona*, 24 septiembre 2010, Fundación Crana, Navarra, 2010.

AA.VV., *Ciudadanía y calidad democrática. Recuperar la dignidad de la política Documentos para el debate 6*, Fundación Esplai, Barcelona, 2015.

AA.VV., *Política municipal. Guía para la mejora de la calidad institucional y la eficiencia de los Gobiernos locales*, Fundación Democracia y Gobierno Local, Barcelona, 2011.

Aldeguer Cerdá, Bernabé, «Autonomía local, equilibrio presupuestario y sostenibilidad financiera. Tendencias y perspectivas contemporáneas en las relaciones de tutela financiera y control presupuestario local en España (2008-2014)», *Cuadernos de Gobierno y Administración Pública*, vol. 1, nº 2, 2014.

Alguacil Gómez, Julio, «La democracia participativa como estrategia para la gestión relacional», *Intervención Psicosocial*, vol. 13 nº 3, 2004.

Álvarez Sánchez, Sealtiel, «Hacia la eficiencia en la gestión municipal», *Revista Nacional de Administración*, nº 3 (2), Julio-Diciembre, 2012.

Carrasco Díaz, Daniel; Buendía Carrillo, Dionisio; Navarro Galera, Andrés, *Cálculo de costes e indicadores de gestión en los servicios municipales*, Civitas, Madrid, 2005.

---

[6] Vid. Medina Guerrero (2006; 21). Frente a la verdadera participación ciudadana, ha de observarse con preocupación estas formas espurias de participación «manufacturada» o «manipulada», especialmente en instancias donde las mismas no sirven sino para legitimar decisiones ya tomadas de antemano.

[7] Destaca Medina Guerrero (2006; 14) que es fundamental evitar que los mecanismos participativos no entren en conflicto o competencia con las nuevas autoridades locales representativas; ha de eludirse que la puesta en marcha de tales mecanismos debilite el gobierno local democrático o merme su legitimidad.

Carreras Romero, Enrique; González Rodríguez, Benjamín, «La evaluación ciudadana de la Administración local. La escala multidimensional jerárquica como instrumento para medir la calidad de los servicios locales», *Papers*, 97/2, 2012.
* «El paradigma intencional en la evaluación ciudadana de la Administración Local. La utilidad frente al bienestar», *Revista Internacional de Sociología (RIS)*, vol. 71, nº 1, Enero-Abril, 2013.

Castel Gayán, Sergio, «Gobierno abierto en el Estado Autonómico: Régimen Jurídico y estrategias», *Monografías de la Revista Aragonesa de Administración Pública*, XIV, Zaragoza, 2013.

Cerrillo Martínez, Agustí; Galán Galán, Alfredo (Dirs), *Informe sobre la administración local electrónica*, Fundació Carles Pi i Sunyer, Barcelona, 2009.

Chaves García, José Ramón, «Descentralización y calidad de las políticas locales. Una primera aproximación a la ley 19/2013, de transparencia, acceso a la información pública y buen gobierno», *CEMCI*, nº 23, 2014.
* Transparencia administrativa y derecho a buen gobierno en el ámbito local (Ley 19/2013), EGAP, Santiago, 2014.

Costas Comesaña, Antón, «Descentralización y calidad de las políticas locales», *Elements de debat territorial*, nº 2, 1998.

Fernández Llera, Roberto; Salinas Jiménez, Javier; Salinas Jiménez, Mª del Mar, *Transparencia y rendición de cuentas de entidades locales*, 2013.

Expósito Gómez, Enriqueta, «Participación ciudadana en el gobierno local. Un análisis desde la perspectiva normativa», *Monografías de la Revista Aragonesa de Administración Pública*, XIV, Zaragoza, 2013.

Galais González, Carolina; Navarro Yañez, Clemente Jesús; Fontcuberta Rueda, Paloma, «La calidad de los procesos participativos locales: indicadores y factores explicativos contextuales. El caso de Andalucía», *Revista Española de Ciencia Política*, nº 32, 2013.

García Rubio, Fernando, *Reforma y Retos de la Administración local*, INAP, Madrid, 2013.

García Segador, Víctor, *La Participación Ciudadana como elemento de modernización del Gobierno Local. Modelo de Participación Ciudadana de la Ciudad de Madrid*, Ayuntamiento de Madrid, Madrid, 2007.
* *Manual para la gestión de la intervención social.*

Garde Roca, Juan Antonio, «La institucionalización de la evaluación de las políticas públicas en España», *Auditoría Pública*, nº 39, 2006.

Ganuza Fernández, Ernesto; Gómez Fortes, Braulio, «Control político y participación en democracia: los presupuestos participativos», *Estudios de Progreso Fundación Alternativas*, nº 38, 2008.

García Azorín, Perico, «La calidad de los servicios públicos en la Administración local, Conferencia impartida el día 22 de noviembre de 1999», en el marco de los *V Encuentros de Desarrollo Local y Empleo*, organizados por el Ayuntamiento de Culleredo (A Coruña).

Jiménez Asensio, Rafael; Lizcano Álvarez, Jesús; Villoria Mendieta, Manuel, «La Transparencia en los Gobierno locales: una apuesta de futuro», *Fundación democracia y gobierno local publicación digital*, nº 2, 2012.

López Camps, Jordi, «La gestión de la calidad en la Administración local», *Papers de Formación Municipal*, nº 48, 1998.

Lorenzo de Membiela, Juan, *Derechos fundamentales de los funcionarios en la administración: Nuevos retos en las organizaciones burocráticas*, Navarra, 2007.

Martín Núñez, Esther, «Los derechos de participación política y administrativa en la Constitución y en los Estatutos de Autonomía; Especial referencia al Estatuto de Autonomía de Cataluña» *Espaço Jurídico*, nº 3, 2013.

Martínez Pallares, Pedro Luis, «La planta local tras la Ley de Racionalización y Sostenibilidad de la Administración Local», *Cuadernos de la Fundación Giménez Abad*, nº 7, 2014.

Medina Guerrero, Manuel, *La promoción de la rendición de cuentas y la participación ciudadana en los procesos de descentralización*, FIIAPP, Madrid, 2006.

Mestre Delgado, Esteban, *El derecho acceso a archivos y registros administrativos (Análisis del artículo 105. b de la Constitución)*, Madrid, 1998.

Ministerio de Administraciones Públicas, *Libro Blanco para la Mejora de los Servicios públicos*, Madrid, 2002.

Molina Molina, José, *Presupuestos participativos. Un modelo para priorizar objetivos y gestionar eficientemente la Administración Local*, Aranzadi, Navarra, 2011.

Pascual García, José, *La huida del Derecho Administrativo, del Presupuesto y de los controles financieros por los nuevos entes del sector público Presupuesto y Gasto Público*, Instituto de Estudios Fiscales, Madrid, 60/2010.

Pastor Albaladejo, Gema, «Participación y gobernabilidad democrática. Análisis de la participación ciudadana en los espacios institucionales del área de asuntos sociales de la Comunidad de Madrid», *III Congreso Anual de la Red Española de Política Social*, Pamplona, 24-26 Noviembre 2011.

Pastor Seller, Enrique, *Participación ciudadana y gestión de las políticas sociales municipales*, Universidad de Murcia, Murcia, 2009.

Pérez González, Clara, «Análisis de la participación ciudadana en España», *Revista Digital CEMCI*, nº 21, octubre-diciembre 2013.

Pindado Sánchez, Fernando, *La participación ciudadana en el ámbito local*, Federación Andaluza de Municipios y Provincias, 2004.

Prado Lorenzo, José Manuel; García Sánchez, Isabel María, Los indicadores de gestión en el ámbito municipal: Implantación, evolución y tendencias, *Revista Iberoamericana de Contabilidad y Gestión*, nº 4, 2004.

Prieto Romero, Cayetano, «Medidas de transparencia y ética pública: Los códigos éticos, de conducta o de buen gobierno», *Anuario del Gobierno Local*, 2011.

Quintana López, Tomás, *El derecho de los vecinos a la prestación y establecimiento de los servicios públicos municipales*, Madrid, 1987.

Rams Ramos, Leonor, *El derecho de acceso a archivos y registros administrativos*, Madrid, 2008.

Reyes Alberdi, Reyes, «Democracia participativa. A propósito del Anteproyecto de Ley de Participación Ciudadana», *Cuadernos de la Fundación Giménez Abad*, nº 8, 2013.

Rodríguez Arana, Jaime, *El ciudadano y el poder público: El principio y el derecho al buen gobierno y a la buena administración*, Madrid 2012.

Rodríguez Escanciano, Susana, *Cláusulas sociales y Licitación Pública: Análisis jurídico*, Sevilla, 2009.

Royo Montañés, Sonia, «El Gobierno electrónico en la rendición de cuentas de la administración local», *Revista Española de Financiación y Contabilidad*, Vol. XXXVII, nº 137, enero-marzo 2008.

Royo Montañés, Sonia; Acerete Gil, Basilio José; Martí López, Caridad, «Rendición de cuentas en los ayuntamientos españoles a través de indicadores de gestión», *Presupuesto y Gasto Público*, nº 66, 2012.

Rubio Guerrero, Juan José, «El modelo de los entes locales en España. Problemas y perspectivas de reforma», *Cuadernos de pensamiento político*, enero-marzo, 2013.
Sancho Royo, David, *Gestión de Servicios Públicos: Estrategias de marketing y calidad*, Madrid, 1999.
Sanz Larruga, Francisco Javier, «El ordenamiento europeo, el derecho administrativo español y el derecho a una buena administración», *AFDUDC*, nº 13, 2009.
Sola García, Antonio; Casellas López, Lorenzo, «El papel de las Administraciones locales en la participación ciudadana», *Intervención Psicosocial*, Vol. 13 nº 2, 2004.
Talavera Pleguezuelos, Clemente, *Modelo UIM de Buen Gobierno y Calidad Democrática. Un modelo de Gestión para la Gobernanza Local*, Granada, 2012.
Tejeda Ávila, Roberto, «Midiendo la calidad de la democracia en España», *Desacatos*, nº 24, mayo-agosto 2007.
Tomás Mallén, Beatriz, *El derecho fundamental a una buena administración*, INAP, Madrid, 2004.
Villoria Mendieta, Manuel, *La publicidad activa en la ley de transparencia, acceso a la información y buen gobierno: posibilidades e insuficiencias*, Govern Obert, Barcelona, 2014.
Villoria Mendieta, Manuel, *Ética pública y corrupción: Curso de Ética administrativa*, Madrid, 2000.

LA SUPERVISIÓN DE LOS DERECHOS FUNDAMENTALES EN LAS ACTIVIDADES DE SERVICIOS DE INTERÉS GENERAL EJERCIDAS POR EL SECTOR PRIVADO: EL EJEMPLO DE LA EXTENSIÓN DE LAS FUNCIONES DEL *SÍNDIC DE GREUGES* DE CATALUÑA. ESPACIO CONSTITUCIONAL Y VÍAS DE DESARROLLO

JOAN RIDAO MARTÍN

Profesor Titular Acreditado de Derecho Constitucional
Consejo de Garantías Estatutarias de Catalunya

I. INTRODUCCIÓN: DEL «SERVICIO PÚBLICO» A LOS «SERVICIOS DE INTERÉS ECONÓMICO GENERAL»

Los países desarrollados asisten a un desmantelamiento, progresivo y dominante, del concepto de «servicio público», configurado a partir de la segunda mitad del siglo XX respecto a determinadas actividades prestacionales con la vocación de satisfacer necesidades colectivas, entorno a las cuales se había establecido una *publicatio* de su titularidad, esto es, su reserva a favor de la Administración, con o sin establecimiento de un régimen de monopolio público[1]. En el caso europeo y, por ende, español, la extensión de las reglas de libertad de competencia para determinadas actividades que, hasta entonces, se habían ejercido desde el ámbito público ha formado parte esencial de la transición del «mercado común» al «mercado interior» realizada en la última década del siglo pasado (Díaz Abad, 1999).

Así, determinadas decisiones en ámbitos tan esenciales como el acceso y uso de servicios públicos, la universalidad o la suspensión de suministros básicos para la vida ha quedado en manos de empresas privadas, sobre las cuales cabe considerar, aunque sólo sea como hipótesis, la posibilidad de conductas vulneradoras de los principios generales del derecho que regulan el ejercicio del poder (la interdicción de la arbitrariedad, la proscripción de medidas desproporcionadas o dictadas por un afán de lucro desorbitado, ante la disponibilidad de medidas alternativas menos gravosas para los intereses de los ciudadanos, etc.)[2].

En este contexto, los Estados miembros de la UE han tenido que hacer una redefinición importante de sus respectivos derechos públicos. Para ello, han contado con la base doctrinal y normativa elaborada por el propio derecho comunitario alrededor de conceptos tales como «servicios de interés económico general» y «obligaciones de servicio público», de indudable relevancia para el derecho español (Maillo González-Orus, 2005). A la vez, se ha generado una necesidad de adaptar los mecanismos de control relativos a la vertiente de interés general inherente a la acción de los operadores privados en aquello que anteriormente eran servicios económicos públicos, especialmente en lo que respecta a la interacción con los usuarios finales, bien a través de la legislación sectorial o en normas de alcance general[3]. También la institución de los *ombudsmen*, a partir de

---

[1] Como señala Luciano Parejo (2004; 52-54), la reserva a favor de la Administración de una determinada actividad no remite de forma unívoca a la consecuencia del establecimiento del régimen monopolístico, aunque la concurrencia con el sector privado siempre estará desequilibrada a partir del régimen jurídico público que regulará la actividad. Como ejemplos clásicos, cabe citar las materias de sanidad y educación.

[2] Ramió Matas y Andrés Sánchez (2015; 3) afirman, no sin razón, que comparando los avances de la interacción Administración/ciudadanos, en cuanto a la tramitación y prestación de algunos servicios, la relación de los ciudadanos con las empresas prestadoras de «servicios de interés económico general» no ha dejado de empeorar (trámites complejos, sistemas de atención al cliente deficientes, clausulas abusivas y engañosas...).

[3] En el ámbito español, puede citarse el frustrado, por extinción de la legislatura durante su tramitación, Proyecto de Ley por la que se regulaban los servicios de atención al cliente destinados a los consumidores y usuarios (*Boletín Oficial de las Cortes Generales, Congreso de los Diputados*, IX Legislatura, serie A, nº 131-1, 10.06.2011). En su artículo 2.1, se establecía su aplicabilidad a «*las empresas pertenecientes a los sectores de servicios de suministros de agua, gas y electricidad, servicios de transporte de viajeros, servicios postales, medios audiovisuales de acceso condicional y servicios de comunicaciones electrónicas*». Así mismo, cabe recordar la apelación a la creación de *ombudsmen* sectoriales contenida en la Directiva 2009/72/CE del Parlamento Europeo

su misión específica de supervisión de los derechos fundamentales de los ciudadanos en relación a la actividad administrativa, se ha sentido interpelada respecto a la forma en que ésta debe ejercerse en el nuevo escenario prestacional de los referidos servicios públicos o esenciales para el ejercicio de una vida digna[4].

Por otro lado, la preocupación social suscitada por las situaciones de privación de continuidad en los «servicios de interés económico general» que, en el contexto de crisis económica y reducción severa de la renta familiar, estaban experimentando un numero creciente de hogares por imposibilidad de atender los pagos solicitados por las empresas suministradoras. Su efecto aditivo a los quebrantos que experimentaban, simultáneamente, los fundamentos económicos de las unidades familiares en otros órdenes, particularmente en la posesión de la vivienda, creó en conjunto una percepción de emergencia social que impulsó las propuestas legislativas en estas materias[5].

Como es natural, este debate ha tenido lugar, también en el ámbito del Estado español, impelido además por una intensa demanda social alrededor de algunos casos de abusos alarmantes (por ejemplo, en relación a determinados productos financieros). En este sentido y enlazado directamente con los mecanismos de control a los que hacíamos referencia en primer lugar, cabe constatar que la institución del Defensor del Pueblo (DP), a pesar de la referencia constitucional exclusiva a la Administración como sujeto controlado (art. 54 CE), ha desarrollado una preocupación efectiva por estas nuevas realidades[6], acogiéndose de forma pacífica al

---

y del Consejo, de 13 de julio de 2009, sobre normas comunes para el mercado interior de la electricidad (art. 3.13).

4 Como ejemplo de este interés, cabe citar el grupo de trabajo «*The Ombudsman Reaching Outside the Public Sector*» en la Conferencia Mundial del Instituto Internacional del Ombudsman (IOI) (Estocolmo, junio de 2009), en el cual el actual titular de la *Sindicatura de Greuges* catalana presentó una ponencia que desarrollaba con bastante acierto el tipo de problemáticas concretas que, en el ámbito catalán, desarrollaba la institución respecto a lo que él denominaba «*new parliamentary ombudsman task*» (Ribó, 2009; 3-4).

5 Cabe recordar que, en relación específicamente al suministro eléctrico, por ejemplo, la Directiva 2009/72/CE del Parlamento Europeo y del Consejo, de 13 de julio de 2009, sobre normas comunes para el mercado interior de la electricidad, hace referencia explícita a esta problemática e insta a los Estados miembros a adoptar «*planes de acción nacionales u otros marcos adecuados para luchar contra la pobreza energética, con el fin de reducir el número de personas que padecen dicha situación. En cualquier caso, (...) deben garantizar el suministro de energía necesario para los clientes vulnerables*» (Considerando 53), así como a definir «*el concepto de cliente vulnerable que podrá referirse a la pobreza energética y, entre otras cosas, a la prohibición de desconexión de la electricidad a dichos clientes en períodos críticos*» (art. 3.7).

6 Cabe citar las secciones específicas que contiene el Informe anual de la institución desde 2009 y los estudios monográficos que ha elaborado sobre *Participaciones preferentes* (marzo 2013) o sobre *Telecomunicaciones: demandas y necesidades de los ciudadanos* (julio 2014).

principio consuetudinario de que «el ámbito de competencias debe adaptarse a los cambios en la sociedad, no pudiendo permanecer limitado a la Administración pública tradicional» (Múgica Herzog, 2007; 130). Tampoco los poderes públicos autonómicos han permanecido ajenos a la problemática que, entorno a los derechos prestacionales, ha planteado la transición desde el escenario del «servicio público» a la nueva realidad de los «servicios de interés económico general». En relación al mismo aspecto antes comentado, diversos comisionados parlamentarios autonómicos con funciones análogas al DP han seguido una evolución más o menos paralela a la institución estatal de referencia, en lo que respecta a la extensión de sus actividades de control de los «servicios de interés general».

Pero sin duda, en este ámbito, el avance más decidido se ha producido en la nueva configuración funcional del *Síndic de Greuges* catalán. Como se sabe, el Estatuto de Autonomía de Catalunya de 2006 (EAC) estableció para el *Síndic* una singularidad destacada, en el contexto de los llamados Estatutos de segunda generación (Ruiz-Rico Ruiz y Anguita Susi, 2010), en su artículo 78.1, al asignarle el control de «las empresas privadas que gestionan servicios públicos o cumplen actividades de interés general o universal o actividades equivalentes», ámbito material que fue, en cierta medida, concretado y en parte ampliado en el art. 26 de la Ley catalana 24/2009 del *Síndic de Greuges* (LCSG), como luego referiremos. El nuevo ámbito de actuación del *Síndic* se vincula a los llamados «nuevos derechos» que se incorporaron en las últimas reformas de determinados Estatutos de Autonomía (Corchete Martín, 2007; Aguiar de Luque, Luis et al., 2007), y aunque todavía no ha sido objeto de un desarrollo legislativo exhaustivo, ello no ha sido óbice para el desarrollo de una intensa actividad de la *Sindicatura de Greuges* en la materia[7].

En este trabajo profundizaremos en la virtualidad de la intervención que puede ejercer una figura como la del Síndic sobre el control de la observancia de los derechos fundamentales en la prestación de los «servicios de interés económico general», así como de los elementos de desarrollo legislativo que pueden favorecer, de una forma armónica con el diseño constitucional, la efectividad de esta actuación. Todo ello enmarcado en la relevancia que dicha tarea tiene en la construcción de economías eficientes en sociedades socialmente inclusivas.

---

[7] Cabe citar, así, las actuaciones en relación a las siguiente materias: *L'accés a internet mitjançant la connexió de banda ampla: un dret que cal universalitzar* (juny 2006); *ACTUACIÓ D'OFICI 02582/2011, relativa al preu de l'aigua; Informe regulació redreçament deutes hipotecaris* (juliol 2012); *Internet amb banda ampla com a servei universal: dret a la igualtat digital* (juny 2013); *Informe sobre la pobresa energètica a Catalunya* (octubre 2013); *Informe sobre el projecte Castor* (novembre 2014); *Informe sobre el dret als subministraments bàsics (electricitat, aigua i gas)* (desembre 2014).

II. Garantía de los derechos fundamentales en la prestación de los «servicios de interés económico general». Referencia al ámbito específico de Cataluña

Como hemos dicho, el régimen de liberalización de la prestación de determinados «servicios públicos» se ha desarrollado, en la Unión Europea, aplicando un contrapeso garantista en la potestad de los Estados para establecer «obligaciones de servicio público» a las empresas operadoras. Es decir, estableciendo una serie de clausulas de salvaguarda específicas entorno a determinadas actividades, las agrupadas bajo el concepto «servicios de interés general», en las cuales se debía «garantizar una combinación armoniosa de mecanismos de mercado y misiones de servicio público» que preservaran una serie de elementos como «el servicio universal, la continuidad, la calidad del servicio, su carácter asequible, y la protección de los usuarios y consumidores», dado que estos conformaban «uno de los pilares del modelo europeo de sociedad» (Comisión de las Comunidades Europeas, 2004; 4).

De un modo implícito, el legislador comunitario parecía ser consciente de que la transición a la prestación en condiciones de mercado de determinados servicios requería de garantías adicionales para asegurar la cohesión social que proporcionaba el acceso a ellos de la totalidad de la población. Algunos autores observan que, paradójicamente, la misma construcción de la categoría de «servicios de interés general» en el derecho comunitario, no deja de ser sintomática de:

> «[U]na desconfianza de los propios promotores de la liberalización en que el sistema funcione para el consumidor doméstico o los pequeños consumidores. Desconfianza que es más grave si se piensa en la segunda posibilidad —inferioridad negociadora de los pequeños consumidores—, pues implica reconocer esa inferioridad en las personas físicas y las familias. Si al final de la corrida son las personas físicas y las familias quienes quedan en mala posición puede pensarse si ha valido la pena todo el proceso» (de la Quadra-Salcedo, 2010; 80).

No obstante es necesario constatar que, en primera instancia, la prioridad normativa del referido proceso de liberalización de servicios públicos, tanto en el ámbito comunitario como español, se centró en establecer las condiciones que aseguraren un efectivo marco de libre competencia en esta transferencia de funciones públicas a los agentes privados y quedaron en un segundo plano las garantías de los derechos de los ciudadanos en la relación que estos adquieren con las empresas privadas en virtud de esta transferencia, con unos marcos de control que otorgan una posición preeminente a las agencias estatales reguladoras de los correspondientes mercados sectoriales (Luciano Parejo, 2004; Ponce

Solé, 2014). Esto es especialmente significativo en el tipo de supervisión que realizan las agencias reguladoras estatales en relación a las actividades que integran su ámbito de actuación (Borrell, 2014; Ramió Matas y Andrés Sánchez, 2015).

Sin embargo, el contexto social de la última recesión económica, como antes hemos apuntado, ha introducido cambios substanciales en este esquema. Así, la legislación comunitaria y la de sus Estados miembros ha incorporado nuevos conceptos, como por ejemplo el de «pobreza energética»[8], que hacen referencia a la necesaria protección que las Administraciones deben ofrecer ante las situaciones de precariedad que pueden conducir a decisiones por parte de los operadores privados de los «servicios de interés económico general», de cese individual de la prestación en determinados supuestos, empresarialmente legítimas pero socialmente excluyentes.

En el caso concreto de Catalunya, las iniciativas legislativas de salvaguarda del derecho a la continuidad de la prestación en algunos «servicios de interés económico general», ante situaciones individuales de precariedad económica, se han concretado en diversas normas. La primera, el Decreto-ley 6/2013, de 23 de diciembre, por el cual se modificaba la Ley 22/2010, de 20 de julio, del Código de consumo de Catalunya, fue recogida y ampliada en la posterior Ley catalana 20/2014, del 29 de diciembre, de modificación de la Ley 22/2010, del 20 de julio, del Código de consumo de Catalunya, para la mejora de la protección de las personas consumidoras en materia de créditos y préstamos hipotecarios, vulnerabilidad económica y relaciones de consumo, que ha sido objeto de un reciente recurso de inconstitucionalidad por parte del Gobierno del Estado (aceptado a trámite el 7.10.2015); sin embargo, en ese momento, el *Parlament* de Catalunya había aprobado otra ley, que abundaba en la línea precedente con nuevos contenidos (Ley 24/2015, del 29 de julio, de medidas urgentes para afrontar la emergencia en el ámbito de la vivienda y la pobreza energética)[9].

---

[8] Para una conceptualización, cuantificación y referencia legislativa de la «pobreza energética» en el Estado español, vid. Tirado Herrero, Jiménez Meneses, López Fernández, Martín García, 2014.

[9] Como se sabe, el Decreto-ley 6/2013 establecía en un escueto texto, apenas dos artículos y una disposición final, en primer lugar, los criterios de definición de las «personas en situación de vulnerabilidad económica», a efectos de lo previsto en la legislación sobre el sector eléctrico, y en segundo lugar, el procedimiento de actuación ante casos de interrupción del suministro eléctrico o de gas a determinados hogares que, entre otras cosas, prohíbe la misma en los supuestos referidos antes, entre los meses de noviembre a marzo, ambos incluidos. La norma que la derogó, la Ley catalana 20/2014, abordó una regulación de alcance más amplio y complejo (veinticinco artículos y cuatro disposiciones, entre adicionales y finales), que en la materias de la norma anterior perfeccionaba el contenido e incorporaba nuevos elementos, como una definición de «pobreza energética» (art. 3), y sobre todo introduciendo materias adicionales relativas a los créditos hipotecarios y los servicios financieros. Finalmente, el contenido de la Ley 24/2015 establece elementos de carácter más proactivo,

Es pertinente destacar que, en el plano constitucional, las tres normas catalanas citadas se vehiculan, de forma transversal y común, a través de la competencia en materia de consumo, asumida de forma exclusiva por la Generalitat de Catalunya (art. 123 EAC), y se fundamentan en una lectura, de técnica eminentemente dogmática, de derechos expresados tanto en la Constitución como en el *Estatut*. Entre los primeros, aparecen la función social del derecho a la propiedad privada (art. 33 CE) y la subordinación de la riqueza del país al interés general con independencia de su titularidad (art. 128 CE); entre los segundos, cabe referirse a los derechos a vivir libres de situaciones de explotación y maltratos (art. 5 EAC) y a acceder, en condiciones de igualdad, a los servicios de interés general (art. 30 EAC), así como el mandato a los poderes públicos de Catalunya para velar por la dignidad, la seguridad y la protección integral de las personas vulnerables (art. 42.3 EAC). Esto es relevante, como veremos en el epígrafe final, a efectos de valorar la incardinación competencial, tanto de las normas catalanas mencionadas antes como del nuevo ámbito de supervisión del Síndico, en el ordenamiento constitucional.

De hecho, la impugnación del gobierno del Estado de la constitucionalidad de la Ley catalana 20/2014 se basó, en lo substancial, en los argumentos de vulneración competencial expresados por el Consejo de Estado (CDE) en su Dictamen (DCDE) 733/2014, referido al anterior Decreto-ley de Catalunya 6/2013. El razonamiento del alto órgano consultivo parte del carácter amplio y de difuso perímetro del título competencial «defensa del consumidor» en el ordenamiento español, dada la diversidad de aspectos y materias en los que incide, que lo configura como una competencia de carácter transversal. Pero recuerda que, en ningún caso, faculta a aquellas CCAA que la tengan atribuida para contradecir la legislación sectorial estatal que, sobre determinadas materias, pueda haber establecido el Estado con carácter básico, en virtud de su competencia exclusiva sobre la materia, como sería el caso de los sectores energéticos (*ex* arts. 149.1.13ª y 25ª CE), sobre los cuales opera el Decreto-ley 6/2013 (DCDE 733/2014, III)[10]. En particular, el CDE insiste en destacar que:

> «[L]a competencia estatal para la regulación del *régimen económico* del sector energético, en tanto que, en su virtud, corresponde al Estado la regulación de un régimen único para todo el territorio nacional en la materia, una regulación uniforme para calcular la *retribución de los distintos operadores* que realicen actividades destinadas al suministro eléctrico,

tanto de directrices de las políticas públicas, como en la prevención de las situaciones de riesgo, referidas a las materias sectoriales que habían desarrollado las leyes anteriores, por ejemplo, estableciendo criterios para prevenir el sobreendeudamiento de las familias o medidas para evitar la pobreza energética (art. 6).

[10] Esta interpretación del CDE contaría con una amplia doctrina constitucional de apoyo, entre las más recientes, las SSTC 135/2012, FJ 2, 8/2013, FJ 3, y 498/2014, FJ 4.

como acontece con los peajes de acceso a redes (que deben ser únicos en todo el territorio nacional) y las tarifas de último recurso (únicas en todo el territorio nacional)» (DCDE 733/2014, III, los subrayados son nuestros).

El argumento del Consejo es que tanto la delimitación de los colectivos vulnerables como los procedimientos de aplazamiento de pago para éstos (arts. 1 y 2 Decreto-ley 6/2013, respectivamente), forman parte intrínseca del régimen de retribución de los operadores que prestan los mencionados servicios de suministro[11]. A partir de lo cual, el DCDE 733/2014 concluye la concurrencia de fundamentos jurídicos suficientes para cuestionar la constitucionalidad mediata de la norma catalana. A partir de la referencia que hemos realizado antes del contenido de las sucesivas leyes del *Parlament* en la materia, se puede inferir sin dificultad cual puede ser, eventualmente, la línea de razonamiento de impugnaciones futuras, a la espera, claro está, de un pronunciamiento del Alto Tribunal.

Por otro lado, en lo que respecta al explícito mandato estatutario al comisionado parlamentario catalán en relación a la supervisión garantista de los operadores privados de este tipo de servicios (art. 78.1 EAC), es necesario mencionar, en primer lugar, que evita al Síndico la apelación al criterio evolutivo implícito que se invocó en el caso del DP, antes referido, para justificar su cobertura supervisora sobre los operadores privados. La expresión normativa catalana superaría, pues, el limitado recorrido que algunas interpretaciones doctrinales encuentran en la *vis* expansiva del ámbito de actuación del comisionado parlamentario español:

> «La principal duda que plantea la legislación vigente es si el DP tiene competencia para controlar a las empresas concesionarias de servicios públicos y a las que prestan servicios de interés general: ambos tipos de empresas no son Administración pero afectan a materias importantes para los ciudadanos que, por su naturaleza, resultan próximas al ámbito natural de actuación del DP. Sólo las primeras, y desde una generosa interpretación del término «al servicio de las Administraciones públicas» (...), encuentra cobijo en la legislación vigente» (Escobar Roca, 2010; 234-235)[12].

---

[11] En el caso concreto del sector eléctrico, la delimitación de los colectivos vulnerables se atribuye al Estado en el art. 45.1 de la Ley 24/2013, de 26 de diciembre, del Sector Eléctrico, resultando además que el bono social, que sería el instrumento financiero para compensar las ayudas al consumo eléctrico de estos sectores, se integra en la tarifa cobrada al resto de consumidores (art. 45.3 Ley 24/2013). En materia gasística, la regulación es menos específica, si bien el art. 88.3 de la Ley 34/1998, de 7 de octubre, del Sector de los Hidrocarburos, remite al desarrollo reglamentario de la situación de suspensión de suministro tras dos meses de impago, sin contemplar explícitamente las situaciones de vulnerabilidad.

[12] El mismo autor, no obstante, no olvida mencionar la facultad amplia de la que el DP dispone para recurrir a las cláusulas de apertura del catálogo de derechos fundamentales (art. 10 CE), el principio de dignidad de la persona y el derecho internacional (Escobar Roca, 2010; 237).

Ahora bien, en segundo lugar, hay que referirse a la conveniencia de desarrollos legislativos que concreten el texto estatutario, más allá de los actuales contenidos de la LCSG, por un lado, para delimitar el perímetro de las actividades sometidas al ámbito de control del *Síndic* y, por otro lado, para establecer el parámetro de su intervención en las actividades de «servicios de interés general», así como el contenido de esta intervención, extremos a los cuales dedicaremos los dos siguientes epígrafes.

III. La delimitación de los sujetos supervisados por el *Síndic*

El mandato estatutario (art. 78.1 EAC) obliga, en primera instancia, a abordar una cierta delimitación del sujeto sometido a la supervisión del *Síndic*, es decir, el conjunto formado por «*las empresas privadas que gestionan servicios públicos o cumplen actividades de interés general o universal o actividades equivalentes de manera concertada o indirecta*»[13]. La recepción del mandato estatutario por parte del legislador, no encontró mayores precisiones en la LCSG, con la excepción de la contenida en su artículo 26 *d*, que substituye la modalidad «indirecta» de gestión por la referencia a la figura concesional. En nuestra opinión, de ello no cabe inferir una voluntad, por parte del legislador, de sustraer a la potestad de actuación del *Síndic* los casos de gestión indirecta de servicios público mediante cesión de contratos o subcontratación [arts. 226 y ss. del Real Decreto Legislativo 3/2011, de 14 de noviembre, por el que se aprueba el texto refundido de la Ley de Contratos del Sector Público (TRLCSP)]. Contrariamente, la dicción del artículo citado parece querer explicitar la inclusión de la figura de la concesión en el ámbito subjetivo de la actuación del Síndic, cosa que en la actual configuración del derecho contractual del sector público español y comunitario resulta sumamente coherente. La remisión debe entenderse, además, realizada en una interpretación amplia de la figura concesional, esto es, hecha en relación al conjunto de figuras que permiten acoger una colaboración público-privada en la prestación de servicios públicos o provisión de determinadas infraestructuras públicas[14].

---

[13] El inciso reproducido del artículo 78.1 EAC continúa: «*(...) y la de las otras personas con un vínculo contractual con la Administración de la Generalitat y con las entidades públicas que dependen*», aunque en este trabajo no entraremos en el fondo de la cuestión, sí que cabe precisar que entendemos que la voluntad del legislador estatutario, al incluir estos sujetos entre los supervisados por el *Síndic*, era que este control se ejerciese sobre aquellas actuaciones realizadas en el marco de la vinculación contractual citada por el precepto.

[14] Como se sabe, la fórmula anglosajona del *Public-Private Partnership* encontró diferentes puntos de encaje en el derecho administrativo español, algunos dentro del régimen contractual del sector público, como la concesión o el propio contrato de colaboración público-privada (arts. 7 y 11 TRLCSP, respectivamente), y otros en figu-

Sin embargo, el punto verdaderamente clave, en el desarrollo del mandato contenido en el artículo 78.1 EAC es, naturalmente, establecer el contenido material de la expresión «servicios de interés general». Como bien señalan Ramió y Andrés Sánchez (2015; 2), esta definición dista de poder ser considerada pacífica. En principio, parecería razonable tomar, como punto de partida, el ingente trabajo realizado por las instituciones comunitarias en este ámbito, pero la definición que han desarrollado, aunque permite un cierto recorrido, no puede ser considerada de otra forma más que jurídicamente indeterminada e inconcluyente, dado que, en definitiva, remite al criterio que, en cada caso, puedan establecer «las autoridades públicas». Así, en concreto, la Comisión de las Comunidades Europeas (2004; 24), después de señalar que el término «servicios de interés general» no figura en el Tratado de la UE, interpreta que estos comprenden *«los servicios, sometidos o no a la disciplina de mercado, que las autoridades públicas consideran de interés general y están sometidos a obligaciones específicas de servicio público»*.

Los que sí aparecen citados, aunque no definidos, en el Tratado UE (arts.16 i 86.2) son los «servicios de interés económico general» que, en definitiva, constituyen la matriz a partir de la cual se genera el anterior término. En el documento citado, la Comisión de las Comunidades Europeas, designa, bajo el epígrafe «servicios de interés económico general» aquellos *«servicios de naturaleza económica a los que los Estados miembros o la Comunidad imponen obligaciones específicas de servicio público en virtud de un criterio de interés general. Por consiguiente, entran dentro de este concepto ciertos servicios prestados por las grandes industrias de redes, como el transporte, los servicios postales, la energía y las comunicaciones. Sin embargo, esta expresión abarca igualmente otras actividades económicas sometidas también a obligaciones de Servicio público»*. Cabe recordar que los sectores de actividad mencionados en esta definición han sido objeto de un tratamiento diferenciado, respecto al conjunto del sector servicios, en diversas Directivas de la Comisión, si bien en ellas el uso de las categorías de «servicio universal» y «obligaciones de servicio público», se alterna de forma indiferenciada y poco precisa, sin que la doctrina haya podido contribuir a resaltar los matices diferenciadores que parecen contener ambos términos (de la Quadra-Salcedo, 2010; 44)[15].

En el mismo ámbito comunitario, otras iniciativas para una definición, en términos más operativos, de los conceptos «servicios de interés

---

ras bien diversas (derechos de superficie, etc.). Para una visión más detallada, vid. Ridao (2012).

[15] Como ejemplo, cabe referirse a la diferencia de tratamiento del concepto de «servicio universal» que sí se incluye en la Directiva 2003/54/CE sobre el mercado interior de la electricidad, pero no aparece en la Directiva 2003/55/CE, sobre normas comunes en el mercado interior del gas natural.

general» y «servicios de interés económico general» (Breuer, Ina Marie et al., 2013), aunque representan una valiosa aportación a la cuantificación y al conocimiento de la distribución regional de este tipo de actividades, han remarcado de forma todavía más patente la diversidad, en este ámbito de los Estados miembros, arraigadas en las diferencias históricas y de cultura de intervención pública de cada uno.

En este sentido, pues, la elaboración de una relación detallada y cerrada de actividades de «servicios de interés general» y de «servicios de interés económico general», como la que abordan Ramió y Andrés Sánchez (2015), tiene sentido más como directriz práctica de la actuación del *Síndic* en cumplimiento del mandato estatutario[16]. Pero se debería reflexionar detenidamente sobre la conveniencia de trasladarla a un rango normativo superior, si este fuera el caso, esencialmente al nivel legislativo. En primer lugar, porque la competencia de las Comunidades Autónomas para definir el concepto de «interés general» dista de ser una cuestión doctrinalmente pacífica (López Pina, 2007; 151). En segundo lugar, porque hay que tener en cuenta, además, el criterio dinámico que, intencionadamente, incorpora el concepto de «servicios de interés general» en la doctrina comunitaria, tanto en el sentido inclusivo como exclusivo (Maillo, 2005; 25-30), que corre el riesgo de esclerotizarse innecesariamente en una relación cerrada y establecida con rango de ley.

Finalmente, debe recordarse que los dos conceptos a los cuales estamos haciendo referencia, «servicios de interés general» y «servicios de interés económico general», adquieren sentido en el derecho comunitario en tanto en cuanto designan un conjunto de actividades que, aunque sometidas a las disposiciones del mercado interior en lo que respecta a la garantía de libre competencia, son susceptibles de algún tipo de reserva en la legislación de los Estados miembros en virtud, precisamente, de las obligaciones de servicio público que la legislación comunitaria les reconoce. Como expone adecuadamente de la Quadra-Salcedo (2010; 63), «se quería indicar que había actividades que eran indispensables o necesarias para los ciudadanos; y ello podía explicar que su régimen jurídico tuviera algunas especialidades respecto del resto de actividades, entregadas, sin más, a la dinámica del mercado. La especialidad básica consistía, precisamente, en que su regulación podía hacerse prescindiendo de las reglas del Tratado, y en especial de las de la competencia».

---

[16] La relación citada tiene, además, la ventaja de incorporar un listado de actividades no encuadrables entre las incluidas en el mandato estatutario del articulo 78.1 EAC.

De hecho, la jurisprudencia comunitaria[17] ha venido consolidando, en buena parte de forma coincidente con el periodo de elaboración normativa que dio carta de naturaleza al «mercado interior», el criterio de que una actividad que pudiese ser calificada de «actividad de autoridad pública», expresión que en la doctrina europea contempla tanto las tradicionalmente vinculadas al *ius imperii* como también las relativas al estado del bienestar (educación, salud, servicios sociales...), aunque tuviese algunos componentes económicos, no sería considerada de naturaleza económica. Con este razonamiento, adquiere especial sentido el enfoque del profesor Ponce (2014; 50) al adoptar una definición conceptual para delimitar las actividades privadas susceptibles de ser supervisadas por la Sindicatura, a partir de considerar éstas como cualquier actividad que implique el ejercicio privado de funciones públicas. En este conjunto tienen cabida tanto las actividades gestionadas de forma indirecta (arts. 226 y ss. TRLCSP), las concesiones y colaboraciones público-privadas (arts. 7 y 11 TRLCSP), las empresas colaboradoras de la administración, la prestación de servicios de interés económico general y la prestación de servicios sociales de interés general.

La fórmula de implementación recomendada, *ex* art. 149.1.18 CE, por el mismo Ponce (2014; 42-43), la incorporación de un título específico en la ley estatal relativa al régimen jurídico del sector público[18], es acertada. Ciertamente, se debería observar una cierta cautela redactora para evitar, en especial, la concurrencia con el regulador de diversos mercados (Ley 3/2013, de 4 de junio, de creación de la Comisión Nacional de los Mercados y la Competencia). Aunque tampoco es descartable, por lo menos sin una cierta reflexión, la opción apuntada por el mismo Ponce de modificar, incluso con carácter previo a la reforma de la legislación estatal, la Ley 26/2010, de 3 de agosto, de régimen jurídico y de procedimiento de las administraciones públicas de Catalunya (LRJPAC), para incluir los operadores privados que ejercen funciones públicas en su ámbito subjetivo de aplicación (art. 2 LRJPAC) y reformar el capítulo II del Título VIII «Potestades de inspección y de control» (arts. 91-101 LRJPAC), para mejorar la recepción de estos nuevos sujetos. Bien es cierto que la legislación estatal

---

[17] Para una relación bastante exhaustiva de las sentencias, en este sentido, del TJCE (TJUE), *vid*. Maillo (2005; 8). De forma más amplia, una completa panorámica de jurisprudencia europea sobre la transformación de servicios públicos en «servicios de interés general», vid. Parejo Alfonso (2004; 56-63).

[18] El autor hacía referencia específica, como es natural, a la norma vigente en el momento de elaboración de su artículo y, también, en el de redacción de este trabajo, esto es la Ley estatal de Régimen Jurídico de las Administraciones Públicas y Procedimiento Administrativo (Ley 30/1992). Sin embargo, en el futuro inmediato (a partir de octubre de 2016), la referencia deberá considerarse hecha en relación a la Ley 40/2015, de 1 de octubre, de Régimen Jurídico del Sector Público y, en los puntos que pudiesen ser concordantes, a la Ley 39/2015, de 1 de octubre, del Procedimiento Administrativo Común de las Administraciones Públicas.

en esta materia tiene un elevado componente de carácter básico y que, en relación a los sujetos específicos de supervisión, sería de aplicación lo establecido en la Ley 20/2013, de 9 de diciembre, de garantía de la unidad de mercado (LGUM), en particular, a su principio de eficacia de las actuaciones de las autoridades competentes en todo el territorio nacional (art. 6).

IV. El parámetro de intervención del *Síndic*

La segunda cuestión capital a abordar es la determinación del parámetro de intervención del *Síndic* en las actividades de «servicios de interés general» ejercidas por operadores privados. Como es conocido, en este ámbito intervienen, también, los organismos públicos de defensa de los derechos de los consumidores y usuarios (tanto autonómicos como locales), así como las agencias reguladoras de ámbito estatal (la referida Comisión Nacional de los Mercados y la Competencia, la Comisión Nacional del Mercado de Valores, el Banco de España...), con parámetros de intervención netamente diferenciados[19]. A pesar de este amplio marco institucional de cobertura, la persistencia de las situaciones de desequilibrio en la relación ciudadano/empresas prestadoras de «servicios de interés general» es manifiesta. Lo cual lleva a algunos autores (Ramió, 2014; Borrell, 2014) a abogar por una actuación del *Síndic* en este ámbito que prescinda de la eventual concurrencia con los otros actores, en beneficio de la aportación positiva que puede significar la entrada, en este escenario, de una figura dotada de la especial posición que le confiere su cualidad de comisionado parlamentario[20].

No obstante, conviene recordar que cuando el artículo 78.1 EAC asigna, explícitamente, al *Síndic* la supervisión, entre otros, de los operadores privados de «servicios económicos de interés general», lo hace con la finalidad de «*proteger y defender los derechos y las libertades que reconocen*

---

[19] En general, los organismos de defensa de los consumidores adoptan una perspectiva de intervención caso por caso a partir de los derechos que la legislación marco y la sectorial otorgan a los consumidores, mientras que las agencias reguladores realizan una valoración de los efectos que sobre la libre competencia y el buen funcionamiento del mercado pueden tener determinadas prácticas empresariales, con la consiguiente lesión de los derechos de consumidores y usuarios, en la línea del paradigma europeo de construcción del «mercado interior», según el cual sólo la remoción de los obstáculos al correcto funcionamiento del libre mercado garantiza plenamente y de forma sostenible los derechos de consumidores y usuarios.

[20] Es importante recordar que a pesar de la posición preeminente del *Síndic* y su efectiva y contrastada aportación a la mejora de las relaciones ciudadanos-administraciones, no obstante, no puede esperarse que su intervención sea omnipotente. Es decir, una parte de los desequilibrios entre ciudadanos y empresas prestadoras de «servicios de interés general» no puede tener otra corrección que la actuación del poder legislativo en la normativa sectorial, si bien es cierto que ésta puede tener como origen las conclusiones del *Síndic* tras una actuación.

la Constitución y este Estatuto». De acuerdo con esto, tanto las razones de economía administrativa, como la precaución de evitar conflictos competenciales, harían recomendable observar con precisión el parámetro que el EAC asigna a la intervención de la Sindicatura, también en el ámbito de los operadores privados. Aceptando que la actividad de supervisión del *Síndic* debería circunscribirse al criterio enunciado en el texto estatutario, sería preciso revisar algunas cuestiones determinantes para la concreción del marco en el que materializar dicha intervención. En primer lugar, conviene recordar que una innovación relevante, para el contenido de este trabajo, es la proclamación en el art. 30 EAC de los «[d]erechos de acceso a los servicios públicos y a una buena Administración», que en su apartado 1 establece que «[t]odas las personas tienen derecho a acceder en condiciones de igualdad a los servicios públicos y a los *servicios económicos de interés general*» (el subrayado es nuestro)[21].

En este punto, es preciso referirse a la interpretación que la jurisprudencia constitucional ha establecido sobre la naturaleza de los derechos estatutarios. Como es sabido, a diferencia de lo que ocurrió con otros extremos directamente relacionados con la figura del *Síndic*[22], la STC 31/2010 (FJ 16-20 y 26-29), confirmó con algunas matizaciones la doctrina que, en esta materia, el Alto Tribunal había establecido en la STC 247/2007 (FJ 13-15)[23], confirmando la legitimidad de los derechos estatutarios, pero substrayéndoles el carácter de derechos subjetivos y situándolos en el nivel de mandatos a los poderes autonómicos. Así, la aceptación de la constitucionalidad de la declaración de derechos estatutarios se enmarca en:

> «[U]n proceso argumentativo que desemboca en una especie de devaluación de esta parte del *Estatut*. Implícitamente el Tribunal concibe la mayoría de las disposiciones del título I, incluso las que sí que formulan derechos de una manera clara y concisa, como un conjunto de normas que más que atri-

---

[21] En comparación a éste, la proclamación de derechos de los consumidores y usuarios (art. 28 EAC) resulta menos novedosa, ya que su contenido remite esencialmente a los apartados 1 y 2 del art. 51 CE. Sin embargo, ciertamente, el Estatut contiene una referencia más explícita al derecho «*a una información veraz y comprensible sobre las características y los precios de los productos y de los servicios, a un régimen de garantías de los productos adquiridos y de los suministros contratados y a la protección de sus intereses económicos ante conductas abusivas, negligentes o fraudulentas*» (art. 28.1 EAC).

[22] En concreto, la STC 31/2010 (FJ 33) declaró inconstitucional y nulo el inciso «con carácter exclusivo» que figuraba en la redacción original del art. 78.1 del *Estatut* de 2006. El efecto del mencionado inciso en el sentido de este artículo era excluir los sujetos supervisados por el *Síndic*, con la excepción de la administración local, del ámbito de actuación del DP. El resto del artículo 78.1 EAC no fue objeto de reproche constitucional.

[23] En particular, la STC 31/2010 abandonó la distinción entre derechos ligados a instituciones y derechos ligados a competencias, enunciada en la STC 247/2007, que había sido objeto de numerosas críticas por su endeble base doctrinal.

buir a sus titulares facultades jurídicamente exigibles, quedan convertidas en meras directrices del ejercicio de las competencias por parte de los poderes públicos autonómicos en virtud de lo que disponen las leyes de desarrollo —muchas veces, las estatales— a las cuales se remiten gran parte de estos preceptos, concepción que recuerda mucho al estatuto constitucional de los derechos contenidos en el capítulo III del título I de la CE» (Expósito, 2010; 173).

Cabe recordar, además, que la jurisprudencia constitucional es taxativa al negar la cualidad de fundamental a los derechos en función de su contenido, sino exclusivamente en función de su inclusión o no, como tales, en la Norma Fundamental:

> «Derechos fundamentales son, estrictamente, aquellos que, en garantía de la libertad y de la igualdad, vinculan a todos los legisladores, esto es, a las Cortes Generales y a las Asambleas legislativas de las Comunidades Autónomas, sin excepción. Esa función limitativa sólo puede realizarse desde la norma común y superior a todos los legisladores, es decir, desde la Constitución (...). Derechos, por tanto, que *no se reconocen en la Constitución por ser fundamentales, sino que son tales, justamente, por venir proclamados en la norma que es expresión de la voluntad constituyente*. Los derechos reconocidos en Estatutos de Autonomía han de ser, por tanto, cosa distinta (...). Lo decisivo para pronunciarse sobre su legitimidad constitucional será, en cada caso, si los mandatos en ellos comprendidos vinculan exclusivamente al poder público catalán y, naturalmente, si sólo pretenden hacerlo en el marco de sus competencias» (STC 31/2010, FJ 16, el subrayado es nuestro).

En esta lógica, la actuación del *Síndic* en relación a los operadores a los cuales nos estamos refiriendo, parecería enmarcarse en el ámbito de aquellas competencias que fuesen exigibles en el ámbito territorial y competencial de las administraciones de Catalunya, sin perjuicio de las recomendaciones que se puedan formular, con carácter desiderativo, en un alcance más general. No obstante, en lo que respecta concretamente al alcance de los derechos, es pertinente recuperar la referencia que hemos hecho antes a la facultad atribuida al DP de recurso a las cláusulas de apertura del catálogo de derechos fundamentales (art. 10 CE) (Escobar Roca, 2010; 237), que podría considerarse extrapolable al *Síndic*.

Por último, debemos referirnos a los efectos que potencialmente se derivarían de la intervención supervisora o controladora de la Sindicatura para los sectores privados de referencia. Como es suficientemente conocido, hasta ahora, ni el *Síndic*, ni tampoco el DF ni los otros comisionados parlamentarios autonómicos equiparables, emiten resoluciones con capacidad directamente vinculante o coercitiva como resultado del ejercicio de sus competencias[24]; sus actuaciones se traducen en recomen-

---

[24] Cabe mencionar, no obstante, el supuesto de la aparición, durante la investigación del Síndico, de indicios de infracciones administrativas o delitos penales, so-

daciones, propuestas de revisión de la actuación administrativa, sugerencias de reforma normativa y, en general, un conjunto de medidas que conforman lo que, doctrinalmente, se conoce como «magistratura de persuasión», en la cual es la cualidad de rigor, objetividad, independencia y vinculación directa al Parlamento de la institución la que otorga la relevancia y preeminencia a sus conclusiones. Históricamente y valorada en su conjunto, es necesario reconocer el impacto positivo que las actuaciones supervisoras del Síndico han generado en el sector administrativo, a pesar de la limitaciones expuestas respecto a la adopción de sus conclusiones.

Sin embargo, aparecen incógnitas razonables respecto a la efectividad que el mencionado modelo de intervención puede tener respecto a operadores privados, a menudo dotados de una notable fortaleza empresarial y con una intensa capacidad de influencia en un amplio abanico de sectores sociales, económicos y políticos. No es un precedente demasiado esperanzador, en este sentido, la trayectoria que algunos de estos operadores han tenido ante las controversias con los organismos de defensa de los derechos de los consumidores y usuarios. Es por eso que algunas voces apelan a la necesidad de establecer sanciones de orden económico a las empresas privadas que desatiendan, de forma reiterada, las indicaciones del *Síndic*, con el riesgo, en caso contrario, de que la institución se convierta, a corto plazo, en un «nuevo operador también inoperante en la práctica» (Ramió Matas y Andrés Sánchez, 2015; 29). Aunque, muy posiblemente, estos autores tengan razón, creemos que una modificación tan substancial del modelo de intervención de la Sindicatura tiene más inconvenientes que ventajas.

En primer lugar, de la adopción de este cambio se derivaría la necesidad de establecer un procedimiento con las preceptivas garantías constitucionales alrededor de la nueva *potestas* sancionadora de la institución. Esto es, con objeto de garantizar los derechos de los administrados, configurar un procedimiento que, en relación a todas las tareas de investigación y resolución, debe contar con unos límites y principios similares a los que rigen para el orden penal, fijados por los arts. 24 y 25 CE (STC 18/1981, FJ 2); eso no significa, como es conocido, una aplicación literal del procedimiento penal, pero sí aquellos que se vinculan directamente con la satisfacción del Estado de derecho (STC 70/2008, FJ 4): seguridad jurídica (art. 9.3 CE), relacionada con la tipicidad de las sanciones, el derecho a defenderse, a proponer prueba, a la presunción de inocencia y a la tutela judicial efectiva. En buena medida, la formalización procedimental de estos principios implica una alteración relevante de las formas operativas que actualmente configuran la actuación de la Sindicatura.

---

bre los cuales el *Síndic* está obligado a dar traslado a la autoridad competente o al ministerio fiscal (art. 45 LCSG).

En segundo lugar, hay que tener en cuenta que el establecimiento de un régimen sancionador establecería un punto de potencial controversia con el Estado, en diversos frentes y todos ellos de resolución incierta. Uno, al cual ya nos hemos referido antes pero que de esta forma se fortalecería, en relación a la posible concurrencia con los organismos reguladores. El otro frente, también ya mencionado, tiene que ver con la lectura que un régimen sancionador de esta naturaleza podría merecer en términos de obstáculo al principio de unidad de mercado (art. 139.2 CE), que en los tiempos recientes, especialmente a partir de la promulgación de la LGUM, ha adquirido una notable relevancia como referencia, para el Estado, a la hora de dirimir posibles conflictos competenciales. Hay que tener en cuenta que, entre las actividades de los «servicios de interés económico general», se integran sectores (energía, telecomunicaciones, servicios bancarios o de seguros, etc.) que cuentan con normativa estatal que establece, con carácter básico, su régimen económico como expuso el DCDE 733/2014.

Otra cosa distinta sería que se abordase el desarrollo de la previsión estatutaria (art. 78.5 EAC) de un régimen sancionador por el incumplimiento de la obligación de cooperación con las investigaciones de la Sindicatura. El régimen actual establece un salto demasiado grande entre lo que es la exposición pública de la identidad de los sujetos que incumplen este deber (art. 61.4 LCSG) y las responsabilidades penales para los casos de obstaculización (art. 63 LCSG)[25], por lo cual la habilitación de un régimen sancionador para estas conductas se podría considerar una medida proporcionada y conveniente.

V. Bibliografía

Aguiar de Luque, Luis et al., «Encuesta sobre derechos fundamentales», *Teoría y Realidad Constitucional*, nº 20, UNED, 2007.

Borrell, Josep-Ramon, «L'elusiu repte de la millora de la prestació dels serveis esencials», en *La prestació privada de serveis d'interès general i bones practiques corporatives*, Síndic de Greuges de Catalunya, Barcelona, 2014.

Breuer, Ina Marie et al., *European Atlas of Services of General Interest*, BBSR-ESPON, Bonn, 2013.

Comisión de las Comunidades Europeas, *Libro Blanco sobre los servicios de interés general*, COM(2004) 374 final, Comisión de las Comunidades Europeas, Bruselas, 12 de mayo, 2004.

Corchete Martín, María José, «Los nuevos derechos», *Teoría y Realidad Constitucional*, nº 20, UNED, 2007.

De la Quadra-Salcedo Fernández del Castillo, Tomás, «El suministro de electricidad de último recurso y el servicio universal», *Revista de Administración Pública*, nº 181, enero-abril, 2010.

---

[25] Cabe recordar, además que la dicción del artículo 63 la la Ley 24/2009 hace referencia exclusivamente a «[l]as autoridades y los funcionarios».

Díaz Abad, Nuria, «La liberalización de servicios. Condicionamientos comunitarios», *AFDUAM*, nº 3, 1999.

Escobar Roca, Guillermo, «Interpretación y garantía de los derechos fundamentales por el Defensor del Pueblo. (Análisis empírico, reconstrucción dogmática y propuesta del futuro)», *Teoría y Realidad Constitucional*, nº 26, UNED, 2010.

Expósito, Enriqueta, «Drets i garanties», *Revista catalana de dret públic*, nº Especial Sentència 31/2010 del Tribunal Constitucional, sobre el Estatuto de Autonomia de Catalunya de 2006, Escola d'Administració Pública de Catalunya, Barcelona, 2010.

López Pina, Antonio, «La autonomía privada y los derechos fundamentales. Los intereses generales, mandato constitucional», *Teoría y Realidad Constitucional*, nº 20, UNED, 2007.

Luciano Parejo, Alfonso, «Servicios públicos y servicios de interés general: la renovada actualidad de los primeros», *Revista de Derecho de la Unión Europea*, nº 7, 2º semestre, 2004.

Maillo González-Orus, Jerónimo, *Servicios de Interés General y artículo 86 del Tratado CE: una visión evolutiva*, Instituto de Estudios Europeos de la Universidad San Pablo-CEU, Madrid, 2005.

Mugica Herzog, Enrique, «Intervención en el debate «Situación y perspectivas de las Defensorías del Pueblo de Iberoamérica», *Cuadernos Electrónicos de Democracia y Derechos Humanos*, nº 3, 2007.

Paricio Rallo, Eduardo, «El concepto europeo de servicio de interés general y los servicios municipales», *Cuadernos de Derecho Local*, nº 32, junio, 2013.

Ponce Solé, Juli, «La defensa dels drets dels ciutadans i de la bona administración en l'exercici privat de funcions publiques: el paper dels Ombudsmen en el marc d'una societat decent», en *La prestació privada de serveis d'interès general i bones practiques corporatives*, Síndic de Greuges de Catalunya, Barcelona, 2014.

Ramió Matas, Carles, y Andrés Sánchez, Efren, *Els serveis d'interès general a Catalunya. El paper del Síndic de Greuges en la defensa de l'Interès General*, Síndic de Greuges de Catalunya-Universitat Pompeu Fabra (*Working Paper*), Barcelona, 2015.

Ramió, Carles, «La prestació de serveis d'interès general», en *La prestació privada de serveis d'interès general i bones practiques corporatives*, Síndic de Greuges de Catalunya, Barcelona, 2014.

Ribó, Rafael, «The Ombudsman Reaching Outside the Public Sector», 2009. [Disponible en: http://www.theioi.org/downloads/62ob1/Stockholm%20Conference_12.%20Workshop%202_Rafael%20Ribo.pdf (Consultado: 14.11.2015)]

Ridao Martín, Joan, *La colaboración público-privada en la provisión de infraestructuras*, Editorial Atelier, Barcelona, 2012.

Rodríguez Arana, Jaime, «Servicio público y derecho comunitario europeo», *Revista catalana de dret públic*, nº 31, 2005.

Ruiz-Rico Ruiz, Gerardo, y Anguita Susi, Alberto, «La reforma estatutaria y legal de los comisionados parlamentarios autonómicos», *Teoría y Realidad Constitucional*, UNED, nº 26, 2010.

Tirado Herrero, Sergio; Jiménez Meneses, Luis; López Fernández, José Luis; Martín García, Jorge, *Pobreza energética en España. Análisis de tendencias*, Asociación de Ciencias Ambientales, Madrid, 2014.

ALGUNAS PROPUESTAS PARA LA REGENERACIÓN DE LOS SISTEMAS CONSTITUCIONALES

FRANCISCO MANUEL GARCÍA COSTA

Profesor Contratado Doctor (Titular acreditado) de Derecho Constitucional
Universidad de Murcia

I. PREMISA Y PLANTEAMIENTO DE LA CUESTIÓN

El constitucionalismo burgués que triunfó en las tres revoluciones atlánticas dando lugar a los correlativos modelos constitucionales (el británico o evolutivo, el norteamericano u originario y el francés o revolucionario[1]) es un movimiento político consistente en implantar una nueva

[1] El éxito revolucionario inglés supuso la aparición del constitucionalismo en una modalidad que, posteriormente, fue calificada como constitucionalismo evolutivo, ya que el régimen político inglés se ajustó a los ideales de control del poder que representa toda Constitución sin que existiera una ruptura abrupta del curso de su historia, sino como consecuencia del desarrollo de concepciones políticas que se fueron decantando desde el siglo XIII y con respecto a las cuales las dos fases de la revolución inglesa del siglo XVII únicamente sirvieron de catalizador. El constitucionalismo inglés o evolutivo apenas tuvo repercusión directa en la posterior expansión del

forma de concebir las relaciones entre gobernantes y gobernados en la que éstos puedan real y efectivamente limitar, controlar y supervisar el poder de aquéllos mediante el establecimiento de Constituciones en el entendido de que en las mismas se contienen tres instrumentos para limitar el poder político: la democracia en su versión representativa[2], el principio de separación de poderes y la garantía de los derechos fundamentales y de las libertades públicas[3]. Así lo recuerda hoy la lectura del ya canónico artículo 16 de la Declaración de Derechos del Hombre y del Ciudadano según el cual «*una sociedad en la que no esté establecida la garantía de los derechos, ni determinada la separación de los poderes, carece de Constitución*»[4].

---

constitucionalismo, más allá de su evidente influencia inmediata en las prácticas políticas de las colonias americanas durante el siglo XVIII y en los sistemas de gobiernos de Estados que, como la India, fueron descolonizados en la segunda mitad del siglo XX. Por su parte, la revolución norteamericana dio origen a un régimen político basado en la democracia representativa, la separación de poderes y la garantía de los derechos que se institucionalizó en la Constitución de los Estados Unidos de 17 de septiembre de 1787, vigente ininterrumpidamente desde 1789 hasta la actualidad. Es la Constitución más importante de la Historia, así como el modelo del resto al realizar la función esencial de toda Constitución consistente en constituir una realidad, pues con ella se creó y dio origen a los Estados Unidos de América, nuevo Estado cuyo sistema político se orientaba a la consecución de la libertad personal de los ciudadanos y, a su través, del bien común mediante la limitación del poder político. Frente al constitucionalismo evolutivo o inglés y al originario o americano, el constitucionalismo francés ha sido calificado como de revolucionario. Ello no se debe a que su aparición e implantación se realizara mediante movimientos revolucionarios, pues ese es un rasgo característico de los tres modelos constitucionales; antes bien, tal caracterización responde a que este constitucionalismo se presentó inicialmente, y aún después del rapto napoleónico, como un sistema político cuya racionalidad, abstracción y generalidad permitían que fuera válido para cualquier otro Estado europeo y, consiguientemente, que compareciera como un sistema llamado a sustituir a todo el orden político vigente desde el siglo XVI. El francés era, pues, un constitucionalismo capaz de sustituir al Antiguo Régimen para siempre y en toda Europa, lo cual suponía un auténtico estremecimiento para los poderes políticos de la época.

[2] Vid. Al respecto lo señalado en el punto II.1 y II.2 de este trabajo.

[3] Los derechos fundamentales aparecen en la Historia íntimamente vinculados al movimiento constitucional y a su concepto de Constitución; al concepto de Constitución que podríamos calificar como «constitucionalmente adecuado». La vinculación entre el constitucionalismo y derechos fundamentales se evidencia en dos esferas: de un lado, el constitucionalismo construye su concepto de Constitución partiendo del reconocimiento de la igualdad jurídica entre todos los ciudadanos. Como todos los ciudadanos son libres e iguales, el poder político no reside en la existencia de gobernantes y gobernados por naturaleza (el rey y los súbditos), sino en el pacto que suscriben todos los ciudadanos en el ejercicio de su igualdad jurídica. De otro lado, el movimiento constitucional tiene por objetivo preservar esa igualdad entre los ciudadanos, así como el resto de sus derechos fundamentales, mediante la propia Constitución.

[4] *Déclaration des droits de l'homme et du citoyen*. Versión electrónica. https://www.legifrance.gouv.fr/Droit-francais/Constitution/Declaration-des-Droits-de-l-Homme-et-du-Citoyen-de-1789.Último acceso 14/10/2015.

Consiguientemente, el constitucionalismo y, por extensión, el Estado constitucional como su expresión institucionalizada y las constituciones como su expresión racionalizada (Jiménez Asensio, 2003; 7) se enderezan a asegurar el control y la limitación del poder político en garantía de la libertad individual de los ciudadanos y, a su través, del interés general y del bien común.

De esta conclusión podemos colegir como uno de sus corolarios que toda degeneración del sistema constitucional consistirá, en esencia y siguiendo al Diccionario de la RAE, en la «pérdida progresiva o decaimiento»[5] de la capacidad de los gobernados de controlar a los gobernantes a través de las instituciones existentes en el Estado constitucional para ello, las cuales —recordemos— son el principio democrático, el principio de distinción de poderes y la garantía de los derechos fundamentales.

A lo largo de los dos últimos siglos se ha evidenciado, sin lugar a dudas, que los Estados constitucionales —o Estados de derivación liberal, siguiendo la denominación del profesor De Vergottini (De Vergottini, 2004; 215)— sufren procesos de degeneración consistentes, ciertamente, en la progresiva limitación de la capacidad de los ciudadanos de controlar real y efectivamente el poder político hasta el punto de que pudiera afirmarse que el eterno motivo humano de supervisar el poder, que parecía alcanzado con el advenimiento del constitucionalismo, se ha convertido en una frustración permanente.

Ante la constatación de que en todo sistema constitucional se han producido procesos de degeneración del mismo, cabe plantearse la cuestión, radical y terrible, de si la democracia, la separación de poderes y la garantía de los derechos fundamentales pueden continuar desplegando su virtualidad como los instrumentos limitadores del poder político o si, por el contrario, han agotado su capacidad para ello, si es que alguna vez la tuvieron. Tal pregunta significa, en última instancia, cuestionarnos la legitimidad del Estado constitucional como forma de Estado y su capacidad de transformar la fuerza en Derecho y la obediencia en deber.

En nuestra opinión, el Estado constitucional y los principios anteriormente citados siguen siendo válidos para lograr el control del poder político. En ese mismo sentido, consideramos que la degeneración de los sistemas constitucionales es consecuencia de la inobservancia y desconocimiento de sus tres principios estructurales[6], por lo que también estima-

---

[5] *Diccionario de la Real Academia Española*. 23ª Edición (2014). Versión electrónica. Último acceso 14/10/2015.

[6] Esta opinión también es válida para el caso de los regímenes parlamentarios, pues los procesos de degeneración de los mismos posiblemente encuentren su causa en que los mismos se asientan en la denominada versión atenuada del principio de separación de poderes. Tal versión, en nuestra opinión que desarrollamos en el punto tercero de este trabajo es resultado de la imposibilidad histórica de poder realizar las exigencias propias del principio de separación de poderes y se aleja de la aspiración

mos que toda regeneración de los sistemas constitucionales no puede más que consistir en el restablecimiento y mejora de tales principios.

Consiguientemente, las presentes líneas parten del presupuesto de que la regeneración de los actuales Estados constitucionales o Estados de derivación liberal o sistemas constitucionales pasa por profundizar en la democracia, en la separación de poderes y en la garantía de derechos fundamentales para que, a través de estos principios, los ciudadanos limiten, controlen y supervisen real y efectivamente el poder político y, a su través, los poderes económicos, tal como veremos en el punto IV.1 de este trabajo. En síntesis, podemos afirmar que la regeneración de los Estados constitucionales consiste, siguiendo en este punto nuevamente al Diccionario de la RAE, en «dar nuevo ser a algo que degeneró, restablecerlo a su primera calidad o a su primitivo valor o estado, o mejorarlo»[7]. Se trata, en esencia, de más democracia, más separación de poderes y más derechos.

A esta conclusión arribamos, asimismo, mediante el método de la comprobación histórica, pues, como es conocido, la salida de la crisis del constitucionalismo del primer tercio del siglo XX pasó por la profundización de la condición democrática del Estado constitucional -introducción de técnicas de democracia directa (Garrorena, 2011:65)-, así como por el reforzamiento de su naturaleza social —apertura del «tiempo social» del constitucionalismo— (Garrorera, 2011; 67) y por una mayor racionalización de los regímenes parlamentarios fundamentados en la versión atenuada o dulcificada del principio de separación de poderes (Garrorena, 2011; 63).

En las presentes líneas se defenderá que la regeneración de los Estados constitucionales y, como uno de ellos, la del sistema político de la Constitución de 1978 no puede consistir más que en el restablecimiento y mejora de los principios estructurales del constitucionalismo (el principio democrático, el de separación de poderes y la garantía de derechos fundamentales) para que así los ciudadanos recuperen la capacidad de controlar real y efectivamente el poder político y, a su través, el poder económico. En coherencia con este planteamiento, el presente trabajo presenta algunas propuestas en orden a la profundización de la condición democrática de nuestro Estado (reforma de la regulación de las instituciones de democracia directa; garantía de la transparencia de la actividad pública y del derecho de acceso a la información pública; adecuación de la teoría del mandato representativo a la realidad actual). Asimismo, presentamos propuestas relacionadas con la mejora del actual sistema de distribución de poderes (eliminación de la elección parlamentaria de car-

---

del Barón de la Brède de lograr que los poderes estén separados en garantía de que «todo no esté perdido».

[7] *Diccionario de la Real Academia Española.* 23ª Edición (2014). Versión electrónica. Último acceso 14/10/2015.

gos que ejercen funciones jurisdiccionales). Igualmente, realizaremos una serie de reflexiones sobre la exigibilidad de los derechos sociales como garantía del control de los poderes económicos y, por último, propondremos el reconocimiento en las constituciones de dos nuevos derechos incorporados a su parte dogmática: los derechos asistenciales y procesales de las víctimas de infracciones penales y el derecho de los ciudadanos a recibir en el sistema obligatorio de enseñanza una adecuada educación constitucional.

II. Más democracia

1. Más democracia directa

Debemos recordar en este punto que la versión de la democracia acogida por el Estado constitucional es la representativa, y ello lo fue no porque se considerase que la democracia directa siempre ha sido un imposible conocido en la historia de las formas políticas, sino porque la democracia representativa era superior a la democracia directa. Tal superioridad se fundamentaba, como ha explicado Ángel Garrorena, en los siguientes tres argumentos: en el de los constituyentes franceses de 1791; en el de Constant o de la adecuación de la representación a la libertad de los modernos; y en el de Sieyès o de la representación como forma de la división especializada del trabajo. Consiguientemente, el principio representativo compareció en los orígenes del Estado Liberal como «la única técnica de participación política que convierte a la Nación en persona; se adecúa a la libertad de los modernos; y con la que conseguimos que actúe por nosotros quien, como especialista, tiene el conocimiento de lo que conviene a la adecuada disposición de lo que nos afecta» (Garrorena, 1991; 27, 29 y 37).

Esta condición representativa del Estado constitucional, unida al desprestigio que caracterizó a las instituciones de democracia directa como consecuencia de su utilización por las autocracias de corte bonapartista, determinaron que el sistema constitucional se concibiera hasta el primer tercio del siglo XX como un sistema de democracia representativa en el que las instituciones de la democracia directa o de identidad, bien no existían, bien ocupaban una posición ancilar. Todo ello a pesar de que, como sostenía Rousseau, «el pueblo [....] cree ser libre, y se engaña: porque tan sólo lo es en la elección de los miembros del parlamento, y luego que éstos son elegidos, ya es esclavo, ya no es nada».

La evolución de la teoría y la práctica del Estado representativo durante todo el siglo XIX y principios del siglo XX en un sentido elitista en el que los representantes actuaban abstraídos y desvinculados de sus representados determinó la incorporación a los sistemas constitucionales del periodo de entre-guerras de algunas instituciones de democracia directa como elementos del nuevo parlamentarismo racionalizado de la época. Consiguientemente, las constituciones que se aprobaron a la salida de la I y de la II Guerra Mundial incorporaron institutos de democracia directa tales como el referéndum o la iniciativa legislativa popular, cuya función era la de complementar a las instituciones representativas de unos Estados constitucionales que, en todo caso, seguían siendo Estados representativos.

Consiguientemente, encontramos en las instituciones de democracia directa un mecanismo de regeneración de los sistemas constitucionales cuyas virtualidades comparecen redobladamente en sistemas constitucionales como el español de 1978 en el que se acogen únicamente dos de ellas (referéndum e iniciativa legislativa popular) y, además, de manera limitada.

Es por ello que estimamos que una de las vías de regeneración del sistema político de la Constitución de 1978 pasa por profundizar en la condición auténticamente democrática de nuestro Estado reformando la regulación actual de las instituciones de democracia directa (iniciativa legislativa popular y referéndum) e introduciendo otras nuevas, tales como la revocación de algunos cargos públicos. Tales reformas deberían estar informadas, en todo caso, por el aprovechamiento de las posibilidades que hoy ofrecen las nuevas Tecnologías de la Información y la Comunicación (TICs).

Efectivamente, la utilización de las TICs en los procesos participativos genera una serie de aplicaciones que exceden de los cauces y de los instrumentos fijados para la articulación del derecho fundamental a participar en los asuntos públicos, al dar entrada a la posibilidad de que los ciudadanos puedan decidir directamente sobre los asuntos públicos mediante voto electrónico[8]. Por ello, no podemos más que convenir que la importancia de las TICs no reside en su papel de complemento de los procesos representativos; las tecnologías de la información son el instrumento que, en condiciones ideales de extensión universal, actúa y realiza la democracia directa, desempeñando la misma función que en el campo de la democracia representativa tienen los partidos políticos al aglutinar e integrar mayorías de opinión y al componer los distintos intereses sociales.

Sin embargo, y admitiendo que el uso de las TICs hace posible que la democracia directa deje de ser una quimera, su utilización para decidir sobre los asuntos públicos hoy presenta no pocos inconvenientes de orden técnico y plantea bastantes interrogantes teóricos.

Efectivamente, la plena incorporación de la democracia electrónica conlleva problemas técnicos serios que difícilmente pueden ser removi-

---

[8] Cabe pensar que la telefonía móvil podría ser utilizada para la toma de decisiones sobre asuntos públicos, de la misma manera en la que es utilizada para decidir asuntos privados como los que se ventilan en concursos de televisión y radio.

dos en un corto periodo de tiempo y que, en nuestra opinión, se pueden reconducir a los siguientes dos: desde el momento en que el sufragio ha dejado de ser censitario, la condición de existencia de la democracia electrónica, y con ella de sus posibilidades en el campo de la democracia de identidad, pasa por facilitar el pleno acceso de todos los ciudadanos a las diversas tecnologías de la información. El segundo problema, vinculado al anterior, es el de lograr que la emisión del voto electrónico aparezca adornada con aquellas garantías que eviten, de un lado, las eventuales manipulaciones técnicas e informáticas y, de otro lado, los falseamientos democráticos ya conocidos en las instituciones de democracia representativa como la compra de votos, el caciquismo y otros tantos.

Suponiendo que estos problemas técnicos fuesen salvados en un futuro mediato, se plantearían otras cuestiones de índole teórica de difícil y comprometida respuesta. Así, deberían de resolverse, entre otras, las siguientes cuestiones: a) los niveles de distribución territorial del poder (estatal, autonómico o local) en que se daría entrada a la democracia electrónica; b) qué tipo de asuntos públicos podrían decidirse mediante las técnicas de democracia directa articuladas gracias a las TICs, debiéndose determinar, como correlato de ello, cuáles otros se reservarían a la decisión de las instancias representativas.

2. *Más transparencia de la actividad pública y más independencia de los órganos garantes de la misma*

Otra de las medidas de regeneración de los Estados constitucionales actuales y, por extensión, del sistema político español de la Constitución de 1978 es la promoción y garantía de la transparencia de la actividad pública, así como del derecho de acceso a la información pública. La transparencia de la actividad pública y el derecho de acceso comparecen en la hora actual como consecuencia de la condición representativa del Estado constitucional hasta el punto de que realizan, por primera vez en la historia, las exigencias del principio democrático-representativo en el que se asientan los Estados constitucionales.

Recuerda el gran Maurice Hauriou en su monumental *Principios de Derecho Público y Constitucional* que, al implantarse el Estado constitucional en los diferentes países europeos, lo que más impresionaba a los ciudadanos era, precisamente, la publicidad parlamentaria: «lo que más impresiona a las gentes, al instaurarse el Parlamento en un país cualquiera, son los debates parlamentarios, que significan que los asuntos de gobierno, tratados en secreto hasta entonces por el Poder Ejecutivo, pueden ser discutidos a plena luz» (Hauriou, 1921; 471). Más tarde C. Schmitt concluirá afirmando, también en esta misma línea, que «aparece la publicidad de la vida política como algo bueno y correcto» (Schmitt, 1982; 49).

Apuntan Hauriou y Schmitt a uno de los fundamentos del Estado constitucional y a una de las aportaciones más significativas de esta nueva forma de Estado que se alumbró en el tránsito de los siglos XVIII al XIX: la publicidad, contrapuesta al secreto que había caracterizado los procesos de toma de decisión en todas las organizaciones políticas históricas previas al Estado constitucional (los *arcana imperii* o *arcana rei publicae*).

La transparencia de la actividad pública, la publicidad activa y la garantía del derecho de acceso a la información pública encuentran su germen en la publicidad parlamentaria y, por extensión, en la propia condición del Estado constitucional como Estado representativo, pues —no debemos obviarlo— aquella es fundamento de este[9]. Consiguientemente, la realización real y efectiva de la publicidad en todas las dimensiones de la actividad pública gracias a la emergencia actual de la democracia electrónica ha de ser interpretada como una profundización de la condición representativa de los Estados constitucionales; profundización que se produce, precisamente, cuando la democracia directa, gracias también a la democracia electrónica ha dejado de ser, por primera vez en la Historia, un imposible conocido.

Si la dialéctica democracia representativa-democracia de identidad se había resuelto en un primer momento coincidente con los orígenes del Estado constitucional a favor de la afirmación de la condición representativa de los Estados constitucionales y la consecuente negación de cualquier forma de democracia directa, tal dialéctica vivió un segundo momento en el periodo de entre-guerras en el que se halló un sabio equilibrio entre ambas formas de democracia en el que las instituciones de democracia directa racionalizaban a las instituciones representativas en aras de su supervivencia. En la hora actual, la dialéctica entre las dos formas de ejercer el principio democrático se halla ante su tercer momento como consecuencia de las posibilidades operadas por la democracia electrónica en el ámbito de la democracia de identidad y en el de la representativa.

La democracia electrónica, siempre que se garantice el acceso universal a la red y las garantías propias de la emisión del voto, hace posible la democracia directa, abriéndose con ellos horizontes inéditos. No se trata sólo de que la democracia directa hecha realidad a través de la democracia electrónica coadyuve a mejorar el proceso de formación de la voluntad estatal; se trata de la apertura de nuevas posibilidades que permiten la plena inserción de la democracia directa en las estructuras representativas del Estado constitucional superando la tradicional función ancilar de los institutos de democracia directa con relación a los Parlamentos y a las instituciones representativas.

---

[9] Para C. Schmitt, «la esencia del parlamentarismo es la deliberación pública de argumentos y contra-argumentos», de forma que el Parlamento del Estado burgués de Derecho es «un lugar en donde se realiza la discusión pública de las ideas políticas» (Schmitt, 1982; 58).

Siendo lo anteriormente cierto, la aparición de la democracia electrónica engendra la paradoja de que la misma no sólo realiza, por primera vez, las posibilidades de la democracia electrónica, sino que también realiza, asimismo por primera vez, todas las exigencias de la democracia representativa. Efectivamente, los ciudadanos pueden, gracias a la democracia electrónica y sus nuevos desarrollos en materia de transparencia y publicidad activa, tener un conocimiento exhaustivo, actualizado y permanente de toda la actividad de los poderes públicos que les permite controlar, supervisar y vigilar la gestión que sus representantes realizan en los asuntos públicos, impidiendo que estos últimos actúen abstraídos y desvinculados de sus representados.

Consiguientemente, asistimos a un nuevo momento en la dialéctica de las relaciones democracia directa-democracia indirecta que, en todo caso, se resuelve con la prórroga de los planteamientos que se incorporaron en la época de entre-guerras al funcionamiento del Estado constitucional: el mismo seguirá siendo un Estado de democracia representativa completado con instituciones de democracia directa.

Sin embargo hemos de hacer notar que de la misma manera que este tercer momento de la dialéctica democracia directa-democracia representativa generado por la emergencia de la democracia electrónica es similar en cuanto a sus resultados al momento del periodo de entre-guerras (en los dos momentos el Estado constitucional sigue siendo esencialmente un Estado de democracia representativa), ambos momentos son diferentes en cuanto a sus planteamientos y razones. Efectivamente, en el periodo de entre-guerras la democracia representativa había entrado en crisis y precisaba de los institutos de democracia directa, a pesar de su impracticabilidad congénita, de forma y manera que el equilibrio entre las dos formas de democracia se fundamentaba en las limitaciones de ambas; por el contrario, en la hora actual la democracia electrónica permite el desarrollo de todas las potencialidades, tanto de la democracia representativa como de la democracia de identidad, de forma y manera que el momento presente de la dialéctica de estas dos formas de democracia se fundamenta no en su crisis, sino en el desarrollo por ambas de sus virtualidades.

Podemos en todo caso concluir que, en este actual y tercer momento de la dialéctica democracia representativa-democracia de identidad, los Estados constitucionales pueden continuar siendo Estados de democracia representativa sin que hayan de transmutar su esencia en Estados de democracia de identidad, a pesar de que, por primera vez en la Historia, esta forma de democracia pueda practicarse real y efectivamente. Ello es así porque la condición representativa del Estado constitucional, también por primera vez en la Historia, puede realizarse real y efectivamente gracias a la transparencia de la actividad pública, a la publicidad activa y al reconocimiento y garantía del derecho de acceso a la información pública, de forma y manera que los representantes no pueden abstraerse y desvincularse de sus representados, quienes, a su vez, pueden controlar, limitar y supervisar la actuación de aquellos, convertidos así en verdaderos representantes.

Uno de los corolarios y de las consecuencias de la aparición de la transparencia de la actividad pública y del derecho de acceso a la información pública es la existencia de organismos garantes que han de ser esencialmente independientes.

En nuestro ordenamiento jurídico, la Ley 19/2013, de 9 de diciembre, de transparencia, acceso a la información pública y buen gobierno, crea en su artículo 33 el Consejo de Transparencia y Buen Gobierno, autoridad administrativa que la propia ley califica como de «órgano independiente» y a la que le encomienda las funciones de promoción de la transparencia de la actividad pública, de fiscalización del cumplimiento de las obligaciones de publicidad, de salvaguarda del ejercicio de derecho de acceso a la información pública y de garantía de la observancia de las disposiciones de buen gobierno que contempla la propia ley.

Con la creación del Consejo de Transparencia y Buen Gobierno, el ordenamiento jurídico español ha optado porque la garantía del derecho de acceso a la información pública y la salvaguarda de la transparencia de la actividad pública se encomienden a un órgano administrativo independiente de control, el cual, asimismo, asume funciones en materia de buen gobierno. Consiguientemente, el Derecho español representa una variante de los modelos en los que la tutela de la transparencia de la actividad pública y la garantía del derecho de acceso a la información se encomienda a autoridades administrativas independientes o, al menos, tendencialmente independientes. Representa una variante, pues el Consejo de Transparencia y Buen Gobierno asume funciones tanto de transparencia y acceso como —bien que limitadamente— de buen gobierno, distanciándose así del modelo, representado por las legislaciones francesa[10] o belga[11], en el que se atribuye la garantía del derecho de acceso a un órgano específico encargado únicamente de tal tutela, así como del modelo, representado por las legislaciones eslovena[12], inglesa[13] o mexicana[14],

---

[10] Así, la *Commission d'accès aux documents administratifs* (CADA) regulada en el Título V del Libro III del *Décret n° 2015-1342 du 23 octobre 2015 relatif aux dispositions réglementaires du code des relations entre le public et l'administration y la Haute Autorité pour la transparence de la vie publique regulada en los arts. 19-23 de la Loi n° 2013-907 du 11 octobre 2013 relative à la transparence de la vie publique.*

[11] Así, la *Commission d'accès aux documents administratifs* disciplinada en la *Loi du 11 avril 1994 relative à la publicité de l'administration y en el Arrêté royal du 29 avril 2008 relatif à la composition et au fonctionnement de la Commission d'accès aux et de réutilisation des documents administratifs.*

[12] *The Information Commissioner Act, 16 December 2005* (Official Gazette of the Republic of Slovenia, no. 113/2005).

[13] *Freedom of Information Act 2000.*

[14] Ley Federal de transparencia y acceso a la información pública gubernamental (Diario Oficial de la Federación de 11 de junio de 2002).

en el que la correspondiente Autoridad Nacional de Control de Datos se encarga tanto de la garantía del derecho de acceso —transparencia— como de la tutela de la protección de datos de carácter personal —privacidad—.

A pesar de que el Consejo de Transparencia y Buen Gobierno configura al Consejo de Transparencia y Buen Gobierno como una autoridad administrativa independiente, al disponer su creación como uno de los órganos regulados en la disposición adicional décima de la Ley 6/1997, de 14 de abril, de Organización y Funcionamiento de la Administración General del Estado (LOFAGE) a los que se les reconoce «*expresamente por una Ley la independencia funcional o una especial autonomía respecto de la Administración General del Estado*», la propia Ley limita su independencia al establecer que este órgano se adscribe orgánicamente al Ministerio de Hacienda y Administraciones Públicas. Esta adscripción resulta especialmente criticable dado que el Consejo de Transparencia comparece como garantía del derecho de acceso a la información pública, derecho que, a su vez, se concibe esencialmente como una garantía frente al complejo Gobierno-Administración, en tanto en cuanto este comparece como uno el primero y principal de los sujetos pasivos del mismo. Siendo ello así, esta regulación es absolutamente mejorable, más aún cuando, por contraste, la Ley Orgánica 15/1999, de 13 de diciembre, de Protección de Datos de Carácter Personal no adscribe a ningún departamento gubernamental a la Agencia de Protección de Datos, autoridad de garantía en materia de un derecho cuyos sujetos pasivos, a diferencia de lo que ocurre con el derecho de acceso, no son ni única ni principalmente el Gobierno y la Administración.

Consiguientemente, otra de las propuestas de regeneración de los Estados constitucionales pasa por establecer organismos real y efectivamente independientes de garantía de la transparencia de la actividad pública y del derecho de acceso a la información pública.

3. *Más representatividad y menos representación de los parlamentarios*

La regeneración de los Estados constitucionales pasa no sólo por perfeccionar sus instituciones de democracia directa y garantizar la transparencia de la actividad pública y la tutela del derecho de acceso, sino también por introducir las modificaciones necesarias para que los elegidos gocen, no sólo de la representación que les confiere el haber sido elegidos en elecciones libres y periódicas, sino de la representatividad que supone que no actúan desvinculados de los electores. Estas modificaciones, necesarias con respecto a los Estados constitucionales en general, se revelan particularmente necesarias en el caso del sistema constitucional español y, particularmente, en dos ámbitos específicos con respecto a los cuales presentamos las siguientes propuestas concretas:

a) La primera de ellas pasa por reformular la teoría liberal del mandato parlamentario en cuanto a su titularidad. Si los titulares del mismo, tal como declaran los artículos 68.4 y 69.6 CE son los Diputados y los Senadores, y en modo alguno lo es el partido político, tal realidad ha de trasladarse a uno de los elementos del sistema electoral, cual es el de la confección del voto. Y dicha traslación implica que se ha de excluir el voto categórico o de partido en las elecciones al Congreso de los Diputados.

b) La segunda de ellas pasaría por especificar las exigencias derivadas del mandato constitucional de que la estructura y funcionamiento de los partidos políticos hayan de ser democráticos. Consiguientemente, tal exigencia hace referencia a la dimensión del principio democrático como «principio de organización democrática del poder»[15] y entraña que tal estructura y funcionamiento han de responder al principio de decisión por mayoría.

III. Más separación de poderes

Muy posiblemente las exigencias derivadas del principio de separación de poderes únicamente puedan realizarse en el sistema presidencialista que, como resulta ocioso recordar, se fundamenta en la versión rígida del principio en estudio.

Tales exigencias, sin embargo, son difíciles de realizar en los regímenes parlamentarios como el español de 1978 que se fundamentan en la versión atenuada del principio de separación de poderes y cuya esencia consiste en una colaboración de los poderes en la que unas veces domina el poder legislativo sobre el ejecutivo y otras este sobre aquel, tal como nos recuerda Hauriou: «Así, en este equilibrio entre el poder ejecutivo y el legislativo, unas veces ha dominado el primero y otras el segundo» (Hauriou, 1921; 381).

Esta tendencia de los regímenes parlamentarios al sometimiento de uno de los poderes por el otro, no sólo se evidenció en la experiencia constitucional de la III República, sobre la que reflexiona Hauriou, sino también en la propia evolución del régimen político de 1978 en la que el Parlamento ha estado sometido al Gobierno.

---

[15] El principio democrático del poder despliega su eficacia en tres dimensiones perfectamente distinguibles, manifestándose: —como principio de legitimación radical del poder, entendido como apoteosis y sublimación del eterno motivo humano de que la organización política se fundamente en el consentimiento fundacional de los gobernados; —como principio de participación, entendido como exigencia de participación de la sociedad en los asuntos públicos; —como principio de organización democrática del poder, entendido como exigencia proyectada sobre la estructura interna y el funcionamiento de las organizaciones que realizan la democracia en los distintos niveles.

Si admitimos la tesis anterior de que el equilibrio de los regímenes parlamentarios es consecuencia de la dominación de un poder sobre otro, podemos plantearnos, incluso, hasta qué punto los sistemas parlamentarios consiguen evitar el peligro de que, en palabras de Montesquieu, «todo esté perdido si el poder se concentrara en manos de una sola persona o un grupo de personas».

Se trata, nuevamente, de una pregunta última: la de si la versión atenuada del principio de separación de poderes propia de los regímenes parlamentarios, que surgió —recordemos— ante la imposibilidad de implantar en el sistema constitucional británico el principio de separación de poderes en su versión rígida, puede cumplir con la finalidad propia de este principio, cual es evitar que «todo el poder esté en manos de una persona o grupo de personas».

Más allá de esta consideración de índole general, nos gustaría referirnos en estas líneas a la problemática de la designación, elección o nombramiento de cargos públicos por los Parlamentos.

Como hemos tenido ocasión de señalar en otros lugares (García Costa, 2009), si el fundamento de la existencia de la elección parlamentaria de cargos públicos o función electoral del Parlamento se encuentra en que los titulares de ciertos órganos del Estado han de ser forzosamente designados por el Parlamento en los sistemas basados en la legitimidad monista del mismo, tal fundamento no ampararía, sin embargo, la presentación, en aplicación del artículo 32 de la Ley 38/1988, de 28 de diciembre, de Demarcación y de Planta Judicial, al Consejo General del Poder Judicial de una terna de juristas de reconocido prestigio para cubrir la plaza de Magistrado de la Sala de lo Civil y Penal del Tribunal Superior de Justicia.

Consiguientemente, encontramos en la limitación al Parlamento de su potestad de elegir Jueces y Magistrados una nueva vía de regeneración del sistema democrática, vinculada esta a la realización de las exigencias del principio de separación de poderes.

IV. Más derechos

La regeneración de los sistemas constitucionales pasa, asimismo, por profundizar en el reconocimiento, protección y garantía de derechos fundamentales y libertades públicas.

Centraremos la parte final de este trabajo en una serie de reflexiones sobre (i) la relación existente entre la exigibilidad de los derechos económicos, sociales y culturales y el control de los poderes económicos; asimismo, sobre (ii) la paradoja que supone afirmar tal exigibilidad en el tiempo actual de la «Constitución normativa».

Por último, también en esta sede intentaremos abrir el debate sobre la necesidad de (i) reconocer a nivel constitucional de los derechos de las víctimas de las infracciones penales; y de (ii) establecer el derecho a recibir una adecuada educación constitucional en los niveles obligatorios de la enseñanza.

1. Exigibilidad de los derechos económicos, sociales y culturales

Interesa referirnos, siquiera sumariamente, a la exigibilidad de los derechos sociales no sólo porque esta sea a todas luces la cuestión fundamental de nuestra época, sino porque (i) existe una relación directa entre la misma y el control del poder, en este caso, del poder económico. Tal relación hace, en nuestra opinión, que la exigibilidad de los derechos sociales comparezca como el instrumento por antonomasia de regeneración de los sistemas constitucionales y, particularmente, del nuestro de 1978. (ii) Asimismo, nos referiremos a la paradoja —si no, contrasentido— de la exigibilidad de los derechos sociales, económicos y culturales en el tiempo actual de la Constitución normativa.

(i) Como es bien sabido y se ha podido deducir de la lectura de este trabajo, el constitucionalismo de la primera hora parte del presupuesto de la separación entre sociedad y Estado a partir del cual todo el sistema constitucional se endereza a limitar el poder político, es decir, a limitar al Estado en garantía de la libertad de la sociedad. Ello entraña, en última instancia, que los poderes sociales —esencialmente, el económico— se puedan apoderar del poder político de forma y manera que este quede sometido a aquel.

Tal realidad se evidenció con dramática realidad durante todo el siglo XIX y parte del XX hasta el punto de que el Estado constitucional tuvo que reformarse en un sentido solidario entrando en una nueva fase, la del Estado social, en la que los poderes públicos empiezan a intervenir en la economía capitalista para controlar, limitar y supervisar los poderes económicos y lograr a través de ese control el reconocimiento y la prestación de derechos económicos, sociales y culturales. Ello entraña, en última instancia, el sometimiento del poder económico al poder político. Y tal sometimiento —lo acabamos de advertir— lo es en garantía de la existencia y efectividad de derechos económicos, sociales y culturales.

Si ello es así, podemos concluir que la cuestión de la exigibilidad de los derechos sociales se convierte en la cuestión del sometimiento del poder económico al poder político, precisamente cuando este se ha democratizado y, consiguientemente, es patrimonio de todos los ciudadanos. Podemos, pues, concluir que existe una relación directamente proporcional entre la exigibilidad de los derechos sociales y el control de los poderes económicos: a más efectividad en la exigibilidad de los derechos sociales, más control de los poderes económicos.

(ii) Existe práctica unanimidad doctrinal en la especificación de que el constitucionalismo se encuentra en la hora actual en una fase de su evolución en la que la Constitución se concibe como «Constitución social» y como «Constitución normativa». Esta última condición implica, en apretada síntesis, que las constituciones, a diferencia de lo que ocurría tradicionalmente, son auténticas normas jurídicas que, en calidad de tales, vinculan a los ciudadanos y a los poderes públicos; por su parte, la «Constitución social» supone que en las Constituciones se actualizan y realizan las exigencias del Estado social, entre las que se encuentran el reconocimiento, promoción y protección de derechos de carácter social, económico y cultural que, paradójicamente, las propias Constituciones se encargan de considerar como meros principios, directrices y tensiones de ideal de eficacia jurídica limitada. Consiguientemente, nos encontramos ante dos enunciados opuestos: se afirma, de un lado, que las Constituciones son verdaderas normas jurídicas y, de otro lado, que los derechos de carácter social recogidos en ellas *«sólo podrán ser alegados ante la Jurisdicción ordinaria de acuerdo con lo que dispongan las Leyes que los desarrollen»*[16].

Ante ello no podemos más que concluir que estos dos rasgos de las Constituciones actuales son totalmente antitéticos y excluyentes, de suerte que éstas no son auténticas y verdaderas «constituciones normativas» porque no son «constituciones sociales» o, visto desde otra perspectiva, no son «constituciones sociales» porque no son «constituciones normativas»: las constituciones actuales en las que a los derechos sociales se les confiere una eficacia jurídica limitada no son ni normativas, ni sociales. Consiguientemente, la afirmación según la cual el estadio actual de la evolución del constitucionalismo es el de la «Constitución social» y de la «Constitución normativa» constituye una falacia que ha sido asumida irreflexivamente por el constitucionalismo actual.

Si las constituciones se presentan como normativas y sociales sin serlo, no podemos más que concluir que se han terminado convirtiendo en meras constituciones semánticas, tal y como las entiende Karl Loewenstein, para quien «hay casos [...] en los cuales, si bien la Constitución será plenamente aplicada, su realidad ontológica no es sino la formalización de la existente situación del poder político en beneficio exclusivo de los detentadores de poder fáctico, que disponen del aparato coactivo del Estado» (Loewenstein, 1964; 218).

Consecuentemente, la pretendida condición social de la Constituciones actuales no es sino la coartada de las fuerzas que detentan el poder fáctico para formalizarlo, de suerte que éste se presenta como justo y legítimo en tanto en cuanto es resultado de la aplicación de una Constitución que, en su condición de Constitución social, promueve el progreso

---

16 Artículo 53.3. de la Constitución española de 27 de diciembre de 1978.

social y económico para una distribución de la renta regional y personal más equitativa. La realidad, sin embargo, es bien distinta.

2. *Hacia la constitucionalización de los derechos de las víctimas de infracciones penales*[17]

Otras de las propuestas de regeneración democrática consiste en reconocer a nivel constitucional la garantía de la protección de los derechos de la víctima de infracciones penales.

En nuestra opinión, el estadio actual desarrollo del Estado social reclama la inclusión en las Constituciones de los derechos de las víctimas de las infracciones penales, tanto los de naturaleza procesal como los de naturaleza asistencial, de modo que estas hagan expresa mención de que el reconocimiento de los derechos de la víctima y su garantía es, precisamente, exigencia del Estado social.

De igual manera, la plena protección de los derechos de la víctima precisa de la supremacía propia de todo mandato constitucional, concibiéndola así como una de las reglas básicas del sistema político y como Derecho superior al resto del Derecho. Ello es especialmente necesario en aquellos Estados en los que, bien no existe una legislación en materia de protección de la víctima, bien esta es ineficaz.

Asimismo, tal plena protección de la víctima precisa del carácter simbólico-legitimador propio de los preceptos constitucionales, concibiéndola como elemento fundamental del proyecto político, social y económico de convivencia que toda Constitución expresa, y evidenciándose así que la sociedad aprecia que la víctima ha de ser protegida desde la Constitución. Ello es especialmente evidente en aquellos Estados en los que, aunque la legislación ordinaria reconoce y garantiza los derechos de las víctimas, tal protección no ha alcanzado su plenitud al no estar simbolizada solemnemente en la Constitución.

Con respecto al actual régimen constitucional español, esta propuesta de regeneración democrática se traduce en promover la reforma del Capítulo III del Título I del texto constitucional de 1978 para incorporar en él un nuevo principio rector de la política social y económica consistente en que los poderes públicos han de ejecutar programas y acciones tendentes a la protección y garantía de los derechos asistenciales de las víctimas de delitos.

---

[17] Vid. mi trabajo *La víctima en las Constituciones*, Tirant lo Blanch, Valencia, 2014.

3. *Hacia la configuración del derecho fundamental a recibir una adecuada educación constitucional*

Otro mecanismo de regeneración de los Estados constitucionales y particularmente del sistema constitucional de 1978, es, sin lugar a dudas, el reconocimiento del derecho de los ciudadanos a recibir una adecuada educación constitucional en los niveles obligatorios del sistema educativo.

Resulta ocioso recodar que, muy posiblemente, el constitucionalismo y, por extensión, las Constituciones como su expresión racional y los Estados constitucionales como su expresión institucionalizada, representan el primer sistema político que se fundamenta, esencialmente, en la educación. La implantación de los Estados constitucionales, a diferencia de otras organizaciones políticas históricas, ha precisado siempre de una adecuada formación e instrucción de sus ciudadanos, de quienes se esperaba que defendieran a los nacientes Estados constitucionales una vez se les enseñaran los beneficios que para su libertad personal y el recto gobierno de las naciones se derivaban de las Constituciones modernas.

Esta inteligencia se proyectó, en general, sobre todo el constitucionalismo de la primera hora, pues la mayor parte de las Constituciones del momento partieron de ese entendido, hasta el punto de que muchas de ellas, comenzando por la francesa de 1791, recogieron una suerte de principio rector de la actuación de los poderes públicos consistente en organizar festejos y celebraciones en honor de la Constitución.

Sin embargo, estos planteamientos alcanzaron su perfección singular en el constitucionalismo español doceañista, hasta el punto de que hemos podido sostener en otro lugar que a este se le debe la defensa *paidética* de la constitución (García Costa, 2015). Junto a la defensa jurídica de la Constitución, propia del constitucionalismo americano, y junto a la defensa política, propia del constitucionalismo francés, encontramos la defensa *paidética* de las Constituciones propia del constitucionalismo español gaditano que consistía en la fe en que la defensa de la Constitución debía encomendarse esencialmente a los ciudadanos a través de su adecuada instrucción y educación constitucionales. Efectivamente, la defensa *paidética* del constitucionalismo doceañista español expresa las razones de la importancia de la enseñanza e instrucción constitucionales, así como de las causas por las cuales los poderes siniestros opuestos a los valores propios del constitucionalismo se opondrían a que los ciudadanos recibieran una adecuada enseñanza constitucional.

En este sentido, los liberales españoles repararon en que las armas eran el único instrumento posible, evidentemente, para expulsar a los invasores; pero también concluyeron que las letras eran, por su parte, el único instrumento posible para conquistar a aquellos españoles que, convertidos por primera vez en ciudadanos, habían de sostener el régimen constitucional. En ese entendido, la defensa de la Constitución de Cádiz debía consistir no sólo, pero sí preferentemente, en propagarla, en propalarla, en difundirla; en una palabra, en enseñarla a los ciudadanos, en una tarea que debía convocar a todos, tanto a la opinión pública como a los poderes públicos. Y en lo que respecta a estos últimos, no sólo se les confiaba la obligación de festejar la Constitución, sino la de promover su enseñanza en las Universidades y en los establecimientos literarios, tal como recogía su original artículo 368:

> «*El plan general de enseñanza será uniforme en todo el Reino, debiendo explicarse la Constitución política de la Monarquía en todas las Universidades y establecimientos literarios donde se enseñen las ciencias eclesiásticas y políticas*».

Consecuentemente, la enseñanza de la Constitución en la escuela es uno de los instrumentos más expeditivos para impedir la degeneración de los sistemas constitucionales. De esta inteligencia participaban los liberales gaditanos, quienes estaban persuadidos que el fundamento de la vigencia de la Constitución de Cádiz pasaba porque los ciudadanos la conocieran y así la defenderían como los antiguos griegos defendían las murallas de su ciudad. Sólo a través de una adecuada educación constitucional puede sostenerse y defenderse el régimen constitucional, tal como recordaba el clásico pasaje del *Discurso preliminar a la Constitución de 1812* (Argüelles, 2011; 125).

> «El Estado, no menos que de soldados que le defiendan, necesita de ciudadanos que adiestren a la Nación y promuevan su felicidad con todo género de luces y de conocimientos».

Como hemos tenido ocasión de señalar en otros lugares (García Costa, 2008), la educación constitucional ha sido, a pesar del gran avance que recibió bajo la vigencia de la Constitución de Cádiz, desterrada de la escuela, incluso bajo la vigencia del actual régimen democrático. Pero no sólo ha sido desterrada este tipo de educación, sino también el recuerdo de por qué tal extrañamiento debía ser evitado por todos los medios: para impedir, precisamente, la degeneración del sistema constitucional. Así nos lo recuerda el siguiente texto de López Cepero extraído de su suerte de catecismo constitucional *Lecciones de uso político para la juventud de España* que se publicó en 1813.

> PADRE. Si todos los españoles se convencen de que la Constitución es el áncora de su libertad civil, y de que conservando esta libertad santa, han de ser por necesidad industriosos, ricos y sabios, asegurarán su independencia política para siempre, pues la extensión, población, y riqueza de nuestro país con el genio de sus habitantes nos elevarán muy pronto á un grado de poder y de fuerza física y moral que no permita á todas las potencias juntas ni soñar siquiera los planes de conquista que forjó Napoleón.

HIJO. ¿Conque observando bien nuestra Constitución seremos felices, padre mío?

P. Si, y tanto que nada tendremos que envidiar á nadie.

H. Pues yo por mi parte la he de aprender toda, y quando sea grande la observaré en todo lo que á mí me pertenezca.

P. Mira, hijo mío, que de nada tienes mayor obligación, y que después de observar la religión y respetar á sus ministros, nada te encargo tanto como el amor á la Constitución y á las leyes y de consiguiente á tu patria. No creas á nadie que te diga alguna cosa contra esto, desconfía de todo el que directa ó indirectamente quiera baxo qualquier pretexto enseñarte otra doctrina: entre nosotros hay algunos que por preocupaciones envejecidas ó para conservar sus intereses quieren entorpecer el curso de nuestra prosperidad, trastornar el santuario de las leyes, y por consiguiente sumergirnos otra vez en la esclavitud: óyelos con cuidado y tú con la edad que ya tienes, te convencerás de los errores que dicen, del furor con que los sostienen, y de la poca caridad con que tratan á los que se defienden con la justicia y la razon; compadécelos sin exásperarlos, confiado en que tú y todos los de tu edad tendréis ya muy poco que luchar con ellos y con sus preocupaciones, puesto que los hombres van conociendo sus derechos y convenciéndose de la verdad. Acuérdate siempre, hijo mio, de que tus padres te han dado una patria que ellos apenas lográron disfrutar, pero que la compraron con su sangre y con mil géneros de sufrimientos y afanes, para que tú la gozaras en tranquilidad: consérvala y procura transmitir á los que te sucedan todas las virtudes morales y civiles que yo te he inspirado. Ama el trabajo, y míralo como la única fuente, y el apoyo de tu subsistencia; no oygas á los que gritan por sostener la ociosidad, queriendo fundar su patrimonio en el trabajo y sudor de los demás hombres, y si llegas algun dia á ser padre de familia, contribuye quanto está de tu parte á que estas ideas cundan y se propaguen pasando de una generacion á otra, que si así sucede como espero, ellas eternizarán la independencia política, el engrandecimiento, y la gloria de nuestra madre España, así como la libertad civil de sus hijos.

Resulta evidente, pues, que los regímenes constitucionales precisan de que los ciudadanos llamados a vivir bajo ellos hayan de ser educados en sus valores y reglas en garantía de su propia subsistencia. Es por ello que consideramos que los textos constitucionales deben incluir entre sus previsiones no sólo principios rectores de la política social o económica o mandatos al legislador, sino un derecho público subjetivo expresado en una norma de reconocimiento de derechos que tenga por objeto recibir una adecuada enseñanza de la Constitución. Consecuentemente, nos encontramos con un derecho cuyas notas características son las siguientes:

(i) Se trata de un derecho fundamental. Su carácter fundamental viene determinado por su condición de fundamento del orden político y social de convivencia. Como hemos considerado en el punto anterior, los regímenes constitucionales se defienden primordialmente mediante la educación constitucional en garantía de subsistencia del propio Estado constitucional.

(ii) Se trata de un derecho público subjetivo, es decir, un poder legítimo que el ordenamiento jurídico otorga a los ciudadanos para poder reclamar de los poderes públicos un determinado servicio. Una de las primeras consecuencias de esta consideración es que este derecho es inmediata y directamente tutelable.

(iii) En cuanto derecho público subjetivo, el mismo no puede expresarse con una norma de eficacia aplazada, ora un mandato al legislador, ora una norma programática. Muy al contrario, tal derecho se ha de expresar mediante una norma de eficacia inmediata, es decir, como una norma de reconocimiento de derechos a favor de sus destinatarios. Con dicha estructura lingüística se evidencia, pues, que dicha norma posee las cuatro formas de eficacia de la Constitución: como norma para la producción de normas; como norma para juzgar la inconstitucionalidad de las demás normas; como norma para la interpretación del resto de normas; y, finalmente, como norma de eficacia directa.

(iv) Nos encontramos ante un derecho específico de prestación cuya aparición se incardina en el tiempo actual del Estado social.

(v) La titularidad de este derecho debe encomendarse, como así ocurre con respecto al derecho a la educación, a «todos», entendiendo por tal tanto los extranjeros como los nacionales.

(vi) Con respecto al objeto del derecho a recibir una adecuada educación constitucional, el mismo consistiría en el acceso gratuito a enseñanzas básicas y regladas en cuyos planes de estudio figurase una asignatura específica consistente en la explicación de la Constitución. Consiguientemente, nos hallamos ante un derecho específico de prestación enderezado a instruir a los alumnos de los niveles básicos del sistema educativo en la Constitución mediante una suerte de asignatura de «Derecho constitucional» programada obligatoriamente en los planes de estudios y que haya sido cursada por los alumnos al acabar la escolarización obligatoria.

(vii) Por otra parte, ese derecho específico de prestación ha de tener como destinatarios también a las personas que han abandonado el sistema obligatorio de enseñanza, de forma que deberá articularse a través de programas educativos varios destinados a tales personas.

(viii) En suma, el derecho a recibir una adecuada educación constitucional comparece como un auténtico derecho público de los ciudadanos y en modo alguno como principio o fin de la acción educativa.

V. Bibliografía

Argüelles, Agustín, *Discurso preliminar a la Constitución de 1812*, introducción de L. Sánchez Agesta, CEPC, Madrid, 2011.

De Vergottini, Giuseppe, *Derecho constitucional comparado*, Universidad Nacional Autónoma de México-Segretariato europeo per le pubblicazione scientifiche, Ciudad de México, 2004.

Diccionario de la Real Academia Española, 23ª Edición, 2014.
García Costa, Francisco Manuel, *La Ciencia española del Derecho político-constitucional en sus textos (1808-1939),* Tirant lo Blanch, Valencia, 2008.
García Costa, Francisco Manuel, *La función electoral del Parlamento,* Atelier, Barcelona, 2009.
García Costa, Francisco Manuel, *La víctima en las constituciones,* Tirant lo Blanch, Valencia, 2014.
García Costa, Francisco Manuel, *Algunas originalidades y aportaciones del constitucionalismo español,* Atelier, Barcelona, 2015.
Garrorena Morales, Ángel, *Derecho constitucional. Teoría de la Constitución y sistema de fuentes,* CEPC, Madrid, 2011.
Garrorena Morales, Ángel, *Estudios sobre la democracia. La democracia y la crisis de la democracia representativa,* CEPC, Madrid, 2014.
Hauriou, Maurice, *Principios de Derecho Público y Constitucional,* traducción de C. Ruiz del Castillo, Reus, Madrid, 1921.
Jiménez Asensio, Rafael, *El constitucionalismo. Procesos de formación y fundamentos del Derecho constitucional,* Marcial Pons, Madrid, 2003.
Loewenstein, Karl, Teoría de la Constitución, Ediciones Ariel, Barcelona, 1964.
Schmitt, Carl, *Teoría de la Constitución,* Alianza Editorial, Madrid, 1982.

LA REGENERACIÓN CONSTITUCIONAL DE LA DEMOCRACIA ESPAÑOLA CONTEMPORÁNEA. EL PAPEL DE LA INNOVACIÓN INSTITUCIONAL

Bernabé Aldeguer Cerdá

Universidad de Alicante

I. Introducción

El discurso y las alternativas programáticas formuladas al amparo de la regeneración democrática en el escenario político español de los recientes años, proyectan un haz de complejas y variadas propuestas de cambio sustancial en la configuración de los actores y los procesos políticos con inevitables consecuencias e implicaciones de orden constitucional. Se apean en el entramado de las opciones reformistas o rupturistas sobre el futuro político la introducción de cambios con vocación de cristalizar, en cualquier caso, en la propia arquitectura constitucional por medio de reformas de la misma.

Como resultado de la correlación parlamentaria de fuerzas políticas tras las elecciones de 20 de Diciembre de 2015, destaca la incidencia de la masa crítica constituida por las fuerzas políticas que, a través de discursos ora *rupturistas* (PODEMOS, IU-UP) ora *reformistas* (Ciudadanos), se ubican en el denominado eje de *lo nuevo* o de la *nueva política*, alterando el precedente bipartidismo imperfecto. Se proponen cambios que trascienden allende lo coyuntural, incidiendo en las bases estructurales del sistema político por medio de la ampliación y la protección garantista del catálogo de derechos sociales y económicos, así como de los de tercera generación; reforma del Senado y del modelo territorial como respuesta a los retos derivados de las demandas independentistas o *federalizantes*; así como las reformas que vendrán a orbitar en torno a la regeneración democrática.

Nuevos ejes de fractura aparecen más allá del clásico esquema de la ruptura frente a la reforma, superando incluso al *cleavage* en torno al cual se posicionan las fuerzas y los discursos *constitucionalistas* frente al *secesionismo*. Se consolida así un eje descrito entre los partidos de *lo nuevo* y de *lo viejo*. Se trata de una línea no sólo marcada por un criterio de temporalidad o antigüedad en la existencia o en la trayectoria longitudinal de cada partido político en las décadas de vigencia constitucional democrática contemporánea. Se trata de una cuestión relativa al discurso centrado en los posicionamientos articulados en torno a las motivaciones y los límites de la regeneración democrática, remitiendo ello a la estructural cuestión acerca de la tensión entre la continuidad y el cambio, y en éste último, entre la ruptura y la reforma; a saber: entre el cambio estructural y relativamente abrupto en el tiempo, o el dirigido a acometer una gestión de la contingencia y una adaptación institucional o constitucional a las exigencias del entorno cambiante.

La noción aristotélica de la virtud erigida sobre una perspectiva basada en el equilibrio subyacente a toda tensión, bien sea dicotómica (vigencia de un único eje: izquierda-derecha, centralismo-autonomía o independencia) o multidimensional (con la confluencia simultánea de varios *cleavages*), opera en la inquietud por incidir en el cambio de aquello que aboca al sistema a un *punto de tensión* en términos de Easton, a partir del cual el propio sistema en sí entra en una quiebra de gestión del conflicto social con eficacia y viabilidad, manteniendo, no obstante, los procesos, los valores y las instituciones que aportan vigencia a la realización de la democracia. En tal sentido, conviene particularmente hacer referencia a la combinación entre las actitudes de cambio y contestación y los de lealtad a las fuentes de legitimidad del modelo democrático de organización política que vertebran la cultura democrática en términos de *civic culture* conforme a Almond & Verba, base según estos autores, de unas condiciones axiológicas propicias para la democracia.

En el entorno de los actores políticos del modelo español, el discurso regeneracionista queda mayoritariamente vinculado a una apuesta de carácter reformista. A la luz de la secular confrontación entre las tradiciones rupturistas frente a las reformistas esbozadas inicialmente en el propio período de transición a la democracia, y que definirían la evolución del discurso regeneracionista español del período constitucional democrático contemporáneo, se impone un evidente triunfo o preeminencia (mediática y electoral) del esquema propositivo y programático reformista frente al rupturista, sin que ello implique, no obstante, la carencia de quiebras o incoherencias inherentes a la aproximación reformista.

El actual escenario político originado tras las Elecciones Generales del 20 de Diciembre del año 2015 brindó un discurso programático en el que la noción de regeneración democrática fue enmarcada del siguiente modo por los principales partidos políticos:

— PSOE. La regeneración democrática solo se conseguirá desde la auto-exigencia de la representación política para cumplir con sus obligaciones, incluidas aquellas que no tienen por qué estar plasmadas en leyes ni reglamentos. Una democracia más cercana a la ciudadanía tiene que promover formas de participación ágiles y efectivas, hacerse más transparente, no renunciar a la autocrítica cuando ésta tiene fundamento e introducir de una vez por todas el hábito de rendir cuentas del nivel de cumplimiento del programa político, sin dejar de dar razones que justifiquen los incumplimientos cuando éstos son inevitables.
— PP. La regeneración democrática ha sido uno de los ejes principales de nuestro programa reformista de gobierno. Somos el Gobierno que más medidas y más reformas ha acometido para prevenir, perseguir y sancionar la corrupción. Queremos que te sientas orgulloso de la acción y ejemplo de tus representantes políticos. Para ello, vamos a seguir trabajando para hacer de España un país más transparente, más fiable y con un mejor funcionamiento de nuestras instituciones. Todas las reformas en materia de regeneración democrática han tenido un objetivo prioritario: garantizar que 'quien la hace, la paga'. Incluso con su propio patrimonio, hasta devolver lo robado, para que vuelva a revertir en la sociedad.
— PODEMOS. *Ley de Paredes de Cristal.* Aprobaremos una ley integral para la regeneración democrática de nuestras instituciones públicas, que sirva de marco para abrir los parlamentos a la ciudadanía. Para ello, adoptaremos las siguientes medidas: 1) Publicar en portales web parlamentarios la información relativa a la gestión de la institución, su personal y su presupuesto; 2) Facilitar el acceso a la información relativa a los procesos legislativos, en curso o finalizados, mediante observación directa, a través de la prensa escrita o de las retransmisiones por radio y televisión en directo; 3) Garantizar el acceso, tanto a las sesiones de comisiones parlamentarias como a los plenos, a medios de comunicación, a observadores y a ciudadanos en general, sin trabas administrativas y sin ningún tipo de discriminación; 4) Habilitar un escaño ciudadano desde el que se puedan hacer llegar peticiones ciudadanas al Parlamento, tanto de forma individual como colectiva.
— CIUDADANOS. Se trata de modificar, de acuerdo con los procedimientos de reforma regulados en la Constitución, algunos precep-

tos de la misma, y añadir otros nuevos, para así superar determinadas disfunciones y mejorar la eficiencia del conjunto. No se trata de cambiar el sistema sino de mejorar su funcionamiento. Esto requiere, aparte de cambios constitucionales, cambios de otras normas (....). Dado el carácter estable de la Constitución, las reformas deben ser sólo las estrictamente necesarias para alcanzar los fines que se pretenden, sin olvidar la ambición de sentar las bases de la nueva estabilidad constitucional sobre unos pilares ilusionantes para la nación (....). Los instrumentos para llevar a cabo las reformas que se quieren promover no serán sólo de carácter constitucional, sino muy especialmente de carácter legal e, incluso, más allá del plano estrictamente jurídico, su intención también es contribuir a transformar la cultura política de nuestro país (....). En Ciudadanos hemos detectado los problemas de funcionamiento más graves de nuestra actual democracia y, en consecuencia, planteamos las soluciones constitucionales y, en ciertos casos, legales que nos parecen necesarias, convenientes y oportunas para resolver tales problemas.

— IZQUIERDA UNIDA – UNIDAD POPULAR (IU-UP). El Nuevo Modelo Productivo para un nuevo País es una alternativa de modelo de sociedad. La salida de la crisis no se dilucidará en el terreno económico, sino en el político. Su contexto global es una democracia política y social avanzada. Con ese criterio, no se trata sólo de generar una alternativa económica. Se trata también de una alternativa política, social, cultural e ideológica, una alternativa para la movilización, la acumulación de fuerzas, la participación y la regeneración democrática.

Las fundamentaciones dogmáticas o discursivas sobre la regeneración democrática se han movido entre la motivación o justificación tecnócrata y economicista, centrada en una innovación que flexibilice los procesos de decisión por la vía de la simplificación institucional como forma de contribuir a la regeneración democrática, o bien una motivación sustentada en la genuina mejora de la representación, los procesos de deliberación, la inclusión social y el fortalecimiento de la cohesión social.

El propósito de la presente contribución radica en abordar una aproximación a la contemporánea relación entre la constelación de las propuestas programáticas que orbitan en el entorno conceptual de la innovación institucional de una parte, y la regeneración democrática constitucional de otra parte. Se valoran así pues, las eventuales oportunidades derivadas de la innovación institucional en términos de democratización e inclusión participativa de la sociedad en los procesos deliberativos y decisionales. El capítulo se estructura en tres partes: una primera en la que se aborda el estudio de la innovación dirigida a la gestión del cambio; una segunda en la que se contextualizan las diversas áreas o dimensiones que abarca la innovación institucional; y, finalmente, una tercera parte que focaliza su atención en la específica dimensión de la innovación en el ámbito del fortalecimiento democrático, emitiendo a modo de coda un conjunto de reflexiones finales en el contexto de la contemporánea regeneración democrática constitucional.

II. Innovación y gestión del cambio

La gestión del discontinuo y rápido cambio, mediante prácticas innovadoras que queden paulatinamente institucionalizadas, ofrece la posibilidad de afrontar la permanente *adaptación al futuro* por parte de las Administraciones Públicas (Gil & Casamayor, 2010), frente a la rigidez cultural, formal y normativa propia de los hábitos altamente institucionalizados (Metcalfe, 1996). La innovación, mediante la introducción de novedades en la gestión de los procesos crecientemente complejos, se proyecta en múltiples dimensiones. De forma específica, y por cuanto respecta a los actores políticos e institucionales, Harrison *et alii*. remiten a las dimensiones ético-ideológicas, de la legitimidad y de la estrategia (Harrison, 2011). La innovación, en cualquier caso, implica, en términos generales, una orientación positiva en la particular introducción de cambios digitales o ligados a la transparencia, universalizando así las más cualificadas posibilidades de intervención en los procesos decisionales o en el control de las decisiones públicas adoptadas por las instituciones.

La innovación institucional contribuiría a la *capacidad social* (Abranowitz, 1989) de una comunidad dada para absorber el conjunto de las diferentes experiencias y mejoras técnicas y colectivas a través de una *innovación inteligente*[1], por lo que «se hace necesario garantizar la innovación institucional permanente, como modo de evitar la acumulación de rigideces y cuellos de botella a la gestión pública» (Lahera, 1993). Así pues, la democratización de las instituciones públicas, por medio de la innovación de las mismas, permite el fortalecimiento de los procedimientos y los protocolos decisionales como consecuencia de los escenarios generados por la propia dinámica social, incorporándolos a las prácticas deliberativas.

El aprendizaje constante por parte de las instituciones públicas como resultado de sus interacciones con el particular contexto en que se incardinan y que constituye la contingencia específica de las mismas, deviene en la expresión fundamental de la innovación en que consiste la generación de conocimiento a través de la comunicación, la capacidad de aprendizaje o la comunicación (Canales, 1997). Así pues, cabe mantener «una

[1] Conforme a Babino, la inteligencia innovadora «expresa la capacidad de repensar cómo enfrentamos los problemas, no centrados exclusivamente en mejorar las soluciones actuales con tecnologías, sino en tener capacidad de entender y satisfacer las necesidades mediante nuevos cambios y diseños» (Babino, 2014).

alta sensibilidad con el entorno, la innovación y la adaptación permanente a los requerimientos ciudadanos» (Díaz Méndez, 2011), transformando los aprendizajes obtenidos en categorías específicas que resulten útiles a efectos de forjar las estrategias, las medidas y las políticas públicas de innovación y modernización institucional.

La imprevisibilidad y el riesgo resultan connaturales a la tolerancia que de la innovación se espera para generar cambios administrativos coherentes con las demandas de la sociedad civil.

Con todo lo expuesto, conviene valorar en qué medida un cambio deviene en una innovación, para lo cual resulta importante considerar el elemento consciente de dichos cambios al margen de la aleatoriedad o la mera improvisación frente a medidas voluntaristas o artesanales. Es preciso, pues, un ejercicio reflexivo, consciente y estratégico que oriente la innovación en función de unos objetivos u propósitos estratégicos previamente definidos mediante «un trabajo duro, sistemático, organizado y dirigido». La planificación estratégica de la innovación en un marco a largo plazo resulta clave para el éxito de las políticas públicas de innovación.

La innovación se fundamenta sobre la necesidad de «responder más eficazmente a los cambios en las necesidades públicas y las crecientes expectativas ciudadanas» (Villoria & Ramírez Alujas, 2012), asumiendo una cierta tolerancia a la imprevisibilidad y una orientación a la gestión del riesgo connatural a aquella. Los cambios administrativos y sociales de raíz democrática conllevan a una idea de la innovación permanentemente inconclusa. La propia Carta Iberoamericana de la Calidad en la Gestión Pública señala que: «*la adopción de estrategias de innovación, racionalización y mejora de la gestión pública, orientadas por la calidad, permitirá a las Administraciones Públicas iberoamericanas posicionarse favorablemente frente a la incertidumbre, reforzar su influencia en un entorno dinámico y complejo y acometer el necesario desarrollo organizativo para la gestión del cambio y la formulación de soluciones de mejora creativas, con el fin de cumplir al máximo las expectativas de la ciudadanía, proporcionando un instrumento para lograr la coherencia en la dirección estratégica a seguir*» (Carta Iberoamericana de la Calidad en la Gestión Pública, 2008). Por cuanto al ámbito de la Función Pública se refiere, la Carta Iberoamericana de la Función Pública alude a la innovación como una de las condiciones de la eficacia de la propia carta, en la medida en que el diseño de las organizaciones públicas deberían constar de instancias especializadas orientadas a «*la innovación de las políticas y prácticas de gestión de las personas*», incidiendo en un cambio cultural que permita superar las visiones burocráticas de las AAPP a través de la sustitución de las rutinas normalizadas y de los procedimiento establecidos «*por enfoques orientados a la producción de resultados, la innovación y el aprendizaje*» (Carta Iberoamericana de la Función Pública, 2003). Como requerimientos funcionales de la Función Pública, se destaca «*el estudio, diagnóstico, evaluación e innovación de las políticas y prácticas de gestión de los recursos humanos y el impulso de las reformas necesarias para modernizarlo y adaptarlo a las necesidades cambiantes de las organizaciones públicas*» (Carta Iberoamericana de la Función Pública, 2003).

III. Las áreas de innovación institucional

En las diferentes dimensiones constitucionales, la que quizás mayor transformación ha experimentado a lo largo de las últimas décadas haya venido dada por la referente a los modos y las técnicas de gestión y funcionamiento en el seno de las Administraciones Públicas (Barnes, 2006). A modo de ejemplo, la implementación del paradigma de la Nueva Gestión Pública (en adelante, NGP) ha representado la priorización o protagonismo dogmático y procedimental atribuido a las denominadas tres *és* (eficacia, economía y eficiencia), claramente insuficientes, tal y como se ha constatado en la evaluación de su rendimiento e implementación, para consolidar cambios estructurales, perdurables y deseables desde la perspectiva de la democratización, el fortalecimiento institucional o de la ética pública (Metcalfe, 1996).

Conforme a Díaz Méndez, la innovación implica, en el seno de las AAPP, ámbitos o dimensiones tales como los procesos organizativos, la aplicación de nuevas tecnologías, la importancia del liderazgo transformador, la gestión del cambio (tal y como se ha detallado en el epígrafe precedente) y la integración de servicios (Díaz Méndez, 2011).

Desde la perspectiva de la contribución de la innovación a efectos de un fortalecimiento constitucional de la democracia, cabría identificar lo que, de manera concreta Álvarez Conde ha denominado «el replanteamiento de sus relaciones con la sociedad civil» en tanto que dimensión de la modernización. En esencia, se trata de incidir en los vínculos institucionales, participativos en la relación de las Administraciones Públicas con la ciudadanía (Canales, 2001). La innovación con la ciudadanía, en términos de Pastor (2013), viene a plantear la necesaria inclusión de los ciudadanos y ciudadanas en el diseño, implementación y evaluación de los servicios públicos. Si bien, la innovación institucional se erige sobre una compleja constelación polisémica frente a la mera imitación (Pollit, 2008).

La innovación contribuye a hacer efectiva la *responsivenes* a las instituciones debida en aras de canalizar las exigencias de la ciudadanía y su adecuada transformación en *outputs* idóneos a las nuevas demandas, máxime en un contexto en que la modernización administrativa, política y democrática constituye un proceso inacabado e inacabable (Canales, 2001). La capacidad para resolver los conflictos incide, adicionalmente, en la superación de las respuestas rutinarias, junto con la creatividad o el ingenio (Metcalfe, 1996).

La complejidad de los actores implicados en las medidas de innovación deriva en la necesaria coordinación inter e intra-institucional que proyectan sus efectos en áreas de la gestión tales como la administrativa, la de recursos humanos o la de dirección, y que requiere la transferencia de innovación entre Administraciones y la cooperación entre éstas.

El desarrollo de un gobierno abierto e inclusivo (Bourgon, 2007) constituye una de las áreas basales de las estrategias innovadoras con propósitos de fortalecimiento democrático. La innovación, en este sentido, tiene como motivación avanzar en un modelo permeable, horizontal, transparente y abierto que faculte para una mayor y mejor inclusión ciudadana en los procesos participativos y democráticos. En la satisfacción de los estándares propios del Buen Gobierno, colaboración e inclusión participativa contribuyen a favorecer la *porosidad de la frontera* entre la dimensión política y la micro-administrativa, en términos de Schmidt-Aβmann, deviene en un aspecto decisivo para la acción institucional, resultando indispensable para el fortalecimiento de la legitimidad de la Administración Pública. Desde esta perspectiva de apertura, Cohen y Levinthad identificaron la habilidad de las organizaciones para reconocer el valor de lo nuevo y la información externa, así como la asimilación de ambas, como un factor crítico para potenciar sus capacidades innovadoras. Así: «the ability to exploit external knowledge is thus a critical component of innovative capabilities (...)».

En este sentido, una de las áreas esenciales de la innovación a nivel democrático ha venido dada por la configuración de la llamada *democracia electrónica* o *e-democracia*, maximizando y potenciando el uso de las TICs como cauces idóneos para el desarrollo de los procesos políticos (Colombo, 2006). Cotino define la e-democracia a la luz de «la concesión de un papel importante a las tecnologías de la información y comunicación en los procesos democráticos y participativos de los sistemas democráticos liberales» (Cotino, 2013). Por ello, los modelos de *Open Data* u *Open Governmnent*, por medio de los cuales se articulan las metodologías, los contenidos y las aplicaciones que fomentan la transparencia (Prince & Jolias, 2013), suponen requisitos indispensables o *key steps* ineludibles para fomentar la participación y la implicación ciudadana, así como, en esencia, la relación en la línea de contacto entre el Estado (a través de la acción del gobierno y del entramado administrativo) y las exigencias sociales (Beltrán, 2000).

En cualquier caso, el carácter multifacético y complejo de la innovación implica una definición de los sistemas de innovación «como algo que comprende todos los elementos que contribuyen al desarrollo, la introducción, la difusión y el uso de innovaciones», entendidas éstas como «un proceso social e interactivo en un entorno social específico y sistémico» (Johnson & Lundvall, 1994).

IV. La regeneración constitucional de la democracia española contemporánea. El papel de la innovación institucional

La innovación contextualiza las oportunidades para la puesta en marcha inicialmente, y para la consecución seguidamente de la mejora democrática, tanto en función de los límites culturales y constitucionales de un determinado entorno político, como en atención a las experiencias desarrolladas en contextos distintos, parcialmente asumidas en base a un ejercicio comparativo.

La regeneración democrática permite gestionar la compleja situación de equilibrio entre el mantenimiento de aquello que a nivel institucional ha permitido hasta un determinado instante la resolución constitucional, pacífica y participativa del conflicto social favoreciendo el desarrollo de los derechos y las libertades a través de la democracia, y las vías alternativas de futuro que superen las estructuras anticuadas, caducas e incapaces de afrontar de forma eficaz la canalización democrática de las necesidades colectivas (Warren *et allí*. 1976). En definitiva, generar contextos institucionales que absorban los cambios permanentemente yendo más allá de las estructuras y los procedimientos incapaces de gestionar las transformaciones constantes del Estado en conjunción con la sociedad (Schön, 1998).

La legitimidad democrática de las instituciones vertebradoras del Estado del Bienestar ha quedado ligada a «las agendas, demandantes y complejas, que las sociedades les exigen asumir» (Longo, 2012). Pues, general y bien sabido y conocido es en el contexto de las democracias representativas, tanto en la arena del ámbito teórico como de la práctica y aplicada, que tan extendida se ha vuelto la democracia como serios son sus déficits en diferentes dimensiones, destacando los partidos políticos como uno de los actores esenciales de la democracia[2]. En este sentido, conforme a Gil Ibáñez, «comienza a ser considerado que, en un contexto de cambio rápido y continuo, la legitimación de la actuación administrativa no pueda agotarse en el respeto a la Ley, sino que debe ser combinada con los instrumentos legitimadores más concretos, tales como: la participación directa, la información y el apoyo a los destinatarios y afectados por dichas acciones» (Gil Ibáñez, 2003).

---

[2] Conforme a Guedán: «la revitalización de la democracia pasa por hacer frente al descrédito de los partidos políticos» (Guedán, 2014), en la medida en que, de acuerdo con Menéndez: «(...) un escenario en el que los partidos políticos reciben de manera rápida y certera los intereses de los ciudadanos —interpretados por las élites y los agentes de la opinión pública—, sería el escenario propio de una democracia consolidada» (Menéndez, 2013). Ver Guedán, Manuel, «Déficits democráticos y globalización», *Iconos. Revista de Ciencias Sociales,* nº 20, 2004, pp. 136-142; y, Menéndez, Manuel, «Los retos de la democracia de masas: democracia deliberativa y transición política», *Res Pública. Revista de filosofía política*, nº 30, 2013, pp. 189-202.

La innovación democrática puede y debe servir como aproximación instrumental para afrontar la complejidad del *demos*, la consecución de una *representación descriptiva y substantiva* de la diversidad y de la pluralidad sociodemográfica en términos de Pitkin, y en última instancia, para contribuir constructiva y normativamente al fortalecimiento del *linkage* (anclaje) —conforme Lawson (1980) o Luttberg (1974)— entre el entramado institucional y la sociedad civil —a nivel individual y colectivo—. De esta forma, adquiere sentido la consideración de las relaciones entre la sociedad, el mercado y los individuos, como uno de los fundamentos de los procesos de innovación (Arenilla, 2014), en un contexto de creciente complejidad donde la satisfacción de las demandas resulta crecientemente difícil, más allá de los insoslayables catálogos de derechos y libertades constitucionales. A la luz del debate doctrinal sobre la gobernanza, ha irrumpido la no novedosa, pero sí recurrente y relevante cuestión acerca de la relación entre las AAPP y la sociedad civil, destacando la importancia de la transparencia, el gobierno abierto o la rendición de cuentas, en un contexto en el que se «ha puesto de relieve los cambios o desafíos a las tradicionales relaciones entre actores públicos y privados» (Colino, 2013).

Junto con la emergencia de la Ética Pública, la Transparencia, el Buen Gobierno o el Gobierno Abierto, las *innovaciones institucionales de raíz democrática* (Villoria & Ramíarez Alujas, 2012) han constituido uno de los ejes vertebradores de las iniciativas de democratización y fortalecimiento de la legitimidad. La promoción de la Ética Pública de forma institucionalizada, procedimental y con provisión de protocolos y sanciones en caso de incumplimiento, se liga a la regeneración democrática, en la medida en que, conforme a Morin: «la regeneración de la ética es, por lo tanto, indisociable de una regeneración del civismo que, a su vez, es indisociable de una regeneración democrática» (Morin, 2004).

En la consecución de la regeneración democrática se ha estimado como una variable clave y fundamental el compromiso de la ciudadanía en una conversión proactiva, creativa y propositiva de la indignación, no sólo en la actitud de evitar la degeneración de la democracia, sino en la propia transformación del sistema en términos democráticos (Belmonte, 2014). No siendo un concepto, como advertíamos más arriba, reciente ni novedoso, la Regeneración Democrática ha tenido en ciertos lapsos de la Historia un tratamiento bio-organicista en la medida en que se ha conceptualizado como estrategia para superar los *males, infecciones* o *enfermedades* del cuerpo social o institucional, legitimando en ciertos casos una salida autoritaria por medio de un *cirujano de hierro*, que resuelve la *infección*. El *despotismo ilustrado* (Medrano, 1996), el cesarismo romano, el tirano griego o el *canciller de hierro*, también han sido presentadas como soluciones salvíficas articuladas para superar la descomposición institucional de la democracia, a partir no obstante, de la excepcionalidad temporal de la misma. Por tanto, también las proclamas regeneradoras han venido defendidas y argumentadas desde planteamientos fascistas que ante la crisis moral, institucional y política, enarbolan el discurso de la regeneración (Sanmartín, 2012). Cuando el sistema político se ve desbordado por necesidades irresueltas, «concern with principles is resurrected in the form of powerful ideological conflicts and totalistic solutions» (Apter, 1977).

La preocupación sobre el concepto, el alcance, las estrategias y las medidas propias de la regeneración democrática han ido adquiriendo una creciente relevancia pública en el discurso político y de la opinión pública, así como en el ámbito académico y profesional, a la luz de los índices objetivos y subjetivos o perceptivos de corrupción. Ante un escenario decadente de la democracia, emergen los paradigmas normativos sobre la lucha contra la corrupción y el fortalecimiento institucional de la democracia a partir de la ética pública, la transparencia o el Buen Gobierno. Si bien, la alusión y el recurso a la regeneración democrática no resulta una aportación, fenómeno o experiencia novedosa, en la medida en que diferentes movimientos intelectuales y corrientes académicas, filosóficas y políticas, han formulado complejas y exhaustivas reflexiones y programas de acción en favor de la reforma democrática en aras de su salvaguarda y fortalecimiento. Célebres proponentes del regeneracionismo democrático, tales como Ortega y Gasset proclaman la vertebración social de la ciudadanía y la participación en el entramado institucional parlamentario (Peris Suay, 2013) como argumentaciones clave. En la línea de los *regeneracionistas* decimonónicos, la contribución de Joaquín Costa, con su propuesta de formar un nuevo engranaje ético, parlamentario y político en general, representa un ánimo de superación de las lógicas perversas de la decadencia democrática (Costa, 1967).

La innovación dirigida a la regeneración democrática se orienta hacia la consecución de una legitimidad basada tanto en el procedimiento (en base a la integridad, la imparcialidad en la aplicación de la norma y la democratización de la Administración Pública en su proyección y papel por contribuir a fortalecer la democracia representativa) como en el rendimiento (conforme a los objetivos, la ineficiencia y las respuestas a la misma, junto con el impacto de los problemas públicos) (Villoria & Ramírez Alujas, 2012). Siguiendo a Metcalfe, como macroproceso, cabría entender por *labor innovativa* de la gestión pública el desarrollo de «capacidades *macroorganizativas* nuevas y muy específicas para abordar el cambio estructural en el plano interinstitucional» (Metcalfe, 1996).

Siguiendo a Graham Smith, cabría asumir como innovaciones democráticas todas aquellas «instituciones que han sido diseñadas específicamente para aumentar y profundizar la participación ciudadana en el proceso de toma de decisiones sobre políticas públicas» (Smith, 2009). La innovación legitima el diseño de las nuevas metodologías que requieren los procesos decisionales para un marco de complejidad claramente desafiante para el aparato público (Babino, 2014). Así, Castel destaca algunas tales como los foros de consultas, los paneles ciudadanos y los jurados ciudadanos, entre otros (Castel, 2014), a los que cabría añadir los referéndums (vinculantes o no vinculantes), la propia participación en la enmienda, elaboración y redacción de distintas normas o leyes (especialmente las de transparencia y buen gobierno), los presupuestos participativos, la audiencia en los procedimientos (a la luz del artículo 105 de la Constitución Española, por ejemplo), y la participación a nivel urbanístico local, así como el propio régimen de acceso a la información pública.

Las innovaciones democráticas tratan de trascender las deficiencias de la democracia representativa, de tal suerte que la *legitimación democrática* de la Administración pasa por el engarce entre el componente representativo y la participación ciudadana (Schmidt-Aβmann, 2006). En este sentido, la innovación puede constituir una oportunidad o plataforma para la gestión de la «formación, motivación y mentalización» de la ciudadanía; a saber: para articular la pedagogía cívica con propósitos democratizadores Saward evalúa el impacto de las nociones innovadoras de la democracia, tales como la democracia cosmopolita, la de la diferencia, la deliberativa[3] o la ecológica, considerando la necesidad de introducir mecanismos de representación que incidan en la ampliación de los dominios de la ciudadanía y de la democracia, a través de innovaciones sobre la representación (Saward, 2006).

Así, Subirats expone el impacto de la innovación democrática proyectada o circunscrita, bien al ámbito de la democracia directa, deliberativa y participativa, al de las redes pluralistas, o bien al de la democracia representativa, mediante en este último caso estrategias demoelitistas que inciden en los procesos de adopción de decisiones sin alterar la esencia de la lógica representativa (Subirats, 2002). Cuando la proyección de las innovaciones democráticas incide en un cambio de la lógica decisional, cabría entender por tales como estructurales, en la medida en que suponen una incidencia innovadora *del* propio sistema, y no un cambio parcial *en* el mismo.

Frente a una aproximación meramente instrumental a la innovación, excesivamente simplificadora, la generación de propuestas innovadoras impela a la superación —o complementariedad— de una idea aislada de la mejora interna relativa al funcionamiento de las AAPP, debiéndose destacar, además, «la capacidad de servir y responder a las necesidades públicas, y para ello transparencia, control y evaluación resultan estrategias imprescindibles» (Subirats, 2012). Así, la innovación institucional tiene

---

[3] Siguiendo a Menéndez: «la democracia deliberativa se nos presenta como un modelo de profundización en el paradigma de la participación del ciudadano en las sociedades complejas de nuestro presente; un modelo alternativo y revulsivo ante la apatía ciudadana que caracteriza la crisis del modelo de nación liberal en el que estas ciudadanías han encuadrado su ideal democrático desde principios del siglo XIX» (Menéndez, 2013).

una trascendencia o proyección democrática en la medida en que por medio de aquella, las Administraciones Públicas satisfacen de forma más efectiva las exigencias, las demandas y las necesidades de la ciudadanía, generando resultados tangibles sobre los que, conforme a tal eficacia, se erigirá la legitimidad de las instituciones. La mayor adecuación del desempeño gubernamental y administrativo a las necesidades ciudadanas impacta de manera central en un mejoramiento de la gobernabilidad. Conforme a Apter: «The more support the executive has from the people, more effective such actions are» (Apter, 1977).

En un contexto en el que la consecución de los logros materiales del Estado (Gallego, 1997) constituyen la base para la legitimidad del mismo, sobre todo, teniendo en cuenta la medida en que las capacidades del Estado quedan desbordadas por los problemas cuya resolución le corresponde (Metcalfe, 1996) y considerando, conforme a Baena, que la falta de legitimidad «supone que no se da una aceptación social del Estado y la Administración, que el sistema no tiene capacidad suficiente para engendrar y mantener la creencia de que las instituciones políticas existentes son las mejores para la sociedad» (Baena, 2000). De esta forma, tal y como reconoció el Consenso de Madrid: «la innovación en la gestión estatal para satisfacer las necesidades de los ciudadanos y especialmente de los grupos más vulnerables constituye un desafío singular y urgente» (Consenso de Madrid, 2005). Igualmente, la participación de la plural constelación de actores sociales y políticos, imprime a la acción administrativa una proyección clara de la colaboración y la transparencia (Schmidt-Aβmann, 2006). La innovación aporta la capacidad de ajuste constante por parte del entramado institucional democrático, articulando transformaciones permanentes (Bason, 2014) que impidan que los conflictos lleven al sistema político al nivel de tensión correspondiente al punto crítico en términos de Easton. Por ello, de acuerdo con Arenilla: «la búsqueda de la legitimidad democrática no puede hacerse sin la consideración de la eficacia de la gestión pública como un derecho de los ciudadanos» (Arenilla, 2014). Cabe pues valorar la innovación en la medida en que contribuye a mejorar la gobernabilidad, entendida esta como «el grado de ajuste conseguido entre las necesidades sociales expresadas y los resultados obtenidos por las políticas que el sistema genera en respuesta a aquellas necesidades» (Vallès, 2000).

En la articulación de mecanismos de mayor cercanía entre las élites políticas y la ciudadanía, resulta de interés considerar la implementación reciente de acciones y medidas de Responsabilidad Social Pública, como «ajuste de la política a las peticiones ciudadanas y un uso responsable de la misma», constituyendo una oportunidad —como para el ámbito autonómico señala Ruíz-Rico— el establecimiento de «políticas y normativas con un nivel superior de compromiso hacia los ciudadanos y actuar de un modo socialmente más responsable mediante un plus respecto de las previsiones mínimas legales, especialmente en competencias como transparencia, información pública o participación, claves del modelo de RS» (Ruíz-Rico, 2014). La RS resulta así un parámetro de calidad de la democracia, en tanto que criterio evaluador de la legislación, las políticas públicas, los partidos políticos y las instituciones.

Así pues, las *innovaciones democráticas* son aquellas estrategias, medidas o procesos de cambio consciente que a partir de una vocación, inspiración y objetivo de democratización, permitan coadyuvar o realizar la Regeneración Democrática por medio de reformas en los procesos, las instituciones y los actores involucrados en la lógica representativa de la democracia, introduciendo lógicas propias de la democracia directa, así como reformas dirigidas al incremento de la calidad de la democracia y la legitimidad de las decisiones y de las instituciones públicas, en la medida en que estas últimas «se refieren al poder, a su organización, a su devolución, a su ejercicio, a su legitimidad» (Duverger, 1981)[4]. Todo ello asumiendo la doble dinámica inherente a la acción política, entre la continuidad y el cambio.

En base a todo lo expuesto, una agenda innovadora requiere de «liderazgos pro-activos y emprendedores, por una parte, y también provistos de consistentes capacidades relacionales y colaborativas, por otra» (Longo, 2012). Liderazgos, en definitiva, que posibiliten la adopción de cambios, en la medida en que facilitan la sensibilidad a las nuevas ideas (Cruz-Rubio, 2014). La anteriormente citada Carta Iberoamericana de la Calidad en la Gestión Pública vincula el fomento y el incremento de la credibilidad y la confianza por parte de la ciudadanía en las AAPP a la capacidad de innovación de éstas últimas, de tal suerte que la calidad depende, entre otras variables y factores —entre los que cabría destacar el aprendizaje y la mejora continua—, de la creatividad innovadora de sus autoridades, directivos y demás empleados y funcionarios públicos.

La Carta de Compromisos con la Calidad de las AAPP españolas «*tiene por finalidad, dentro del marco legislativo y competencial, promover un compromiso con la excelencia y la innovación en la prestación de los servicios públicos*», destacando factores tales como la medición, la evaluación, el aprendizaje y la mejora continua, la estrategia, la planificación, la gestión de los recursos financieros, la Administración electrónica y medidas de gestión y excelencia como elementos necesarios de la innovación permanente.

El liderazgo, desde una perspectiva contextualizada, se ejerce en un marco propio de un Estado generador de oportunidades para la participación y la colaboración de individuos y colectivos, no desde una orientación

[4] Conforme a Navarro, el diseño de las instituciones, sus reglas y sus valores «determinan el comportamiento de los actores y explican la variación, la estabilidad y el cambio en las políticas públicas» (Navarro, Carmen, «El proceso decisional y las políticas públicas», en Canales, José Manuel; Sanmartín, José Jesús, *Introducción a la Ciencia Política*, Universitas, Madrid, 2014).

monopolística ni dirigista, sino a partir de una perspectiva catalizadora, fomentando «espacios de participación democrática, de diálogos y de concertaciones», y por supuesto, también de control (Guedán, 2004). De esta forma, junto con la digitalización de los servicios públicos y la implicación de la ciudadanía por medio de las técnicas *open data* en los procesos de adopción de decisiones, Madelin destaca la importancia de generar y articular grupos de trabajo en el seno del Sector Público que aporten herramientas útiles para la innovación —*innovation staff*— (Madelin, 2014).

V. ALGUNAS CONSIDERACIONES FINALES A MODO DE PROPUESTAS

1. La innovación no debe encubrir una mera imitación de experiencias implementadas, con mayor o menor éxito, en otras realidades institucionales, culturales y constitucionales, e incluso de protocolos, procesos y metodologías procedentes del sector y la gestión privada o empresarial. La importación acrítica de reformas abordadas en otros países e incluso en ámbitos diversos como pueda ser el sector privado o empresarial, implicaría la asunción de estrategias desacertadas a efectos de introducir mejoras democráticas de alcance tanto en su extensión institucional como en cuanto a su consolidación temporal. Las instituciones, en tanto que *problem-solvers*, deben constituir un motor central en la promoción de la innovación y en la consecución de cambios significativos dirigidos a una mejora cualitativa de la democracia.
2. El diseño, la implementación y la evaluación de las estrategias de innovación, como suele acontecer con la elaboración de los marcos regulatorios participativos (v. gr., reglamentos locales de participación ciudadana), debe contar con la propia participación de la ciudadanía, con objeto de evitar las decisiones paternalistas que concedan oportunidades a la población para participar, pero sin computar la voz de los destinatarios (ciudadanos y ciudadanas) a la hora de dotarse de tales marcos regulatorios o normativos. Adquieren, en este sentido, una valiosa importancia las valoraciones de los ciudadanos y de las ciudadanas con respecto a la mejora continua de los procesos, así como en relación a la retroalimentación en tanto que componentes interactivos o dialécticos entre la organización y el entorno, como caracteres propios y característicos del paradigma postburocrático (Barzelay, 1998).
3. Cabe, en igual medida, diferenciar entre las reformas eminentemente democráticas o *democratizadoras* de las estrategias meramente mercantilistas o eficientistas. En un contexto hegemónico propio de los postulados o salidas tecnocráticas a la crisis, centradas en dotar el mayor peso de las reformas al ámbito económico que a las de corte democrático, las propuestas de reforma constitu-

cional corren el riesgo de verse ligadas, no tanto a consolidar la regeneración democrática, sino a formalizar aspectos tales como el control del déficit o la deuda pública, sirviendo de ejemplo para tal caso la reforma del artículo 135 de la Constitución Española. Sin perjuicio de las medidas dirigidas a la eventual introducción de cambios en la estructura económica y la atención de las circunstancias y situaciones de emergencia y cohesión social, el fortalecimiento democrático deviene en una dimensión relevante que debe acompañar los programas integrales de reforma.

4. Las estrategias de innovación institucional con propósitos ligados a la regeneración democrática no pueden resultar aisladas de otras medidas tales como, por ejemplo, las destinadas a fortalecer los estándares de probidad o ética pública o promover la transparencia y el acceso a la información pública, así como tampoco ser reducida a una síntesis de reformas jurídicas, siendo relevante el papel de la política en la medida en que «son las asambleas legislativas las que innovan el Derecho y éstas se rigen por las reglas de la política, por las reglas de la democracia que, obviamente están sometidas a la constitución, al Derecho, que en un bucle incesante, puede ser modificado por la política» (Pindado *et alii*, 2015). La coordinación de diferentes marcos normativos entre sí y la interdependencia de distintas políticas públicas resulta un factor clave para garantizar la eficacia en el cumplimiento de los objetivos propuestos por cada una de ellas. La falta de un esfuerzo estratégico y deliberado, junto con una perspectiva *ad hoc* y aislada de experiencias puntuales, puede acabar abocando a una limitación del éxito atribuido a las estrategias de innovación (Smits, 2014). La ausencia de coherencia e interdependencia de diferentes estrategias destinadas a la regeneración democrática pueden contravenir los objetivos inicialmente previstos, resultando precisa una orientación o aproximación integral que involucre con carácter transversal al conjunto de las organizaciones o Administraciones Públicas implicadas.
5. La innovación no se agota ni se solapa con la introducción de nuevas Tecnologías de la Información y la Comunicación (TICs), a pesar de que éstas resultan coadyuvantes y necesarias para la creación de valor público, tanto a nivel interno, como en relación con la ciudadanía (colaboración y participación) (Criado, 2013). La innovación en términos tecnológicos contribuye a la innovación integral u holística de las Administraciones Públicas en orden a favorecer la democratización de las mismas posibilitando una *mutación de las capacidades para gobernar* (Dror, 1996). Pero, tal y como advierte Subirats, por medio de las TICs es posible incorporar «las potencialidades del nuevo escenario que genera Internet, e incorporando a la ciudadanía de manera directa, comunitaria y autónoma a la tarea de organizar las nuevas coordenadas vitales» (Subirats, 2012). La dimensión ética y

la responsabilidad social (Gil & Casamayor, 2010) resultan complementos fundamentales, de tal suerte que cuando nos referimos a la innovación con efectos o motivaciones democráticas, cabe tener en cuenta el mayor calado del concepto, trascendiendo a la vocación participativa e inclusiva de la ciudadanía. De lo contrario, nos encontraríamos ante mecanismos consumersitas, en términos de Subirats, que desde una concepción de la ciudadanía como clientela o consumidores de los servicios públicos, parten de una perspectiva centrada en el uso de las TICs «como elementos facilitadores de la eficacia y la eficiencia de las instituciones» (Subirats, 2002). No debe obviarse igualmente en qué medida la introducción de las TICs en los procesos de adopción de decisiones supone más igualdad, un más fácil y asequible acceso a la información por parte de la ciudadanía, o si por su parte, implica una posibilidad cierta, real, efectiva y estructural de participar de un modo directo, como resultado de las limitaciones intrínsecas a la brecha digital, el enfrentamiento con la legitimidad de las decisiones adoptadas por los órganos representativos, la cultura participativa de la ciudadanía y de las organizaciones públicas a través de las TICs, o el desigual acceso a los recursos electrónicos por parte de actores políticos e instituciones públicas de una parte, y la ciudadanía y la sociedad civil de otra parte.

VI. Bibliografía básica consultada

Álvarez Conde, Enrique, *Curso de Derecho Constitucional*, Tecnos, Madrid, 2005.

Arenilla Saéz, Manuel, «Transformación, innovación y generación de talento público en la Administración. El caso del INAP español», en *IX Congreso Internacional del CLAD sobre la Reforma del Estado y de la Administración Pública*, Quito, 11-14 Noviembre 2014.

Babino, Guillermo Luis, «Una nueva manera de pensar la comunicación gubernamental en un entorno de complejidad», en *IX Congreso Internacional del CLAD sobre la Reforma del Estado y de la Administración Pública*, Quito, 11-14 Noviembre 2014.

Baena del Alcázar, Mariano, *Curso de Ciencia de la Administración*, Tecnos, Madrid, 2000.

Ballart Hernández, Xabier, *Innovación en la gestión pública y en la empresa privada*, Díaz de Santos, Madrid, 2001.

Barnés Vázquez, Javier, «Presentación», en Barnes, Javier (ed.), *Innovación y reforma en el Derecho Administrativo*, Ed. Derecho Global, Sevilla, 2006.

Barzelay, Michael, «La reforma de la Administración Pública: un enfoque de políticas (con referencia a los países de la OCDE)», *Reforma y Democracia*, nº 19, 1998.

Bason, Christian, «Redesigning public institutions: towards democracy as collaborative problema-solving», en *Delivering Public Service for the future. How Europe Can Lead Public-Sector Transformation*, European Centre for Government Transformation, Bruselas, 2014.

Belmonte García, Olga (Coord.), *De la indignación a la regeneración democrática*, Universidad Pontificia de Comillas – Reflexiones Comillas, Madrid, 2014.

Beltrán Villalva, Miguel, «De la reforma de la Administración al control de calidad de los servicios públicos», en *La acción pública en el régimen democrático*, Centro de Estudios Políticos y Constitucionales (CEPC), Madrid, 2000.

Bourgon, Jocelyne, «Gobierno receptivo, responsable y respetado. Hacia una nueva teoría de la Administración Pública», *Revista Internacional de Ciencias Administrativas*, Vol. 73, nº 1, 2007.

Canales Aliende, José Manuel; Pérez Guerrero, Pedro Luís, *Introducción al Gobierno y a la Gestión Local*, ECU, Alicante, 2002.

Canales Aliende, José Manuel, «La Administración y la Función Pública durante la transición política española», *Res Pública. Revista de filosofía política*, nº 30, 2013.

Canales Aliende, José Manuel, «Cambio institucional, liderazgo y políticas públicas», en Pastor Albaladejo, Gema, *Teoría y práctica de las políticas públicas*, Tirant Lo Blanch, Valencia, 2014.

Chesbrough, Henry, *Open Innovation: The new imperative for creating and profiting from technology*, Harvard Business School Press, Cambridge, 2003.

Cohen, Wesley; Levinthal, Daniel, «Absorptive capacity: a new perspective on learning and innovation», *Administrative Science Quarterly*, nº 35, 1990.

Colino Cámara, César, «Los gobiernos y las Administraciones locales», en Parrado Diéz. Salvador; Colino Cámara, César; Olmeda Gómez, José Antonio, *Gobiernos y Administraciones Públicas en perspectiva comparada*, Tirant Lo Blanch, Valencia, 2013.

Colombo Vilarrasa, Clelia, «Innovación democrática y TIC, ¿hacia una democracia participativa?, *Revista de Internet, Derecho y Política*, nº 3, 2006.

Costa Martínez, Joaquín, *Oligarquía y caciquismo. Colectivismo agrario y otros escritos*, Alianza Editorial, Madrid, 1967.

Cotino Hueso, Lorenzo, «Derecho y gobierno abierto. La regulación de la transparencia y la participación y su ejercicio a través del uso de las nuevas tecnologías y las redes sociales por las Administraciones Públicas. Propuestas concretas», *Revista Aragonesa de Administración Pública*, monografía XIV, 2013.

Criado Grande, José Ignacio, «Open Government, Social Media y Sector Público», en Cotarelo García, Ramón (ed.), *Ciberpolítica. Las Nuevas Formas de Acción Política*, Tirant Lo Blanch, Valencia, 2013.

Cruz-Rubio, César Nicandro, «Informe de Avance España 2012-2013», *Independent Reporting Mechanism*, Open Government Partnership (OGP), Washington DC, 2014.

De la Cueva González-Cotera, Javier., «Innovación y conocimiento libre: cuestiones morales y políticas», *Isegoría. Revista de Filosofía Moral y Política*, nº 48, 2013.

Diamond, Larry; Morlino, Leonardo (eds.), *Assessing the quality of democracy*, Johns Hopkins University Press, Baltimore, 2005.

Díaz Méndez, Antonio, «Excelencia y creación de valor para una gestión pública inteligente», *Revista Vasca de Gestión de Personas y Organizaciones Públicas*, nº 1, 2011.

Dror, Yehezkel, *La capacidad de gobernar. Informe al Club de Roma*, FCE, México, 1996.

Duverger, Maurice, *Sociología Política*, Ariel, Barcelona, 1981.

Feinstein, Osvaldo Néstor, «Evaluación y gestión pública innovadora», *Ekonomiaz*, nº 80, 2, 2012.
Fernández Riveira, Rosa María, «¿Regeneración Democrática? Algunas reflexiones sobre la nueva Ley Orgánica 4/2013, de 28 de junio, de reforma del Consejo General del Poder Judicial», *Revista de Derecho Político*, nº 91, 2014.
Gallego Méndez, María Teresa, «Estado social y crisis del Estado», en Del Águila Tejerina, Rafael, *Manual de Ciencia Política*, Trotta, Madrid, 1997.
Gil Ibáñez, Alberto, «El derecho administrativo como obstáculo o como facilitador en un contexto de innovación y complejidad», en Arismendi Aguana, Alfredo. & Caballero Ortiz, Jesús, *El derecho público a comienzos del siglo XXI: estudios en homenaje al profesor Allan R. Brewer Carías*, Vol. 2, 2003.
Gil Ibáñez, Alberto; Casamayor Navarro, Serafín, «Políticos, gobernantes y directivos: la dirección política de la Administración como factor clave de cualquier reforma», *Documentación Administrativa*, nº 286-287, 2010.
Guedán Menéndez, Manuel, «Déficits democráticos y globalización», *Iconos. Revista de Ciencias Sociales*, nº 20, 2004.
Lahera Parada, Eugenio, «Gestión Pública para el Desarrollo Nacional», *Revista de Ciencia Política*, Vol. 15, nº 1-2, 1993.
Lawson, Kay (ed.), *Political Party and Linkage: A Comparative Perspective*, Yale University Press, New Haven, 1980.
Longo Martínez, Francisco, «Innovación en gobernanza: entornos colaborativos y liderazgos relacionales», *Ekonomiaz*, nº 80, 2, 2012.
Luttberg, Norman (ed.), *Public Opinion and Public Policy: Models of Political Linkage*, Peacock, Ithaca, 1974.
Madelin, Robert, «Public Sector Innovation in the European Union», en *Delivering Public Service for the future. How Europe Can Lead Public-Sector Transformation*, European Centre for Government Transformation, Bruselas, 2014.
Medrano, Antonio, *Magia y misterio en el liderazgo*, Yatay, Madrid, 1996.
Menéndez Alzamora, Manuel, «Los retos de la democracia de masas: democracia deliberativa y transición política», *Res Pública. Revista de filosofía política*, nº 30, 2013.
Metcalfe, Les, «Orientaciones para la innovación en el diseño de paternariados público-privados», *Ekonomiaz*, nº 80, 2, 2012.
Metcalfe, Les, «La Gestión Pública: de la imitación a la innovación», *Gestión pública: de la imitación a la innovación. Lecturas de gestión pública*, Coord. por Subirats Humet, Joan; Brugué Torruella, Joaquim, 1996.
Morin, Edgar, «¿Podemos reformar la Administración Pública?», en *IX Congreso Internacional del CLAD sobre la Reforma del Estado y de la Administración Pública*, 2004.
Nabaskues Pérez, Iker, «La participación ciudadana en el Ayuntamiento y las nuevas tecnologías», *Mediatika*, nº 11, 2005.
Navarro Gómez, Carmen, «El proceso decisional y las políticas públicas», en Canales Aliende, José Manuel; Sanmartín Pardo, José Jesús, *Introducción a la Ciencia Política*, Universitas, Madrid, 2014.
OCDE, *Medición de las Actividades Científicas y Tecnológicas. Directrices propuestas para recabar e interpretar datos de la innovación tecnológica: Manual Oslo*, OCDE, Bruselas, 1997.
Peris Suay, Ángel, «Propuestas para la reforma de la democracia en el pensamiento de Ortega y Gasset», *Revista Internacional de Filosofía*, nº 61, 2014.

Pindado Sánchez, Fernando; Lizcano Álvarez, Jesús; Garmendia Pérez, Guzmán Miguel; Coma Roselló, Teresa; Giner Casado, Chantal; Larragueta Berroeta, Maite, *Guía de Instrumentos y Herramientas para las políticas locales de Transparencia y Participación Ciudadana*, Dirección General de Participación Ciudadana, Acción Exterior y Cooperación del Gobierno de Aragón – Comisión de Modernización, Participación Ciudadana y Calidad de la Federación Española de Municipios y Provincias, Madrid, 2015.

Prince, Alejandro; Jolías, Lucas, *Datos abiertos, ecosistemas y cadena de valor*, Prince Consulting, Buenos Aires, 2013.

Rivero Ortega, Ricardo, *La necesaria innovación en las instituciones administrativas: organización, procedimiento, función pública, contratos administrativos y regulación*, INAP, Madrid, 2012.

Ruíz-Rico, Catalina, «Responsabilidad Social Pública y Calidad Democrática», *Derecho y cambio social*, nº 37, 2014.

Sanmartín Pardo, José Jesús, «La coartada intelectual de la extrema derecha europea», *Claves de Razón Práctica*, nº 223, 2012.

Saward, Michael, «Democracy and citizenship: expanding domains», en Dryzek, Jhon. S; Honig, Bonnie; Phillips, Anne, *The Oxford Handbook of Political Theory*, Oxford University Press, Oxford, 2006.

Schmidt-Aβmann, Eberhard, «Cuestiones fundamentales sobre la reforma de la Teoría General del Derecho Administrativo. Necesidad de innovación y presupuestos metodológicos», en Barnes Vázquez, Javier (ed.), *Innovación y reforma en el Derecho Administrativo*, Ed. Derecho Global, Sevilla, 2006.

Schön, Donald, *El profesional reflexivo: cómo piensan los profesionales cuando actúan*, Paidós, Barcelona, 1998.

Smith, Graham, *Democratic innovations. Designing institutions for citizen participation*, Cambridge University Press, Cambridge, 2009.

Smits, Robert-Jan, «Public Sector Innovation: A top priority for European policy», en *Delivering Public Service for the future. How Europe Can Lead Public-Sector Transformation*, European Centre for Government Transformation, Bruselas, 2014.

Subirats Humet, Joan, «Los dilemas de una relación inevitable. Innovación democrática y tecnologías de la información y de la comunicación», en Cairo, C. H. (Comp.) *Democracia digital. Límites y oportunidades*, Trotta, Barcelona, 2002.

Subirats Humet, Joan, «¿Qué democracia y qué Administración para la nueva época? Internet y la gestión pública», *Ekonomiaz*, nº 80, 2, 2012.

Vallès Casadevall, Josep Maria., *Ciencia Política. Una introducción*, Ariel, Barcelona, 2000.

Van Oostrom, Madelon, «La relación entre innovación y cultura: un análisis conceptual en búsqueda de un esquema de investigación operativo», en *Actas VI Congreso Andaluz de Sociología*, Cádiz 29 Octubre – 1 Diciembre 2012.

Villoria Mendieta, Manuel; Ramírez Alujas, Álvaro Vicente, «Innovaciones de raíz democrática en la Administración: ¿recuperando legitimidad ante la crisis?», *Ekonomiaz*, nº 80, 2, 2012.

— Winner, Langdon, *La ballena y el reactor. Una búsqueda de los límites en la era de la alta tecnología*, Gedisa, Barcelona, 2008.

LIDERAZGO, REGENERACIÓN DEMOCRÁTICA Y TRANSPARENCIA ANTE EL VIEJO PATRÓN ORGANIZATIVO DENOMINADO CLIENTELISMO

JESÚS ESTEBAN CÁRCAR BENITO

Profesor Asociado de Ciencia Política y de la Administración
Universidad de Murcia

I. EL FAMILISMO MEDITERRÁNEO

En el mes de febrero de 2016, la preocupación ciudadana por la corrupción escalaba. Es decir, según el Barómetro del CIS, para un 47,5% de los encuestados era uno de los problemas más graves que aquejaban a nuestro país, como, por cierto, a tantos regímenes políticos en todo el planeta. Durante mucho tiempo, los análisis del clientelismo suponían la corrupción como un elemento más del intercambio clientelar, resaltando la prolongación esencial entre uno y otro fenómeno. Incluso no era raro que se emplearan indistintamente los términos clientelismo y corrupción. Sin embargo, más recientemente los investigadores en este terreno suelen desviar conceptualmente ambos fenómenos. Así, por ejemplo Della Porta insiste en las diferentes modalidades de intercambio —votos por favores en el clientelismo, dinero por favores en la corrupción—, así como entorno a la ausencia de subordinación política en la segunda (Della Porta 1992, 1994). Ahora bien, si por una parte la diferencia sustantiva entre ambos fenómenos y la autónoma elaboración de los conceptos respectivos debe constituir obligado punto de partida en cualquier investigación en la materia (Christopoulos, 1998), se infiere una cuestión de notoriedad por abordar. En efecto, es necesario dar cuenta de las razones que revelan la frecuente trasposición de ambos fenómenos, clientelismo y corrupción, en la vida real.

En el actual momento político, si pasamos a enfocar la sociedad española desde la Europa del norte, la corrupción incide como el carácter dominante; un parecer que puede señalarse como desafortunado, porque mucho de los rasgos que se le dibujan son más bien de la «cultura mediterránea». En ella importa recalcar dos altamente llamativos. El primero, un distanciamiento de lo colectivo, que puede llegar incluso a una animadversión del Estado. El segundo, en la Europa del Sur ha predominado un modelo de solidaridad familiar y de parentela (*family/kinship solidarity model*) con sólidos lazos familiares y de parentesco. La protección social, por ejemplo, en el régimen mediterráneo sigue apoyándose sobre todo en la familia como productora y distribuidora de bienestar. El concurso de las mujeres en la provisión de cuidados no remunerados, principalmente para mayores y niños, fue decisivo en el mantenimiento de una sólida cohesión social en los países de la Unión Europea meridional.

Los poderes públicos han dado tradicionalmente, por acreditado, la presencia de una fuerte obligación moral entre los miembros familiares, lo cual se ve reflejado en como los países latinos *familistas* han hecho un esfuerzo de gasto público mucho menor respecto a la familia que en los países más desfamilizados de la Europa del Norte. Así, la familia ha sido el principal canalizador y resorte de las carencias estatales en las políticas económicas y sociales en el régimen mediterráneo del bienestar, al haberse asumido que una parte importante de las actividades de bienestar y satisfacción vital de los ciudadanos serían cubiertos por la familia, con o sin ayudas públicas.

Es verdad que el sistema jurídico que regula las relaciones familiares ha sufrido en España desde la transición política a la actualidad una alteración inusitada que le ha dado un nuevo marco legal en los derechos que la regulan (Sánchez Vera, 1994), siendo la Constitución de 1978 el punto de partida de toda una cadena de cambios legislativos. En cambio, en algunas sociedades, principalmente las anglosajonas, la familia nuclear empieza a ser una rareza, tal como han puesto de relieve. En las sociedades mediterráneas, los cambios en las nuevas formas familiares han sido también notables, pero en modo alguno son comparables a las de otros países (Echevarría, 2008).

Las implicaciones teóricas del modelo mediterráneo del régimen de bienestar, debería considerar no sólo las relaciones entre familia, mercado laboral y Estado, sino que también debe considerar los modos de funcionamiento, dentro de la cultura cívica y política, sobre la homogeneidad de normas y valores. En un contexto de cultura patriarcal, muy influido por la tradición católica, el problema es que no hay una alternativa a la familia clara ante la disolución de las estructuras patriarcales. Es, por tanto, dable decir que existe una arquitectura institucional integradora y un sistema incompleto, que nos lleva a unos posibles pactos sociales sobre el clientelismo, que luego desarrollaré.

Putnam (1993) afirma que la posibilidad de que se dé un desarrollo de repetición de «gestos de reciprocidad y de actividades cívicas que conllevan al surgimiento de una sociedad civil fuerte, depende en gran medida de la trayectoria histórica que se haya seguido en cada caso (*path dependence*), en el sentido de que la existencia o ausencia de una tradición de capital social fija de manera importante si una comunidad o sociedad aprovechará o no las oportunidades de desarrollo que se le abren». De esta forma, el citado acervo cultural puede trasladarse entre asociaciones y organizaciones de los más variados tipos y entre el ámbito económico, el político y el sociocultural, con lo cual, si no existe una comprobación histórica de prácticas de capital social (confianza, cooperación, intercambio, etcétera), habrá un «déficit de capital social». En fin, como rasgo complementario al distanciamiento del Estado habrá que colocar las relaciones familiares y amistosas. El Estado se vive como una abstracción a la que no se está moralmente obligado, si se le puede «mentir», se hace sin el menor pudor. En cambio, no se entiende ni se perdona no favorecer a deudos ni amigos (Sotelo, 2016).

II. La movilidad social y su ética

Una de las posible consecuencias del clientelismo sería si la política con una elección de alternativas para el individuo está condicionada por la posible afectación de sus medios de promoción y, por tanto, de movilidad social. Lo cual iría en contra de una ética del esfuerzo, que es uno de los campos más estimables en el desarrollo económico. La ética del trabajo se vincula con el estado psicológico del cometido. Si no hay incentivos para el trabajo y surge un proceso de acomodación de la pobreza. Sin embargo, la movilidad social implica un movimiento significativo en la posición económica, social y política de un individuo o de un estrato (Casares, 2011).

Pero generalmente, lo que se estudia es la movilidad individual, pues el cambio en la posición de los estratos tiene que ver más con la evolución o el desarrollo social, que no debe confundirse con la movilidad social. Los estudios sobre la movilidad se fundan en el hecho de que los sistemas de estratificación del mundo moderno no son rígidos y permiten el paso de un individuo de un status o de una clase a otra (Echevarría, 2008).

La movilidad social es un dispositivo central de la organización de las sociedades capitalistas y sus elementos de análisis sobresalientes son la estructura y la acción. La crisis de los paradigmas industriales acopló las tendencias sociológicas weberianas y marxistas en análisis cruzados sobre movilidad social y estratificación. El clientelismo lleva al escenario de las estructuras sociales jerárquicas y una mayor desigualdad social, en una disfunción entre el discurso de posibilidades y su práctica realización.

Los análisis sociológicos empíricos sobre la materia indican además que hay un principio anti-capitalista en el cual las elites/clases altas se ajustan progresivamente creando un conflicto teórico en el cual, a nivel de estudio de estratificación, se vuelve a una condición social pre-moderna (castas de privilegio, redes de adquisición de status, etc) (Pla, 2013). En estos países, los dos puntos centrales de movilidad social (educación y trabajo) se ven afectados por un doble proceso de privatización de lo público y destrucción de la capacidad estructural de generación de empleos.

En la situación actual, hay una distinción. Una sociedad capitalista desarrollada, donde la eficacia es decisiva para sobrevivir, no puede permitirse el lujo de emplear a la persona inadecuada por ser pariente o amigo. La influencia, al menos, sirve para ser seleccionados, pero solo el que cumple se mantiene en el puesto, cuestión está a debatir. El desarme de nuestra cultura política y ciudadana, la huida extendida de toda ética de responsabilidad personal (piratería contra la propiedad intelectual, en fraude fiscal y en indulgencia hacia los defraudadores; somos uno de los países en los que hay menos personas enroladas en educación de adultos y en capacitación profesional) (Sebastián, 2016). Nos jactamos de la fuerza de nuestros lazos familiares, pero en casi ningún otro país hay tanta desconfianza hacia los otros, los no conocidos, los conciudadanos. La crisis de los últimos años, en vez de para alentar reformas necesarias de gran encaje, ha servido sobre todo para extender la injusticia y las diferencias sociales.

De ahí, que una Ética con mayúscula está siempre para discurrir sobre estas dimensiones sociales también vitales. Descansar en la sinceridad de la gente contribuye a propagar la honradez social y con ello a hacer un país mucho más eficaz. El principio de la susceptibilidad, interponiendo por doquier controles, desde el supuesto de que si se puede, se engaña, produce el efecto contrario, incrementa las conductas fraudulentas (Sotelo, 2016). El liderazgo ético se sostiene en la elección de una adecuada corriente de pensamiento, para no concluir en una imagen reductiva del hombre. Al contrario, la corrupción política, por tanto, además de ser un elemento de rechazo del orden simbólico de la ética política, inmerso en el discurso político y en la opinión pública, no es aceptada ni pública ni privadamente, ni siquiera por quienes lo practican. No ocurre lo mismo con el clientelismo político que aunque también está en la doble estructura normativa: orden simbólico, orden estratégico (Becquart-Leclercq, 1984), arranca para ser aceptado. En la mayoría de los casos es admitido como algo a lo que todos están dispuestos a ampararse si con ello obtienen un beneficio; aunque no se suele reconocer explícitamente, por la imposición simbólica que se le ha dado a tal uso a lo largo de la historia.

III. El clientelismo

El Estado, en la tradición española, no ha sabido instaurar reglas y confirmar tradiciones que evitaran esta lamentable situación. Al pensar en otras grandes naciones de Europa el sentimiento se torna en desengaño. Según Fukuyama, «cuando las reformas democráticas anteceden la consolidación de un Estado fuerte, el riesgo de captura de las estructuras administrativas y políticas por parte de redes clientelistas se eleva exponencialmente» (Fukuyama, 2015). Cuando la cadena se invierte, sin embargo, el resultado es una mayor profesionalidad de los servidores públicos. Los británicos hicieron frente a su historia en el último tercio del siglo XVII y Francia se notó a sí misma a finales del XVIII. No hay una negación del clientelismo en esos países, pero la cognición nacional que en ellos concurre hubiera impedido la actual deriva mediterránea. En efecto, la sociedad abierta incorpora una porción justa de duda y de actitud crítica para poder abrirse al campo de la reflexión moral que conducirá a los individuos a tomar sus propias decisiones, a adoptar aquellas respuestas que hayan resistido a la crítica y a asumir su responsabilidad personal. Solo así los sujetos desarrollan su autonomía. Una sociedad abierta se identifica y describe por ser un cuerpo de individuos libres que respetan los derechos el uno del otro dentro del marco de la mutua protección y un proyecto evolucionista de la sociedad, porque cada modelo debe ser reinventado o reemplazado de nuevo para responder a cada etapa del crecimiento del conocimiento y a las rigideces de la civilización.

Después del gran impulso reformador de los años setenta y ochenta, dice Carlos Sebastián, «España se ha ido deteniendo en su innovación, productividad y en su mejora social por causas institucionales, políticas y culturales que se reanudan más claras por comparación con los países con los que nos pertenece medirnos, los de la OCDE y la Unión Europea. España tiene más leyes y normas jurídicas de todo rango que casi cualquier otro país: pero esa sobreabundancia, que en sí misma es funesta, se corresponde con el incumplimiento generalizado y el descrédito de las leyes por parte no solo de empresas y de ciudadanos, sino a veces de las mismas Administraciones que las han promulgado». Los partidos políticos han puesto grandes zonas de la Administración pública al beneficio de sus intereses clientelares, con lo cual la han revertido ineficaz, malgastadora y frágil frente a la corrupción. La seguridad jurídica y el imperio de la ley se aminoran más aún porque los órganos de gobierno del poder judicial y de control de la legalidad —el Tribunal Supremo, el Constitucional, el de Cuentas—, están sometidos al arbitrio de las cúpulas de los partidos (Sebastián, 2016).

Existen sucesos y acontecimientos de presunta corrupción, que se definen como los mayores contrarios de las sociedades abiertas, aunque los Gobiernos, las partitocracias y las oligarquías económicas, han sabido lograr beneficio de un viejo patrón organizativo de las sociedades mediterráneas, llamado clientelismo, o caciquismo en su versión más típica y genuina. ¿Es desmedido verificar que el clientelismo es una práctica que afecta a la democracia o se trata simplemente de un hábito, una costumbre que permite alcanzar logros en la vida? Muchas veces se suelen relacionar las prácticas del clientelismo con estructuras tradicionales antidemocráticas (Escudero, 1994).

Posiblemente lo preciso de esta práctica informal es lo que la transmuta en antidemocrática. En cualquier caso, hay una afirmación sobre que en aquellos lugares donde haya algún poder que administrar vamos a encontrar al clientelismo, pues quien conserva el poder puede, en un momento dado, en el mejor de los casos, favorecer a la persona que él decida, con el fin de que pueda pagarle ese favor de alguna manera (fidelidad, lealtad, complicidad, etcétera), y en el peor, simplemente porque se auxilia beneficiando a algún amigo o conocido; precisamente uno de los problemas de esta situación, además de la opacidad en la que normalmente se desarrolla, es que la capacidad o los méritos de la persona beneficiada normalmente no son acreditados (Moreno, 1995).

El clientelismo es, por tanto, una variante de la corrupción. Es una forma de organización social sin fronteras geográficas. La principal consecuencia que el clientelismo tiene en la vida de los ciudadanos es que la vía a determinados recursos es controlada por una serie de medios, cuya condición viene determinada por tratarse de políticos, detentadores de poder económico o ambas cosas a la vez, que reparten dádivas a sus clientes a cambio de su apoyo. El intercambio está fundamentado sobre una fuerte desigualdad en cuanto al poder de que dispone cada participante, ya que el elemento crucial de la relación clientelar es el monopolio de que disfruta el patrón sobre ciertos recursos que, aunque para él sean accesorios, resultan importantes, incluso críticos, para el cliente, como el acceso a los medios de producción, al mercado o a los centros de decisión estatales.

Ahora bien, la corrupción es el término que más se relaciona con el clientelismo político, incluso identificándolos, como he expresado. Por todo ello, las relaciones de clientela pueden estar al servicio de la corrupción, así como el propio clientelismo, pero tal situación no denota que sean lo mismo. Se pueden establecer las siguientes diferencias: los mecanismos de exclusión e inclusión son diferentes en el clientelismo que en la corrupción. En esta última es más difícil introducirse porque mientras que en el clientelismo el incremento de clientes supone un crecimiento de apoyos y votos, en la corrupción se requieren actores con posibilidad y disponibilidad económica capaces de ofrecer beneficios económicos (Sapelli, 1994) e influencias. Por tanto, el grado de exclusión es mayor en la corrupción que en el clientelismo. En este último no hay límites para introducirse en la relación.

La dependencia o cercanía a un partido, por ejemplo, facilita en España llegar a determinados puestos. La duración y constancia del fenómeno clientelista en una sociedad como la española solo puede explicarse como una carencia de capital social. Es decir, una suma de los recursos con los que cuenta cada individuo en virtud de las relaciones personales donde una mayoría de la población carece de acceso a los centros de poder mediante un mercado libre, unas instituciones políticas representativas o un sistema legal igual para todos (Boudieu, 1980). Al individuo sin capital social no le queda más remedio que adherirse a redes de influencia buscando un acortamiento, un atajo, que le permita saltarse las barreras sociales. Este atajo puede radicar en la afiliación y en formar parte de un partido político o, si se ofrece la posibilidad, aprovechar las conexiones familiares que uno tiene a mano.

El clientelismo, en suma, vendría a ser una respuesta a la persistencia de tradicionales estructuras sociales jerárquicas que alienan al individuo y caracterizan a las sociedades cerradas. Esta cruda naturaleza de las desigualdades sociales se expresa incluso en Norteamérica, paradigma de las sociedades abiertas, con el famoso dicho *It is not what you know, it is who you know* («No es lo que uno sabe, sino a quién conoce»). En las sociedades manejadas por una lógica clientelista los niveles de protesta tienden a ser más bien escasos (García Muñoz, 2013). El individuo acepta las situaciones injustas, tiende a recelar del Estado y de las instituciones y a buscar el remedio siempre individual renunciando a la lógica, la racionalidad o la aplicación de las leyes. Los ciudadanos perciben que el ejercicio de la política está malogrado, y que está violentando su capacidad de desarrollo económico y personal.

La lógica clientelar inunda a la sociedad en su conjunto y no solamente a los políticos o los empresarios (García Muñoz, 2013). En consecuencia, los partidos políticos que, no olvidemos, se financian en buena parte con el dinero de los ciudadanos, son la piedra angular del clientelismo. Entran dentro del casualismo del progreso social en ausencia de otro tipo de méritos. La llegada a Europa no ha representado que se impongan el racionalismo y legalidad. La indignación creciente de la opinión pública española no es solo un acontecimiento puntual como respuesta a unos acontecimientos de corrupción y nepotismo que se acumulan en tiempo de crisis acuciante. Es sobre todo una reacción: España sigue siendo una sociedad cerrada y dual. Si alguna vez hubo una escala que permitía el ascenso (y se supone que la caída también) social de los individuos, este se rompió hace mucho tiempo.

Fukuyama afirma que en el estado clientelar se produce una especie de equilibrio de muy baja calidad. Ni siquiera la elección racional y eficaz que suponía la globalización ha logrado destruir el sistema de relaciones que reina en nuestras instituciones (Fukuyama, 2015). Desafortunadamente, como afirma Caciagli, el clientelismo tiene raíces hondas. «Implica «un lenguaje, unos ritos, unos valores y símbolos, pautas de comportamiento y redes de relaciones aceptadas por una comunidad que comparte una mentalidad». Se adapta bien a la mentalidad posmoderna siempre en búsqueda de soluciones flexibles orientadas a satisfacer las necesidades individuales, al declive de las ideologías, a la fuerza de lo local y a la personalización de la política». El candado está bien echado y sus beneficiarios lo saben (Caciagli, 1996).

IV. El clientelismo político

El clientelismo político, empero, es el fruto del uso de las correspondencias de clientela en el marco de la política. Por ello, ha de diferenciarse la relación de intercambio que se produce en la formación de clientelas, del fenómeno hacia el cual deriva su utilización, como pueden ser la corrupción, el tráfico de influencias, el fraude, el caciquismo, etc. De la misma forma que no necesariamente tienen que derivar unos en otros. La corrupción es consecuencia, por tanto, de la forma de elección y acceso de los cargos públicos, de la amplia discrecionalidad existente para adjudicar contratos públicos, de la manera en que se integran las listas electorales y, por supuesto, de los criterios que se manejan para integrar los cuadros directivos de estas formaciones. Mientras se designen los cargos por afinidad personal y se confeccionen las listas para consolidar poderes personales, el clientelismo seguirá sobresaliendo. Es lógico porque así, de esta forma, se está y se practica la política precisamente para el mantenimiento y conservación, como sea, del poder.

Según Mouzelis (1985), se maneja un feudalismo político que no es sino una singularidad de patrimonialismo, es decir, «no tanto del paso de estructuras clientelistas a burocráticas autónomas, sino de un personalismo descentralizado a otro altamente centralizado (típico de un partido populista)». La conclusión de Papadopoulos (1989) es que «se llega a un verdadero clientelismo de masas o de 'máquina', en el sentido de que los favores se deciden por la organización a entidades colectivas, es decir, los fieles del partido». En definitiva, «hay grandes cambios en las estructuras y los actores, pero permanecen los roles y las funciones».

Por el contrario, «la concepción instrumental es más frecuente en los análisis politológicos, y normalmente se basa en una escala de análisis macrosocial que busca explicar al clientelismo como estrategia de vinculación entre los partidos y los distritos electorales, en el caso de las CCAA, adoptando para ello el punto de vista de los patrones» (Leónidas, 2012). Desde este enfoque la presencia de relaciones simbólicas, como la lealtad, entre patrones y clientes es más bien un distintivo o un resabio del pasado destinado a desaparecer frente a una relación progresivamente más instrumental en un contexto de complejización del sistema político y expansión del voto. Para la concepción instrumental, el clientelismo institucional se consolida sobre las «maquinarias políticas» que tienen por objeto la compra de votos (Stokes, 2005) o apoyo político en el marco de estrategias orientadas fundamentalmente a resultados.

En este sentido, el clientelismo es mucho más que un cambio instrumental, es un tipo de correspondencia entre ciudadanos y políticos que configura tejidos simbólicos que «legitiman políticamente a los patrones y presentan un horizonte de «estrategias de supervivencia» (Auyero, 2001) para los clientes. El clientelismo ordena normas, valores y reglas operativas que se ligan con algunas pautas del ordenamiento institucional del Estado, sobre todo aquellas conectadas con el sistema de políticas asistenciales y los procesos de construcción y legitimación del poder político de base local. Éstas reglas operativas y procesos de construcción y legitimación de poder, son vehiculizados a través de redes clientelares que inscriben a los actores en roles y estrategias diferenciables. Esa depreciación de la política a beneficio de la organización o esa instrumentalización de las ideologías para servir a intereses partidistas producen el paso de la democracia de partidos al Estado de partidos en sentido negativo (García Pelayo, 1986).

No es desdeñable, el peso de los grupos de presión es realmente importante a través de los lazos establecidos con los partidos políticos, que se concretan en la ayuda financiera y técnica que los grupos de interés proporcionan a los partidos políticos; ciertos candidatos políticos provienen de tales organizaciones de interés; ciertos políticos son incorporados a tales organizaciones cuando abandonan su tarea política; los partidos añaden demandas de los grupos de presión, pero, a veces, incluso defienden abiertamente intereses concretos de tales organizaciones, que pueden chocar con los intereses generales defendidos en el partido y, por supuesto, con los intereses comunes de la sociedad. Por último, es ineludible que reflexionemos sobre las desafortunadas decisiones y falta de liderazgo. En efecto, «el clientelismo político y la corrupción como estado final de desnaturalización del cuerpo social y político es obra de un errático entendimiento del gobierno de la cosa pública y de la ignorancia de la condición humana» (González Herrero, 2016). A la vista de la inclemencia que desmantela la credibilidad de la clase política y consciente ahora de la posibilidad de que peligra su *statu quo*, surge la necesidad de nuevos liderazgos. Sin embargo, no obliga a que nos dejemos persuadir tan pronto. La descomposición está posiblemente tan extendida que se imponen medidas radicales. Y a la vista de la indolencia, cuando no complicidad del sistema, el clientelismo se ha diseminado por la falta de voluntad política para reprimirlo.

1. El problema de los partidos políticos y las redes

Pero aun con estas excepciones que son ciertas, en esta o aquella circunstancia, sólo los partidos pueden cumplir la función de canjear las instrucciones y actitudes políticas generales sentidas por ciertos sectores de la sociedad en programaciones de acción política y las pretensiones más o menos dudosos y difusos de conjuntos de la población en reclamaciones precisas y concretas a satisfacer por los poderes públicos. Pero lo partidos no son sólo los conductos de promoción de los criterios y necesidades de la sociedad hacia el Estado, sino que son paralelamente los dirigentes políticos de la sociedad y, por consiguiente, su función no se limita al papel de destinatarios de orientaciones a continuar y de demandas específicas a satisfacer, sino que se extienden también a forjar actitudes políticas y a estimular demandas a solicitar por los ciudadanos. Dicho de un modo más preciso, por una parte, los «partidos tratan de detectar las actitudes políticas generales y las necesidades surgidas de los sectores de la población en las que se aloja su clientela actual o potencial, trasformando a la primera en directivas de acción política» (García Pelayo, 1986) y, a la segunda en demandas concretas y debidamente expresadas como condición para su satisfacción. Por otra parte, tratan de incluir o de despertar las demandas en el mayor número posible de ciudadanos a las que prometen retribuir.

Éste es, en mi opinión, un tipo de control que ante el evidente déficit democrático de los partidos, se convierte en común aspiración de los ordenamientos democráticos. Porque es evidente que no sobra con establecer obligaciones de democracia interna, si después el cumplimiento de las mismas se confía a una normativa estatutaria, difícilmente justiciable, que hace de los partidos políticos un «oratorio» desde el punto de vista del control judicial. Todo ello, en el entendimiento de que se resulte partidario de adelantar por el progresivo camino de la constitucionalidad del partido, como medio de aproximación al principio de la democracia interna. El propio acto de afiliarse a un partido es un ejercicio de derecho fundamental de la persona que, para ser completo, se admite que contiene una libertad positiva (la de afiliarse) y otra negativa (la de no afiliarse) (Cotarelo, 1996). Para Cotarelo, quien concibe el partido político como «toda asociación voluntaria perdurable en el tiempo dotada de un programa de gobierno de la sociedad en su conjunto que canaliza determinados intereses y aspira a ejercer el poder, mediante su presentación reiterada a los procesos electorales», la cuestión es dramática cuando se piensa en un derecho fundamental especialmente peligroso al respecto: el de la libertad de expresión. Sobre este asunto puede haber pareceres encontrados, pero no es exagerado suponer que la libertad de expresión es el derecho fundamental que tropieza con dificultades en todos los partidos. Porque es indudable que muchos ordenamientos jurídicos silencian a tal respecto, confiándose a la propia rutina interna de los partidos y a los disciplinarios exteriores que para el comportamiento de los partidos puedan suponer la opinión pública y sobre todo las respuestas del electorado. Porque parece que las dificultades lógicas que plantea la relación entre el pluralismo partidista y el principio democrático, no han tropezado con una adecuada solución. «La frecuente tensión dialéctica entre el interés individual y los intereses de una organización colectiva, también se produce, obviamente, en la dinámica interna de los partidos. La libertad institucional que estos reclaman y su derecho a velar por la correspondiente identidad política, puede chocar con los derechos de las personas que aspiren a inscribirse, o pretendan ejercer sus derechos de afiliados, o se resistan a un procedimiento de suspensión o expulsión sin las debidas garantías, propias de un ordenamiento jurídico democrático» (Cascajo, 1992). Es posible que tenga que liderarse el concepto de democracia como mandato de funcionamiento de los partidos. Pero, desde luego, la solución no se encuentra en la aplicación de un automatismo, falta de imaginación y escasos conocimientos, sino de un criterio democrático en el interior de los partidos. Hay que encajar en un postulado legal (o convención) de ciertas características, y la existencia de partidos no democráticos, esto es, partidos que en la práctica tienen un funcionamiento jerarquizado, en los que no se aplica el principio de la electividad en condiciones de igualdad, y de libertad de expresión que tiene límites muy estrictos.

Por ello, las redes de patrón-cliente en los partidos están formados por individuos de desigual estatus social con el propósito de adquirir un provecho mutuo. Los lazos patrón-cliente comprenden, en un enfoque simplificado, a dos personas, en relaciones relativamente próximas, en las que los individuos de mayor estatus social o poder político (los patrones) manejan sus recursos y poder para otorgar beneficios materiales, cargos mutuamente «bien remunerados o proporcionar cierto tipo de seguridad a los individuos de menor estatus social o influencia (los clientes). En compensación, los clientes ofrecen apoyo político, votos y servicios de distinta índole además de ciertos trabajos no remunerados a su patrón» (Fanelli, 2002).

El *alistamiento* político, la afiliación, y la movilidad ascendente dentro de los partidos políticos suelen llevarse a cabo a través de estas redes jerárquicas de relaciones patrón-cliente, en la que los aspirantes a puesto o sinecura en los varios niveles organizativos, desde la base hasta la clave de la pirámide jerárquica, dominan el servicio como clientela de políticos o cargos con más poder y mejor establecidos, merced a su vez a prestar y haber prestado apoyos, no siempre confesables, a otros más altos en la jerarquía de la organización partitocrática.

Las ataduras patrón-cliente están acrecentadas tanto por motivos instrumentales como, en algunos eventos, por razones afectivas. Cabe argüir la amplitud en la que estos lazos están constituidos en base a cierta norma de conexión en la que los clientes valoran el carácter personal y permanente de la relación y expresan profundos percepciones de lealtad hacia el patrón o, más bien, basados en el miedo de los clientes a que los beneficios intercambiados por el patrón sean interrumpidos al dejar de bendecir al cliente con su apoyo. Tenemos que observar, por tanto, que las relaciones entre el patrón y el cliente son a la vez voluntarias y de explotación a causa del carácter asimétrico del nexo de unión y la distribución de información y poder entre ellos.

En oposición con las normas formales de ciudadanía en los regímenes políticos más modernos que acentúan el universalismo y la igualdad en el acceso a la información y los recursos públicos, los lazos entre el patrón y su clientela son altamente personales y particularistas; de hecho, estos engarces clientelares tienen valor para ellos porque les permiten eludir las normas universalistas de las sociedades modernas consintiéndoles acceder a los recursos públicos de forma ventajosa y opaca.

Por todo ello, mantenía García-Pelayo, mencionando a los partidos políticos: «respecto a su orden interno, diría que cabe afirmar que a una organización que tiene tanta importancia en la vida colectiva no se la puede dejar una libertad ilimitada de asociación, y que parece contradictorio otorgar a los partidos derechos jurídico-políticos sin establecer jurídicamente sus obligaciones políticas» (1996; 36-37). Dicha recuperación del Estado y de su sentido jurídico, como marco legítimo de la actividad política representativa de nuestro tiempo es fundamentalmente la que defiende García-Pelayo, convencido de que produciría estadistas y no meros políticos, capaces de dirigir las riendas del Estado con mano firme para solventar los problemas planteados, desde el escrupuloso respeto a los principios democráticos.

V. El liderazgo y su necesidad ante el clientelismo

El 15-M reveló que, de la misma forma que ha sido un error interpretar un ola de protesta ciudadana como un embestida a la democracia y a la política, tampoco es correcto presentar una imagen de la ciudadanía débil e involuntaria de sus derechos. Hay una serie de incitaciones que unen al conjunto de la sociedad. Es decir, el 15-M ha sido visto durante mucho tiempo como algo positivo. Además, esta percepción ha sido muy transversal en nuestra sociedad (Urquizu, 2016). En el momento actual, hay un estado de ánimo social que manifiesta dos problemas de gran magnitud: la política (y por tanto las instituciones representativas) ha perdido su capacidad transformadora y los principales actores de la democracia, los partidos, no parecen representar el sentir mayoritario de la población. Estamos, pues, ante un problema político de gran envergadura, que requiere un nuevo liderazgo.

El liderazgo entendido como «la influencia interpersonal que se da en una determinada situación y que se orienta, mediante un proceso de comunicación, hacia el cumplimento de objetivos específicos» (Tannenbau, Wescheler, Massarik, 1961), encaja en este enfoque situacional-contingente. Vamos, por tanto, a definir el liderazgo como un tipo peculiar de relación entre el ciudadano y otros, en el cual el primero (líder) influye sobre los demás (liderados). Una antigua definición de liderazgo, que tuvo cierta difusión entre las dos guerras mundiales, suponía que el liderazgo era una cuestión de rasgos personales (tales como iniciativa, inteligencia, valor, etc.). Sin embargo, las conclusiones aportadas por esta teoría fueron sumamente contradictorias y se hizo necesaria una reformulación.

Desde una primera visión, los integrantes de un grupo aceptan ser dirigidos por un líder, porque perciben la conducta de éste como el medio más adecuado para la consecución de los objetivos grupales. Habría que afirmar que un líder es la persona a la cual los miembros del grupo ven como alguien que los ayuda a resolver sus dificultades y satisfacer sus necesidades individuales. De tal manera, admitimos que todos y cada uno de los integrantes del grupo pueden realizar actos, funciones o roles específicos de liderazgo (tales como fijar una meta, resumir un trabajo, alentar a los demás, etc.). Conforme a Álvarez (2016), tres actividades constituyen liderazgo: «la primera, visualizar futuros transformadores del *statu quo*, la ambición del fin; la segunda, y la tercera se refieren a los medios de acción, los recursos necesarios para conseguir grandes objetivos: respectivamente, generar energía para la consecución de fines; y facilitar soportes que hagan sostenible la tracción política. Para dilucidar si es justo el pesimismo generalizado, examinemos primero los medios de acción de un responsable político».

Si el liderazgo es un quehacer del grupo, el líder emprende desde la interacción del mismo: al variar las necesidades y objetivos grupales, varían las características significativas necesarias para asaltar la posición de líder; el liderazgo como función, es móvil. Es necesario diferenciar el liderazgo de la autoridad, que indica que el líder emerge de la interacción del grupo y esta emergencia es el resultado de un «acuerdo» entre los miembros. Ahora bien, cuando el «líder» aparece impuesto por un *exogrupo*, hablamos de autoridad. Puede suceder que converja en una misma persona la autoridad institucionalmente especificada, junto con la hechura del líder. En un estilo de liderazgo democrático, el líder favorece las discusiones del grupo y orienta las decisiones para alcanzar los objetivos. En cambio, la pregunta sería si son capaces los partidos de regenerarse a sí mismos y al sistema sin que medie una catástrofe electoral. Desde el año 2014, los sobresalientes actores políticos comunican medidas de regeneración democrática que puedan operar ante la concentración de indignación y desafección levantada en la sociedad. ¿Se quedarán en la fachada, en una *prima facie*? La oferta regeneradora choca con la dificultad primera de la falta de credibilidad y el requerimiento de que los mismos partidos difusores se cercenen en sus procesos.

El líder no incorpora necesariamente los valores dominantes, se mueve siempre en los márgenes de lo admitido; en cierto modo, los atraviesa y por eso se percata de la anomalía, la pone de manifiesto y obtiene de ella una nueva utilidad (González, 2013; 212). Para ello dispone de un proyecto propio, moral y «no asalariado». El líder político, redunda, una y otra vez, desprecia a quienes acampan en la política sólo por intereses particulares, sin principios, ni ideas ni estrategias (González, 2013; 26-28). Se advierte un proceso de construcción social de los líderes, que lleva a observar las complicadas interacciones entre el líder y otros agentes sociales. Estas interacciones son esenciales para la formación del *habitus* del líder, dentro de un contexto social complejamente determinado. El *habitus* de un líder consistiría en las estructuras sociales de su subjetividad, la interiorización de las estructuras sociales y de las instituciones (Jiménez, 2007). Así, este es el efecto del proceso de socialización. Significativamente, estamos, en la aplicación de la citada solución, quizá, ante las omisiones de la Transición que cedió el sistema a la autorregulación de los partidos. Los españoles estaríamos costeando ahora el error en el que incurrieron nuestros legisladores en esa época cuando fiaron el funcionamiento del sistema a la capacidad de autorregulación de las formaciones políticas, y era, en realidad, un rasgo casi sistémico (Jiménez de Parga, 1997).

En el marco institucional de la democracia española prima la exploración de la gobernabilidad sobre la garantía de representatividad, aunque, en la práctica, eso no garantiza que los Gobiernos sean eficaces. El sistema político español ha estado caracterizado por el presidencialismo, los gobiernos monocolor, el bipartidismo imperfecto, la primacía del Ejecutivo sobre el Legislativo y la capacidad de los líderes de decidir sobre diferentes órganos constitucionales y de capital importancia para la estrategia estatal.

Los partidos han ido colonizando lentamente las instituciones y eso ha anulado la indispensable rendición de cuentas a la sociedad. A la falta de controles efectivos, se ha sumado la brutal opacidad de nuestro modelo que les permite no dar explicaciones y actuar con impunidad. Se confirma la tendencia española a la *partitocracia*, una distorsión del sistema democrático en el que las oligarquías dirigentes se constituyen en actores únicos de la soberanía nacional y tienden al control efectivo de todas las instituciones del Estado. Los partidos necesitan, a veces, recolocar a multitud de militantes liberados y no cambios mínimos. Un examen superficial muestra, además, que tanto en el Tribunal de Cuentas como en empresas públicas y semipúblicas rebosan de directivos vinculados familiarmente con dirigentes políticos. Eso, pese a que está demostrado que las Administraciones más proclives a las prácticas clientelares son aquellas que tienen un mayor número de empleados deudores de un nombramiento político. La adhesión prima ahí sobre la excelencia profesional.

Cada político permuta su poder con el resto de políticos, o con otros poderes, de forma que se atienden centros de disposición donde su posición radica en su capacidad de relacionarse y en la densidad de las relaciones que establece. En estos procesos se desemparejan del clientelismo burocrático y el de partido en función de la posición que ocupe el actor, si se trata de un dirigente del aparato del partido o un cargo público (Caciagli, 1996).

La alternancia reiterada y regular en el poder, la exigua predisposición a los pactos de Estado —compatible, por lo visto, con el reparto alícuota en el control de los organismos públicos—, y la querella dialéctica permanente entre las respectivas siglas serían algunas de sus características. ¿España está a tiempo de evitar el peligro de la partidocracia? A la falta de controles efectivos se ha agregado la feroz opacidad de un modelo que permite actuar con impunidad. Tras evaluar la ley de transparencia[1] y sus medidas dirigidas a reducir el número de aforados, prohibir la condonación de deudas, apartar a los políticos convocados a juicio oral, restringir las donaciones de las empresas y crear el estatuto del alto cargo, que el Gobierno plantea actualmente en busca de consenso parlamentario, hay que llegar a la conclusión de que la oferta regeneradora necesita de un nuevo impulso (Villoria, 2014).

La veteranía de nuestra democracia y los requerimientos de la sociedad han promovido un proceso evolutivo hacia unos estándares de calidad en las Instituciones más elevados y de mayor cercanía al ciudadano, propiciando nuevas formas de gestionar los asuntos públicos. Los ciudadanos ya no son únicamente destinatarios de la acción de gobierno y de los servicios que presta la Administración. Han variado su rol de sujetos pasivos de esa actividad, traspasando a desempeñar un papel clave en el diseño, ejecución y seguimiento de esas políticas públicas. Son sus promotores, pero, a su vez, son los auditores de la acción del gobierno, del buen desempeño de los dirigentes y de los servicios públicos que se les proporciona.

Los ciudadanos anhelan conocer en mayor medida cómo se establecen las políticas públicas y la acción de sus respectivos gobiernos. Reclaman un mayor conocimiento de las partidas que integran los presupuestos de las diferentes administraciones públicas que sufragan con sus tributos. Desean conocer quiénes son los responsables del proceso de las políticas, proyectos y planes públicos en las instituciones que financian, y les piden mayores responsabilidades en el desarrollo de su actividad y en la ejecución de sus gastos. Estas demandas de mayor transparencia se han visto, igualmente, incrementadas por el impulso de la sociedad de la información y de las nuevas tecnologías. Por ello, la citada y novedosa ley expresa y llega a la voluntad de mudar estas legítimas aspiraciones en derechos para los ciudadanos y en obligaciones para los poderes públicos.

---

[1] Ley 19/2013, de 9 de diciembre, de transparencia, acceso a la información pública y buen gobierno.

El nuevo liderazgo político, por tanto, es aquel que: 1) promueve la ciudadanía, la integración y la discusión pública; 2) fomenta la participación de los ciudadanos en el diseño y la prestación de los servicios; 3) determina la agenda de las políticas, convoca la mesa a los actores apropiados y facilita y gestiona la solución soluciones sostenibles para los asuntos públicos; y 4) difunde la información para enriquecer el debate púbico y promover una visón compartida de los asuntos públicos (Villoria, 2014).

VI. El fomento del liderazgo político para el abandono del clientelismo

Para combatir estas circunstancias citadas, necesitamos políticos que no sólo representen, sino que además lideren. De todas formas, ello no implica que las propuestas tengan que ser novedosas u originales, ni tan siquiera exclusivas. Un líder sin creencias, sin ideas, sin proyecto político es un líder vacío que más tarde o más temprano dejará de serlo. La permanencia como líder está estrechamente relacionada con los fines que persigue, con los valores que lo sustentan (Delgado Fernández, 2004). Se ha dicho que la «función» del líder es la organización de las actividades de los miembros del grupo hacia la realización de objetivos, mediante el control de los medios que dejan satisfacer las necesidades pertinentes de los miembros del grupo (Maisonneuve, 1968). Esto es así en tanto que les corresponde a los líderes señalar a sus seguidores cuáles son los grandes temas y los objetivos a captar. En esta crisis, requerimos instituciones dinámicas, controles y contrapesos que operen como en las democracias avanzadas, en las que las consecuencias, no son accidentales, y no han sido tan demoledores. Madison en *Federalist paper* señala que hay que corroborar a los que ejercen el poder, ya que como los hombres no somos espíritus celestiales «al organizar un gobierno que ha de ser administrado por hombres y para hombres la gran dificultad estriba en esto: primero establecer un gobierno capaz de controlar a los gobernados y después que se controlen a si mismos. Por esta tazón es tan importante volver a ubicar «a las instituciones y a las reglas de juego por encima de las personas, y eso se aplica a los líderes políticos» (De la Nuez, 2016).

No obstante, hay una extraordinaria crisis de liderazgo entre los líderes occidentales. Porque los conflictos que se viven en la actualidad, como el fracaso de las reformas estructurales en Europa o el problema demográfico, debido al envejecimiento de la población, solicitan de un liderazgo político compartido. Además de un gran pacto nacional de lucha contra el clientelismo y, por ende, la corrupción, que implique al Gobierno, partidos, ONG, sindicatos, asociaciones empresariales y medios de comunicación. Existe una necesidad de reformulación de la financiación de los partidos políticos, de forma que queden obligados legalmente a hacer públicos sus balances de manera especificada y sometidos a la supervisión de un organismo independiente. La experiencia demuestra que, lejos de ser tenaces con las ilegalidades internas, los partidos han procurado el ir a amparar a los suyos. Y es que, por ejemplo, el Tribunal de Cuentas, supremo órgano fiscalizador de las cuentas del Estado, se ha declarado ineficaz. Los dos grandes partidos no podían consentir que un órgano de esta importancia estuviera fuera de su control.

En una somera enumeración de posibles fallas, la lucha contra la corrupción en España, que se juega esencialmente en el ámbito de los dos grandes partidos nacionales y de los tres grandes nacionalistas (CIU, PNV y CC), acentúa la necesidad de promover la democracia interna en los partidos. Por otra parte, la politización en los nombramientos es un grave problema para la integridad del sistema y para la legitimidad de los propios órganos constitucionales. Evitar la reelección de los integrantes de estas instituciones y, por último, la creación de una dirección pública profesional que reduzca significativamente la posibilidad de nombramientos y ceses discrecionales en la Administración Pública es otra cuestión capital. Hay que avalar la calidad de los nombramientos. Es imprescindible eliminar la libre designación como instrumento de nombramiento y cese en la Administración Pública.

Tenemos un modelo diferente del anglosajón en el que la dirección de la Administración está profesionalizada y no dependiente de las órdenes directas del político. Los políticos expulsan la probidad y el buen hacer en la función pública. Aquí los asuntos administrativos tienden a politizarse y los problemas internos a esconderse. Es decir, hay una experiencia que conlleva el problema de que la dirección política acostumbra a manejar perspectivas y plazos diferentes de los de la propia Administración. Mientras los políticos operan con una perspectiva de cuatro años, la que media entre elección y elección, la Administración trabaja o debería trabajar más a medio plazo puesto que la continuidad es clave en su tarea.

Establecido que un partido democrático no puede consentir la corrupción ni tratar de confundirse con el Estado sin traicionarse a sí mismo, la alternativa de las grandes formaciones es reformarse antes de que el descrédito mine sus cimientos y queden desbordados por el populismo y el antisistema. Tienen que conferir parte del poder a la sociedad, abrir puertas y ventanas, atajar la corrupción. El coste a pagar hoy por los partidos es el desapoderamiento, su sujeción por los controles jurídicos y democráticos. La realización de políticas específicas «ayuda a consolidar la relación existente entre el líder y sus seguidores, al tiempo que permite evaluar el grado de cumplimento de promesas hechas en el pasado, las dificultades surgidas durante ese tiempo, los rivales políticos que se enfrentaban a esas medidas, los pasos a dar en el futuro inmediato, etc» (Sabucedo, 1996; 66). Los partidos deben pasar de ser organizaciones más interesadas en su supervivencia y crecimiento que en la realización de valores o en la consecución de los fines para los que fueron creadas, de modo que si es necesario se procede a la mutación desde la ladera fáctica de tales fines o valores. Los partidos no son meros intérpretes indiferentes de las preferencias de los ciudadanos, sino que ayudan a reconfigurarlas y a materializarlas, y pueden canalizar la dinámica política en una dirección o en otra (Galindo, 2015). En las condiciones dinámicas de la sociedad del presente, los partidos y sus líderes han de ser la vía de ascenso al Estado de los criterios y demandas políticas de la sociedad en su tiempo o coyunturas dados. La flexibilidad ideológica parece, pues, ser condición no sólo para maximizar beneficios políticos y para pervivir en distintas coyunturas, sino también para la funcionalidad de los partidos en un sistema democrático (García Pelayo, 1986; 79).

En el escenario político, se distingue al líder populista porque busca la complicidad con el pueblo en lugar de instar a la ciudadanía, el más importante sujeto colectivo de una democracia. También cuando niega la existencia de ideologías, declara vencida la división izquierda y derecha o se postula como puente trascendente entre ellas. Al líder populista se le descubre, además, en la aspiración a dividir y polarizar a la ciudadanía en dos grupos antagónicos (ricos frente a pobres, gente sencilla frente a casta) o en «el señalamiento de una serie de enemigos, exteriores o interiores, como responsables de los males de la nación o pueblo y la consiguiente demanda de liberación de su yugo opresor; una larga lista que incluye, según los momentos, la oligarquía. Tomando decisiones, el líder amplifica el sentimiento de seguridad y satisfacción de los seguidores» (Torreblanca, 2016). Lo que las personas esperan de los lideres normalmente está arraigado en el funcionamiento interpersonal de la relación líder seguidor, donde las conexiones personales se establecen a través de confianza, formalidad, atención y aprecio. Una vez que esta tribuna esté bien implantada y sea estable, los líderes podrán hablar de los otros elementos que puedan ofrecer.

En los últimos años, han surgido estudios acerca de la importancia que tiene en los países occidentales el liderazgo de los políticos (Molero, 2002). A primera vista, los liderazgos no tienen por qué reconocerse necesariamente con las burocracias de los partidos. En todo caso, existe la definición de qué medidas inmediatas, por tanto, son consideran imprescindibles para el abandono del clientelismo. Según las organizaciones se vayan convirtiendo e implanten estrategias para volverse más transparente, el nuevo liderazgo debe también saber responder a las pretensiones de una nueva ciudadanía (Barker & et al. 2001). Las comunidades están cada día mejor informadas, son más críticas, más rigurosas. En cierta manera, han cambiado las reglas del juego para los políticos, pero ha sido un cambio para el progreso democrático.

Ahora bien, el aclarar los supuestos casos con el fin de fomentar una organización transparente, llevará a beneficios en los actores con incrementos en la confianza, en la eficacia de la colaboración y, en general, en una mayor fortaleza de la organización. Y cuando se deje conocer a la ciudadanía, esos asuntos críticos y esas deficiencias, lo más probable es que cooperen con el necesario cambio de dirección. El líder debe ser un individuo que sobresalga en mérito o cualidad, eminente, que ha de estar en la escena de tomar decisiones que tengan autoridad, en otras palabras, ha de ejercer realmente las prerrogativas del poder o la influencia cuando se presente la ocasión para la acción con consecuencias históricas. El cambio acontece con la entrada y convocatoria a la ciudadanía. Para ser efectivo, un líder ha de ser capaz de congregar a otras personas para la acción, movilizarlas. Por tanto, un requisito fundamental para el ejercicio del papel de líder, para realizar el cambio social significativo, es la existencia de abundantes recursos ciudadanos con madurez suficiente para la movilización (Sztompka, 2008).

Al cambiar la forma de liderar para ayudar a la organización a volverse más transparente y creíble en todo momento, los líderes no solo precisarán desarrollar un sentido intuitivo de la transparencia en grado relevante, sino que también necesitarán cumplir con los comportamientos antes mencionados a fin de ganar en credibilidad y posiblemente en legitimidad. Si los líderes funcionan con esta estructura o plataforma básica, establecerán firmemente una reputación sólida ante sus seguidores, respaldada por una credibilidad marcada y permanente. Y este hecho en sí mismo puede llegar hasta que se les excuse en su deber, incluso aun cuando no sigan los rigurosos procedimientos de la transparencia, ya que aunque tendrán que rendir cuentas por cada acción y cada razonamiento, hay una superación por la reputación. Y estos líderes experimentarán el poder que procede de compartir conocimientos —en vez de retenerlos— y la conquista que procede de cuando se es antecedido de una reputación digna de crédito.

Naturalmente, la crisis económica supone recesión y, a su vez, ha suscitado la necesidad de un liderazgo político complejo, que supere el modelo gerencial que pareció emplazarse durante los noventa y lo sustituya por la deliberación pública y la acción política fuerte y decidida. Es decir, los cambios han ido generando la necesidad de un liderazgo transparente, transversal y ciudadano. Asimismo, los líderes definen el momento y se ven obligados a decidir entre cuestiones sin que ninguna de ellas les resulte conveniente. Pero estos introducen también esperanzas y, por tanto, abren la puerta a la frustración.

VI. Bibliografía

Álvarez, José Luis, «Nostalgia atávica de liderazgos», *El País*, 28 de febrero de 2016.

Audelo Cruz, Jorge M., «¿Qué es el clientelismo político? Algunas claves para comprender la política en los países en vías de consolidación democrática», *Revista Estudios Sociales*, vol. XII, nº 24, julio-diciembre 2004.

Auyero, Javier, *¿Favores por votos? Estudios sobre clientelismo político*, Losada, Buenos Aires, 1997.
«Clientelismo político en la Argentina: doble vida y negación colectiva», *Perfiles latinoamericanos*, nº 30, junio 2002
Barker, Colin; Johnson, Alan; Lavalette, Michael, *Leadership and social movements*, University Press, Manchester, 2001.
Barner-Barry, Carol; Rosenwein, Robert, *Psyhological perspectives on politics* 1st edition, Waveland Press, Inc. Illinois, 1991.
Basile, Joseph, *La formación del líder 1980*, Euramérica, Madrid, 1974.
Becquart-Leclerq, Jeanne, «Paradoxes de la corruption politique», *Pouvoirs*, nº 31, 1984.
Bobbio, Norberto; Matteucci, Niccola; Pasquino, Gianfranco, Segunda edición española, *Diccionario de Política* L-Z, Siglo XXI, Madrid, 1983.
Bourdieu, Pierre, «Le capital social», *Actes de la Recherche en Sciences Sociales*, nº 31,1981.
Bell, Daniel, *El fin de las ideologías: sobre el agotamiento de las ideas políticas en los años cincuenta*, Ministerio de Trabajo y Seguridad Social, Col. Clásicos, 12, Madrid, 1990.
Caciagli, Mario, *Clientelismo, corrupción y criminalidad organizada: evidencias empíricas y propuestas*, Centro de Estudios Constitucionales, Madrid, 1996.
Casares Ripol, Javier, *Ética, economía y política*, ESIC, Madrid, 2011.
Cascajo, José Luis, «Partidos políticos y Constitución: sistema de controles sobre los partidos políticos», *Working Paper*, nº 60, Barcelona, 1992.
Cotarelo, Ramón, *Los partidos políticos*, Sistema, Madrid, 1985.
Christopoulos, Dimitrios, «Clientelistic networks and local corruption: evidence from western crete», *South European Society and Politics*», Vol. 3, nº 1, 1998.
Delgado Fernández, Santiago, «Sobre el concepto y el estudio del liderazgo político. Una propuesta de síntesis», *Psicología Política*, nº 29, 2004.
Echevarría, Javier, «La movilidad social», en *Tres décadas de Cambio Social en España*, González, Juan Jesús; Requena, Miguel, Alianza Editorial, Madrid, 2008.
Escudero, Manuel, «Como el aire que respiramos», *El País*, 11 de marzo de 1994.
Fanelli, José María, «Crecimiento, inestabilidad y crisis de la convertibilidad en Argentina», *Revista de la CEPAL*, nº 77 Agosto, Santiago de Chile, 2002.
Fukuyama, Francis, *El fin de la historia y otros ensayos*, Alianza Editorial, Madrid, 2015.
Galindo, Jorge, «La estrategia de los extremos», *El País*, 28 de diciembre de 2015.
García Muñoz, Cesar, «La enfermedad del clientelismo», *El País*, 23 de marzo de 2013.
García Pelayo, Manuel, *El Estado de partidos*, Alianza Editorial, Madrid, 1986.
(1996b) *Las transformaciones del Estado contemporáneo*, Alianza Editorial, Madrid, 1996b.
González Herrero, Joaquín, «Un compromiso contra la corrupción», *El País*, de 4 de marzo de 2016.
González Márquez, Felipe, *En busca de respuestas. El liderazgo en tiempo de crisis*, Debate, Barcelona, 2013.
Hamilton, Alexandre; Madison, James; Jay, John, *The Federalist*, editado por Jacob E. Cooke, Wesleyan University Press, Middletown, Connecticut, 1961.

Jiménez Díaz, José Francisco, «El liderazgo político de Felipe González en el marco del estructuralismo genético», en el *VIII Congreso Español de Ciencia Política y de la Administración Política para un mundo en cambio*, 2007.

Jiménez de Parga, Manuel, «La corrupción en la democracia», en Laporta, *La corrupción política*, Alianza Editorial, Madrid, 1997.

Leónidas Aguirre, Julio, «Redes Clientelares. Una perspectiva teórica desde el Análisis de Redes Sociales», *CIEPP*, nº 83, 2012.

Maisonneuve, Jean, *La dinámica de los grupos*, Proteo, Buenos Aires, 1986.

Molero Alonso, Fernando, «Cultura y liderazgo una relación multifacética», *Boletín de Psicología*, nº 76, noviembre 2002.

Moreno Luzón, Javier, «Teoría del clientelismo y estudio de la política caciquil» (1), *Revista de Estudios Políticos (Nueva Época)*, nº 89, julio-septiembre, 1995.

Mouzelis, Nicos, «On the Concept of Populism: Populist and Ctientelist Modest of Incorporation in Semiperipheral Societies», *Politics and Society*, nº 14, 1985 (cit. por Papadopoulos, 1991).

De la Nuez Sánchez-Cascado, Elisa «¿De derechas o de izquierdas», *El mundo*, 26 de febrero de 2016.

Papadopoulos, Yannis, «Bilan critique de la literature sur le clientelisme en Grece», *Cahiers du CEMOTI*, nº 7, Paris, CNRS, 1989.

Della Porta, Donatella, *Lo scambio occulto*, Il Mulino, Bologna, 1992.

Della Porta, Donatella; Vanucci Alberto, *Corruzione Política e Amministrazione Pubblica*, Il Mulino, Bologna, 1994.

Pla, Jésica, «Reflexiones sobre el uso del concepto de clase para el estudio de la movilidad social», en Eduardo Chávez Molina (compilador), *Desigualdad y movilidad social en el mundo contemporáneo Aportes empíricos y conceptuales: Argentina, China, España, Francia*, Ediciones Imago Mundi, Argentina, 2013.

Putnam, Robert, *Making Democracy Work: Civic Traditions in Modern Italy*, Princeton University Press, Princeton, 1993.

Sánchez Vera, Pedro, «La participación como mecanismo de exclusión», en Blázquez Marín (Ed)., *Los derechos de las personas mayores,* Instituto de Derechos Humanos Bartolomé de las Casas, Ed. Dykinson, Madrid, 2007.

Sabucedo Cameselle, José Manuel, *Psicología política*, Síntesis, Madrid, 1996.

Sapelli, Giulio, *Cleptocrazia, Il meccanismo unico della coruzione tra economia e política*, Feltrinelli, Milan, 1994.

Sebastián Carlos, *España estancada. Por qué somos tan poco eficientes*, Galaxia Gutenberg, Barcelona, 2016.

Sotelo, Ignacio, «Desmoronados los muros de la patria», *El País*, 24 de febrero de 2016.

Stokes, Susan, «Perverse Accountability: A Formal Model of Machine Politics with Evidence from Argentina», *American Political Science Review*, vol. 99, nº 3, agosto 2005.

Sztompka, Piotr, *Sociología del cambio social*, Alianza Editorial, Madrid, 2008.

Tannenbaum Robert; Weschler, Irving; Massarik, Fred, *Leadership and organization: a behavioral science approach*, Garland, New York, 1961.

Torreblanca, José Ignacio, «El gen populista», *El País*, 19 de febrero de 2016.

Urquizu, Ignacio, «El estado de ánimo de la sociedad», *El País*, 26 de Febrero de 2016.

Villoria, Manuel, «La publicidad activa en la Ley de transparencia, acceso a la información y buen gobierno. Posibilidades e insuficiencias», *Govern Obert*, Barcelona, 2014.

LAS RECIENTES REFORMAS DE LOS SISTEMAS ELECTORALES DE CASTILLA-LA MANCHA Y LA REGIÓN DE MURCIA

Carlos Fernández Esquer

Investigador Predoctoral FPI-UAM
Departamento de Ciencia Política y Relaciones Internacionales
Universidad Autónoma de Madrid

I. Introducción

En esta nueva legislatura autonómica que ahora comienza (2015-2019) parece existir una ventana de oportunidad inmejorable para que se acometa la reforma de algunos sistemas electorales, debido a la radical transformación que han experimentado los sistemas de partidos de muchas Comunidades Autónomas tras los pasados comicios de mayo de 2015. Se trata de un nuevo escenario político, marcado por el descenso de los dos partidos mayoritarios —Partido Socialista Obrero Español (PSOE) y Partido Popular (PP)— y por la fuerte irrupción de nuevas formaciones políticas —Podemos y Ciudadanos, fundamentalmente—, que son determinantes ahora para la gobernabilidad autonómica. El hecho de que el ascenso de estos partidos se haya fraguado al calor de la desafección ciudadana y de la pérdida de confianza en los partidos tradicionales, explica que en la actualidad se respire una atmósfera de *regeneración democrática electoral*. Las reformas electorales encaminadas a conseguir una mayor proporcionalidad, una menor desigualdad en el valor del voto y un acercamiento entre representantes y representados se han convertido así en una de las propuestas básicas de estos actores emergentes.

Dicho lo anterior, no es menos cierto que en la pasada legislatura el PP también patrocinó un buen número de propuestas de reforma en aquellas Comunidades Autónomas donde gobernaba. Mientras que en algunas regiones sólo las anunció o intentó ejecutarlas sin éxito, en otras, como en Castilla-La Mancha y Cantabria, consiguió materializarlas. El denominador común de estas propuestas consistía en reducir el tamaño de las Asambleas Autonómicas, como forma de contribuir a la austeridad de los poderes públicos en época de crisis económica. La modificación del sistema electoral castellano-manchego es el ejemplo paradigmático.

Este estudio aspira a exponer las dos últimas reformas electorales acometidas a nivel autonómico: la del sistema electoral castellano-manchego al final de la legislatura pasada (2011-2015), y la del sistema electoral murciano a principios de esta nueva legislatura (2015-2019). Al hilo de la exposición de las reformas, se examinarán los problemas jurídico-constitucionales que pueden entrañar. Se prestará una particular atención al caso del sistema electoral de Castilla-La Mancha, debido a que el Tribunal Constitucional se ha tenido que ocupar del mismo en las recientes SSTC 197/2014, de 4 de diciembre y 15/2015, de 5 de febrero.

II. La reforma electoral en Castilla-La Mancha

1. *Antecedentes, contexto y objetivos de la reforma electoral de 2014*

La reforma electoral llevada a cabo en Castilla-La Mancha en el año 2014 ha sido ciertamente controvertida en el plano político. Sus detractores, tanto en Toledo como en Madrid, tildaron la modificación electoral de «auténtico pucherazo». Por su parte, el PP defendió la necesidad de la reforma, como una medida que coadyuvaría a la reducción del gasto de los poderes públicos y al control del déficit. De hecho, en la pasada legislatura autonómica el PP apostó por reformas electorales encaminadas a reducir el número de diputados en las Asambleas regionales, proponiéndolas en algunos casos (Galicia, Extremadura, La Rioja, Islas Baleares y Madrid), y ejecutándolas en otros (Castilla-La Mancha y Cantabria).

Con independencia de lo anterior, lo cierto es que el PP aprobó en solitario —primero en las Cortes de Castilla-La Mancha y después en las

Cortes Generales— una reforma estatutaria, con el objetivo de reducir el tamaño de la Cámara autonómica, fijando la talla parlamentaria en una horquilla de entre 25 y 35 diputados (segundo párrafo del art. 10.2 del Estatuto de Autonomía de Castilla-La Mancha, modificado conforme establece el artículo único de la Ley Orgánica 2/2014, de 21 de mayo, de reforma del Estatuto de Autonomía de Castilla-La Mancha). Con ello, dio un giro de ciento ochenta grados, pues a principios de la legislatura pasada, en el año 2012, había aprobado una reforma electoral en un sentido diametralmente opuesto. Si con la Ley 4/2012, de 12 de mayo, se aumentó el número de escaños de 49 a 53[1], con esta reforma se redujo su número drásticamente, conforme a la horquilla establecida en el art. 10.2 del Estatuto de Autonomía. Finalmente, la reciente Ley 4/2014, de 21 de julio, fijó el tamaño de las Cortes manchegas en 33 diputados (art. 16.1), asignando 3 escaños a cada provincia (art. 16.2) y repartiendo los 18 restantes en función de la población (art.16.3). Conforme a lo estipulado en los artículos 16.4 y 19 de la propia ley electoral, el Decreto 15/2015, de 30 de marzo, por el que se convocaban las elecciones a Cortes de Castilla-La Mancha, realizó finalmente la siguiente distribución de escaños: Albacete 6 diputados, Ciudad Real 8, Cuenca 5, Guadalajara 5 y Toledo 9.

Por lo que respecta a su trámite parlamentario, ya hemos señalado que la reforma fue aprobada sin el apoyo de ningún otro partido. Es más, la reforma estatuaria fue tramitada por el procedimiento de urgencia y en lectura única en las Cortes de Castilla-La Mancha. Esto supuso que el PP fuera acusado por la oposición en bloque de no tener ningún interés en debatir sobre el tema en sede parlamentaria. Por otra parte, no está de más recordar que esta reforma va en contra de las recomendaciones contenidas en el Código de Buenas Prácticas en Materia Electoral, elaborado por la Comisión de Venecia, organismo consultivo del Consejo de Europa. Así, esta institución afirma expresamente que «*los elementos fundamentales del derecho electoral, y en particular, el sistema electoral propiamente dicho, la composición de las comisiones electorales y la distribución de las circunscripciones no deben ser modificados menos de un año antes de las elecciones*»[2]. Algo que en este caso no se ha cumplido, pues la apro-

---

[1] Se da la llamativa circunstancia de que el sistema electoral contemplado en la ley en cuestión, no llegó a aplicarse a ningún proceso electoral. Vid. en este sentido, la STC 214/2014, de 18 de diciembre de 2014, que declara extinguido, por pérdida sobrevenida de objeto, el recurso de inconstitucionalidad 4761-2012, formulado en relación con la Ley 4/2012, de 17 de mayo, por la que se adecua la Ley 5/1986, de 23 de diciembre, electoral de Castilla-La Mancha.

[2] «The fundamental elements of electoral law, in particular the electoral system proper, membership of electoral commissions and the drawing of constituency boundaries, should not be open to amendment less than one year before an election, or should be written in the constitution or at a level higher than ordinary law», *Code of Good Practice in Electoral Matters*, p. 10.

bación de la Ley 4/2014 se produjo el 21 de julio y las elecciones autonómicas se celebraron el 25 de mayo de 2015.

Las Cortes castellano-manchegas han pasado a ser la cámara que menos diputados tiene de toda la España autonómica junto con el Parlamento de La Rioja, pese a tener seis veces y media más habitantes que ésta Comunidad. Asimismo, resulta llamativo que existan otras ocho Comunidades Autónomas con menor población que Castilla-La Mancha y, sin embargo, ésta tenga un parlamento con un número de representantes menor.

Esta operación de reducir el tamaño de la cámara puede parecer intrascendente a primera vista, pero no lo es en absoluto. Se trata de un cambio que tiene repercusiones innegables en la competición partidista, además de ocasionar ciertos problemas desde la perspectiva de la adecuada representación del pluralismo político, como se expondrá a continuación. La consecuencia inmediata de la reducción del tamaño del Parlamento es la importante disminución en el número de escaños en las cinco provincias manchegas. Así, tras la reforma se establecen tres distritos electorales de tamaño medio (entre 6 y 9 escaños) y dos de tamaño pequeño (5 o menos escaños). En este sentido, los principales expertos en el estudio de los sistemas electorales han apuntado al tamaño de la circunscripción como variable fundamental en relación con la proporcionalidad de los resultados. Para Rein Taagepera y Matthew Soberg Shugart (1989; 112)[3], por ejemplo, «la magnitud del distrito tiene prácticamente un impacto mayor sobre la proporcionalidad del sistema [electoral] que ninguno de los otros factores».

Las elecciones al Congreso de los Diputados han ratificado la relevancia de la desproporcionalidad como función del tamaño del distrito. Cuanto menor sea el número de escaños a elegir, más desproporcionales son los resultados: los principales partidos acaparan todos los escaños de las pequeñas circunscripciones, quedando los restantes partidos sin representación alguna, pese a que puedan conseguir un considerable número de votos. Lo contrario también es cierto: cuanto mayor sea la circunscripción, mayor será la proporcionalidad al permitir la entrada de un mayor número de partidos en el reparto de los escaños (Montero y Riera, 2009; 388). La magnitud media por circunscripción del sistema electoral manchego se queda ahora en 6,6 escaños; esta magnitud media es bastante inferior a la del promedio autonómico, cifrado en 30,9 escaños si se incluyen todas las Comunidades Autónomas y en 19,4 escaños si se toman en consideración solo aquellas que cuentan con varias circunscripciones. Pero es que es incluso inferior a la del sistema electoral del Congreso de los Diputados (6,7 escaños), que, como es bien conocido, suele recibir críticas por la desproporcionalidad que genera. Así pues, la mode-

[3] Las referencias bibliográficas se encuentran recogidas al final del trabajo.

rada magnitud de las circunscripciones, sumada al sesgo en favor de los dos partidos mayoritarios propio de la fórmula D´Hondt, es lo que hace que se resienta la proporcionalidad en el sistema electoral manchego (Vidal Marín, 2006; Ruiz-González, 2014; 207).

Si atendemos a los resultados arrojados por las últimas elecciones autonómicas de 2015, se confirman las sospechas. De entrada, debe recalcarse que el gran partido damnificado por este nuevo sistema electoral ha sido Ciudadanos, que con el 8,64% de los votos a nivel autonómico, se ha quedado a las puertas del parlamento. Quizás el mejor ejemplo se encuentre en la circunscripción de Guadalajara, provincia donde esta formación ha obtenido más del 12% de los votos, pero, sin embargo, no ha conseguido ningún escaño. Por su parte, el otro partido perjudicado por estas nuevas reglas del juego electoral es Podemos, formación política que ha entrado en la cámara con sólo 2 escaños, si bien es cierto que su presencia ha sido determinante para pactar con el PSOE el desalojo del PP del Gobierno manchego. Pues bien, esta nueva formación política se ha visto infrarrepresentada a causa del sistema electoral, consiguiendo el 6% de los escaños con casi el 10% de los sufragios. La circunscripción que mejor resume la penalización a Podemos y Ciudadanos es Albacete. En esta circunscripción, tanto Podemos con el 11,24%, como Ciudadanos con el 9,63%, se quedaron sin escaños.

El reparto de escaños es una operación de *suma-cero*, por lo que esas penalizaciones para el tercer y cuarto partido conllevan bonificaciones para los dos primeros. Así, los grandes favorecidos han sido los partidos mayoritarios, PP y PSOE, que con el 37,5% y el 36% de los votos respectivamente, se han visto sobrerrepresentados en las Cortes castellano-manchegas con el 48,5% y el 45,5% de los escaños también respectivamente.

2. *Las SSTC 197/2014, de 4 de diciembre y 15/2015, de 5 de febrero*

Dejando a un lado las importantes consecuencias políticas que este nuevo sistema electoral ha producido, interesa ahora destacar que el Tribunal Constitucional ha tenido la oportunidad de pronunciarse sobre esta reforma electoral, a partir de los recursos de inconstitucionalidad resueltos en la STC 197/2014, de 4 de diciembre, (contra la reforma del Estatuto de Autonomía que establece una horquilla de entre 25 y 35 diputados autonómicos para el Parlamento regional) y en la STC 15/2015 de 5 de febrero (contra el artículo 16 de la Ley 4/2014, que fijaba finalmente en 33 el número de diputados autonómicos).

En realidad, no resulta preciso realizar un análisis exhaustivo de las argumentaciones vertidas en estos dos pronunciamientos, pues nuestro Alto Tribunal no innova apenas en su doctrina. En ambas sentencias, que son prácticamente idénticas tanto en lo que se refiere a los argumentos esgrimidos por los recurrentes como en los razonamientos desplegados por el Tribunal, éste rechaza la inconstitucionalidad de los preceptos impugnados, por entender que la reducción del número de diputados autonómicos que lleva a cabo el Estatuto de Autonomía —y que materializa la ley electoral— no vulnera la exigencia constitucional de que el sistema electoral sea de representación proporcional (art.152.1 CE). Y, como consecuencia de lo anterior, tampoco se habrían visto afectados ni el derecho fundamental a acceder a los cargos públicos en condiciones de igualdad —al cargo de diputado, en este caso— (art. 23.2 CE), ni el valor superior del pluralismo político (art. 1.1 CE)[4].

En ambas sentencias, el Tribunal nos recuerda que «*la proporcionalidad es, más bien, una orientación o criterio tendencial, porque siempre, mediante su puesta en práctica, quedará modulada o corregida por múltiples factores del sistema electoral, hasta el punto que puede afirmarse que cualquier concreción o desarrollo normativo del criterio, para hacer visible su aplicación, implica necesariamente un recorte a esa «pureza» de la proporcionalidad abstractamente considerada*» (SSTC 75/1985, FJ 5; 76/1989, FJ 4; 193/1989, FJ 6; 45/1992, FJ 4; 225/1998, FJ 7; 19/2011, FJ 3; 197/2014, FJ 7). Así pues, el mandato constitucional «*de que se arbitre un sistema de representación proporcional otorga al legislador un amplio margen de configuración de los elementos del sistema que deben, tendencialmente, buscar su consecución*» (STC 75/1985, FJ 3). En definitiva, «*la exigencia de proporcionalidad ha de verse como un imperativo de «tendencia» que orienta, pero no prefigura, la libertad de configuración del legislador democrático en este ámbito*» (STC 225/1998, FJ 7).

Lo anterior conduce a que la exigencia de proporcionalidad que vincula al legislador, opera, en realidad, con un alcance negativo. Es decir, supone «*la interdicción de la aplicación pura y simple de un criterio mayoritario (....). Lo que conlleva, claro es, la necesaria conformación de las circunscripciones electorales en modo tal que no se impida de iure toda posible proporcionalidad, en el grado y extensión que sea, para la conversión de votos en escaños*» (STC 40/1981, FJ 2).

Con estas sentencias, el Tribunal Constitucional se reafirma en una posición que, a mi juicio, resulta excesivamente permisiva con los excesos del legislador autonómico en materia electoral. El ejemplo paradigmático a este respecto podemos encontrarlo en la controvertida STC 225/1998, de 25 de noviembre, en la que el Tribunal afirmó la constitucionalidad de la reforma del Estatuto de Autonomía de Canarias, por la que se aumentaba la doble barrera electoral alternativa al 6 por ciento a nivel

---

[4] Para un análisis más detallado de estas dos sentencias y del conjunto de resoluciones judiciales dictadas por el Tribunal Constitucional en relación con las distintas reformas que ha experimentado el sistema electoral de Castilla-La Mancha, vid. Garrote de Marcos (2015).

autonómico y al 30 por ciento a nivel insular. Consideró entonces el Tribunal que las cuantías del doble umbral electoral eran compatibles con el mandato de proporcionalidad dispuesto en el art. 152.1 CE. También entendió que dichas barreras no lesionaban el derecho fundamental de acceso en condiciones de igualdad a los cargos públicos representativos (art. 23.2 CE).

Pues bien, a mi modo de ver, esta reforma del sistema electoral de Castilla-La Mancha, puede resultar problemática en términos jurídico-constitucionales, desde una perspectiva que no se llega a explorar lo suficiente en estas sentencias: los altos *umbrales efectivos* que se producen por la baja magnitud de las distintas circunscripciones. Es verdad que el Tribunal reconoce la existencia de una relación entre el tamaño de las circunscripciones y la proporcionalidad. Acepta, pues, que una reducción del número de escaños a repartir en cada provincia «*no favorece, sino más bien al contrario, la mayor proporcionalidad del sistema electoral de que se trate*». No obstante, da la sensación de que en estos pronunciamientos el Tribunal Constitucional peca de un exceso de formalismo, cuando rechaza lo que los recurrentes califican de «desmedida barrera electoral». En este punto, considera el Tribunal que eso que los recurrentes denominan barrera electoral no dejan de ser «*hipotéticos umbrales porcentuales para la obtención, según varios «escenarios» que anticipan, del último escaño en liza*». Es cierto que la barrera electoral o cláusula de exclusión, es, tal y como afirma el Tribunal, «*la fijación normativa de un determinado porcentaje de sufragios para acceder a la fase de distribución o adjudicación de escaños*». Siguiendo esa lógica, debe admitirse también que, en puridad, ni la reforma del Estatuto de Autonomía ni la Ley 4/2014 modifican la barrera electoral del 3% de los votos válidos emitidos en la circunscripción, establecida por el art. 17 a) de la Ley electoral de Castilla-La Mancha. Como también es verdad que los hipotéticos umbrales porcentuales para la obtención del último escaño en liza en cada circunscripción, dependen, entre otros factores, «*del número de candidaturas que lleguen a concurrir y de la mayor o menor concentración o dispersión sobre ellas del futuro sufragio de los electores*» (STC 197/2014, FJ 7).

Con todo, lo anterior no obsta para que el Tribunal Constitucional no debiera haber realizado un control de constitucionalidad sobre los altos *umbrales efectivos* generados por la reforma del sistema electoral que pudieran vulnerar el mandato de proporcionalidad del art. 152.1 CE. Y ello, a pesar de que los recurrentes estuvieran faltos de acierto a la hora de hablar de «barrera electoral»; y, por otra parte, pese a que el umbral efectivo —que así se llama técnicamente el concepto al que quieren referirse en verdad los recurrentes— no pueda ofrecerse como un porcentaje concreto de antemano.

3. *La problemática de los elevados umbrales efectivos*

El concepto de *umbral efectivo* se lo debemos al politólogo Arend Lijphart (1995)[5]. El umbral efectivo hace referencia al porcentaje de votos necesario para que un partido consiga su primer escaño en una determinada circunscripción electoral. Ahora bien, dicho umbral no puede ofrecerse como un porcentaje fijo, sino más bien como un intervalo entre dos medidas: el umbral mínimo, esto es, el porcentaje de votos que, bajo las circunstancias más favorables, otorga un escaño a un determinado partido —si no alcanza al menos ese porcentaje, es imposible que consiga un escaño—; y el umbral máximo, es decir, el porcentaje de votos que, bajo las circunstancias más adversas, garantiza un escaño a un determinado partido —si alcanza dicho porcentaje, tiene asegurado el escaño— (Urdánoz, 2008; 135-136). Son varios los factores que influyen a la hora de determinar ese umbral efectivo, aunque la variable fundamental es la magnitud de la circunscripción. Cuanto mayor sea el número de escaños a repartir, menor será el umbral efectivo. Lógicamente, cuanto menor sea el número de escaños a distribuir, mayor será el umbral efectivo, esto es, mayor será el porcentaje de votos que necesitan los partidos para conseguir al menos un escaño. Ahora bien, en la cuantía final de ese umbral también influye el grado de concentración o de dispersión del voto entre las distintas fuerzas políticas que compiten por los escaños. Es por ello por lo que no puede calcularse con total exactitud el umbral con anterioridad a la celebración de las elecciones.

Dicho esto, conviene no confundir este concepto con el de *barrera electoral* o *umbral legal*. A diferencia del umbral efectivo, la barrera o umbral legal es el porcentaje de votos que la ley electoral exige a una determinada candidatura para poder concurrir al reparto de escaños en una determinada circunscripción. En el sistema electoral de Castilla-La Mancha, la barrera legal se ha fijado en el 3% de los votos a nivel provincial. Curiosamente, este umbral del 3% no ha tenido operatividad hasta la fecha. Ello se debe a la existencia de una *barrera fáctica* —ese umbral efectivo al que nos venimos refiriendo— que obliga a los partidos que aspiran a obtener representación parlamentaria a cosechar un porcentaje de votos bastante superior al 3%.

Aplicando la fórmula que propone Lijphart (1995), los umbrales efectivos de las distintas circunscripciones, calculados antes de celebrarse las elecciones, eran los siguientes: 7,8% en Toledo; 8,7% en Ciudad Real;

---

[5] El umbral efectivo es el porcentaje de votos que debe acumularse para conseguir representación; se calcula de acuerdo con la fórmula propuesta por Lijphart (1995: 63 ss.): $Uef = \frac{50\%}{(M+1)} + \frac{50\%}{2M}$, donde *M* es el número de escaños de una determinada circunscripción.

11,3% en Albacete; y 13,3% en Cuenca y Guadalajara. Es decir, los umbrales efectivos oscilaban entre el 7,8% y el 13,3%.

Es momento ahora de comparar las anteriores cifras con el porcentaje de votos con el que finalmente los partidos consiguieron el último escaño en liza en cada una de las cinco provincias: 8,8% en Toledo; 9,3% en Ciudad Real; 11,3% en Albacete; 13,8% en Cuenca; y 14,6% en Guadalajara.

Como se puede comprobar, los porcentajes reales que el día de las elecciones se hubieron de alcanzar para obtener representación en cada una de las provincias, sólo se habrían alejado unas pocas décimas de las cifras que se obtenían de antemano aplicando la fórmula propuesta por Lijphart. Las diferencias más abultadas entre los resultados reales y los proyectados gracias a la fórmula se dan en Toledo (1%) y Guadalajara (1,3%). Por contra, en la circunscripción de Albacete el porcentaje vaticinado empleando la fórmula de los umbrales efectivos coincidió exactamente con el porcentaje del 11,3% de los votos con los que el PSOE consiguió el último de los escaños en juego. Además, debe advertirse que, en todos los casos, las diferencias entre los porcentajes pronosticados y los que finalmente se dieron fueron siempre al alza: la realidad exigió a los partidos un número de sufragios superior para poder obtener al menos un diputado.

Esto último nos conduce a hacer la siguiente reflexión. El Tribunal Constitucional tuvo la oportunidad de tener en cuenta estas circunstancias al enjuiciar la reforma del sistema electoral de Castilla-La Mancha. Es cierto que cuando se dictaron las SSTC 197/2014 y 15/2015 era imposible saber con qué porcentaje exacto de votos se iba a poder obtener un escaño en cada una de las provincias. Como ya se ha apuntado, en función de cómo se concentrase o se dispersase el voto entre los distintos partidos, los porcentajes podían fluctuar ligeramente. Sin embargo, existía un concepto —el de *umbral efectivo*— y una fórmula —la propuesta por Lijphart (1995)— manejados desde la Ciencia Política, que permitían pronosticar de una manera aproximada cuál iba a ser ese porcentaje de sufragios. Si el Tribunal Constitucional hubiese hecho las mismas operaciones que aquí se han ido desgranando, habría comprobado que el porcentaje de votos que cualquier partido iba a tener que reunir para poder aspirar a obtener representación iba a fluctuar entre el 7,8% de los votos en Toledo y el 13,3% en Cuenca y Guadalajara. En términos prácticos, esto supondría que el legislador autonómico, pese a mantener la barrera legal en el 3%, había realizado una distribución de escaños que, dada la baja magnitud de las circunscripciones, implicaba que los partidos iban a necesitar obtener casi un 8% de los votos en la circunscripción más favorable, para poder obtener el primer escaño.

En realidad, la imagen que mejor ilustra la exigencia del porcentaje de votos necesario para conseguir un escaño entre las distintas circunscripciones, no sería la de una muralla bien planificada, uniforme, con la misma altura a lo largo del territorio. Sería más apropiado imaginar ese porcentaje de votos necesarios a partir de otra estampa bien diferente, la de una fortaleza erráticamente construida, con unos muros más elevados que otros y que, por tanto, invita a ser franqueada con más facilidad en algunas zonas. Aunque exigente, el tramo más sencillo de *escalar* era el de Toledo, con el 7,8% de los votos estimados. En definitiva, el legislador había arbitrado un sistema electoral que exigía *de facto* un porcentaje de votos para acceder al parlamento considerablemente más elevado que el recogido formalmente con el nombre de barrera o umbral legal en la ley electoral: un promedio del 11% a nivel autonómico.

Avanzando en la argumentación, y asumiendo que el Tribunal Constitucional hubiese estado en condiciones de manejar las cifras que acaban de exponerse, la situación habría exigido, a mi modo de ver, que el Tribunal hubiese enjuiciado la reforma electoral en cuestión a la luz de su propia jurisprudencia en materia de barreras electorales, a pesar de que formalmente la barrera legal permaneciese intacta tras la reforma. A mi modo de ver, el Tribunal incurrió en un exceso formalista al negar que se hubiesen alterado las «barreras electorales», tal y como las denominaban los recurrentes. Peca de inocente el Tribunal cuando afirma que «*no cabe achacar a la Ley designios o resultados discriminatorios sobre la base, a todas luces insuficiente, de pronósticos o conjeturas de futuro extraídos de unos hipotéticos «escenarios» de distribución del sufragio aún por venir, útiles, acaso, para la sociología electoral, pero poco decisivos, en tanto que simples estimaciones de probabilidad, para dar lugar al enjuiciamiento de una ley*» (STC 197/2014, FJ 5). Por consiguiente, y con independencia del *nomen iuris*, resulta innegable que con la disminución de escaños se habían endurecido notablemente las posibilidades para obtener un escaño en todas las circunscripciones, al igual que si se hubiera incrementado la barrera electoral en todas ellas.

Respecto a la jurisprudencia constitucional en materia de barreras electorales, es conveniente comenzar señalando que el Tribunal ha reiterado en varias ocasiones que «*nuestra Constitución se inspira en un principio de racionalización de la forma parlamentaria de Gobierno*» (STC 16/1984, de 6 de febrero). Es en esta lógica de *parlamentarismo racionalizado* donde debe buscarse el fundamento de las barreras electorales. Con ellas, se trata de evitar «*la atomización de la representación política*», de modo que «*la representación de los electores no sea en exceso fragmentaria, quedando encomendada a formaciones políticas de cierta relevancia*». Esos objetivos se justifican teniendo en cuenta que «*el proceso electoral, en su conjunto, no es sólo un canal para ejercer derechos individuales, sino que es también (...) un medio para dotar de capacidad de expresión a las instituciones del Estado democrático y proporcionar centros de decisión política eficaces y aptos para imprimir una orientación general a la acción de aquél*» (STC 75/1985, de 21 de junio, FJ 6).

Una vez explicitada la función que según nuestro Alto Tribunal ostentan las barreras electorales, es necesario acudir a la STC 225/1998, de 25 de noviembre. Y ello porque además de constituir un buen resumen de la doctrina constitucional al respecto, es también la ocasión en la que el Tribunal se tuvo que enfrentar a las barreras más elevadas de todo el ordenamiento jurídico español. El Tribunal tuvo que dilucidar en este caso si el incremento de las barreras electorales del Estatuto de Autonomía de Canarias —que fijó una doble barrera electoral alternativa del 6% a nivel autonómico y del 30% a nivel insular— era compatible con el mandato de proporcionalidad dispuesto en el art. 152.1 CE, así como valorar su repercusión sobre el derecho fundamental de acceso en condiciones de igualdad a los cargos públicos representativos (art. 23.2 CE). Pues bien, el Tribunal apreció que la única barrera que «*produce una diferencia de trato que pudiera tener una repercusión significativa desde el punto de vista del derecho de sufragio pasivo de los ciudadanos, es la relativa al porcentaje del 6 por 100 de los votos válidos emitidos en la totalidad de la Comunidad Autónoma. (...) Se sitúa (...) por encima de esa pauta comúnmente considerada como máxima que es el 5 por 100*». Sin embargo, y aunque «*es cierto que la barrera electoral excede en un punto a la barrera del 5 por 100 de los votos válidos en la Comunidad Autónoma, cuya legitimidad este Tribunal ya ha reconocido; (...) esta diferencia no es suficiente para que este Tribunal, que no ha elevado a categoría un determinado porcentaje numérico, declare la inconstitucionalidad de tal barrera electoral apreciada en el conjunto del sistema electoral canario*» (STC 225/1998, FJ 5).

De entrada, debe señalarse que esta sentencia ha recibido fuertes críticas doctrinales (ver, entre otros, López Aguilar, 1999; Álvarez Gil, 2015). Esto es algo que no debe extrañar, pues los distintos comicios autonómicos en Canarias han puesto de manifiesto los perniciosos efectos de estas barreras. Sirvan de ejemplo las últimas elecciones de 2015, donde la aplicación de la doble barrera electoral ha contribuido a que quedaran sin valor unos 173.000 votos de los 898.337 votos a candidaturas, es decir, más del 19 por ciento de los votos fue desperdiciado. Prácticamente, uno de cada cinco votos dirigidos a alguna de las formaciones políticas que concurría a las elecciones no fue tenido en cuenta durante el reparto de escaños por efecto precisamente de las barreras electorales. Pero dejando al margen las implicaciones políticas, lo cierto es que estas exorbitantes barreras también presentan problemas desde una perspectiva jurídica. Y es que, una vez son aplicadas en un proceso electoral concreto, exceden con mucho su función legítimamente constitucional (evitar la excesiva fragmentación de los parlamentos y garantizar la gobernabilidad, en una lógica de parlamentarismo racionalizado), al excluir de la representación política a fuerzas políticas con un respaldo popular muy significativo.

Con independencia de las anteriores consideraciones, y asumiendo como válida esta doctrina constitucional a efectos dialécticos, lo cierto es que los umbrales efectivos de la nueva ley electoral de Castilla-La Mancha —que, reiteramos, actúan como barreras electorales aunque formalmente no se contemplen con ese nombre— superan con creces el porcentaje del 6% que hasta la fecha el Tribunal Constitucional había declarado constitucionalmente admisible. Aunque como sabemos, el Tribunal «*no ha elevado a categoría un determinado porcentaje numérico*», habría resultado pertinente que, cuando menos, hubiera advertido el problema de los umbrales efectivos y hubiera reflexionado sobre el mismo.

Existe una réplica al argumento que se viene sosteniendo. Podría decirse sin incurrir en falsedad que también existen elevados umbrales efectivos, por ejemplo, en el sistema electoral del Congreso de los Diputados. Como es sabido, existen gran cantidad de provincias donde se eligen menos de 5 escaños y, por tanto, los umbrales efectivos son de una entidad similar o incluso superior a los que se dan en el sistema electoral de Castilla-La Mancha. Sin embargo, existe una diferencia crucial entre ambos sistemas electorales que, a mi entender, permite salvar la constitucionalidad de uno y poner en duda la del otro. En el sistema electoral del Congreso de los Diputados existen unas cuantas circunscripciones donde el número de escaños que se reparten es ciertamente elevado. En las recientes elecciones generales de diciembre de 2015, por ejemplo, hubo siete provincias donde se reparten 10 o más escaños: Murcia, 10; Málaga, 11; Alicante, 12; Sevilla, 12; Valencia, 15; Barcelona, 31; Madrid, 36. La suma de sus escaños representa algo más del 36% de los escaños totales que componen el Congreso de los Diputados. Se trata de circunscripciones en las que el umbral efectivo es menor del 7%. De hecho, provincias como Madrid y Barcelona son las únicas circunscripciones donde sí podría llegar a operar la barrera electoral del 3%. Esto sucedió en las elecciones generales de 1993, donde el CDS se quedó sin representación con el 2,99% de los votos válidos emitidos en la circunscripción de Madrid. Pues bien, en estas circunscripciones de más de 10 escaños, que aportan más de un tercio de los escaños que componen el Congreso, los terceros partidos tienen posibilidades razonables de obtener representación. En cambio, en el sistema electoral de Castilla-La Mancha esta situación es totalmente distinta, pues, como se ha acreditado anteriormente, la circunscripción donde más sencillo resultó obtener un escaño en las últimas elecciones, Toledo, exigió aproximadamente el 8% de los votos.

En definitiva, la constitucionalidad de la reforma electoral en Castilla-La Mancha suscita dudas razonables respecto al cumplimiento del mandato de proporcionalidad exigido por el art. 152.1 CE y, como consecuencia de lo anterior, respecto a su respeto del pluralismo político (art. 1.1 CE) y respecto al derecho a acceder en condiciones de igualdad a los cargos representativos (art. 23.2 CE).

Es por ello por lo que, siempre a mi modo de ver, el Tribunal Constitucional tenía ante sí una excelente posibilidad de hacer valer su doctrina en materia de barreras electorales, ante un sistema electoral que exige un porcentaje de votos exorbitante, difícilmente franqueable por terceros partidos y nuevas formaciones políticas. Lamentablemente, ha desaprovechado esa oportunidad en las recientes SSTC 197/2014 y 15/2015, manteniéndose en una línea excesivamente deferente con el legislador autonómico, empleando un canon de constitucionalidad «sumamente laxo, flexible, atemperado» en relación con la exigencia de proporcionalidad (Garrote de Marcos, 2015; 295). Permisividad que también se puso de relieve cuando en una anterior reforma del sistema electoral castellano-manchego —menos problemática, eso sí— el Tribunal sostuvo su constitucionalidad afirmando que no resultaba «irrazonable» ni «arbitraria» (STC 19/2011, FJ 9)[6]. Da la sensación de que con estas afirmaciones el Tribunal está rebajando el estándar de proporcionalidad requerido a los sistemas electorales a niveles similares a los exigidos por el principio de interdicción de la arbitrariedad de los poderes públicos (art. 9.3 CE), lo cual parece ciertamente preocupante.

III. La reforma electoral en Murcia

1. *El antiguo sistema electoral murciano: rasgos generales y efectos*

El artículo 24 del Estatuto de Autonomía de la Región de Murcia contiene el régimen jurídico elemental que rige la elección de la Asamblea Regional. Por lo que al sistema electoral se refiere, el citado artículo, en su apartado segundo, tan sólo establece una horquilla de entre 45 y 55 diputados regionales para el Parlamento autonómico, remitiendo expresamente a la ley la regulación de los elementos que conforman el sistema electoral (número y ámbito de las circunscripciones, cuantía de la barrera electoral, fórmula electoral, tipo de lista). Así pues, es posible afirmar que los estatuyentes aquilataron en el artículo 24 el «contenido electoral mínimo» sobre el que existía consenso, traspasando al legislador futuro la responsabilidad de concretar los aspectos más espinosos (Gálvez Muñoz, 2005; 1013). El desarrollo de este precepto se realizó por la Ley 2/1987, Electoral de la Región de Murcia, de 24 de febrero, concretamente en sus artículos 13 a 16.

Pues bien, respecto al número final de escaños de la Asamblea, se optó porque fueran 45. La fórmula electoral elegida para la asignación de escaños fue la fórmula D`Hondt, que, por lo demás, es la que se emplea en todos los sistemas electorales en España, excepto en el del Senado. Algo similar sucede con el tipo de listas elegido, las listas cerradas y bloqueadas, que es el sistema de votación que se emplea en todos los sistemas

---

[6] La STC 19/2011, de 3 de marzo, resuelve el recurso de inconstitucionalidad interpuesto contra el artículo 16 de la Ley 12/2007, mediante el que se elevaba de 47 a 49 el número de diputados de las Cortes de Castilla-La Mancha, otorgando los dos nuevos escaños a las circunscripciones de Guadalajara y Toledo.

electorales de nuestro país, exceptuando también al del Senado que utiliza un sistema de listas abiertas y voto limitado.

Más problemática es sin embargo la cuestión sobre el tipo de circunscripciones por las que se optó. En efecto, la decisión de establecer cinco circunscripciones infraprovinciales para el sistema electoral murciano —con los nombre de «Uno», «Dos», «Tres», «Cuatro» y «Cinco»— es ciertamente controvertida. Como bien señala Gálvez Muñoz (2008; 93) «[s]e trata de una decisión sumamente polémica tanto por el hecho, casi único en el Derecho autonómico comparado, de constituir circunscripciones infraprovinciales (además, de Murcia, solo lo ha hecho Asturias), como por el diseño dado a las mismas, pues nos encontramos ante circunscripciones de desigual extensión (oscilan entre los 1.163,2 Km^2 de la circunscripción Dos y los 3.097,3 de la Uno), con grandes diferencias de población entre sí (la circunscripción más poblada, la Tres, tiene un censo electoral de 682.877 habitantes, y la menos poblada, la Cinco, de 58.757) y sin una justificación geográfica o natural clara (se han juntado zonas que en todos los estudios comarcales aparecen separadas)».

Así las cosas, podría pensarse que esta manera de delimitar las circunscripciones podría constituir un caso de *gerrymandering*, esto es, una manipulación en el trazado del mapa electoral, orientada a favorecer a un determinado partido político —habitualmente el que se encuentra en el poder y que, en consecuencia, tiene capacidad para impulsar la reforma—, en perjuicio de las restantes formaciones políticas. Pues bien, lo cierto es que la doctrina (Gálvez Muñoz, 2008; 93; Oliver Araujo, 2011; 202) ha negado que el caso murciano constituya un ejemplo de *gerrymandering* en sentido estricto. Y ello, porque la agrupación de municipios realizada para conformar las distintas circunscripciones se apoya en un conocido estudio, elaborado por Fuentes Zorita y Calvo García-Tornel (1982), a encargo del Consejo Regional, y que lleva por título «La comarcalización de la Región de Murcia».

Ahora bien, las repercusiones políticas de esta peculiar división del territorio murciano en cinco distritos electorales han sido innegables. Hay que tener presente que la distribución de escaños entre las circunscripciones se realizaba del siguiente modo: se asignaba un escaño a cada distrito electoral (5 en total) y los 40 restantes se repartían en función de su población de derecho. De entrada, este reparto de escaños ha producido diferencias en el valor del voto de los ciudadanos murcianos. Así, en las últimas elecciones de 2015, el voto de un elector de la circunscripción «Cinco», la de Yecla-Jumilla, tuvo un valor un 40% superior al de un elector de la circunscripción «Tres» que incluía a la ciudad de Murcia.

Asimismo, hay que tener en cuenta que tres de las cinco circunscripciones, tenían 7 o menos escaños. Como es se ha expuesto anteriormente, es precisamente en las circunscripciones de pequeño tamaño donde se producen los efectos desproporcionales. Esto ha supuesto que los partidos minoritarios que conseguían superar la barrera del 5% autonómico

(IU es el caso paradigmático elección tras elección), se vieran severamente castigados por los efectos desproporcionales propios de las circunscripciones de baja magnitud, obteniendo un porcentaje de escaños notablemente menor al de votos recibidos. Por el contrario, las dos formaciones políticas mayoritarias, también aquí PSOE y PP, han sido sobrerrepresentadas sistemáticamente en la Asamblea murciana. Así pues, el sistema electoral ha potenciado dinámicas bipartidistas, fomentando que estos dos partidos acaparen el grueso de la representación política. Esta situación les ha permitido alternarse en el Gobierno regional gracias a holgadas mayorías absolutas de las que han disfrutado (PSOE en las tres primeras Legislaturas y PP de la cuarta a la octava). Es más, en las elecciones de 1987 y 1991 se llegaron a producir lo que el politólogo Rae (1977; 76) denominó como «mayorías manufacturadas» (*manufactered majorities*), esto es, situaciones en las que, a consecuencia del sistema electoral, un partido se hace con la mayoría absoluta en el Parlamento sin haber alcanzado el 50 por ciento de los votos. Por consiguiente, sólo tras estas últimas elecciones de 2015, el partido vencedor, el PP, ha necesitado de apoyos parlamentarios para gobernar.

Otra de las decisiones polémicas respecto al sistema electoral, fue el establecimiento de una barrera de exclusión del 5 por ciento, no a nivel de circunscripción, sino en el conjunto de la región murciana. De hecho, el propio Tribunal Constitucional tuvo que enfrentarse a la cuestión de si esta barrera electoral era constitucionalmente admisible. A este respecto, en la STC 193/1989, de 16 de noviembre, se resolvió el recurso presentado por el Partido Cantonal de Cartagena. Dicha formación política había quedado excluida del reparto de escaños a pesar del amplio apoyo cosechado en la circunscripción «Dos» (14,6 por ciento), donde se encuentra Cartagena, por no haber franqueado el umbral electoral del 5 por ciento regional, al haber obtenido poco más del 3,5 por ciento del voto a nivel autonómico. Finalmente, el Tribunal Constitucional desestimó el recurso, arguyendo que ni la corrección a la proporcionalidad que representaba esta barrera electoral, ni la diferencia de trato que introducía entre las distintas candidaturas, transgredían el derecho a acceder a cargos representativos en condiciones de igualdad (art. 23.2 CE).

Ahora bien, nos parece acertada la postura de Gavara de Cara (2007; 248-249) cuando subraya que si las candidaturas se presentan por circunscripciones, teniendo la opción de presentarse en una circunscripción o en todas en virtud del derecho de sufragio pasivo, lo que no parece razonable es que la obtención de representación se haga depender de la superación de un determinado porcentaje de votos en el conjunto de la región. Asimismo, cabe señalar que la representación política se configura como una relación entre elector y candidato, por lo que si los candidatos se presentan en distritos electorales concretos, lo lógico sería que las barreras electorales se aplicasen a nivel de circunscripción, y no en niveles territoriales superiores que difuminan la relación elector-candidato, potenciando la relación elector-partido político que concurre en todas las circunscripciones (Gavara de Cara, 2007; 256). Por lo demás, cabe decir que el art. 12.a) de la Ley 1/1987, de 31 de marzo, electoral valenciana contiene una cláusula similar, al exigir a los partidos que aspiran a entrar en el reparto de escaños en cada circunscripción provincial un 5 por ciento de los votos en el conjunto de la Comunidad Autónoma. No obstante, en el caso valenciano se trata de «votos emitidos» (incluidos los votos a candidaturas, en blanco y los nulos) y no de «votos válidos» (sólo se incluyen los votos a candidatura y los votos en blanco) como es habitual en el derecho electoral español.

Este elemento también ha tenido unos efectos políticos evidentes. Así, la barrera electoral del 5% a nivel autonómico ha estrangulado las posibilidades de que partidos políticos con una implantación localizada, que no se extiende al conjunto de la Región de Murcia, puedan alcanzar representación en la Asamblea. El caso paradigmático es precisamente el del Partido Cantonal (1983 y 1987), que habría obtenido representación en la circunscripción «Dos», de no ser por la barrera electoral. Otras formaciones políticas que han sido víctimas de esta cláusula de exclusión y que se han quedado a las puertas de la Asamblea Regional han sido el CDS (1991), UPyD (2011) e IU (2015).

2. *El nuevo sistema electoral murciano como posible modelo de futuras reformas electorales autonómicas*

El sistema electoral murciano ha visto reformado algunos de sus elementos centrales 28 años después. Así, la Ley 14/2015, de 28 de julio, ha reformado la Ley Electoral de la Región de Murcia, 2/1987, de 24 de febrero. La reforma electoral se ha aprobado por unanimidad de los 45 diputados de la Asamblea Regional de Murcia, que forman parte de los cuatro grupos políticos con presencia parlamentaria: PP (22 diputados), PSOE (13), Podemos (6) y Ciudadanos (4). Si bien es cierto que el PP, que en las últimas legislaturas había sido el principal valedor del antiguo sistema electoral murciano, se ha mostrado muy crítico hacia esta reforma a lo largo de su trámite parlamentario, aunque finalmente ha dado su apoyo en la votación final en el Pleno.

Debe subrayarse que la proposición de ley para la reforma electoral ha sido impulsada por el Grupo Parlamentario Ciudadanos, que ha consensuado con el PSOE y Podemos un texto conjunto al que se ha sumado el PP *in extremis*. Y todo ello, transcurridos sólo dos meses desde las elecciones autonómicas de mayo de 2015. Y apenas veinte días después de que tomara posesión el ejecutivo presidido por el popular Pedro Antonio Sánchez, gracias al apoyo en la investidura del Grupo Parlamentario de Ciudadanos.

Los aspectos más destacados de la reforma tiene que ver precisamente con los dos aspectos más polémicos del antiguo sistema electoral: el número de circunscripciones y la barrera electoral. Y se mantienen por tanto los elementos menos controvertidos del antiguo sistema: la Asamblea Regional seguirá formada por 45 diputados (art. 14 de la Ley Electoral de la Región de Murcia); se seguirá utilizando la fórmula D´Hondt y las listas seguirán siendo cerradas y bloqueadas (art. 15).

Pues bien, la primera novedad consiste en que el nuevo sistema electoral va a contar con una única circunscripción, integrada por todos los municipios y que, por consiguiente, va a englobar a todos los electores de la Región de Murcia (art. 13). Se adopta así el criterio más común en la mayoría de las Comunidades Autónomas uniprovinciales (Cantabria, Navarra, La Rioja y Madrid), dejando así como la única Comunidad exótica en este sentido al Principado de Asturias, que cuenta con tres circunscripciones de ámbito inferior a la provincia (Occidental, Central y Oriental). Esto supone, de un lado, que el voto de todos los murcianos vaya a tener un idéntico valor con independencia del lugar en que residan; de otro, el hecho de que el total de 45 diputados se vayan a elegir en un único distrito electoral, va a significar un notable aumento de la proporcionalidad, que va a facilitar el acceso de terceros partidos y nuevas formaciones políticas.

Máxime si se tiene presente la otra gran modificación del sistema electoral: la rebaja de la barrera electoral del 5% al 3% regional (art. 15.a). A este respecto, debe tenerse en cuenta que, aunque formalmente la barrera legal se sigue aplicando al conjunto de la Región, en el antiguo sistema electoral su ámbito geográfico de operatividad era superior al de cada una de las cinco circunscripciones que existían. Se corrige esta situación, tratándose ahora de una barrera más razonable, al aplicarse a nivel de circunscripción.

Esta reforma electoral también incorpora ciertas novedades que parece que se van a ir imponiendo en futuras modificaciones del régimen electoral de otras Comunidades Autónomas. En otras medidas novedosas, destaca el establecimiento de incompatibilidades entre los miembros de corporaciones locales y los diputados regionales (art. 4.e), la obligatoriedad de celebrar al menos un debate electoral en medios de comunicación de titularidad pública durante la campaña entre quienes encabecen las listas de partidos con representación parlamentaria (art. 26.2), o un techo de gastos electorales (arts. 35 y 36).

IV. Conclusiones

En primer lugar, se ha comenzado describiendo la reforma electoral acometida en el sistema electoral de Castilla-La Mancha en el año 2014. Se ha escogido el caso castellano-manchego por ser el ejemplo paradigmático del tipo de modificaciones electorales que el PP auspició en varias autonomías donde gobernaba la pasada legislatura. Con el pretexto de la crisis económica, los populares propusieron cambios en los sistemas electorales orientados a reducir el número de diputados con el objetivo de contribuir, también desde las Asambleas autonómicas, a la austeridad de los poderes públicos. Sin embargo, la reducción del tamaño de las circunscripciones en el caso de Castilla-La Mancha, que soterradamente podría haber perseguido blindar el *statu quo* del sistema de partidos en la región ante una posible fragmentación del escenario político, ha creado un obstáculo difícil de salvar para los nuevos partidos emergentes. En este sentido, y desde una óptica jurídico-constitucional, en este trabajo se ha defendido la inconstitucionalidad de este nuevo sistema electoral, debido a los altos *umbrales efectivos* existentes en todas las circunscripciones, pues irían más allá del porcentaje que la jurisprudencia del Tribunal Constitucional había considerado admisible hasta la fecha en materia de barreras electorales. Con todo, en las SSTC 197/2014 y 15/2015 el Tribunal Constitucional español se ha mantenido en la senda excesivamente permisiva con los excesos del legislador electoral autonómico. Las referidas sentencias, junto a la STC 225/1998, configuran un bagaje jurisprudencial problemático, de la que se desprende que el legislador puede disponer de los elementos de los sistemas electorales prácticamente sin limitaciones. No es esta, por cierto, la posición que vienen manteniendo los tribunales de países con tradiciones jurídicas bien distintas, como son Estados Unidos, Francia, Alemania o Italia, que, a partir de la Segunda Guerra Mundial, han ido poniendo límites al margen de actuación de los legisladores en virtud de los principios de proporcionalidad e igualdad del sufragio.

Por otra parte, se ha estudiado la reforma electoral en Murcia, que puede representar el nuevo modelo o estilo de reformas que posiblemente se vayan a ir desplegando en esta nueva etapa autonómica. En el momento de escribir estas líneas, se han anunciado o incluso se encuentran ya en fase de tramitación parlamentaria múltiples reformas electorales en distintas Comunidades Autónomas. Todas ellas parecen estar orientadas a mejorar la representación del pluralismo político en las Asambleas regionales, aumentando la proporcionalidad y reduciendo la desigualdad en el voto de los electores. También algunas de ellas persiguen mejorar la rendición de cuentas mediante el desbloqueo de las listas. En el caso murciano esto se ha conseguido interviniendo sobre los elementos más polémicos de su viejo sistema electoral. Las antiguas cinco circunscripciones han sido sustituidas por un único distrito electoral de 45 escaños, que abarca a todos los electores de la Región de Murcia. Además, se ha suavizado la barrera electoral, que ha pasado del 5% al 3%. Que tras varias décadas con el mismo sistema electoral sea el teórico socio del partido gobernante el que impulse la reforma electoral junto a la oposición en bloque, y tan sólo dos meses después de celebrarse las elecciones, dice bastante de la transformación que está experimentando la gobernabilidad en las arenas autonómicas. Conviene ser cautelosos y esperar a ver en qué queda toda esta efervescencia de reformas electorales autonómicas. Sea como fuere, la regeneración constitucional democrática, en su dimensión electoral en este caso, parece inexorable.

V. Referencias bibliográficas

Álvarez Gil, Rafael, *El principio de proporcionalidad en el sistema electoral autonómico canario*, Aranzadi, Pamplona, 2015.

Consejo de Estado (Rubio Llorente, Francisco, y Paloma Biglino Campos, eds.), *El Informe del Consejo de Estado sobre la reforma electoral. Texto del informe y debates académicos*, Consejo de Estado y Centro de Estudios Políticos y Constitucionales, Madrid, 2009.

Fuentes Zorita, José S., y Calvo García-Tornel, Francisco, «La comarcalización de la Región de Murcia», *Estudios Territoriales*, nº 7, 1982.

Gálvez Muñoz, Luis, «Artículo 24. Las elecciones a la Asamblea regional», en García Canales, Mariano; Garrorena Morales, Ángel (coords.), *Comentarios al Estatuto de Autonomía de la Región de Murcia*, Asamblea Regional de Murcia, Consejería de Presidencia de la Región de Murcia-Consejo Jurídico de la Región de Murcia y Fundación Cajamurcia, Murcia, 2005.

Gálvez Muñoz, Luis, «Ciudadanía y derechos: el régimen de la participación política», en López Pellicer, J.A. y Gálvez Muñoz, Luis (coords.), *Derecho autonómico de la Región de Murcia*, Universidad de Murcia, Murcia, 2008.

Garrote de Marcos, María, «El control de constitucionalidad del sistema electoral de las Cortes de Castilla-La Mancha: a propósito de las SSTC 197/2014 y 15/2015», *Revista Parlamentaria de la Asamblea de Madrid*, nº 32, 2015.

Gavara de Cara, Juan Carlos, *La homogeneidad de los regímenes electorales autonómicos*, Centro de Estudios Políticos y Constitucionales, Madrid, 2007.

Lijphart, Arend, *Sistemas electorales y sistemas de partidos. Un estudio de veintisiete democracias (1945-1990)*, Centro de Estudios Constitucionales, Madrid, 1995.

López Aguilar, Juan Fernando, «¿Control de Constitucionalidad del Derecho Electoral Autonómico? Acerca de la STC 225/1998, sobre el sistema electoral canario (De nuevo sobre la «insoportable permanencia» de una disposición transitoria)», *Repertorio Aranzadi del Tribunal Constitucional*, nº 1, 1999.

Montero, José Ramón, y Riera, Pedro, «Informe sobre la reforma del sistema electoral (Presentado a la Comisión de Estudios del Consejo de Estado en diciembre de 2008)», en Francisco Rubio Llorente y Paloma Biglino Campos, eds., *El informe del Consejo de Estado sobre la reforma electoral. Texto del informe y debates académicos*, Consejo de Estado y Centro de Estudios Políticos y Constitucionales, Madrid, 2009.

Oliver Araujo, Joan, *Los sistemas electorales autonómicos*, Generalitat de Catalunya e Institut d'Estudis Autonòmics, Barcelona, 2011.

Taagepera, Rein y Shugart, Matthew Soberg, *Seat and Votes: The Effects and Determinants of Electoral Systems*, Yale University Press, New Haven, 1989.

Rae, Douglas, *Leyes electorales y sistemas de partidos políticos. Estudio comparativo*, Ediciones CITEP, Madrid, 1977.

Ruiz-González, Francisco, «Austeridad versus Representatividad en la Ley Electoral de Castilla-La Mancha», *Parlamento y Constitución*. Anuario, nº 15, Castilla-La Mancha, 2012-2013.

Urdánoz Ganuza, Jorge, «Umbrales de representación y desproporcionalidad», *Revista Española de Investigaciones Sociológicas*, nº 121, 2008.

Vidal Marín, Tomás, *Sistemas Electorales y Estado Autonómico. Especial consideración del Sistema Electoral de Castilla-La Mancha*, Ediciones Parlamentarias de Castilla-La Mancha, Toledo, 2006.

Made in United States
Orlando, FL
04 November 2026

90202167R00210